衝突を超えて

9.11後の世界秩序

K.ブース／T.ダン［編］
寺島隆吉［監訳］
塚田幸三／寺島美紀子［訳］

WORLDS IN COLLISION

TERROR and the FUTURE of GLOBAL ORDER

Edited by Ken Booth and Tim Dunne

日本経済評論社

WORLDS IN COLLISION

edited by Ken Booth and Tim Dunne

Japanese translation published by arrangement with Palgrave Macmillan through The English Agency (Japan) Ltd.

前書き

9・11の出来事とその影響に関する本をもう一冊つけ加えるのに、弁明の必要はない。今後、数十年はともかくとして、何年かは「テロとの戦争」が国際秩序をめぐる争いを規定するパラダイムとなろう。しかし、世界史的観点からすれば、おそらく他にもっと重要な問題がある。例えば、「持てる者」と「持たざる者」との格差の拡大、地球環境の悪化などだ。だが、まるで映画の場面でも見るような恐ろしいテロ攻撃がたまたま世界最強国家を犠牲にしたとき、議題は設定された。

世界貿易センタービルと米国防総省が攻撃された直後から、名の知れた著述家はこぞって、あの衝撃的な恐怖の朝の意味を理解しようという世界的な試みに参加した。やがて長文の論考が現われるようになり、最近では本も出版されている。こうした分析と想像を通して明らかになったのは、一つの時代が終ったというだけでなく、原子爆弾の投下や第一次世界大戦や三〇年戦争［一六一八～四八年。ドイツを舞台にヨーロッパ各国が参加した最大かつ最後の宗教戦争。この戦争の講和条約、ウェストファリア条約は近代最初の重要な国際条約］に匹敵するインパクトを人類の国際政治意識に与えるような、真に叙事詩的重要性のある何かが起きたということだ。つまり、あの日の「出来事」は世界史に刻み込まれるだろう。半年を経た今も、あの朝の光景と音の衝撃は少しも和ぎはしない。実に衝撃的だった。あれは夢であって欲しい、もう一度同じ場面が戻ってきて今度は飛行機が標的に衝突しないで欲しいと、いまだに願わずにはおれないほどだ。

ここ数ヵ月の間に我々は、この世界的危機への対応が国や組織によっていかに違うかを学んだ。いまだ我々が知らないのは、あるいは知ることができないのは、この危機の終息の仕方だ。9・11は、我々全てが経験から学ぶべき最も強烈な教訓の一つだ。9・11は、当面、今日と同じように明日が来るとは限らないということを我々に教えた。国際秩序がつくり直された。我々はその間の紆余曲折に驚かされることだろう。

本書では、我々がこうした出来事の重要性を、特定の問題と広い観点の両方から考えるための手助けとして、様々な国から優れた学者、有識者に参集いただいた。それぞれテロ問題、軍事、法律、倫理、国際秩序などの専門家だ。様々な国といっても、寄稿者には米国に住み、働く人が多いが、この点については、米国の心臓部がテロの標的となったのだから、弁明はしない。本書の特徴は、観点の多様性に光を当て、多彩な意見を集めた点だ。米国の対テロ戦争にほぼ賛成の議論から、より慎重な議論、そしてテロとは米政府が従来とってきた方法であって単に最近に限った経験ではないとする議論まで、読者は様々な立場の有識者に出会うことになろう。アメリカの最も優れた伝統的精神に倣い、本書は愛国的意見も異端的意見も共に収録している。

本書がこうして完成できたのは、まずもって寄稿して下さった方々のお蔭である。皆それぞれ非常に多忙な中を短期間の締切設定にもかかわらず執筆に応じて下さった。これは、いったい何が起きたのか理解することを寄稿者すべてが重視している証拠であり、9・11に対する人々および各国の対応振りが今後の国際秩序の可能性を決定することに対する、彼らの関心の高さを示すものだ。いつものように、ウェールズ大学国際政治学部の同僚に感謝したい。上記の問題への彼らの取り組みには強烈なものがあり、彼らとの会話や彼らの著作から大いに得るところがあった。最後になったが、パルグレイブの編集者、アリソン・ハウスン女史の情熱とプロ意識と支援に対して特に感謝を申し上げたい。本書は彼女のアイデアの所産である。

二〇〇二年三月

ケン・ブース&ティム・ダン

衝突を超えて——目次

前　書　き …… i
第1章　衝突し合う世界 ……ケン・ブース＆ティム・ダン　1

第一部　テ　ロ

第2章　歴史と9・11 ……フランシス・フクヤマ　30
第3章　新しい型の戦争 ……ローレンス・フリードマン　41
第4章　未回答の問い ……スティーブ・スミス　54
第5章　必死のビンラディン捜査——テロとの戦争と諜報活動 ……デズモンド・ボール　68
第6章　テロ資金——金融グローバリゼーションの新たな課題 ……トーマス・J・ビアステッカー　84
第7章　誰なら爆撃してもよいのか ……バリー・ブザン　96
第8章　ブッシュのテロとの戦争——結果は明白か ……イマニュエル・ウォーラースティン　108
第9章　脅迫——9・11の前と後 ……ジェイムズ・デルデリアン　115
第10章　テロと国際法の未来 ……マイケル・バイアーズ　136
第11章　誰がグローバル・テロリストか ……ノーム・チョムスキー　148

第二部　秩　序

第12章　公論によるテロの非合法化と同盟政治……ロバート・O・コヘイン　164
第13章　勝利の意味——ツインタワー以後の米国の力……マイケル・コックス　176
第14章　イスラムのジハードと米国のジハードに反対し、国際的合法性を維持する……アブドラヒ・アハメド・アンナーイム　189
第15章　米国とイスラエル・パレスチナ紛争……アヴィ・シュライム　201
第16章　アフガニスタンの復興……ウィリアム・マレイ　216
第17章　「国家―国民」関係——9・11以後のアジアと世界秩序……アミタ―フ・アカーリヤ　226
第18章　カタルシスとカタリシス——南アジア地域の転換……C・ラジャ・モーハーン　238
第19章　政治的暴力と世界秩序……ポール・ロジャーズ　249
第20章　9・11後も変らぬ世界政治——リアリズムの復権……コリン・グレイ　262
第21章　新しい世界配置図……フレッド・ハリデイ　273

第三部　多様な世界

第22章　ジハード対マックワールドの時代の民主主義とテロリズム……ベンジャミン・R・バーバー　284
第23章　正義の戦争をどう戦うか……ジーン・ベスキー・エルシュテイン　306

第24章　テロリズムか、それとも異文化間の対話か……ビーク・パレーク　315
第25章　共通の価値観を再考する……シセラ・ボク　333
第26章　宗教・文明・モダニティを語る……クリス・ブラウン　343
第27章　必要のない苦しみ……アンドリュー・リンクレイター　356
第28章　統治をめぐって――9・11後の課題……サスキア・サッセン　367
第29章　世界的規模のテロ戦争における愛国心と市民権を検証する……リチャード・フォーク　381
第30章　平和、詩、そしてペンタゴン用語……パトリシア・J・ウィリアムズ　394
第31章　国際政治の継続性……ケニス・N・ウォルツ　410
監訳者あとがき……417
原　書　注……456
著者紹介……463
人名索引……469

凡　例

一　訳語は全体的に統一したが、各章の内容と文脈に応じて適宜訳し分けたものもある。

二　文中の引用と強調は共に「　」で示した。まとまった引用は、原著に準じ、一字下げ、前後を一行空けて示した。

三　原注は原書のように各章ごとではなく、最後に一括した。

四　必要に応じ［　］として訳注を加えた。

五　段落のとり方はほぼ原著に従ったが、長い段落の場合、内容に応じて適宜分割した箇所がある。

六　著者紹介については邦訳書に関する情報を中心に、訳者の責任において適宜追加あるいは割愛した。

七　索引については原著索引を参考に人名索引を作成した。事項索引は多数の論文を収めた本書の特徴を考慮し、訳者の責任において割愛した。

第1章　衝突し合う世界

ケン・ブース&ティム・ダン

　奇妙にも、特定の日付が、すなわち単に何年というのではなく、何月何日という日付が、ほぼ例外なく世界史的な危機を規定してしまった。過去、二〇世紀の国際問題の道標は特定の場所に立てられた。例えば、サラエボであり［一九一四年、第一次世界大戦の契機となるサラエボ事件が発生した］、ミュンヘンであり［一九三八年、ドイツ、イギリス、イタリア、フランスの首脳会議がミュンヘンで開催され、ナチスの東欧侵略を容認したことが第二次世界大戦の発端となった］、キューバであり［一九六二年、ソ連がキューバにミサイル基地を設置したことから米ソ間の核戦争の危機に発達した］、ベトナムだ。ところが、世界貿易センタービルと米国防総省への攻撃の場合、その「出来事」が世界的意味合いをもつ、地域や地理に限定されない経験だということを、我々は即座に理解したようだ。9・11は我々全ての共有の場所となった。

　なぜ我々全ての共有の場所かといえば、異なる世界間の衝突を文字どおり目の当たりにしたという意識が我々にあるからだ。崩壊したツインタワーから上がる息の詰まるような煙と残された残骸は、異なる世界同士が衝突する際の物質的破壊を示すだけでなく、衝突し合う思想の世界を理解することの難しさをも象徴している。この章で取り上げる諸々の衝突が本書を通じて論じられている。つまり、暴力等の伝統的手段による国家間の覇権をめぐる衝突であり、何が現実か、何が信頼できる知識か、いかに行動すべきかをめぐる思想界の衝突だ。

　次章以下の諸論文は、9・11に関連した一種の衝突として提示されているが、各論文を「共存（and）」によって関係づけ、「対立（vs.）」として関係づけることはしなかった。なぜなら、我々の見るところ、ほとんどの論文が必ずしも対立関係にないからである。唯一の例外、唯一明瞭な対立関係は、テロリズムそのものとの対立関係のみだ。

イスラムと米国

米国とイスラムの衝突では、関連する二つの質問が同時に回答を迫られている。それは、米国はなぜ世界各地で憎まれているのかであり、イスラムはなぜそれほど恐れられているのかである。あるレベルでの回答は簡単で、すなわち米国が憎まれているのは恐れられているからであり、イスラムが恐れられているのは憎まれているからだ。これが一つの出発点だ。残念ながら、十全な答えを探そうとすると、肝心の当事者たちが尻ごみしてしまう。今こそ反省のとき、自己認識を深めるときだ。ところがこれまでは、自己正当化が当り前だった。

米国では、あの攻撃の状況からして反省は奨励されていない。本土を侵害されたことに対する受け取り方は、二〇〇一年九月二〇日、ブッシュ大統領が議会に向かって「我々の側につくか、テロリストの側につくかのどちらかだ」[1]と述べ、忠誠心を試したことが驚きでも何でもなかったほどなのだ。その結果、米政権の危機対応を批判したり、単に犯人たちのニヒルな思考態度を指摘する以上に深い説明を求めることは、テロリストに同情するに等しいと考えられた。あの攻撃の理由を探すことは、米国が「攻撃されるに値する」という結論に向かう、滑りやすい斜面に乗ることであり、したがって叛逆行為だとみられた。海外の友人の中には日和見主義から沈黙を守った者もいただろう。英国と同じく、彼らもまた、いつか米国がお返ししてくれることを期待して、危機に直面した米国に（多かれ少なかれ）「協力」したのだ。

さて、なぜ米国は憎まれるのか。実は、「米国」は憎まれてなどいない。この質問こそ、国際秩序の混乱を助長する強固な固定観念を露呈している。我々は「米国」が憎まれているとは思わない。米国には多くのイスラム教徒がいるが、彼らは国外に移住しようとはしていない。アメリカ流の生活とアメリカ人は、世界中で大いに尊敬されている。他方、多くの人々がアメリカ社会に対して複雑な感情を抱いていることも確かだ。しかし、自分の属する社会に対して同様の感情を抱いている人はたくさんいる。「米国」の構成要素を分解すれば、憎まれているのは歴代政権の政策だということが明らかだ。つまりそれは、世界唯一の超大国の身勝手な振舞いであり、しばしば残忍な外交政策とグローバリゼーションという儲けの大きなプロジェクトであり、独裁者を支援しながら民主主義や人権を口にすることであり、国際社会を牛耳るために地域の代理人を利用するやり方だ。米国がいかに情け深い覇権国だとしても、他の列強と違って世界運営という任務に日常的に引き込まれる以上、恐れられることになる。そして、米国は思いどおりに振舞う。このような構造的権力は、いつの時代でも、耳を傾けてもらえない人や、思いどおりにできない人々の反感を呼び起こしやすい。

多大な責任が米国にあることは間違いない。それにも拘らず社会としての米国は、独裁と貧困の犠牲者が無数に、難を逃れて集まる理想社会だ。経済の刷新能力に関しては、米国は移住者を負担ではなく経済資源として扱う数少ない国の一つとなったほどだ。ポーランドやイタリアやキューバなどから来た人々が何世代にもわたって自由人の祖国建設を助けた。「大魔王」アメリカに反対してデモ行進する多くのイランやパキスタンやイラクの人たちは、その仲間に加わる機会を逃してしまわないだろうか。ムスリムの亡命希望者、移住者、知識人の多くが、自分と家族の希望を託す場所として選んだのは米国であって、イスラム世界の中心的諸国ではない。国家としての米国と社会としての米国の区別が重要だ。米国が世界中から憎まれていると不用意に決めつける人たちも、諸々の政策に「反アメリカ的」という烙印を不用意に押す批評家たちも、この区別にほとんど注意を払わない。

自己認識は決して簡単なことではない。自分たちの歴史をごくわずかしか知らず、ましてや他国民の歴史など更に知らない多くのアメリカ人にとって、自国の政府がどう見られているのかをよく理解することは難しい。大統領選挙のキャンペーン中に、ジョージ・W・ブッシュがパキスタンのムシャラフ大統領を含めて何人かの国家元首の名前を挙げることができなかったのは、それほど昔のことではない。だが9・11の後は、テロとの世界的戦いへの「全面協力」にムシャラフが同意したことが、米国の同盟構築の決定的な一歩となった。ハリウッドが儲けと娯楽のために神話的歴史を広めるので、アメリカ人の知識不足が一層ひどくなっているのだ。自由人の国に、勇敢な人々の故郷に、丘の上に輝く都市に、自分が属すことを信じて成長し、法律を固く守る人たち、また自分の国が世界を善に向かわせる力だと確信している人たちは、自国を代表する知識人の一人、スーザン・ソンタグに「米国は大虐殺の上に築かれている」といわれると大変なショックを受ける。(2) あまりにもショックが大きいので、そういう考えないしソンタグ自身を記憶から消してしまう。無知と神話は、世界と関わる際の危険な基盤、すなわち自己正当化を生む。

精神が昂揚するところには自民族中心主義的な記憶が存在するが、ブッシュとレーガンの時代には非常に多くの類似点がある。どちらの場合にも、自由、民主主義、そして国際法と平和を断固として擁護するという自画像と、他方、自由貿易に矛盾する政策を実施し、独裁者を支援し、経済帝国主義的政策を実施し、国際法に対して無責任に振舞い、必要とあらばいつでも暴力に訴える意思と能力があることとの間にギャップがある。今日、レーガン時代の模倣が目立つが、これは当時の役人が多数ワシントンの重要ポストに戻ったからだ。

パワーが米国の問題の一部だとすれば、イスラムの問題はパワーの欠如だ。近年さまざまな脈略において、国際政治の鉾先がイスラムに向かった。しばしば彼らは被害者だったにも拘らず、一律に犯人にされた。米国とすれば、だから「イスラム」を解体する必要があるのであり、自爆攻撃犯、テロリスト、宗教的原理主義者などがお決まりのイメージだ。しかし、世界の一二億人のイスラム教徒についてよく考えてみると、そうしたお決まりのイメージの空虚さは明白だ。ほとんどが寛容で、秩序を守り、礼儀正しい生活を送っている。多くのイスラム教徒が行き過ぎた一部の「西洋的」社会（家族生活の崩壊、犯罪、ポルノなど）を嫌っているのは事実だが、これは多くの西洋人の感情とそれほど違わない。国家構造、軍国主義的公安責任者、そして熱狂的信者を除いてしまえば、共通の価値観をみることができる。イスラム世界の一部には9・11の攻撃を祝った者もいるが、その声は無辜の犠牲者に対する同情にかき消された。

しかし、祝う者がいたこと、テロリストがイスラム教徒だったという事実は避けられない。反省が求められている。しかし独裁と調査の自由への制限が一般化しているイスラム国家・社会では、米国と同じく、自己認識は優先課題ではないし、奨励されてもいない。他を非難しやすい状況がある。では、問題はイスラムなのか。当然ながら西側の政治指導者たちはわざわざ「ノー」といった。例えばあの攻撃の直後、英国のブレア首相は「我々はイスラムに敵対しない」と述べている。[3] 彼やその他の指導者たちは、各文明の特質に理解を示すと同時に、共通の価値観を強調することで文明間の敵意を抑制しようとした。他方、職務上の責任がない人たちは別の見方をした。サルマン・ラシュディは、「そのとおり、問題はイスラムだ」と主張した。[4] 例えば、オサマ・ビンラディンはエジプト、アルジェリア、イラン、パキスタンなどにみられるイスラム教徒の急進的政治運動の一部を占めてきた。一九九四年のタリバン政府の出現はイスラム主義の台頭の典型であり、それは特殊な信仰解釈を堅持し、イスラム戦士の国際同盟を利用して「異教徒」との聖戦を戦おうとするものだ。[5]

したがって、問題は部分的にはイスラムだが、しかし9・11のテロリストの幻想から、イスラム世界内部の文化、政治、宗教間の関係解明に至るまで、もっと深く考えるべきことが多くある。後者のイスラム世界の問題は、物理的恐怖や過去の帝国主義への罪悪感から西洋の知識人の多くが「タブー」視してきたという事実によっても、あるいは文明批評に関与しないのが今日の流行だからといっても避けることはできない。(6)問題を宗教一般の出来事にしてしまうのは露骨な還元主義だ。ムスリム世界の複雑さの解明は、「ナイーブなコーランの参照」によっては達成できない。ステファン・チャンに従えば、それは「聖書を配布してアブラハムの子孫について語るサダムを通じて、『西側』を理解する企てにも等しい愚行」だろう。(7)更に、必要なら力に訴えても信仰を守るという考え方は世界の多くの宗教にみられる。ユダヤ教にも、キリスト教にも、コーランにも、「暴力やテロや非常識な犠牲を正当化する」くだりを見つけることができる。(8)

我々がここで言いたいのは、イスラム教徒とアメリカ人双方の深い自己認識が、将来の様々な衝突を食い止めるといった単純でナイーブな考えではなく、深い自己認識が雰囲気を変化させるだろうということだ。以上極めて簡単にではあるが、今日我々は単純な「文明の衝突」(9)に直面しているのではないという重要な点を述べた。実際に我々が直面しているのは、誤解による混乱、露骨な決めつけ、双方の自己認識の欠如だ。(10)米国とイスラムは今日の国際政治の主要な力となっている。つまり、米国は政治的、経済的に中央集権的であり、物的パワーにおいてもソフトパワーにおいても優位に立っている。他方イスラムは政治的には分権化していて弱体だが、その観念的影響力は甚大である。姿勢の変化が求められているが、その出発点は、あるパレスチナ人ジャーナリストが正確に突き止めたのかもしれない。9・11の後、彼はアメリカ人に一言いいたいことがあるかと聞かれてこう答えた。「アメリカ人よ、我々は君たちの痛みを感じる。今こそ君たちが我々の痛みを感じる時ではないのか」と。

西洋とその他

オサマ・ビンラディンの言葉に従うなら、アルカイダネットワークは米国と同時に、また同程度に、「西側」と戦っているとは考えていない。しかし、米国対イスラムの衝突をもっと幅広い衝突の特殊な事例とみる評論家が多い。政治指導者の中にもそうみる人たちがいる。ツインタワーの崩壊は亀裂の存在を露わにした。その亀裂に向かって、政治家や作家、ジャーナリストや学者が、自分たちのグローバリゼーションへの懸念や、無政府状態に対する恐怖や、イスラエルへの罪悪感や、アフリカに対する羞恥心や、未知のものへの不安や、起きてしまったことへの一般的な責任感などに基づいて、数々の解釈を投げ込んだ。

世界は、そこに住む、数え切れないほど多くの人々の利益にかなっていない。「持てる者」と「持たざる者」との間のギャップは広がっている。その原因は、利潤中心のグローバリゼーションや国際企業の海賊的行為、西洋社会の飽くなき消費、「世界の多数派」の周辺化、破綻国家、人権侵害、好不況を繰り返す経済循環、バルカンや中央アフリカその他の地域レベルの危機、エスカレートする中東の暴力、民主主義へのコミットを明言しながら独裁者を支援する西側、絶望的な難民の増大、負債にあえぐ社会、大量破壊兵器の拡散、環境悪化、何百万という人の命と社会の活力を奪うエイズ、等々だ。これらが「西側」に対する激怒の温床とみられている。だが、それでテロの説明になっているのだろうか(11)。貧しく虐げられた人々が、大地や天国を約束する声に鼓舞されれば何でもし得ることを我々は歴史から知っている。アルカイダは世界の貧困層のために語ったのだろうか。ジョージ・W・ブッシュの当選結果の合法性についてどんな疑念があるとしても、誰もオサマ・ビンラディンを選んだわけでもないし、9・11の後に犯人たちの政治的遺言が見つかったわけでもない。

『ニュー・ステイツマン』紙の主筆が9・11の直後に書いたように、あの日の死者数は世界中で毎日下痢(清潔な飲料水の不足が原因)で亡くなる子供の数の半分以下だと指摘しても、ニューヨークとワシントンとペンシルバニアで殺害された人たちの名誉を傷つけるものではない。重要なのは九月一一日を忘れることではなく、世界の日々の在り様を記憶することだ。「別のテロも決して忘れるな」がメッセージであり、米国の偉大な作家マーク・トウェインが手本を示している。一七九〇年代、フランスにテロが広がったときのヨーロッパの震撼ぶりを振り返って、二つの「恐怖時代」があったことをトウェインは指摘した。一つは即時的かつ緊急のもので、「速やかな死の恐怖」をもたらし、もう一つは「空腹、寒さ、侮辱、虐待、悲嘆からくる死に等しい生涯」に至らしめる。前者は「一千人に、後者は一億人に死をもたらす」。あたかも今日のことのように、短期の恐怖については、「我々全てが…恐怖に震え、嘆くことをしっかり教わった」が、もう一方については、「その大きさに対する認識、ないしそれに値する同情」をもってみることを我々は学んだことがないと、トウェインは述べている[12]。テロリズムは忌まわしい行為で、対抗しなくてはならない。しかし、貧困こそ世界最大の殺人者なのだ。

一九九〇年代初めにロバート・R・カプランが予想した「来るべき無政府状態」の恐怖を育んだのは、テロリズムと貧困のイメージだった。彼は西洋人の暮らす快適な島々が、怒涛のごとく押し寄せる異人種・異文化の大衆の犯罪的無政府状態に脅かされ、世界が引き裂かれて「二分岐世界」になると警告した。それは暴力的状態であり、西洋が現在の形で生き延びられるかどうか疑わしいと彼は考えた[13]。9・11はこの「新悲観主義」を証明することとなった。これに対する一つの対応は、ブレア首相その他の指導者のように、世界の「秩序再編」を呼びかけることだった。しかし、どんな新世界秩序であろうが、それは単に一〇年前の方向転換を繰り返すだけの、「新世界」秩序の別のバージョンにすぎないのではなかろうか。

現在の危機は、いつか世界が一つになり一連の共通の価値観を分かち合えると予想した人たちの理想が、いかに馬鹿げたものだったかを示すものだと論じる人もいる。しかし、9・11とそれへの反応から明らかになったのは、諸々の不一致はあるものの、信仰の異なる人々や信仰をもたない人々の間に、適切な行動とは何かに関して広範な合意があるということだ。例えば、テロリズムを政治の道具とすることには幅広い反対がある。もちろん定義上の問題は残っているが、預言者を共有しなくても、行動に関する価値観を共有してきた集団の事例がある。したがって、我々は世界的な価値観の衝突を目の当たりにしているわけではないのであり、これは単純に経験的にもいえることだ。

ニューヨークでは南北が共存している。そのニューヨークを標的にしたのは、近代化の最も典型的シンボルという意味では理にかなっているが、しかし人類のレベルからすれば不適切だった。なぜなら、そこは文化を問わず、あらゆる人々が活気に満ちた場所を共有できる、生きた事例だからだ。数多くの国籍や信仰の異なる人々が世界貿易センターで犠牲となったことが、この事実に対する悲惨な証拠だ。「文明」を分かつ明白な線はない。ここ数ヵ月、西側の指導者たちは、彼らが一九九九年にコソボでムスリムの犠牲者のために介入したと繰り返し指摘している。二〇〇一年一〇月、アフガニスタンへの爆撃が始まったが、ユーゴスラビアのミロシェビッチ元大統領に対する公判の開始で彼らの議論にある程度重みが増した。

いわゆる「西側」と「その他」という観念的世界間の不一致を誇張するのは歴史的な誤りだろう。我々「西側」にいる者には9・11の大量殺人犯の考え方が理解できないかもしれない。が、彼らの動機を理解できる人は「その他」の世界にもほとんどいないだろう。9・11と同じ週に、代表的なムスリム作家、ジャウディン・サルダーは次のように書いている。

イスラムは自爆ハイジャック犯の行為を説明できない。それはキリスト教がガス室について、カトリックがオーマ［北アイルランドの都市］の爆撃について説明できないのと正に同じことだ。あれは、はるか以前にイスラムの道を放棄した者たちによる信じ難い行為だ。

彼は論文のその他の部分で、犯人たちの行為がいかにイスラムの信仰と理論から逸脱したものかを説明している。[14] モハメド・アタの思考様式がアラブ庶民に理解できないのは、ティモシー・マクベイ［一九九五年のオクラホマ州連邦政府ビル爆破事件主犯］の思考様式がアメリカの近郊住民に理解できないのと同じだ。

こうしたこと全てが、「西側」と「その他」というイメージを再検討しなければならいことを示している。このメタ物語が、「西側」と「その他」の諸集団を、あたかも国際政治の絶対的現実でもあるかのように具象化している。繰り返すが、テロリストを除けば人生はもっと複雑だ。自分の住む世界を弁護して、ウンベルト・エーコは次のように書いている。

我々の文明は多元的である。なぜなら、我々は自国のなかにモスクが建つのを認めるからだ。単にキリスト教宣教師がカブールで投獄されたからといって、それを止めたりはしない。もしそんなことをすれば、我々もまたタリバンになってしまう。(15)

最初の一歩が二分岐世界という観念に挑戦することだとすると、次の一歩はマーク・トウェインの警告を受け入れることだ。二つのテロの間には、直接的ではないにしてもある種の関係がある。たとえ我々西洋人が9・11の攻撃による直接的恐怖に対処しようとしている今でも、我々がこれまで見ることを学んでこなかったもう一つの恐怖を克服しようとすることは、それ自体が勝利の始まりを示すことになるだろう。

テロ 対 対話

テロリズムとは、人々の行動を左右したり、懲罰を課したり、あるいは報復のために、一般の市民やインフラを標的に暴力を振るう（あるいは意図的に恐怖を呼び起こす）政治活動の一手段だ。犯人としては、標的グループに、今日を恐れさせ、明日を恐れさせ、お互い同士を恐れさせることが要点だ。(16) テロは行為であって、イデオロギーではない。その手段は暗殺、大量殺戮、ハイジャック、爆弾攻撃、誘拐、威嚇などで、それは国家の仕業でも、個人的グループの仕業でもあり得る。

西側諸国は、国家がテロを行い得るということを一貫して否定しようとしてきた。テロには「民衆に不利で政府に有利」という傾向が常にあった。(17) 政府の場合であろうが個人的グループの場合であろうが、テロかどうかの判断材料に動機を入れるべきではない。テロかどうかは手段によって分かれるのであって、動機によるのではない。たとえ動機が祖国の解放のような高尚なものであっても、それはテロ行為によって変形されてしまう。しかし第三世界諸国は、解放運動がテロ行為を犯し得るということを一貫して否定しようとしてきた。「多くの」国家が個人に対する特殊なテロ形態である拷問を日常的に利用しているにも拘らず、「全ての」国家がテロリズムという特別な非難だけは否定する。テロと拷問は、道徳的には共に正当化されない手段だが、「最悪の非常事態」という脈絡で、実用主義的に正当化されている(18)。

「テロ」という言葉がフランス革命のとき知られるようになったことは、思い出すに値する。それは市民個人の奪うべからざる権利と自由に関する思想が始まった時代でもあった。その後二世紀にわたって、ヨーロッパ諸国は、対話と協議に基づく国内の政治制度に、こうした価値観を徐々に組み込もうとした。しかし、対外関係においては、テロ（代理人によるテロも含まれる）を自国の権益を増やす正当な武器とみなした。二〇世紀の悲劇的逆説の一つは、啓蒙思潮の発展に最も深く関わってきた諸国が、現代のテロ集団が及ばないほどの野蛮行為を犯してきたことだ。比較的安価な大量破壊兵器が市場に登場したことで将来的には変わり得るとしても、国家はテロの演出家として非国家組織よりも依然としてはるかに重要だ。

テロ行為はあらゆる大陸で行われてきた。犯人の所属する宗教や民族は様々だが、イスラム世界の政府やネットワークが最も極端なテロを行ってきた。これは国家間紛争（イラン・イラク戦争）にも、国内紛争（例えばアルジェリアのイスラム教徒による暴力）にも当てはまる。ウォルター・ラカーによると、「ムスリム諸国およびムスリム少数派は、世界の国内テロ紛争のほぼ九割に巻き込まれている(19)」。ラカーが明らかにし忘れたことがあるが、それは多くのこうしたケースで（ボスニアやパレスチナなど）、イスラム教徒が暴力の主たる原因ではないということだ(20)。

信仰が国家や非国家組織にテロを強いるのでないとすれば、それは貧困だろうか。あたかも貧困自体が急進主義を生むかのようなこの種の説明が常識となっている。しかし、急進的な考え方と豊かさが併存する事例を挙げるのは実に簡単だ（例えば、米国のキリスト教原理主義）。誰がテロリストになるかは単なる不当な環境の結果ではない。オサマ・ビンラディンとアルカイダは中東の貧困層に属してはいない。彼らは、利己的なエリートが貧困層の苦情を押さえつけ操作するという長い伝統に属している。

アルカイダ（「基地」を意味する）は、テロには物的剥奪以上に、いかに複雑な原因があるかということを示している。西洋と戦争するために、ビンラディンたちは約五千人のテロリスト専門部隊を築き上げた。アルカイダは、洞穴をねぐらとする移動軍団といったお決まりのイメージとは違って、「近代的で、近代的な手段を使う」[21]。この近代的手段の一つが、ビデオを使って自分たちのメッセージを伝えることであり、それはアラブの衛星テレビで放送され、世界中に報道される。ビンラディンはこういうメッセージを通じて、世界のアラブ人とイスラム教徒の象徴的な運命に言及し、利用する。彼は「兄弟たち」に「立ち上がれ」、そして「異教徒」から「イスラムを守るために死のう」と告げる。彼は、「イスラム教徒はイスラム教徒と同盟しなくてはならない」と、追従者に選択の余地を与えない[22]。

イスラム諸国は西側諸国から不正を受けたという感情が広がっているので、こうしたメッセージは多くの一般イスラム教徒の心の琴線に触れる。しかし、中東の政権の多くが選挙で大衆に選ばれたものではないために、このような怒りは容易に発散されない。更に、教育のある中流階級は概して協議や包容力といったもう一つの価値観を擁護しようとしない。急進派はこの間隙を利用して、アルジャジーラのような実質的に反米のテレビネットワークを通じてイスラム擁護を始める[23]。

テロは民主主義に基づく政治概念とぶつかり合う。理想的な政体では、政治活動は対話に基づき、参加者は自分の道徳的信条の普遍性を人々に合理的に説得しようとする。(24) 多数派と異なる価値観や信条をもつ人の意見も、暴力の心配なしに尊重され、文化の違いの問題は平等という枠組の中で協議される。

たとえテロとの戦争でアルカイダのネットワークを打ち負かすのに成功したとしても、彼らが利用してきた政治的問題が解決するわけではない。それは、恐怖や憎悪、そしてどんなことをしてでも歴史を変えたいという意志とぶつかりあう価値観を育むことによって、初めて達成できる。この点、現在盛り上がりをみせている、穏健な意見と人権そして宗教に対する寛容を求める声を強めようとする動きに関係する全ての人に責任がある。核物質が比較的簡単に入手できる世界では、こうした取り組みは道徳的かつ容易周到であるべきだろう。文化・文明間およびそれぞれの内部での対話が盛んにならない限り、核を使ったテロは恐ろしい現実的可能性だ。

武力と法律

力の世界と法の世界との衝突は、テロと対話との衝突に対比できるが、一つ重要な違いがある。それは、テロは常に不法行為だが、武力行為には正当な場合があるという点だ。武力は武装解除やテロリストを打ち負かすために使われ得る。これが国連の立場であり、9・11以来世界の多くの人々がとってきた立場だ。しかし、たとえ力の世界と法の世界が必ずしも衝突しないことを認めるとしても、テロリストに武力で立ち向かう人々は自分の行為の合法性を確保するよう極力注意する必要がある。非常に危険なのは、テロとの戦いが残忍な行為を引き起こし、それがある意味でテロリストの勝利を意味する可能性があることだ。

不法な暴力に陥るのを防ぐには、いくつかの条件を満たさねばならない。第一に、「自由と正義のための」戦争の指導者たちは、あらゆる平和的手段が尽くされたこと、あるいは無効だったことを確認しなくてはならない。第二に、大義の正当性に疑問があってはならない。第三に、戦争行為の責任者は戦時法規の制限内で行動しなくてはならない。

一〇月八日、Ｂ52爆撃機およびＦ14戦闘機がアルカイダの基地を攻撃し、「不朽の自由作戦」が開始された。このタリバンに対する武力攻撃以外に、別の作戦はなかったのだろうか。９・11の犯罪は国際的な警察の捜査活動で対処できなかったのだろうか。支援容疑者の罪の有無を裁く適切なメカニズムは国際法だと多くの人が主張した。確かに米英両政府はビンラディンとあの残虐行為とを結びつける証拠を公にした。しかし、それはパウエル国務長官がいったように[25]、「かなりよい情報」以上のものではなく、もっともな疑念を打ち消し、有罪を確定するものではなかった。ここでは、民主的社会の中心的テーマが危険に晒されている。なぜなら、容疑者の罪状を確定するのは犯罪の犠牲者（ないし犠牲者の政治指導者）ではなく、唯一公正な法廷だけだからだ。しかし、このような状況では米国の法廷に公正を期待できないので、ミロシェビッチ前大統領の公判のように、ハーグに国際刑事法廷を設置するのは十分に理由のあることだ。

　テロの容疑者の逮捕と告訴は、テロリストおよび彼らをかくまっているとみられる諸国との世界的戦争によらない解決策の一面にすぎない。この試みは市民社会の支持をいくらか得たが、すぐに下火になった。これは一部、重大な現実的懸念のせいだった。主な問題は、９・11の攻撃の計画に関与したとみられる容疑者たちが、彼らの引き渡しを望まない主権国家内に保護されているというときに、軍事力を使うことなく、どうやって彼らを逮捕するかということだった。また、たとえ主要容疑者を慎重な警察および諜報活動によって逮捕したとしても、裁判が「勝者の法廷」で行われるなら、多数のイスラム教徒が有罪判決を受け入れないだろう。法的手続が有効であるには、告訴する側だけでなく告訴される側の目にも、一定の合法性がなくてはならない。これがないと、ビンラディンと仲間を提訴しても、格好の見世物として利用されるにすぎないだろう。

　国際的な警察活動という考え方を支持する者が米国にはほとんどいなかったが、これは驚くに当たらない。米政府は「何かをする」ほかなく、その何かとは軍事行動だと解釈された。この戦略は危険だ。たとえ軍事目的がアフガニスタンにあるアルカイダのテロ能力の排除に限定されていたとしても、何をもって勝利とするのかはっきりしない。テロとの戦争の問題は、勝ったかどうかが誰にも分からないことだ。この「新しい型の戦争」では、敵の最後の陣地を占領したと確信するときがない。その陣地はフロリダにあるのかも知れないのだ。では、いつ勝利の旗を掲げたらよいのだろうか。テロリストたちは寝て待つかもしれないし、別の国の細胞組織に移動するかもしれない。彼らは即座に反撃せず、何ヵ月も何年も先の報復攻撃を計画するかもしれない。あの９・11のように、晴れわたった青い空にもう一回衝突が起きて、無辜の人々を傷つけ、再度恐怖の衝撃を生み、世界を変えてしまうかもしれない。

軍事的解決には多くの障害がある。特に、勝利が「テロ組織およびテロリストをかくまい支援する組織に対する一連の決定的な行動」と、広く定義される場合にはなおさらだ。[26] 軍事的解決には危険が伴うにしても、いったい正しいのだろうか。米国の軍事行動に従来から久しく反対してきたリチャード・フォークすら、これは「第二次世界大戦以来最初の、真の正義の戦い」だと主張した。[27] オサマ・ビンラディンについては、アメリカ人とユダヤ人を大虐殺する意志があり、際限のない文明間の戦争を目標とすることから、対話を通じて解決を図ることはできなかったというわけだ。懲罰や抑止を含め、様々な理由を挙げて言い訳をする。しかし、米国政府の代表は、自らの行動を公式に正当化する必要に迫られた場合、自衛という口実に訴えてきた。自衛のために何が許されるかについては依然として多くの法的議論が残されているが、重要な点は、米政府の主張が二つの国連安保理決議（九月一二日の決議一三六八および九月二八日の決議一三七三）で支持され、その他の多くの国際フォーラムで承認されていることだ。だが、こうした支持は、テロ容疑組織や彼らをかくまうテロ容疑国家に対する将来の軍事行動をも含むと解釈されるべきではない。特にそれが、タリバンがほぼ完全に国際社会から葬りさられたから、という理由であってはならない。

たとえ大義の正当性が、軍事力を使う十分な理由になると考えられるとしても、市民への危害を最小限に抑えるあらゆる努力をしない限り、法と力の世界は依然として衝突する。付帯被害の可能性を査定するための法律家の関与も含め、アフガニスタンでは標的の設定に多大な注意を払ったというのが公式見解だ。軍事作戦を指揮したフランクス将軍は上院軍事委員会で、「これはこれまでで最も正確な戦争である」と述べた[28]。しかし人権擁護団体や研究者による非公式の見解によると、民間死傷者が数千人に上るとともに、依然として人道上の災害が続いている。誰を信じるべきだろうか。それに答えるには時期尚早だ。もっと信頼のおける証拠が集まれば、米国の戦略の正当性を検討するときに、民間死傷者の規模が重要な役割を果たすだろう。

軍事的対応以外にアメリカ市民の大半が納得する選択肢はなかったのかもしれない。しかし、犯罪との戦いではなく戦争を選択したことで、テロリストの論理を再生産する危険を冒したというのが、米国の政策を批判する人たちの主張だ。戦争が唯一の勝利の手段だと自分を納得させるとき（聖戦士たちがそうしてきたように）、我々は自分の大義について独善的となり（イスラム教徒がそうであるように）、戦闘員と非戦闘員の区別を曖昧にする危険を冒す（アルカイダが「アメリカ人と彼らの仲間を殺せ」という命令を出したときのように[29]）。これは、9・11のテロリストの残虐行為の責任者と、テロとの戦争を主導している人たちの責任が道徳的に同等だと言うのではない。むしろ、犠牲者があまりにも頻繁に暴漢へと変身することへの警告だ。このことに留意して、我々の軍事行動が敵に何を及ぼすかだけでなく、我々自身に何を及ぼすかについても考えることが重要だ。

国家とネットワーク

9・11は、国家と非国家間の歴史的競争に新たな一章を開いた。中世末期以来、主権国家が都市国家、帝国、宗教的体制、王朝、封建領主など、その他の政治体制を打ち負かすようになった。二〇世紀の植民地解放の波にのって、最初は主にヨーロッパで整備された国家規範が世界各地で模倣された。アフリカやアジアでも、政治的共同体の境界線は人口、政府、および境界の定まっている領土との間の法的関係によって定められた。たとえ、これらの新しい国家が弱体で領土を統制することができなくても、他の主権国家に引続き認知され、「国際社会」の一員としての通常の特権が全て与えられた。

国際秩序の現実は、必ずしも地図上の細い線に従ってきたわけではない。強国でさえ、強制的に、あるいは合意に基づき定期的に自国の主権について妥協を余儀なくされてきた。例えば、第二次世界大戦の戦後処理において、ドイツが安全保障政策上の自主権を放棄させられ、ヨーロッパ統合の過程でも同じくドイツは経済的自主権のかなりの部分を放棄させられた。歴史を詳細にみると、独立した主権領土という法的概念は常に唯物論的、あるいは観念論的概念の挑戦を受けてきたことが分かる。(30)

9・11に関する一つの驚くべき側面は、いわゆるウェストファリア体制で確立していた国際規範の多くがぐらついたことだ。敵は国家ではない。犯人たちの直接の目的は領土の奪取ではなく、思想上の力関係を変えることだった。その場合、各々の戦争はアルカイダが長期のゲームと見なすもの、すなわち異教徒に対する聖戦の単なる一手にすぎない。この戦争の手段も、歴史に残る国家間抗争とは大きく異なる。国家の代理人が直接暴力を振るうのではない。その標的も敵の軍隊ではなく市民だ（こうした行為は、国家および反体制運動に適用される現行国際法規に違反している）。(31)

技術進歩によって遠隔地でのテロ活動が容易になった。携帯電話とインターネットがテロ組織の連携プレーを可能にした（しかし、同時にその追跡も可能になった）。ウェブ上の文献のお蔭で、9・11の犯人たちは世界貿易センタービルの設計に関する情報を入手できた。更に、今では非常に正確で、破壊力の大きい、持ち運びの容易な武器ができている。しかも、世界はあらゆる種類の武器で溢れており、入手しやすくなった。それに加えて、非軍事力（航空機、産業用爆薬、科学物質、等々）の破壊目的への転用の可能性も大きい。9・11にテロリストがしなくてはならなかったのは、非軍事力をどうやって解き放ち、向きを変えるかだった。二機の民間航空機はツインタワーに「一キロトンの爆発力」を「恐るべき正確さで」投下することができた(32)。

テロリストのネットワークには武器以外にも必要なものがある。つまり基地も必要なのであり、これが、米国がアルカイダと「緊密な同盟関係」(33)を保ってきたタリバン政府を武力攻撃した理由だ。ビンラディンのネットワークは、一九九〇年代後期のアフガニスタンを飲み込んだ内戦で、タリバンを軍事的、経済的に支援した。その見返りとしてタリバンは、アルカイダの戦闘員と彼らの武器が自分たちと共通の目的に使われるという認識の下で、アルカイダに一二余りの訓練基地の設置を容認した(34)。しかし、それは発展を約束された同盟関係ではなかった。現代社会がいかにテロリストの武器に弱いかということをよく耳にする。それは正しい。しかし、確固たる現代社会の最新兵器に対しては、脆弱な破綻国家は、比較にならないくらいに弱いのである。

9・11は、国境を跨ぐネットワーク組織が国家権力を引き出す過程、およびそれと並行して、国家が国際関係における重要性を再び主張する過程を示している。爆撃開始三週間後にタリバンの追放が米国の戦争目的だと表明される以前(35)、米国はカブールの新体制と取引しようとしていた。中央および西アジアの豊富なエネルギー資源へのルートとなる可能性から、米国の政治家や企業の指導層は活発な商業外交を展開していた。一九九八年、現副大統領のディック・チェイニーは次のように述べている。「これまで、カスピ海ほど、ある地域が突如として戦略的に重要となった時代があったとは考えられない」と。もっと具体的に、ある米国の外交官はこの悲劇的国家にもう一つのサウジアラビアのビジョン、つまり「パイプライン、国王、多くのイスラム法、そして国会のない」国をみていた。彼は更に、「我々はそれに耐えられる」[36]と付け加えた。

しかし、米国はタリバンへの対応振りを概して道徳的観点から再検討していたのだから、米国が地理的関心だけで動いていたと考えるのは誤りだろう。これに関して、次の二つの要素が重要だ。第一には、アフガニスタンが依然世界最大のアヘン輸出国だったということであり、次には同政府の身の毛のよだつような人権侵害の記録が、クリントン政権が信望する民主主義の理想と衝突したことだ。その結果、ワシントンでも国連でも、タリバンは次第に疎外されていった。国務長官、マデライン・オルブライトの言葉によれば、「我々がタリバンに反対するのは、女性や子供に対する扱い方のせいであり」、また「彼らが総体的に人間の尊厳を尊重しないからである」[37]。

ハイパー（超）・グローバリゼーションというプロパガンダの影響で、多くの人が国家以外のアクターに目を眩まされてきた。しかし、9・11は国家が引続き力をもっていることを明らかにした。アルカイダは国家構造が弱体ないし存在しないところで勢力を強めた。諸外国および民間のアクターの資金援助を得ながら、アルカイダは、国内紛争をかかえるアフガニスタンとイエメン政府を支援するのと引き換えに、両国内に基盤を築くことができた。植民地独立後の世界における長期の国家形成（および衰退）過程は、超国家的ネットワークと複雑に関連している。それはちょうど植民地時代に、貿易会社と宗教が国家システムを、その中心のヨーロッパから世界中に広げるのを助け、煽動したのと同じだ。この意味で、9・11とテロとの世界的戦争は、領土権と超国家主義とのダイナミックな相互作用を根本的に変えてはいない。

力のコミュニティーとコミュニティーの力

マキャベリのような偉大な〝国家理性〟の専門家は、指導者の責任は第一に権力を組織することにあると語る。これは、自国民に対して暴力で威嚇するか実際に暴力を振るう他国民に対して、強力な防衛力と処罰する力をもつことを意味する。この教義を現代に置きかえると、それはコミュニティーの保護者として、コミュニティーの価値観や制度や文化を守る条件として、国家を最優先することだ。したがって、近代諸国は力のコミュニティーだと考えられる。

あらゆる教義と同様に、〝国家理性〟にはいくつかの競合する解釈がある。安全保障が近隣諸国の征服につながるような拡張主義的解釈もできる。〝彼ら〟が別の価値観と信条をもつ、別の力のコミュニティーだということ自体が、〝我々〟の脅威となると考えられる。これは歴史上有名な「安全保障のジレンマ」であり、ある国が他国の意図に対して抱く解消不能な不安だ。[38]「テロとの戦争」は、既にいくつかの地域で安全保障のジレンマの留め金を外した。ポスト冷戦期を表す適当な言葉がつくられる前に、心理的にも機能的にも、既に我々は同じコースを進んでいるようにみえる。その類似性は驚くほどだが、我々はこれまで何回もこういうことを経験している。例えば、一三世紀にスペインのイスラム教とキリスト教との対立を表したのが冷戦（guerra fria）という言葉の起源だ。[39]

力のコミュニティーとしての行為とコミュニティーの力としての行為との衝突は、西側の9・11への対処に関する議論で明かだ。犠牲となった国家にとっては、新たな展開を伴ってはいるが、この衝突は米国が外国と交戦する際の古くからのジレンマを表す。安全保障とは他と張り合って成し遂げられる状態だという認識で社会を守ることができるのか（国家安全保障）、それとも安全保障は最終的には他と共に初めて達成できるのか（「共通安全保障」）。この区別は単なる意味論ではない。外交活動と軍の配備に関する今後の展開はそれぞれ別々の事柄だ。米国にとって、今後の選択肢は、狭義の国家の利害を通じて安全を求めるか、政治的コミュニティーをできるだけ大規模に耕すことによるかだ。それは、〝国家理性〟が示すように、米国を単独の運命共同体とみるか、多数の「運命を共にする重なり合うコミュニティー」とみるかの問題だ。[40]

ブッシュ政権は、9・11の直後には「同盟構築」に関して正しい言葉を強調したにも拘らず、明らかに単独行動への衝動が勝ったようだ。NATOは今どこにいるのだろう。EU、あるいは国連は。米政府高官や評論家の中には、多国間協調路線は不要だと考える者がいて、チャールズ・クラウサマーのように、「米国は他の誰にも憚ることなく、望むことは何でもできる」とあからさまに主張する。[41]パウエル国務長官のようにより慎重な人でも、米国の行動に関して、国際機関の許可は一切不要だと信じている。米国主導の対イラク戦争は米国が率いる同盟の重要な試金石となるだろう。とりわけアラブ世界においてはそうだ。その戦争が始まり、そして成功したとして、どうなるのだろう。その結果は、米国の軍事力の更なる世界的拡大ではないのだろうか。そして、米国は、過去の極めて多くの大帝国のように、自滅することになるのだろうか。「悪の枢軸」は現在直面する現実的危険というより、現行の境界線を越えようとする大帝国の傾向を帯びた、地理的野心の合理化なのだろうか。

一九八〇年代、共通安全保障の考え方は、非常に多くの問題が国境を越える問題となり、狭義の国家安全保障と、平和や環境や基本的権利の追求など共通目標の達成が一致しないという意識の拡大と、機を一にしていた。安全保障が共通の価値だという意識は米国本土への直接攻撃によって劇的に高まった。9・11は世界最強国家が不可侵ではないことを示した。特に二回の世界大戦を経てからの西欧はそうだが、共通のコミュニティー意識が安全保障の最強の基盤だということを学んだ地域がある。対照的に、イスラエル・パレスチナ関係ではそういった意識は全くと言ってよいほどない。9・11の数週間前、ムスリムのジャーナリスト、ファイサル・ボディが「神のための爆撃」の美徳を称賛する記事を書いた。[42]「イスラム社会では」「我々はいわゆる自爆殉教者を祝福する」と。中東では七五％の人々がイスラエルに立ち向かう自爆殉教者を支持するという世論調査結果を彼は引用した。自爆殉教者のメッセージは「残酷なまでに明白」で、「パレスチナ人が尊厳をもって平和に生活できない限り、イスラエル人も同じくそれを期待することはできない」と彼は言う。このあけすけな警告は、今や侵害された米国が、テロリストを追及する一方で留意すべき点だ。

米国とその同盟国が9・11の攻撃にどう対応すべきかを巡る議論は、長期戦略よりも主に即時的対応に焦点が当てられてきた。共通安全保障の線に沿った根本的な代替案に関して決定的な意見は表明されていないが、注目すべき例外は二〇〇一年一〇月の労働党大会におけるブレア首相の演説だ。彼は次のように述べた。

世界中で、9・11は政府と人々に反省を迫り、考えさせ、そして変えさせようとしている…皆が一緒になろうとしている。コミュニティーの力が自己を主張している。我々は、フロンティアが新たな世界的脅威に直面していかに脆弱であるかを認識しつつある。

彼の調子は福音主義的だが、彼のテーマはカント的だ。[43]「これは逃さず捕えるべき瞬間だ。万華鏡は揺すられ、中の小片は舞っている。それは間も無く底に落ち着くだろう。その前に、我々をとりまく世界を再編しようではないか」。彼は次のような言葉で演説を締めくくった。「我々は、共同の努力の力によって、一人のときより多くのことを一緒に成し遂げることができる」。[44]ブレアは正しくもあり、間違ってもいた。本当の国際コミュニティーが現存の万華鏡の小片を揺すり直すことによって実現すると考えたのは誤りだった。世界が真実再編されるには新しい小片が要る。人々は単独でするより、共同ですることで更に多くを達成できるという考えは正しい。万華鏡の古い小片がまもなく落ち着くという予想にも先見の明があった。そして、それは既に落ち着いた。しかし、かの瞬間は未だに捕えられていない。

世界をつくるのは誰か

思想界およびパワーゲームにおける諸々の衝突がストレスに満ちた現代を形づくっている。9・11の衝突し合う世界の超克を多少なりとも期待するとして、信頼できる導き手は誰だろう。あのあるまじき朝の煙と残骸の向うまで見通し、同じことを二度と起さないために何をすべきかが分かるのは誰だろう。誰が世界秩序を再編するのだろう。そして、誰の利害が優先されるのだろう。単なる政治屋と偉大な政治家を区別する伝統的な方法は時間だ。政治屋にとっては、問題解決とは目の前の問題と次の選挙に取り組むことを意味する。偉大な指導者にとって目の前の問題は真の問題ではない。これは症状を問題とするか、その原因を問題とするかの違いでもある。この点、ホワイトハウスの最大の関心事は症状であり、9・11に関係したテロリストを探し出し、彼らをかくまった者たちを脅すことだった。短期的には、この戦略は当初の予想以上に成功を収めた。安上がりに、ほとんど完璧な勝利を収めた、ほぼ死傷者ゼロの「自衛」戦争は、模範的軍事作戦の定義をなすだけでなく、大統領再選に向けての効果的選挙運動の基盤でもある。

「テロとの戦争」も含めて、今日の問題は真の問題ではないという声が世界には多い。9・11は、激怒を発芽させ非情な指導者が決死的共犯者という果実を収穫できる、温室型世界秩序のおぞましい症状だ。折悪しく、9・11のはるか以前から急進主義は熟していた。二〇世紀末、世界各地で人々の理性に別れを告げる傾向が顕著となった。このことは、バルカンの極端なナショナリズムにおいても、ルワンダの大虐殺の心理、タリバンの狂信的な宗教的信念、米国のキリスト教右派の原理主義、一部のイスラム世界の不寛容、東欧の反ユダヤ主義などにおいても、多くの社会に見られる超常現象や治外法権や「ニューエイジ」への関心においても、明らかだ。我々は神が死んでいないことを学んだだけでなく、一世紀前にG・K・チェスタトンが述べたように、何も信じないよりも何でもよいから信じる方が多くの人にとってやさしいということも学んだ。

かのテロリストたちは自分の人生に意味を与える信仰をもっていた。しかし、その信仰の何たるかは、理論的にも、心理学的にも、また政治学的にも議論の余地がある。モハメド・アタの唯一の証拠となっている輸送が遅れて残った手荷物には、大きな政治闘争に繋がるものは何もない。政治闘争は、国家や社会の意味の枠組を築く際の選択肢ではない。冷戦が終焉しソヴィエト帝国を失ったとき、米国はその役割を見失った。しかし、「ポスト冷戦」が、九月一一日に、未来と衝突したとき、米国はそれを見つけ、「テロとの戦争」となった。急進主義と恐怖が米国社会に意味の枠組を与えた。それはグローバリゼーションの年中無休の取引では不可能なことだった。もちろん、テロリストの多くが宥和政策、抑止政策ともに超越しているのだから、何らかの安全保障対策がとられるべきだ。しかし、もしテロが単に暴力のエスカレートを意味するなら、恐怖が国際関係で至高のものとなり、テロリストはある種の勝利を収めることになろう。

エドマンド・バークは一七五七年に書いた『気高さと美について』*On the Sublime and Beautiful*で、「恐怖ほど見事に人々の心から行動力と理性の力をことごとく奪う感情は他にない」と述べている。これは、既にここ数ヵ月間、恐怖の力を体験し、恐怖が疑いや集団思考や非情さを増し、しばしば知らぬ間に他人に対する最も粗野な感情を増幅するのをみてきた我々への重要な警告だ。恐怖が支配する時、今後の数ヵ月ないし数年について悲観的なシナリオを提供するのは難しくない。

それは、どれほど悪いシナリオになるのだろうか。この質問は奇妙に思えるかもしれない。なぜなら、九月一一日から半年が過ぎ、アフガニスタンの戦争で勝利が宣言され、カシミール問題は爆発せず、パキスタンとサウジアラビアの「友好的」政府は今も政権に留まり、オサマ・ビンラディンは公衆の前から姿を消し、別の大規模なテロ攻撃も起きていないからだ。それはそのとおりだが、しかし危険はどこにでもある。

アフガン情勢はまだ極めて不確かだ。地上での戦闘と爆撃が今も続き、タリバンとアルカイダの主要メンバーは逃れてしまい、アフガニスタンは混乱の中で貧困に喘ぎ、軍閥に牛耳られている。それは、歴史に頻繁にみられるように、そのうち希望の墓場となるかもしれない。隣のパキスタンでは、現在の「西よりの」政府は脆弱であり、カシミールやインドにおける事件を端緒として、原理主義勢力によるクーデターが起きる可能性が残っている。インドでは、民族主義的ヒンズー教徒とイスラム教徒間の暴力が危険なまでにエスカレートしており、既に数百人に上る犠牲者を出している。したがって、カシミールは、一九四五年以来の、核使用の可能性が依然として最も高い場所だ。

南西アジア情勢が今にも沸騰しそうなところとするなら、中東は既に煮こぼれている。イスラエルとパレスチナ間の紛争は、他の混乱に刺激され、またそれらを刺激しつつ、今にも血の海となりそうだ。その結果は想像を絶する。もし、テロとの戦争が拡大してイラクを含むなら、サダム・フセインは地域を分断するために先手を取ってイスラエルを攻撃するかもしれない。そうなれば、既にいつ爆発してもよい状態の「アラブの市街」に点火するだろう。時に、サウド王家の基盤は不安定だと考えられている（それに伴って、西側諸国への安い石油の供給も）。そのうちオサマ・ビンラディンが復活し、二〇年前にアヤトラハがテヘランに凱旋したように、メッカに戻るのだろうか。更に、フィリピンとインドネシアの安定を懸念する声がよく聞かれる。その懸念は、大きなイスラム人口を有する国なら実にどこにでも当てはまる。

もちろん、多くの西側諸国にイスラム教徒の社会が広く存在する。テロとの戦争が拡大し、激しさを増し、イスラム教徒の犠牲者の数が大きくなると、多文化主義に緊張を生み、破綻させてしまうかもしれない。既に米英の市民社会では、「安全保障」の名による市民の自由の侵食が懸念材料となっている。移民や亡命希望者などよそ者に対する後向きの姿勢が広まっている。更に厳しいことには、指導者たちはどこでも、反テロを利用して国内の反体制派との対決を合法化しており、政治的ボーナスを獲得したのは、一人プーチン大統領だけではない。

テロとの戦争は長期戦争だとブッシュ大統領は常々述べているが、それは確かに正しい。四〇ヵ国にまたがって諜報員がいるといわれるアルカイダを鎮圧するのにどのくらいの時間がかかるだろう。北アイルランド問題が示すように、どれが最後のテロ攻撃なのか誰にも分からないのだから、今度のテロとの戦いで勝利のパレードをすることがいったいできるのだろうか。これまでの伝統的な戦争では、勝利は領土の占領によって保証された。しかし、世界的なテロとの戦争では、ある意味で領土を世界的に占領するだけでなく、人心を獲得する必要がある。米国の戦略は、前者の、領土を求めて軍事的インフラを世界中に拡大することだ。後者の、人心については、今のところ米外交はそれほど効果を上げていない。ある程度いつものやり方が戻ってきて、米国は力を誇示し、それは短期的には功を奏したものの、勝利はほど遠い。今日、何人の自爆犯が生まれたのだろう。こうして書いている間にも、「超大作」が計画の最終段階を迎えているのかもしれない。それは核かもしれないし、生物化学兵器かもしれないし、単に伝統的な破壊手段かもしれない。本書の原稿が提出されてから出版されるまでの数ヵ月の間に、世界は再び国際政治の芯まで揺すぶられているかもしれない。

米国をはじめとする西洋列強が直面している選択の問題は、単に短期的か長期的かではなく、テロの時代かコミュニティーの世界の建設かだ。前途にかすかでも希望があるなら、短期的問題をなんとかしなくてはならない。ここで、今日使う手段が明日到達するやもしれない目的を形成する、というアルベール・カミュの確信を思い出すのは有益だ。(45) これはマキャベリー主義の、目的は手段を選ばないという概念に挑戦するものだ。ガンジーにとって、「目的と手段は同じ」だった。

具体的「目的」は手に入れられないかもしれないが、「手段」はそうではない。(46) これは完璧な人間を求めているのではなく、勝利の意味の再認識を求めているのだ。恐怖が勝るのを許してテロに勝利を与えるのではなく、どんなに不完全であっても、我々が追求する目的に道徳的に相応しい手段を採用することで、テロは今日にでも打ち負かすことができる（たとえ、根絶はいかなくても）。キューバでの捕虜の処遇や国内の反対派の処遇は試金石だ。必要な安全保障上の措置を講じるのに加えて、手段による勝利のアプローチには、法律を単なる強国の道具としないという列強の断固とした決意も含まれる。また、グローバリゼーションの人間化も優先課題であり、強制的命令ではなく対話によって、世界的な人権尊重文化が創造されるだろう。このような目的としての手段は、テロに対する日々の勝利を意味するだろう。政策目標が狭義の国家安全保障の一つに限定されるなら、九月一一日が我々共通の昨日というだけでなく、危険が我々共通の明日だともいえるだろう。

第一部　テロ

第2章　歴史と9・11[1]

フランシス・フクヤマ

9・11以後、国際政治は突如ギアチェンジしたように見える。ドットコム時代（今では遠い昔の魔法の時代のように思われるが）には、米国は順風満帆だった。自由民主主義の最後の強敵だった共産主義が、それ以前のファシズムや君主制とちょうど同じように崩壊してしまい、アメリカ経済は華々しい成功を収め、世界のあらゆる地域で民主主義制度が進展しているように見えた。科学技術が地球村を更に緊密に結びつけ、伝統的国民国家を無意味にしてしまうと言われた。しかし今は、全てが違って見える。米国は空前の見事なまでの本土攻撃を受けたあと、アフガニスタンのタリバンとアルカイダとの戦争を始め、第一段階の作戦が上首尾に終わると、今はイラク攻撃の準備を整えつつある。現在、多数のイスラム教徒が米国との戦いに動員されており、世界各国はどちらにつくか選択を迫られている。開かれた国境およびモノと人の自由な移動に依存する、かんばん方式経済を安全保障問題が妨害している。

いま何が起きているのだろうか。我々が見ているのは、西洋対イスラムという数十年にわたる「文明の衝突」の始まり、たまり場アフガニスタンから世界の更に広い地域を巻き込もうという無情な争いの始まりだろうか。飛行機や超高層ビルや生物実験室など、自由を促進すると思われた正にその科学技術が我々に敵対し、ついにはそれを食い止めることができなくなるのだろうか。あるいは、オサマ・ビンラディンとタリバンが一掃され、そのネットワークが撃退されれば、現在の争いがおさまり、元の統合し続けるグローバル経済の世界が戻ってくるのだろうか。

一〇年以上前、我々は「歴史の終焉」に到達してしまったと私は主張した。それは歴史的な出来事が止まってしまうというのではなく、諸々の異なる統治形態を通じて発展すると理解されている人間社会の歴史が、現代の自由民主主義と市場資本主義でその頂点に達してしまったという意味だった。(2) 9・11以来の出来事にも拘らず、この仮説は今もって正しいと私は思っている。米国その他の先進民主主義国が代表する近代性が、今後も国際政治の支配的勢力に留まり、自由と平等の基本原則を具現する西洋の制度が世界中に広がり続けるだろう。

9・11の攻撃は、乗りたくない人々には高速貨物列車に見える現代社会への、絶望的な反動を表している。我々は直面している課題に真剣に目を向けなければならない。なぜなら、たとえほんの少数の人々を代表しているにすぎない動きでも、現代社会に甚大な損害を与える力をもち、我々の文明の有効性について、のっぴきならない疑問を提示するからだ。憎悪に満ちた反米ないし反西洋勢力の手に大量破壊兵器があり、その使用が現実的な脅威となっている。テロとの「戦争」を進めるにあたって米国人が直面する重要問題は、この根本的な挑戦がどれほど深刻なものか、それに対処するにはどの種の味方を集めることが可能で、何をしなければならないのかということだ。

文明の衝突なのか

著名な政治学者サミュエル・ハンチントンは、現在の争いが「文明の衝突」に転化する可能性があると主張している。この文明の衝突は文化的軋轢の一種で、彼が数年前に冷戦後の世界を苦しめることになるだろうと予測したものだ。(3) ブッシュおよびブレア政権は、今の戦いはテロリストとの戦いであって、西洋とイスラム間の戦争ではないと適切な主張をしてきたが、ここには明らかに文化の問題がある。

米国人は、自分たちの制度や価値観、つまり民主主義や個人の権利や法治や自由経済に基づく繁栄は普遍的な願望であり、機会が与えられれば、最後には世界の誰とも共有できる願望だと考えたがる。アメリカ社会は、いかなる文化を背景とする人にも魅力があるとも考えがちだ。そして、何百万人もの移民が、世界各国から自国を逃れ米国や他の先進国に移住してくる事実が、その証拠のように見える。

しかし、9・11以来の出来事はこの見方に反している。モハメド・アタなどハイジャック犯の何人かは、西欧で暮らし学んだ知識人だったが、西洋に誘惑されなかったばかりではない。飛行機でビルに突っ込み、それまで生活を共有していた何千人もの人を殺害しようと思うほど、彼らは自分の見たものに不快感を抱いたのだ。オサマ・ビンラディンや仲間のイスラム原理主義者に関する限り、この文化の断絶は決定的なものだったようだ。西洋の価値観が普遍的だと考えるのは、我々が文化的に近眼だからだろうか。

歴史の論理

実際、ほとんどの非西洋人とは言えないにしても、多くの非西洋人にとって、西欧の価値観や制度がたいへん魅力的なものだと信じるに足る理由がある。これは、民主主義および資本主義が共にキリスト教と歴史的につながっていることを否定したり、民主主義の文化的ルーツがヨーロッパにある事実を否定するものではない。アレクシ・ド・トクビルからゲオルク・ヘーゲル、フリードリッヒ・ニーチェに至る哲学者たちが指摘しているように、現代民主主義は普遍的な人間の平等を説くキリスト教教義の世俗版である。

しかし、西洋の制度は科学的方法と同じく、発見されたのは西洋でも普遍的適用性がある。文化の壁を越えた融合を促す、長期的歴史的メカニズムが働いている。それは経済分野において最初にかつもっとも強烈に起こり、次いで政治、そして最後に（また、最も弱く）文化の領域に起こる。この過程を第一に推進しているのが科学技術であり、その物質的富と戦争兵器をつくりだす能力があまりに大きいので、事実上すべての社会が科学技術と折り合いをつけなければならない。半導体や生物医学などの科学技術は、西洋人にとってもイスラム教徒や中国人にとっても、なんら違わない。そして、その科学技術を習得するには、自由市場や法治といった成長を促す一定の経済制度を採用する必要がある。現代の技術主導の市場経済は、個人の自由に基づいて発展する。すなわち、それは政府や聖職者ではなく、個人が価格や利率を決める制度だ。

経済発展が今度は自由民主主義を生む傾向がある。経済発展と民主主義の相関関係は、必然的というよりも頻度的に、一般に認められた数少ない政治学の「法則」の一つとなっている。経済成長は財産権をもった中産階級や複雑な市民社会を生み出し、経済競争力を維持するために教育水準はますます高くなる。これらの要因が一緒になって、民主的政治参加への要求が生まれる豊かな土壌が形成され、その要求は結局民主的政府の下で制度化される。

文化、すなわち宗教的信仰や社会習慣や長年の伝統は、最後の、もっとも弱い融合領域だ。社会は深く根づいた価値観を捨てたがらないものだ。だから、アメリカの大衆文化は魅力的だが、世界全体をすぐに呑み込んでしまうと考えるのは、あまりにも無邪気すぎる。実際、マクドナルドやハリウッドが世界中に広がったことが、却ってグローバリゼーションへの相当の反発を引き起こしている。

しかし現代社会では、諸々の文化は相互に違いが残っていても、政治とは別に、みな一つの箱に入れられ、私生活の領域に属する傾向がある。その理由は単純だ。つまり、もし政治が宗教のようなものに基づくなら、市民の平和など決してない。なぜなら、人々が基本的宗教的価値観で合意に達することなどあり得ないからだ。世俗主義は西洋で比較的最近発達したものだ。ヨーロッパのキリスト教徒の君主や司祭は、領民の宗教的信仰を指図し、従わない者を迫害するのが常だった。現在の世俗的民主主義国家は、キリスト教の集団同士の冷酷な殺し合いという、一六～一七世紀ヨーロッパの血まみれの宗教紛争から生まれた。教会と国家の分離は、正しく市民の平和の必要性から、近代化に不可欠な要素となったのだ。この政教分離は偉大な伝統の下でホッブスやロックのような哲学者が論じた瞠目すべきテーマであり、その伝統はアメリカの独立宣言と憲法に結実した。

この近代化の根本論理は、西洋的価値観が、単なる西洋キリスト教の恣意的な文化的派生物ではなく、もっと普遍的な過程を包含していることを示している。したがって、我々が問わねばならないことは、近代化に抵抗したり、受け入れようとしない文化や地域がこの世界にあるのかということだ。

西洋とその他の世界

アジアを見た場合、近代化に対する克服しがたい文化的障壁を見出すのは難しい。シンガポールのリークアンユー前首相は、民主主義ではなく権威主義を支える「アジア的価値観」[4]があると主張していたが、近年、韓国や台湾は豊かになるにつれて民主化してきた。もちろんインドは一九四八年の独立以来、民主化に成功してきたが、最近では貧困からの脱出をも目指して一連の経済改革に乗り出している。

ラテンアメリカやヨーロッパの旧共産主義諸国では、文化的な障壁は更に小さい。彼らにとって問題は、近代化という目標そのものに伴う不幸よりも、むしろ現場レベルでの近代化の失敗である。サブサハラ・アフリカでは、エイズから内戦、みじめな政府に至るまで多くの問題がある。だが、アフリカ社会がその多様な文化的伝統以外の方面で行動を共にするならば、多様な文化的伝統が社会の近代化を妨げることはないだろう。

イスラムはおそらく近代化に対して非常に基本的な問題を有する唯一の世界文化だ。イスラム社会の洗練性にもかかわらず、機能している民主政体はトルコしかなく、韓国やシンガポールのように経済発展を遂げた国は見当たらない。とは言え、基本的な問題がどこにあるのか、正確に明示することが重要だ。

イスラムはどこが違うのか

イスラムに近代化と敵対する固有のものがあるとは思えない。キリスト教、ヒンズー教、儒教などその他の世界宗教ないし文化の伝統と同様、イスラム教も、時を越えて多種多様な発展を遂げてきた大変に複雑なシステムだ。先に述べたようにキリスト教のヨーロッパが宗教戦争で引き裂かれていたとき、オスマン帝国のミッレト［公認の非イスラム宗教自治体］方式の下では、諸々の信仰が平和的に共存していた。一九世紀から二〇世紀初頭にかけて、エジプトやイランやトルコのイスラム文明に自由の風潮が存在したことは重要だ。ケマル・アタチュルクのトルコ共和国は、近代史における最も徹底した世俗的政権の一つとなった。

今日、イスラム世界は、重要な一点において、他の世界文明と異なっている。近年、イスラム世界だけが、繰り返し非常に急進的な運動を引き起こしてきた。それは、単に西洋的政策だけでなく、宗教的寛容という近代性の最も基本的な原則そのものを否定している。こうした急進グループは９・11を祝ったが、それは、彼らが根本まで堕落していると考えている社会を貶めたからだ。この堕落は、単に西洋にみられる性的寛大さや同性愛や女性の権利の問題ではなく、世俗主義自体がその元凶だと彼らは考えた。彼らが嫌悪するのは、西洋社会では国家が宗教的真実に仕えるのでなく、宗教的寛容と多元主義に尽していることだ。アジアやラテンアメリカや旧社会主義圏やアフリカの人々は、西洋の消費主義に魅力を感じて、できたら真似したいと思っているが、サウジアラビアのワッハーブ派やオサマ・ビンラディンやタリバンのような原理主義者たちは、それを西洋の退廃の証拠とみている。

だから、これは米英政府が分かりやすく描いてみせているような、単なるテロリストとの「戦争」などではない。また、多くのイスラム教徒が主張するように、真の問題はパレスチナやイラクに対する米国の外交政策だというのでもない。残念ながら、我々が直面している紛争は基本的にもっと広範なもので、単に小さなテロリスト集団だけでなく、それよりはるかに大規模な、宗教的アイデンティティーをいかなる政治的価値観よりも優先する、急進的イスラム主義者やイスラム教徒集団に関わっている。より広い意味の不満の背景となっているのが急進的なイスラム主義だが、その不満は他のどこと比べてもたいへんに根深く、また現実離れしている。イスラム教徒が世界貿易センタービルへの攻撃に関わっていたことを信じたがらず、それをイスラエルの仕業にしたりするのは、この種のイスラム主義者だ。彼らが米国の政策に不平を言うとき、彼らはその政策をより大きな反イスラムの陰謀の一部と解釈している（米国の外交政策が過去にソマリアやボスニアやコソボやチェチェンのイスラム教徒を支援してきたことを都合よく忘れて）。

この根本的な戦いが、単に実際のテロリストとの戦いではなく、この世界を「信仰を持つ者と持たない者とのマニ教的な戦い」とみなす急進的イスラム主義者との戦いだと認識するなら、我々は小さな孤立した狂信的集団についてだけ話しているわけにはいかない。オサマ・ビンラディンは、9・11以来、米国に勇敢に立ち向かったことで、イスラム世界の至る所で相当な共感を呼び起こした。その共感は、カラチのスラム住民からベイルートやカイロの専門職、英国やフランスに住むパキスタン人やアルジェリア人市民まで至る所に広がっている。中東問題の専門家ダニエル・パイプスは、この急進化した人々はイスラム世界のおよそ一〇～一五％を占めると見積もっている。

イスラム-ファシズム

なぜこの種の急進的イスラム主義が突然出現したのだろうか。社会学的には、その理由は二〇世紀初頭に台頭したヨーロッパのファシズムの場合と大差ないかもしれない。イスラム世界では、前世代に、多くの人々が伝統的な村落生活や部族生活を失った。多くの人々が都市化され、ちょうど急進的ドイツ民族主義が長い間眠っていた神話的な人種的アイデンティティーを復活させようとしたように、人々をより純粋なイスラム教に呼び戻そうという、より抽象的で厳格なイスラム教にさらされることになった。この新しい急進的イスラム教はたいへん魅力的だ。なぜなら、近代化の過程そのものに起因する価値観や文化の喪失のわけを説明すると称するからだ。

したがって、次のように説明すれば事柄を明確にできるかもしれない。現在の戦いは単にテロリズムに対する戦いでもなければ、宗教ないし文明としてのイスラムに対する戦いでもなく、むしろイスラムファシズムとの戦い、すなわち、最近イスラム世界の多くの地域で台頭してきた、極端に偏狭な反近代的教義との戦いなのだ。

イスラム-ファシズムの台頭に関しては、まずサウジアラビアが指弾されなければならない。サウジ王家の富は、長年にわたって、厳格なワッハーブ派の富といっしょくたになってきた。サウジ王家は長年、ワッハーブ主義を進めることで、聖職者のお墨付きと保護を得てきた。しかし、特に一九七九年にメッカのグレートト・モスクの奪取に失敗した後、サウジの支配層は一九八〇年代から九〇年代にかけて、彼らの宗派を支援して膨大な新規投資を行った。ワッハーブ派のイデオロギーは容易にイスラム-ファシズムに当てはまる。サウジアラビアの一〇年生の指定教科書には、「イスラム教徒はお互いに信義を守り、異教徒は敵と見なさなければならない」とある。サウジアラビア人たちは、この教義を、中東ばかりでなく米国でも奨励してきたのであり、自分たちの宗派を広めるために、何億ドルもの投資をして、学校やモスクを建設してきたと言われている。こうした湾岸地域からの資金によって、オサマ・ビンラディンとその信棒者は、一群の狂信的アラブ人全員の訓練基地として、アフガニスタン一国を実質的に買い取ることができた。この点、ソ連のアフガニスタン撤退の後、安定した穏健な政治的秩序を出現させる責任をとらずに撤退した米国にも非がある。

一九八〇年代から九〇年代にイスラム-ファシズムが始まった決定的な理由は、中東の貧困や経済停滞や独裁政治などの「根本原因」に関係があり、こうした根本原因が政治的急進主義の着火材となっている。だが、米国その他の西洋諸国がその根本原因を相当に緩和できたはずだという度重なる非難に照らして、これらの根本原因のそのまた根本に実際何があったのか、明白にする必要がある。

実際、世界銀行などの国際機関を通じて、外部社会はイスラム諸国をずっと支援してきたし、米国はエジプトやヨルダンなどと二国間取引を行ってもきた。しかし、こうした援助はほとんど役立たなかった。なぜなら、根本的問題はイスラム世界自体の政治的問題だからだ。経済的、政治的改革の機会は常にあったが、韓国や台湾やチリやメキシコなどが採用した、自国経済を開放し、持続的発展の基礎を築こうという政策を採った国は、イスラム諸国にはほとんどないし、とりわけアラブ諸国では皆無だ。独裁者フランコ後のスペイン君主制や台湾の国民党、あるいはアルゼンチン、ブラジル、チリなどラテンアメリカの様々な軍事独裁政権のように、民主的統治に賛成して自発的に身を引いた政府はアラブにはない。ペルシア湾岸の石油の豊かな国で、その富を自立した産業社会の創出に使っている例は一つもない。その代わり、イスラム主義者はますます狂信的となり、腐敗した金利生活者社会を築いている。こうした失敗は、外部社会が引き起こしたことでもなければ、何かしなかったために起きたことでもないが、これがイスラム世界の停滞の根本的原因となっている。

将来

米国その他の西洋諸国が直面している課題は、小さなテロリスト集団との戦い以上のものだ。テロリストが泳ぎまわっているイスラム-ファシズムの海は、ある意味では、共産主義が提示した問題よりも更に根本的なイデオロギーの問題だ。歴史はこの地点からどう展開するのだろうか。急進的イスラム教が更に多くの支持者を集め、西洋を攻撃するための新たなより強力な武器を手に入れるのだろうか。当然ながら、はっきりとは分からない。しかし、いくつかの要因がカギとなるだろう。

第一のカギは、アフガニスタンにおけるタリバンとアルカイダに対する軍事作戦の成功と、更にはイラクのサダム・フセインに対する軍事作戦の成功だ。人々は思想の生死は自分たちの内的、道徳的高潔さ次第だと思いたいかもしれないが、軍事力が大変に重要だ。ドイツのファシズムは内部の道徳的な矛盾によって崩壊したのではなく、ドイツが爆撃され、瓦礫と化して、連合軍に占領されたからだ。オサマ・ビンラディンはツインタワーを首尾よく攻撃したことによって、イスラム世界で大きな人気を得たが、米軍がアフガニスタン内の彼の作戦基地を破壊し、彼を殺害ないし捕獲すれば、彼の言うこと全てが大幅に魅力を失う。イラクに対する軍事作戦は、迅速に手際よく終わらせ、穏当な民主的後継政権を設けないと、急進化する危険性が大である。

第二の、そしてより重要な展開は、イスラムの内部自体から起こるに違いない。イスラム社会は、近代性、特に世俗的国家と宗教的寛容というその主要原理と、よりを戻すかどうか決断しなければならないだろう。イスラム世界は現在、転機に立っている。それは、キリスト教のヨーロッパが一七世紀の三〇年戦争時に直面した転機と同じだ。つまり宗教政治が、イスラム教徒と非イスラム教徒間の戦いだけでなく、イスラム教宗派間の際限のない戦いを引き起こしてしまう（最近のパキスタンでの爆弾事件の多くは、スンニ派とシーア派の反目の結果だ）。これは、今日の生物兵器や核兵器の時代には、誰にとっても大惨事となる可能性がある。

政治的世俗主義の歴史に内在する論理によって、イスラム教のより自由な要素が出てくる希望も多少はある。イスラム教の神権政治は、抽象的にしか人々に訴えない。そういう政権の下で実際に生活しなければならなかった人々、たとえばイランやアフガニスタンの人々は、貧困や不景気の問題には無能な指導者の下で、息詰まるような独裁政治を経験してきたのだ。9・11の出来事が進展していたときでさえ、イランではテヘランその他の多くの都市でデモが続いていた。数万人の若者たちがイスラム政権にうんざりして、もっと自由な政治的秩序を求めていたのだ。隣のアフガニスタンでタリバンに米国の爆弾が降り注いでいた時でさえも、「アメリカに死を！」という以前のスローガンは、「ウィー・ラブ・ユー、アメリカ」という叫びに変わっていた。

実際、もしイスラム世界を現在の苦境から抜け出させようとする国があるなら、それはイランだと思われる。この国は、二三年前に国王を追放してアヤトラ・ホメイニを政権につけ、現在みられる原理主義の台頭の火蓋を切った。一世代が過ぎた今、イランの三〇歳以下の若者で、原理主義に共感を寄せる者は最早ほとんどいないようだ。もしイランがより現代的で寛大なイスラムを創造できるならば、その時こそイスラム世界の力強い模範となるだろう。

より自由なイスラムに関心のあるイスラム教徒は、幅の広すぎる絵筆でイスラムを一色に塗ってしまうとの西洋非難を止めて、急進主義者を孤立させ、彼らを非合法化しなくてならない。こうしたことが既に起きつつある若干の証拠がある。米国のイスラム教徒は、彼らのコミュニティーにおけるワッハーブ派の影響に気づき始めている。また、アフガニスタンの形勢が決定的に反原理主義に変われば、アメリカ以外のイスラム教徒もそのことに気づくようになるかもしれない。

西洋の自由民主主義とイスラムファシズムとの戦いは、ともに現代の科学技術を習得し、富を創出し、現代世界の事実上の多様性に対処することができるような、二つの等しく有効な文化システム間の戦いではない。西洋の制度は、これら全ての点で、全てのカードを握っているので、これからも長期にわたって世界中に広がり続けるだろう。しかし、その長期行程に着手するには、短期行程を切り抜けなければならない。そして、あいにく歴史の進歩に必然性はない。現代の民主主義社会を可能にしている価値観のために戦う、指導力と勇気と決意がなければ、よい結果はほとんど期待できない。

第3章　新しい型の戦争

ローレンス・フリードマン

この度の戦争は、米国としては二〇〇一年九月一一日に開始された。興味深い点が多数あるが、特に、双方の陣営とも、近代的戦争と原始的戦争とを組み合わせた戦いとなっている点が挙げられる。ジョージ・W・ブッシュ大統領はテロに対する戦争を呼びかけたが[1]、これは戦争の火ぶたを切る宣言ではなかった。彼の敵は既に何年も前に宣戦を布告し、彼らの言うイスラム諸国の問題に対する米国の有害な干渉と戦ってきた。米国およびその海外資産に対する一連の小規模な攻撃の後、彼らは目を見張るような攻撃に成功した。勢いづいた彼らが同じことを繰り返すことが当然予想された。戦争を始めるかどうかは、米国が決めたことではなかった。

あの攻撃がアルカイダによるものだということには議論の余地がなくなったけれども、犯行声明も要求も全く出ていない。テロとは通常、政治的要求が満たされなければ一層の脅威を及ぼそうという、ゲリラ戦略の一部をなす威圧的手段だと考えられている。そして、その要求とは、（少なくても最近までは）外国による占領の終結あるいは分離運動に関係したものが多かった。一九九〇年代の新しいタイプのテロをめぐる議論で指摘されたのは、時折の暗殺や局地的爆破といった枠を越えて生物化学兵器を含む大量破壊兵器へ移行しようとする決意であり、変革を要求する組織的運動であると同時に、通常の政治的性格とは違う目標をもつ何か私的な気違いじみた狂気的カルト集団の産物であるとする点だった。[2]

しかし、アルカイダを、一九九五年の東京の地下鉄サリンガス攻撃で悪名高い日本のオーム真理教、あるいはユナ・ボマー［Unabomber　米国のＦＢＩが大学と航空会社を標的とした連続小包爆弾犯に付けたコードネーム。犯人は将来を嘱望されていた優秀な数学者だったことで有名になったが、一九九五年に逮捕され九八年に終身刑判決が下った。」と同列に扱う議論は、アルカイダの特徴を見誤っている。アルカイダは華々しい行動をとったが、それは彼らが注意を惹きたかったのと、国家レベルではなく国際レベルで活動していたからだ。彼らの目的は、しばしば独特の言葉で表現されるにも拘らず、不可解なものでも曖昧なものでもなかった。行為自体が雄弁に物語るだろうとアルカイダは考えたが、あの行為と実行犯との関係がひとたび明らかにされれば、全てが判明するということを知っていた。世界貿易センタービルとペンタゴンへの攻撃の責任に対するアルカイダの態度は抜け目なかった。

つまり、イスラムの兄弟に対してはうなずきウィンクしてみせたが、証拠として使われるような公言は避けた。彼らの実際の目標は、米国にイラクへの干渉をやめさせ、イスラエルへの援助をやめさせ、海外駐屯軍の数を減らすことだと言えるかもしれないが、それは一度も明言されたことがない。オサマ・ビンラディンの言葉も、異教徒への攻撃と米国を卑しめることを目標とするよう煽っていると読み取ることができるという程度のものだった。(3) 恐らく報復自体は、意識を昂揚させるものとして、アルカイダに歓迎されただろう。なぜなら、米国の残虐性を示すのに好都合だったからで、国際世論の中には標的とされている人たちにあの犯罪の責任があるのかどうか疑問視する向きさえ生じた。

アルカイダにとって、正体がはっきりせず、至る所に出没し、ネットワークが世界中に広がり、欧米とあからさまに敵対する国々だけでなく、知らない間に西側諸国でも匿われている、という印象は都合がよかった。敵は、軍事力も首都もなく、オサマ・ビンラディン自身が焦点となっているにも拘らず、最高指導者と指揮命令系統を欠くと思われた。しかし、この印象は間違っていた。タリバン政権崩壊後に集められた証拠から、オサマ・ビンラディンが軍事作戦に完璧に精通していたことが判明した。アルカイダが国家ではないというのは正確ではない。なぜなら、アルカイダはタリバン政権をうまく支援し、次いで支配することによって、また、アルカイダの戦闘員とタリバン兵とを徐々に一体化することによって、アフガニスタンに基地と隠れ場所を獲得したからだ。アフガニスタンが放置されている間に、集中的な訓練を行い、本部の安全を保つことができた。しかし、それはまた大きな弱点を生んだ。

従来の軍隊と違って、ゲリラ集団やテロリストたちは領土の保有を目的としていない。彼らは空間よりも時間を必要とする。というのは、定期的な攻撃を仕掛けている間に、彼らは耐え抜く能力によって成長できるからだ。一方、彼らの敵は忍耐と信用を失ってしまう。彼らが成功するには、自力で軍事作戦を行うことができなければならないが、それには、標的とする社会の均衡が完全に失われるまで、定期的な攻撃を続ける必要がある。そのためには、彼らを捕らえようとするあらゆる試みをくぐり抜けなければならない。

アフガニスタンはゲリラ戦にとって完璧な地形を提供する広大な国だが、アルカイダは、大部分が非パシュトゥーン族からなる、疲弊し混乱気味の北部同盟からタリバンを守る戦争に専念した。これは、特定の場所を占拠することで、爆撃を受けやすくし、また野戦に引きずりこまれやすくすることを意味した。九月末までに米国は、タリバンとアルカイダの共生関係を理解し始め、焦点をアルカイダのみならずタリバンにも合わせた。両者が客人と主人との関係にあるという見方は打ち砕かれた。両者は明らかに絡み合っており、一方の敗北が他方の危機を招くという関係にあった。

また、アルカイダの世界戦略それ自体が困難を招いた。問題はどこまで米国と関わるかだった。バスクＥＴＡ［バスク祖国と自由］や武闘派アイルランド共和国軍（ＰＩＲＡ）のような従来のテログループは敵の首都まで戦闘を持ち込んだ。ＰＩＲＡの場合、この戦略はおそらく英国政府を解決に乗り出させるのに成功した（もっとも、軍事的圧力だけに頼るのではなく交渉の席につかねばならないことをＰＩＲＡの指導層に納得させた点で、英国の戦略もまた成功だった）。しかし、ＰＩＲＡはさらに焦点を絞り、ちょうど世界貿易センターがニューヨークの経済にとって重要だったように、ロンドンの経済の要衝を標的とする戦略をとった。しかし、PIRAは決して多くの生命を奪おうとはせず、金融面で負担をかけ、ロンドンの金融部門の信頼を失わせることに集中した。それと同時に北アイルランドに恐るべき政治的プレゼンスを築き上げることで、PIRAは一貫した戦略を示すことができた。

一九八三年から八四年にかけてのベイルートと、その一〇年後のソマリアは双方とも、攻撃しやすい前方のアメリカ人要員を標的にすれば、米国の政策に長期的変化をもたらす可能性があることを示した。同様のことをヒズボラはレバノンで立証したが、それはパレスチナ人の第二次インティファーダでは教訓とされず、イスラエルの諸都市での自爆テロに移行していった。しかしそれは、占領地からの撤退に賛成するイスラエル人の感情を盛り上げるどころか、彼らの従来からの見解を更に強めてしまった。

アルカイダについても同じことが言える。米国の経済力と軍事力の最も有名な象徴を攻撃するだけでなく、米国に与える傷を最大にしようとアルカイダが決めたことで、現実の問題は、「どうして彼らは私たちを嫌うのか、それを止めさせるには何をすべきか」ではなく、むしろ「どうやって彼らを罰するか、どうやって彼らに再び私たちを傷つけないようにさせるか」になった。アルカイダをなだめる明確な方法はなかったが、これはまたアルカイダに米国をなだめる明確な方法がないことを意味した。

米国の目標は、アルカイダと仲間のグループをいらつかせ、士気をくじき、撃退することとなった。勝利は程度の問題で、決定的なものにはなりそうもなかった。「生きていようがいまいが」オサマ・ビンラディンを捕らえることが必要だと主張することで、ブッシュ大統領は自分の戦争の判定基準を定めた。しかし、オサマ・ビンラディンは荒涼としたアフガニスタン－パキスタン国境の無法地帯に消えてしまったので、高官たちはこの特別の要求を格下げしようとした。だが、ちょうど父ジョージ・ブッシュのクウェート解放という偉業が、サダム・フセインが生き延び、やっかい者であり続けることで影が差したように、オサマ・ビンラディンが自由の身で生き延びているというだけでなく、今でも事態を取り仕切っているという僅かな証拠でもあれば、ブッシュ大統領にも影が差すだろう。

対テロ戦略は、地方のコミュニティーであろうと、他国の領土内に隠された基地であろうと、テロリストを匿う者とテロリストとを分けなければならない。その方法をめぐっては、ベトナム戦争のときに、「心と頭」対「捜索と破壊」という二つの競合するスローガンを特徴とする論争があった。9・11の暴力に対する米国の本能的な反応は、後者の範疇に入るようだ。とにかく犯人を見つけ出し攻撃を加えなければならなかった。彼らを匿っている国々は、極悪非道の客を見捨てるか、それとも甘んじて報復を受けるかを決めなくてはならなかった。「心と頭」アプローチを支持する人たちは、テロ支援の源泉に取り組み、敵から合法性を取り去る必要性を指摘した。テロの支援がなくなれば、新しいテロリストの獲得も資金も、そして結局避難場所もなくなるだろう。「捜索と破壊」アプローチの問題は、破壊の方が捜索より多く行われる傾向があることだ。もし犯人、関係者、無実の人を識別できずに破壊が行われれば、多数の新しいテロリストと支持者を生む結果となるだろう。しかし、「心と頭」作戦もまた、特に中東と中央アジアの手におえない多くの問題をまず解決することなしには何もできないということなら、問題だろう。

ブッシュ大統領の父親が一九九一年の一月から二月にかけて「砂漠の嵐」作戦に突入したときの条件は最高だった。軍隊を配備するのに数ヵ月の期間があり、サウジアラビアには優れた基地と十分な燃料があった。イラクはアメリカ空軍の力を知らなかったため、攻撃を受けやすい前方に軍隊を配置した。主戦場は広大な砂漠であり、勝利はほとんど死傷者を出すことなく簡単に米国のものとなった(4)。あれから一〇年、今回の敵は以前と比べると数的、軍事的にはるかに劣っていた。しかし、その他の点では、米国と同盟諸国が、ブッシュ大統領の言葉を使えば、敵を「いぶり出さ」ねばならないもっともな理由があった。戦争が開始されると、人的要素が技術的要素よりはるかに重くのしかかり、もし長期化すれば、アメリカ国民の忍耐力が萎え、脆弱な国際同盟も崩れてしまう危険があった。

また、一九九三年三月から六月にかけてのコソボ戦争とも比較できるだろう。NATO軍は最初の数週間に、巡航ミサイルに加えて、およそ五〇〇機の航空機を使い一日ほぼ三〇〇回の出撃を行ったが、その三分の一は攻撃のためだった。出撃回数はその後、スロボダン・ミロシェビッチの気持ち、あるいはコソボのアルバニア系住民へのセルビア人の抑圧に大きな影響を及ぼすまで、著しく増やされた(5)。

しかし今回のケースでは、アフガニスタンの近くに適当な基地がなく、空襲には長距離飛行か、航空母艦から飛行しなければならず、出撃回数は限定されただろう。ただ、タリバンの空の防備が粗末だったのでこの点は問題にならなかった。アフガニスタンのインフラは非常に荒廃しており原始的であるため、攻撃の目標がほとんどなかった。六%しか電化されていない国で、発電所を攻撃する意味があっただろうか。過剰な爆撃は「砂漠の紋様を変えた」だけに終わる危険性がある。東アフリカの米国大使館が攻撃を受けた後、一九九八年八月に、アフガニスタンのアルカイダの秘密基地とおぼしきところに行った米国の巡航ミサイル攻撃の主な成果が、「砂漠の紋様を変えた」ことだったといわれている。

さらに悪いことには、攻撃目標を誤るかもしれない。コソボでは、最初から地上戦ははっきりと除外されていたが、結局、これは間違いだったことがわかった。その代わりに何が起きたかといえば、別のテロリスト集団であるコソボ解放軍（KLA）の重要性の増大だった。つまりKLAは、セルビア側がKLAという「テロリスト」集団の抹殺という基本的目的を果たせなかったことを示しただけでなく、セルビア軍を外に引きずり出し、NATO軍の空からの攻撃を受けやすくしたのだ。今回のアフガンの場合、政治システムが粗野であり、空爆だけで戦略的目標が達成されるとは米国政府も英国政府も言わなかった。米英軍の前線基地を設置するか、さもなければ北部同盟にKLAの役割を果たさせなければならなかった。

しかし北部同盟を支援することで、米英同盟軍が北部同盟の空軍として映る危険が生じた。また、ちょうどコソボ作戦が西側とKLAとを結びつけてしまったように、米英同盟を北部同盟とその関心事項に余りにも密接に結びつけてしまう危険も生じた。これは、地域に、特にパキスタンに不安を与えるであろう。さらに北部同盟は、以前権力の座にあった一九九〇年代中頃よりも、彼らの振るまいが各段に改善されていなければ、たとえ彼らが再び政権の座に着いたとしてもアフガニスタン人の忠誠心を呼ぶことはできないだろう。また、都市と道路を押えているだけで、それ以外の土地は頑強な敵の戦士に占領されているという、昔ながらの問題にすぐ直面するだろう。これが、多数の同盟軍をアフガニスタンに投入しようという議論の論拠だった。もし可能ならば、これを達成する最善の方法は、便利で安全な場所に滑走路を確保し、軍隊の輸送に使うことだろう。

当初、アメリカ人たちはリスクの小さい政治戦略のために、リスクの大きい軍事戦略を採用した。つまり、彼らはアフガニスタンの特定の派閥あるいは特定の同盟国に過度に依存することを避けたかった。そのために、戦略的爆撃と特殊部隊の作戦によってタリバンの抵抗を弱め、兵士の離脱を促し、迅速に軍事的解決を図ろうとした。タリバンが崩壊するにつれて、米国は旧タリバン「穏健派」をも含めた裾野の広い、国連の支持を得た、新しい政府をカブールに設置するだろう。その一方で、米軍は、唯一信頼のおける英国の支援だけを得て、オサマ・ビンラディンの山岳地帯の要塞を探索し始めるだろう。一〇月末までに、数週間の爆撃を経て二つのことが明らかになった。一つは、特殊部隊の作戦には、今よりはるかに優れた後方支援と諜報活動が必要だということ。もう一つは、空爆は、非常に重要な僅かな拠点の攻撃後は、市民の損害が増え、タリバン兵を勇気づけてしまい、害の方が大きいということだった。アフガニスタンに新しい政治秩序を築こうという諸々の試みは、従来からの部族間対立と、米国の真剣さに対する不審が重なって挫折した。

米国は成果を示すことができず、プロパガンダ戦争、つまり「心と頭」の戦いに負ける危険性があることに気づいた。アルカイダには、彼らの急進的メッセージを歓迎する聴衆がいたからだ。多様性を欠いた地元メディアがいつも西側諸国の政策を非難している国々の聴衆だ。しかも世界最強の国が最貧国の一つを打ちのめす光景は、その国がイスラエルの政策を引き続き支援しているのと同様に不快だった。爆撃を継続しているのは、それだけの価値があるからではなく、単に米政府がそれ以外によい方法を考えつかないからにすぎないという印象が広まった。特派員たちは不安そうに、イスラムの最前線をなす騒々しい街頭から、米英への反感が以前にも増して強くなったと報告した。友好的と考えられている政府からの疑念や懸念は全て、しっかり結束しているかに見えた同盟諸国が今や内部に緊張を抱え解体の危険に瀕している証拠としてすぐに引用された。たとえブッシュが大規模な地上攻撃を決意したとしても、後方支援の問題が、冬が終わるまではほとんど何もできないことを意味した。

しかし、どれほど多くの誤爆がアフガニスタンにあっても、その「副次的損害」が、米国の世論を揺るがすことは全くなかった。他の政府も、気分によって外交政策を変えるようなことはなかったが、彼らには国益の再計算が必要だった。アルカイダのメッセージが非常に大きな影響力をもつイスラム世界の政権は、アルカイダの論理もそれが彼らの支配に重大な影響を及ぼすことも十分理解していた。これまでの戦争で米国内外の世論がぐらつくのは、どちらかの陣営に多くの死傷者が出たからではなく、政府が主導権を失って内部で分裂が起こり不安定になっているのではないか、無意味な犠牲を払っているのではないか、全てが無駄なのではないか、といった感覚のためだった。これが、米国でベトナム戦争への支持が崩壊した理由であり、コソボ作戦でも同じような情況下で同盟諸国が困難に見舞われた理由だ。

当時コソボでは、爆撃が数週間にわたって続き、セルビア人に苦痛を与えていたが、これが米国内外の政治運動を引き起こしはしなかった。また、フォークランド紛争や湾岸戦争で、困難があったにも拘らず支持が揺らがなかった理由もここにある。プロパガンダ戦争に必要なものは、実際の戦争に必要なものと同じだった。つまりそれは、タリバンとアルカイダから主導権を奪い取っていることがわかる、進展の明らかな、信頼のおける戦略だった。しかし、公式の声明や非公式の論評の要点は、それには時間がかかるだろうというものだった。

一〇月末、ブッシュ政権は新しいアプローチを決定したが、それは政治的には大きな危険を伴う可能性がある一方、軍事的には危険性の小さいものだった。(6) 軍事的危険性が小さくなったのは、空からの作戦に焦点を置き、それを地上戦と連動させたからだ。といっても、米国陸軍を使うのではなく、その政治基盤の狭隘さと戦闘能力の不安を無視して、北部同盟と密接な協力を行おうというものだった。その結果はすばらしいもので、一一月二〇日までに、北部のタリバンの主要拠点マザリシャリフを最初に陥落させ、幹線道路と二つの空港を支配した。しかも、多くの人が（著者も含めて）驚いたことに、数日の内に首都カブールも陥落した。北部のクンドゥーズでは激しい戦闘が行われ、外人部隊（「アフガン・アラブ」）が抵抗した。タリバン政権の中心地、南部のカンダハルでも激しい戦闘があった。これらの都市が陥落したあと（カブールほど早く陥落した都市はなかった）、関心はトラボラ地区の洞窟へと移ったが、そこは洞穴通路網が用意され頑強な守りを固めていた。

二〇〇一年が終わっても、軍事作戦は続行され、兵士が集合しているとみられる場所に時折空爆が行われた。この時までには、アフガニスタンに関するかぎり、タリバンは勢力が尽きていた。これを成し得たのは、コリン・パウエル国務長官が説明したように、「第一世界の空軍」と「第四世界の陸軍」を、つまり「B1爆撃機と馬に乗った兵士」を結びつけたことによる。(7) ポール・ウォルフォウィッツ国防副長官は、戦略のもう一つの基本を次のように説明した。

我々が今回の作戦で適用しようとしてきたアフ

ガニスタンの歴史の教訓の一つは、もしあなたが外国人ならば、入らないように、もし入るならば、長居しないようにというものです。なぜなら、彼らには長居する外国人を好まない傾向があるからです。(8)

この戦略は納得がいく。なぜなら、長居しすぎた外国人に対するアフガニスタン人の苛立ちが、当然ながらアメリカ人とその仲間にではなく、アラブ人やチェチェン人やパキスタン人に、また純粋な信仰というタリバンのメッセージに鼓舞されアルカイダの訓練を受けた種々雑多な人々に、向かう傾向があったからだ。

それでは、米国は新しい型の戦争を思いついたのだろうか、二〇〇一年の終わりのアフガニスタンの特殊な状況において、たまたまうまくいったのだろうか。一二月、ブッシュ大統領はより一般的に適用できる教訓を得たことを示唆したようだった。彼は「リアルタイムの諜報活動、地元同盟軍、特殊部隊、および精密空軍力」の組み合わせがこの戦争の第一段階の勝利をもたらしたことを熱心に語り、この戦争が「最高レベルの委員会やシンクタンクのシンポジウムの一〇年間の成果よりも、我々の軍隊の将来についてより多くのことを教えてくれた」と付け加えた。(9) 国防総省は、注意深く目標を定めて圧倒的な空軍力を使えば、降伏しない敵などほとんどいないと確信しているようだった。もっとも、空軍力は地上軍と組み合わせて使うと最もうまくいくことも認めていた。つまり、地上軍は敵を外におびき出し、目標を確認し、爆撃後の任務を続行するのだ。そしてこの際、地上軍としてどこか他国の部隊を使うことが望ましいことも明言していた。

米英の特殊部隊に支援された米空軍と北部同盟の共同作戦は、アフガニスタンの政権を変え、アルカイダを追放する手段のうち、関係者全てにとって、暴力の度合が最も小さいものだった。特に、伝えられていた敵の兵力と領土の広さを考えればなお更だった。いくつかの米国の新兵器、特に無人航空機（UAV）は標的を発見し攻撃さえできるもので目を引いた。しかし、迅速な勝利の最も重要な理由は、今回の戦争が、西洋の新しい戦い方だけでなく、長い経験を経てきたアフガニスタンの方法でも戦われたことにある。アフガニスタンのやり方は威圧的な外交に頼りつつ、降伏や離脱の条件をめぐる厳しい交渉を始める前に、誰の力が勝っているかを知るために論争を長々しく行うものだ。

厄介な事態になるのは、その論争の結果がはっきりしない時のみだ。万一勝利が野蛮な暴力によって決まる場合は、敗者への情け容赦はほとんどなく、味方を鼓舞するために大虐殺が行われることもある。米特殊部隊は不案内な土地での作戦行動を援助する見事な新装備を得たかも知れないが、兵器工場にある決定的な一品は大量のドルの札束だったのであり、それは態度を決めかねていた人々に対する強力な誘因となった。最後まで戦うことをしないという感覚の持ち主たちにとっては、敗北は倒産のようなもので、負けた派閥はすぐに他の名目で取引きを始める。

取引きという言い方は、時に重要な意味をもつ。というのは、領土を支配すると、銃や麻薬の売買を含めて全ての経済活動に加わる権限が手に入ったからだ。降服は条件つきだった。つまり、武装解除されたタリバン兵士は驚くほど少数で、多くが武装したまま自分の村へ舞い戻ったか、あるいは山賊になったようだ。多くの外国人はそっと逃れることができ、現金が使えた者は安全な道を確保して脱出できた。アメリカ人はタリバンの早い降服に安心したが、条件つきであることを必ずしも評価したわけではない。トラボラでの最終戦に際して、条件つきの取引にアメリカ人が反対したとき、それに対する答えは、「捕まえたければ自分で行って捕まえてこい」というものだったが、これは脱出する人たちの時間稼ぎでもあったようだ。

上記のことを除けば、超近代的方法と前近代的方法の組み合わせに例外はなかった。最も有能な非正規軍が必要に応じて進んだ技術をうまく使いこなすことは、常に証明されてきたことだ。例えば、アフガニスタンでソビエト空軍を撃退したムジャヒディンのスティンガー対空ミサイルの使用であり、レバノンでイスラエル部隊を待ち伏せ攻撃するところをビデオに撮りニュースメディアに届けたヒズボラの能力であり、あるいは、航空機がハイジャックされた決定的瞬間にナイフを戦力増幅器として利用しながら、西洋の技術を西洋自身に向けさせ、大胆な玉砕攻撃を仕掛けたアルカイダの能力だった。アルカイダとホワイトハウスはいずれも、世界規模で物事を考え、世界規模の連合をまとめあげ、遠く離れた敵の中枢に攻撃を仕掛けた。しかし、その作戦の背後にある原則は時間を超越したものだ。

もし、対テロ戦争が同じ基盤で何回も繰り返されるならば、それはその都度、地域軍閥同士の同盟戦争と同じことになり、泥沼に陥るだけでなく西側諸国の選択肢を減らす危険性がある。また他方では、過度の熱狂が大虐殺と略奪に結びつく危険性もある。したがって、米軍が地元での存在感を強烈に示さないと、政治的影響力もそれに応じて減るだろう。同盟への参加を申し出た特定の軍閥に影響力を譲り渡すとすれば、それはおそらく西洋の政治規範とは違う日和見主義的行動であり、どれほど深刻な問題になるかは現時点ではまだ分からないが、地域の近隣友好国との関係に影響を及ぼす可能性がある。米国は巨大な政治経済的影響力をもっているのだから、それを使おうと思えば、アフガニスタンの復興任務に軍事力を使うことへの消極的な姿勢の埋め合わせをすることができる。

今回の軍事作戦によって軍事的にも政治的にも教訓を得たが、それは世界史上特別な段階で行われたために新しいものとなった。つまり、従来の戦争では、米国と同盟諸国は、誰の挑戦にも応じるという立場であったが、今回は前例のない戦争に直面して神経を尖らせた。というのは、イデオロギー的・物質的に過激な大国が米国に挑戦してくるという事態に直面する必要はなくなったものの、米国の覇権が今も広く憤慨の的となっていることが分かっていたからだ。今回の戦争が将来どのように評価されるかは、イスラム過激派の名誉にかけてそれを覆そうとする粗雑で悪意に満ちた試みから米国が現在の覇権を守れるかどうか、米国と同盟諸国の市民と財産に対するテロが今後も発生するかどうか、そして過激派に最も弱いイスラム世界の同盟国の政治的安定が確保できるかどうかによるだろう。

現段階の最も大切な教訓は、最も単純で、最も意外性の少ないものだ。つまり、米国への直接攻撃は、非常に強く弛みない反応を引き起こす可能性が高いという教訓だ。九月一一日の攻撃と真珠湾攻撃の類似点を引き出そうとするならば、第一次世界大戦に関するエドワード・グレイ卿の観察を、チャーチルが一九四一年一二月にどう回想しているか思い出すのは有益だ。つまりグレイ卿によると、米国は「強大なボイラーのようである。ひとたび火がつくと、それが生み出す力には限界がない」。(10)

第4章　未回答の問い

スティーブ・スミス

9・11事件についての圧倒的情報量にもかかわらず、未回答の基本的問いがある。この章ではこのうち、一〇の問いを見ていきたい。特定の歴史的文化的世界観にとらわれるという罠に陥ることを避けながら、わかっていることを要約していくという挑戦である。しかし、「テロリストの動機は何だったのか」「なぜオサマ・ビンラディンやアルカイダが攻撃を命令したのか」と問う場合、合理性という恐らく特定の西洋的観念やその下に横たわる西洋的心理学を事件の解釈に押しつけてしまう危険性がある。もし我々が事件について理解しようとするなら、そのような押しつけをすべきではない。必要なのは、合理性という特定の観念を世界政治モデルに押しつけないことだ。なぜなら世界政治は国家という行動体がまとまって私的利益にもとづいて行動するという特徴をもち、しかもその国家私益は国際政治システムの構造に支配されているからだ。(1)この意味で、以下は、複雑なものを単純な（かつ自民族中心的な）模範解答に貶めない方向で、9・11事件についての問いを提示しようという試みである。

9・11攻撃に続く諸事件、とりわけ引き続いて行われたタリバンに対する戦争へ、議論を拡大することに興味をそそられるところではあるが、私は9・11事件にのみ制限し、一〇の未回答の問いを提起したい。

誰が攻撃の背後にいたのか

例の攻撃はオサマ・ビンラディンとアルカイダによって策謀されたという主張に対しては現在、反論の余地がないように思われているが、このことは未だに明確に確証されてはいない。英国首相トニー・ブレアと米国務省が提出した証拠にもかかわらず、多くの重要な点が不明のままだ。[2] ビンラディンが攻撃について語る二〇〇一年一二月のビデオでさえ、彼が攻撃を知ってはいたが、彼が彼らに命じたとは言っていない、という点で決定的ではない。またイラクと9・11攻撃には重要な関連があるという主張がある。例えば、一九九三年の世界貿易センター攻撃の背後にはビンラディンがいるというクリントン政権の主張に反論し、実際その手がかりはイラクに戻るとローリー・マイロワは詳細に述べている。[3] デビッド・ローズによれば、9・11攻撃の三人のリーダー（モハメド・アタを含む）はイラク情報機関員に何度か会い、他方、イラクは外国のイスラム教徒にカッターナイフを用いて飛行機をハイジャックすることを教える訓練場を設けている。[4] また、チェコ情報機関が暴露したところによれば、アタは二〇〇〇年六月にイラクの重要な情報機関員に会ったという。

これらの憶測にもかかわらず、攻撃にビンラディンとアルカイダが関与しているという証拠は圧倒的に多い。注目すべき証拠が二つある。第一は財政面で、攻撃前に中東で、モハメド・アタ（と他のハイジャック犯）とアルカイダの主要財政担当者（ムスタファ・モハメド・アフマド）の間で行われた多額の送金が証拠の中心である。五〇万ドル以上がハイジャック犯を支援するために提供された。[5] ハイジャック犯の一人ファイズ・アフメドは、六月二五日ドバイで銀行口座を開設し、この口座はハイジャックをする最終準備資金提供のために使われた。彼はムスタファ・アル・ハワサイ、別名ムスタファ・アフマドに銀行口座の代行権限を委託した。九月六日ファイズ・アフメドは、ドバイ（アラブ首長国連邦）の口座に八〇五五ドルを米国から返金し、他のハイジャック犯三人は一万八〇〇〇ドル以上をアル・ハワサイに電信振り込みをした。九月一一日朝、アル・ハワサイはアフメドの預金を全額引き出し、パキスタンに飛行機で発つ前に約二万五〇〇〇ドルを自分の口座に預金した。かくして、米国の捜査官はハイジャック犯によって使われた三二万五〇〇〇ドル以上の金額について調査し、ドバイから米国の口座に送金された金銭取引のほとんどを追跡した。

証拠の第二の主要情報源はハイジャック犯とアルカイダの接触に関係し、ハイジャック犯の少なくとも四人はアフガニスタンのアルカイダ・キャンプで訓練され、少なくとも別の四人はビンラディン・ネットワークとのこれまでのつながりを知っていた。実際、彼らのうち二人（ハリド・アルミダルとナワーク・アルハムジ）は攻撃の前、数週間FBIに指名手配されていた。さらに上記の情報源には、ビンラディンの側近モハメド・アテフ［エジプト人で、ビンラディン組織のNo.2の幹部］が攻撃に関わっているという通信記録もある。米国と英国の情報機関は、彼が「攻撃の詳細な計画の責任者」だと信じている。(6) 最後に、攻撃はマレーシアで計画されたらしく、それを受けてビンラディンの重要な側近が特別任務の指導者に指示を伝えるために米国の二つの州に出向いた。これは彼がかつて指導した攻撃のやり方と同じで、側近が攻撃に加わる集団に最終指示を与えるために旅をするのである。

誰がやったかを　どう証明するか

誰が攻撃の背後にいたのかを問うことと、ビンラディンが攻撃を計画し組織化し命令したと証明し結論づけることは全く別のことである。私はアルカイダがそのように行動したとはつゆ思わない。それは、組織というより個人と集団のネットワークであり、六〇ヵ国以上ものイスラム教徒を巻き込んでいる。(7) ビンラディンはネットワークを築き上げたが、従来の意味で言うような組織の責任者であるかどうかは定かではない。米国政府と英国政府は、9・11だけでなく、一九九三年のソマリア駐留米軍への米国攻撃、九八年のタンザニアとケニアの米国大使館爆破、二〇〇〇年の米海軍駆逐艦コール攻撃にもアルカイダが背後にいたと確信している。しかし問題なのは、誰が攻撃を遂行したのかという議論から、アルカイダとビンラディンとのつながりへ移行するときに、それぞれの事件の証拠にギャップが生じることである。これは、彼らがこれらの攻撃の背後にいなかったということを意味しているのではなく、ただそれを証明することがとても困難だということである。

実際、二〇〇一年一二月のビデオで、ビンラディンは自分が作戦の計画をしたと認めるに等しい表現をした。重要な瞬間は、彼が「最初の飛行機がビルに衝突したとき皆大喜びした。だから私は言った、まだ早すぎるとね」と言ったときである。(8) 以下に記すように、ビンラディンはまた、ジェット機の燃料が世界貿易センタービルの鉄骨構造を溶かして、飛行機が衝突した階より上の階の崩壊を引き起こす効果について、彼が行った予測のことをビデオで述べていた。しかしこれらの発言ですら法的には彼が作戦を詳細に知っていたにすぎないことを示すだけで、これをもって法廷や国際司法裁判所が、彼が攻撃の命令・計画をしたとして有罪判決を下すことができるかどうか疑わしい。つまり、ビンラディン署名入りの命令書といった決定的証拠があるとは思えないのである。

しかし問題は、実は誰が攻撃を遂行したかを「我々が」知っているかどうかではなく、世界中の人々に彼の有罪を確信させる証拠がただの一つもないことである。だからこそ、二〇〇一年一二月に発表された「ビンラディンが詳細に攻撃を議論していると称するビデオに疑問が生まれたり、カブールで捨てられたアルカイダのコンピュータから発見されたファイルに同様の反応が出るのである。世界の多くの地域では、それは「でっちあげ」だとみなされている。したがって、世界の大多数を満足させるような有罪の立証は不可能かもしれない。これは米国の対応の合法性・正当性に対して重要な意味をもち、もちろん西側とイスラム世界の溝を広げ深め続ける要因ともなる。

誰がハイジャック犯だったのか

ある意味で誰が一九人のハイジャック犯だったかに関しては広く意見が一致しているが、次の二つの問いは未回答である。第一は、ハイジャック犯の出自が本物だったのかが明らかでないことである。なぜならハイジャック犯が出自を偽造したという証拠があるからである。ハイジャック犯の何人かは本当の出自がわからない。前司法省係官は「ハイジャック犯自身、他の人間の出自を知らないかもしれない」と言う。(9) FBIによると、彼らのうち一五人はサウジアラビア出身で、二人はアラブ首長国連邦出身、一人はエジプト出身であった。一人はシリアまたはレバノン、一人はエジプト出身であった。アフガニスタンやパレスチナ出身者は誰もいなかった。ほとんど全てが数年ないしは数ヵ月アメリカに暮らしていた。米国情報筋によると二つの異なったグループがあった。「パイロット」部隊は攻撃の一年以上前にアメリカに来ており、「筋肉」部隊は攻撃の数ヶ月前にやってきた。

第二の問いは、ハイジャック犯各自が計画についてどこまで正確に知っていたかである。一九人のうち何人が飛行機をビルに衝突させる意図に気づいていたかという大論争がある。FBI筋によると、おそらく少なくとも一三人は「筋肉」を提供するためだけにそこにいて、飛行機を操縦する主役となるハイジャック犯に、乗客たちが反抗することを防いだ。ビンラディンは「事件関係者はハイジャックの詳細は知らなかった。ただ殉教作戦だということを知っていた」と述べた。彼が言うには、

我々は米国に行くように頼んだが、彼らは作戦については何も知らなかった、作戦の一文字もね。彼らがそこにやって来て飛行機に搭乗する直前まで作戦を明らかにはしなかった。飛行訓練を受けた者は、他の者を知らなかった。あるグループの人間は、他のグループの人間を知らなかった。(10)

初期の報道とは違って、四機の飛行機には各一名のパイロットだけしかいなかったようで、残る二名は限られた飛行訓練しか受けておらず、これらの六人は攻撃計画の際に一緒に緊密に行動をした。一九人の一大グループが四つの飛行機に分乗させられたのであって、四つの小集団がそれぞれ独自の計画をもっていたわけではなかった。嫌疑をかけられているパイロットのうち三人（アタ、アルシェヒ、ジャラ）は、ハンブルグで一緒に下宿していた。六人はサウジアラビア人一三

人の援助を受けたが、一三人は彼らより若く教養も大してなかった。それで、一三人の「筋肉マン」は自分たちが飛行機を着陸させ要求をするという従来のハイジャック作戦の一部だと考えていたかもしれない、と思っているFBI捜査官もいる。このような推測の根拠は、六人のリーダーのうち五人が遺言を残したが、筋肉の一三人の誰一人として遺言は残さなかったし、彼らはまたリーダーとは違って、攻撃前の数日は陽気だったという点にある。また同時に、ハイジャック犯がフライトの途中で乗客や乗務員たちを刺したりする乱暴な行為を行い、「乗客たちが傷つけられることなく交渉に使われる」という従来の考え方に反するものだった点も重要である。さらにまた、ハイジャック犯は、少なくとも二機の乗客に「おまえ達は死ぬ、愛する者へ最後の電話をかけろ」と話したという。

連携の絆はとても深かった。エイミー・ゴールドスタインが書いている。

ハイジャック犯のうち七人は初夏に一五日間でフロリダの自動車免許を取得した。一三人は八月下旬の五日以内に「最期の飛行」切符を購入した。そして夏がすぎ、一二人は、南フロリダのアパートから動いた。[11]

四人の「前衛部隊」は一九九九年一一月と二〇〇〇年五月に米国に到着し飛行訓練を始めた。二人（ハリド・アルミダルとナワーク・アルハムジ）はカリフォルニアで、二人（モハメド・アタとマルワン・アルシエヒ）はフロリダだった。カリフォルニアの二人は、飛行学校で能力が低く飛行士に向かないと言われた。彼らはハイジャック時には飛行機を操縦していなかった。飛行機を操縦したのは、アタ（彼はアメリカン航空11便を操縦し、世界貿易センタービル北棟に激突した）、アルシェヒ（彼はユナイティッド航空175便を操縦し、世界貿易センタービル南棟に激突した）、ジアド・サミール・ジャラ（彼はヨーロッパで飛行訓練を受け、ユナイティッド航空93便を操縦し、ペンシルバニア郊外に墜落した）、ハニ・ハンジュル（彼はアリゾナで飛行訓練を受け、米国で一〇年以上も暮し、アメリカン航空77便を操縦し、ペンタゴンに激突した）だった。第二のグループ、「筋肉部隊」は二〇〇一年はじめに米国に到着し、ウエイトトレーニングの訓練を開始した。そして、彼らの通った跡には接触と金銭受取りの痕跡を残している。

9・11には他に幾つターゲットがあったのか

これは魅惑的な問いである。その同じ日に計画されていたハイジャックが他にもあったかも知れないという情報のリークと状況のブリーフィングがあったからである。例えば、九月一一日の別の二便ではカッターナイフが発見され、ハイジャックの計画があったのではないかと特に疑われている。二本がボストン発の座席クッションに押し込まれていて、一本がアトランタ発ブリュッセル行きのゴミ箱で発見された。さらに二人の男、モハメド・ジャウィード・アズマスとアユブ・アリ・カーンは、手荷物にカッターナイフがありフォートワースの車中で逮捕された。その二人の男はハイジャック機がターゲットに突入した後、セントルイスに強制着陸させられたニューアーク発大陸横断便に乗っていたのだが、共に飛行訓練を受けていた人物だった。最後に、ザカリアス・ムサウイは二〇〇一年八月、ミネソタで訓練費用を現金で支払おうとした時に逮捕されたが、それはジャンボ機操縦訓練を受けるとき離陸・着陸の訓練を拒否し操縦訓練のみを受けようとしたからだ。彼はいずれハイジャック犯になるか、あるいは四人のハイジャック・チームのハイジャック犯だったに違いないと推測されている。

その日、他にいくつハイジャックが計画されていたのか、我々は全く知らないし未回答の問いであるが、はっきりしているのは公開されていない材料がたくさんあり、少なくともあと二機がターゲットになっていた、という執拗な噂があることである（とりわけ、飛行機がハイジャックされなかったのは軍の一部隊が、あるいは別の説明では、バスケットボール選手団が最後にその便に乗ったからだという強い噂がある）。この内の一機は、多分ホワイトハウスに激突させる予定だった。

これほど甚大な損害を本当に起こす気だったのか

ここでの問題は、世界貿易センターへの攻撃がタワー崩壊を引き起こす計画だったのか否か、言い換えれば、ハイジャック犯がそのような損害を引き起したのは、単なる「偶然」「幸運」だったのか否かである。一二月のビデオでビンラディンは、攻撃が予想以上の損害をもたらしたと述べている。

> 我々は敵の死傷者数をあらかじめ予想した。タワーの位置によって死者数が違うが、予想では激突される階は三—四階分だった。この分野の私の経験から、楽観的に見ても、機体の燃料から出火した炎は建物の鉄筋構造を溶かし、機体が突入したエリアとそれより上の階だけを崩壊させると考えた。(12)

もしハイジャック犯がビル全体を破壊したいなら、もっと低高度で飛んだと主張する人もいる。しかしこれに答えるには飛行経路と周辺ビルの高さの詳細な分析を必要とする。私の意見では、機体は飛行経路のビルに接近しすぎない高さに目標設定されたとみる。この問いには実際はっきりとは答えられないが、世界貿易センターの崩壊がビンラディンにとっては予想外だったようである。一方、ペンタゴンの損害レベルは予想以下だった。そしてもちろんペンシルバニアに墜落した機体もターゲットに到着しなかった。

なぜ攻撃は命じられたか

これは答えにくい問いである。9・11以来アルカイダの「スポークスマン」が挙げた理由には大きな変更があったからである。攻撃後数ヵ月間、攻撃の理由は、イスラエルの対パレスチナ政策を米国が支持していることに世界の関心を集中させることである、と言われていた（詳細は二〇〇一年一二月二七日にアルジャジーラTV局で放送されたビンラディンの声明を参照）。しかしこの説明は、攻撃後ビンラディンが発表した声明とも、彼の闘争の根本原因を語るこれまでの声明とも、相容れないものである。

簡単に言えば、ビンラディンはここ一〇年間、パレスチナについてほとんど語ったことがなく、彼の攻撃目標は、中東の特に自分の祖国サウジアラビアの保守的支配者だった。米国への彼の攻撃が常に正当化されてきたのは、米国のサウジ政権支持のためであり、パレスチナの苦境のためではなかった。これは単に攻撃を遡及的に正当化するものであり恐らく主要な理由ではない。私の見解では、攻撃の理由は二点ある。第一点は、米国が攻撃に対して脆弱であることを世界に示すこと、第二点は、米国の大規模な報復を挑発することで、イスラム教徒の考え方を急進化させること、である。しかし、この「なぜ攻撃が命じられたか」という問いにどんな答えを出しても、深みにはまっていくことになる。なぜなら攻撃を命じた人々の価値観について推測しなければならないし、もっと問題なのは、彼らの世界観と事件との相関関係を推測しなければならないからである。

なぜハイジャック犯は自爆攻撃をやったのか

ハイジャック犯は、普通ならテロリスト集団に関わるような家庭的背景をもっていなかった。彼らは、ほぼ全員高学歴で中流のサウジアラビア出身だった。彼らは財産のない階級ではなく、外見は「西洋化された」イスラム教徒だった。したがって、なぜ彼らが喜んで死んでいったか（彼らが皆、自らの運命を知っていたと仮定して）を理解するのは非常に難しい。あるテロ専門家が言うように「手元にある自爆テロリストのプロフィールにはパイロットや高学歴者はいなかった」[13]。ヨーロッパのアルカイダ実働部隊の容疑者が、通常は北アフリカ出身で、たびたび自分たちの計画遂行に失敗し、犯罪で生計を立てているのと比較すると、9・11のハイジャックのリーダーは非常に異なっていた。彼らは高年齢で高学歴、正確な英語を話し、エジプトとペルシャ湾岸地域の出身だった。だから米国へのビザが取得しやすく、長期の作戦を立案している期間も注意を引かない。さらに、ビンラディンは自分の地域の人間だけを信頼し、初期に試みたハイジャック攻撃による失敗の教訓から、発見されずに最も容易に米国で暮せる人物を選んだ、と言われている。

ハイジャック犯のうち一五人はサウジアラビアでビザを取得し、二人がドイツ、二人がアラブ首長国連邦でビザを取得していた。イスラム教徒活動家の行動を説明するのは比較的簡単だが、ハイジャック犯の意図と価値観を再現しようとするのは非常に困難である。彼らの家族の多くは、息子はアメリカが好きだったと報道内容に抗議し、この大義のために経歴や教育を放棄したとは信じられないと述べている。また実際、米国諜報専門家の頭にも高学歴でプロのハイジャック犯という範疇はなかった。何故なら、彼らの説明では、テロは、若く貧しく学歴が低く西側社会に関心がないように見える男性によって通常行われるものだからである(最近のパレスチナ女性自爆テロは例外的である)。しかしこのような説明では、アラビア半島の聖地における米軍駐留とイスラエルへの継続的支援のため生じる米国への深い憎悪を理解することができない。

彼らは単に運が良かっただけなのか

攻撃に関する初期の報道における共通見解は、これほど成功したのはハイジャック犯が信じられないほど幸運だったということだったが、この見解はだんだん修正しなければならなくなってきた。まず、攻撃が遠大な計画と訓練の結果だったことは現在では明らかである。ハイジャック犯は、各飛行機の前部に近づけるよう、ビジネスクラスの座席を買うために多額を使った。また選ばれた飛行機もターゲットによって決められた。(例えば、最大の767型機二機は、最大の燃料タンクをもっているので世界貿易センターをターゲットにした)。したがって、飛行ルートとして最大の燃料を搭載したものが選ばれ、だからこそハイジャック機の日付・時間・ルートは慎重に選ばれたのだ。

また火曜日早朝の大陸横断フライトは乗客数が非常に少ないため、カッターナイフだけで武装したハイジャック犯に勝てる者がほとんどいないはずだった。出発空港はターゲットに近く、また燃料を最大限搭載していたので、飛行機がコースから外れた時、管制官に驚きを引き起こした。またフライトのタイミングは時間差攻撃が行なえるように接近した複数のものが選ばれた。しかし米国情報機関が同じ日に予定されていた他の多くの攻撃を傍受していたという噂も根強く残っている。だから私に対する反論として、ハイジャック犯が行った挑戦の僅かしか成功しなかったので、実際には全体として相対的には失敗だった、というものがある。これは私には信じがたいと述べねばなるまい。しかし九月一一日に計画されたものが他にまだあるのか、我々はまだ正確に知らない。やはり多くは秘密に覆われ続けている。

西側情報機関は失敗したのか

これは明らかに前述の論点に関係しているが、9・11事件が西側、特に米国の情報機関にとって重大な失敗と見なされるか否かに関して議論が起こっている。多くの西側情報機関が、ハイジャック犯数人の活動に関心をもち、ＦＢＩにその関係情報を渡していたという確かな証拠が今あるが、ＦＢＩは司法当局を説得して容疑者の監視許可を取るのは困難だった。何故なら米国は当面は海外での国益に対する脅威に主として注目しているからだ。

特別に興味を引くのはザカリアス・ムサウイのケースで、この人物は単一エンジン・セスナ機の飛行ライセンスしか所有していないのに、747―400型の飛行訓練を望み、飛行教官に怪しまれ、八月一六日にミネソタで逮捕された。この飛行訓練がハイジャックにつながるのではないかと思った、と教官はＦＢＩに述べている。彼がチェチェンのビンラディン・グループにつながっているというフランス情報機関の報告にもかかわらず、FBI高官は彼のラップトップ・コンピュータ捜索令状を要求できないと感じていた。これは、彼が犯罪を犯したことを証明できないとFBIが思ったからだった。この問題を乗り越える唯一つの方法は、彼が生まれたフランスにムサウイ本人(とコンピュータ)を戻し、コンピュータ捜査のためにフランスの法律を行使することだった。彼は九月一七日にフランスへ行くことになった。コンピュータは調査されたが、一般的ハイジャック情報も、特に9・11についても、何も情報は見つからなかった。

ムサウイ以外にも前述したように、少なくとも二人のハイジャック犯が攻撃数週間前にFBIによって指名手配されていた。FBIによるその後の調査で、アルカイダと「つながりのある可能性」をもって米国で暮らしている一五〇を超える個人リストが明らかにされ、これら個人は厳重な監視下にある。彼らは四、五の「大きな細胞」に組織されていると言われ、このことは米国でのアルカイダの存在が以前に考えられていたよりはるかに大きいことを示唆している。しかし、このFBIの監視は市民的自由(人権擁護)組織から批判を招いている。監視の有効性の点について、元CIA反テロ専門職員は次のように述べた。「アメリカ国内のアルカイダの存在に関して、FBIは、その暴露・破壊・侵入にほとんど成功していない。FBIは自分達が無知だと知らないのだ[14]」。

したがって、諜報の失敗があったと後で主張することは容易だが、問題は、米国に対するテロ情報があまりに多く、個々の情報を真剣に取り扱う結果、西側諸国全体(特に米国)を、はるかに厳しい監視国家にしてしまうことだ。しかし相変わらず最も重要な情報の多くは機密扱いのままなので、冒頭の問いには答えることができないのである。明らかなことは、FBIが研究対象としてきたテロとテロ組織のモデルには著しく欠陥があったということである。

イスラム地域における様々な反応の理由を米国は理解しているか

最後に、私は一見単純な質問をしたい。なぜ祝杯を挙げる人がいたり、米国が当然の報いを受けたと多くの人が静かに考えたか、それを米国の大衆は理解したのか否か、という問いである。(15) 一九九〇年代を通して米国は自らを世界の指導者だと主張した。一九九八年には、米国務長官マデライン・オルブライトはイラクを爆撃するために米国の脅威についてこんな風に述べた。「我々が力を使用しなければならないとしたら、それは我々が米国人だからである。我々は欠くべからざる国民である。我々は断固たる態度をとる。我々はずっと先の将来を見通している」。

私の見解では、9・11への対応は上記の姿勢をさらに悪化させたが、それはほとんどの米国の政治家や評論家が単独行動主義と孤立主義の混合物に頼ったように見えるからである。なぜ米国が世界中でそれほど人気がないのか、という正確な理由を理解しようという関心は皆無であり、逆に以前にも増して「米国のやり方」の優越性を主張し直す関心だけは強い。そこで米国のテレビ・コメンテーターは、二〇〇二年冬季オリンピックを紹介するときに、競技者が、ブッシュ大統領の言う「悪の枢軸」国の出身だ、と評することもできた。同様に、リチャード・ペルレとニュート・ギングリッチは、対テロ戦争で米国は良いと思ったとおり行動し、同盟国が米国と共同関係に入っても全く入らなくても良い、と繰り返し述べている。米国はこの「戦争」に勝つため同盟国を必要としないということである。

これはすべて、米国の外交・国防政策の支配勢力が、世界に米国の意志を押しつけ、その結果は阻止できると考え続けていることを示している。これは基本的に欠陥のある分析であり、9・11事件が悲しいことに明らかにしたのは、アメリカの国内治安と外交政策が連動していることだった。確かに、もし9・11事件が更なる単独行動主義的な外交政策を正当化できる口実になると米国が考えるなら、9・11のようなテロ事件は多くなりこそすれ減ることはないだろう。

結　論

この章での私の特定目標は、あらゆる分析および諜報活動にもかかわらず、9・11については未回答の問いがまだ多くあることを示すことだった。このような大きな事件については、我々はまだ知らないことが非常に多い。恐らくこれは、他文化への問い、特に他文化に住む人々が世界をどう見ているのかという我々の問い方に一部は原因がある。彼らのものの見方は、我々が日常の中で暮し考え問いかけても許されるやり方とは違いすぎるからである。したがって、この章は広範囲な根本的な問い、すなわち、西側の合理性という観念を使って、どの程度まで我々が9・11事件を完全に理解することができるのか、を提示したということである。

これは、心の本質が何なのか、それが文化に関係なく同じように作用するのか、という深い哲学的な疑問

を当然ながら提起する。しかし、我々の合理性・理性・論理が我々の社会における基礎的関係を形成しているので、この哲学的問題が実際的に非常に重要な政治的結果をもたらすことは明らかである。その結果、生まれてくるのは、モラルの本質、個人的責任、法的責任、究極的には政治と経済の連鎖、公事と私事の相関関係にたいする常識的主張であるように見える。9・11を理解するために必要なのは、単純な対テロ戦争への依存によって周辺化され疎外され無視されてきた上記のような複雑さを、注意深く情報に基づいて詳細に分析することだ、というのが私の全体的関心である。

第5章　必死のビンラディン捜査
――テロとの戦争と諜報活動

デズモンド・ボール

九月一一日の世界貿易センタービルとペンタゴンへのテロ攻撃は、一九四一年の真珠湾攻撃以来最悪の米諜報機関の失敗と関係がある。それは、優先順位と任務の設定から、情報収集活動全般、そして事前に何らかの警告を発して然るべきだった分析・評価・伝達プロセスに至るまで、諜報活動の全段階にわたる失敗だった。またそれは、伝統的な国家安全保障および軍関連の諜報機関だけでなく、対テロ活動に関係のある多数の法執行機関や専門機関にもみられた。九六年以来、米国および同盟国の諜報機関はオサマ・ビンラディンを（断続的ではあるけれども）ぴったりと監視してきたし、米国に対する彼のもくろみはよく分かっていたにも拘らず、その実行計画と準備に気づくことができなかった。

振り返ってみると、九月一一日以前に発見できた、発見すべきだったことがたくさんある（特に、その前数ヵ月間のハイジャック犯の米国内での行動に関して）。しかし危険信号は一度もはっきり確認されることなく、混乱し矛盾した情報の中に埋もれてしまった。なかには二〇〇一年の五月から七月に米国の利権がテロ攻撃を受ける可能性があるという一連の報告もあったが、それが間違いだと分かり、関係機関の緊張の緩みにつながったのかもしれない。ロベルタ・ウォールステッターの言葉を借りれば、「あの出来事以来とてもはっきり聞くことができるようになった関連のシグナルが、それ以前には周囲の雑音で一部はっきりしなかった」[(1)]。ビンラディンの巧妙な通信方法および偽情報を流して人を欺く能力を決して侮るべきではなかった。

この諜報機関の失敗によって、米諜報機関の仕組み（その構造は、基本的に依然として冷戦期に確立された役割と任務に基づいている)、関連予算の妥当性(現在約二八〇億ドルに上るが、一九九〇年代初めから実質的に減少してきた)、優先順位や任務の決定プロセス、関連諸機関間の協議調整メカニズム、などに根本的な疑問が生じた。またそれは、諜報機関予算の大幅増額、大規模な組織再編、新たな形態の国際協力、諜報機関や国内の治安組織やテロ対策組織の新たな幅広い法的権限、などに対する緊急の、しばしば賢明でない要求を生んだ。こうした要求の多くは有用性に問題があり、なかには間違いなく市民の自由を大きく侵害すると思われるものもある。

ビンラディンとアルカイダに関する諜報活動

一九九六年までに、ビンラディンとアルカイダ、そしてその活動は、米国(と同盟国)諜報機関の最優先の標的となっていた。西側諜報機関は、九五年には、ビンラディンが九三年の世界貿易センタービル爆破事件の計画策定に関与したことを知っていた。九六年初め、国務省は彼を「今日、世界でもっとも重要なイスラム系テロ活動の財政支援者」であり、「米国の国家安全保障への深刻な脅威」であると認識していた。彼の組織は、九六年六月二五日のサウジアラビア、ダーランのコバールタワー米空軍基地の爆破に関与していた。この爆破で米軍兵士一九人が死亡し、空軍の対イラク作戦が妨害された。九六年八月、彼はイスラム法判定、ファトゥワを初めて出したが、それは米国に宣戦を布告し、戦争の遂行上、善良な市民の殺害を許すものだった。秘密の諜報戦争がすぐに始まった。

諜報戦争はほとんどが秘密裡に進められたが、一連のテロとそれに続く調査および容疑者の起訴によって、突如国民の目にさらされることもあった。九八年八月七日、ケニアのナイロビ(ビンラディンによると、ナイロビを攻撃したのは、「それが東アフリカ最大の(米国の)情報収集センターだと考えられたためだった」)およびタンザニアのダル・エス・サラームの米大使館爆破事件は、二二四人の死者と四〇〇〇人以上の負傷者をだした。九八年一一月五日、ビンラディンはこの大使館爆破事件への関与のかどで正式にニューヨークで起訴され、九九年六月七日、ＦＢＩの「一〇人の最重要指名手配者」リストに載せられた。米国務省は、彼の逮捕および有罪判決につながる情報に対して、五〇〇〇万ドルまでの報奨金を申し出たが、これは一人の指名手配者に米政府が用意した報奨金としては過去最高だった。

米当局は、わずかだが何人かの有益な情報提供者を得るのに成功した。例えば、アルカイダからの脱走兵、ケニアとタンザニアの米大使館爆破事件の捜査中に発見され「裏切った」ビンラディンの元共犯者などだが、彼らはアルカイダの組織構造、主要人物、通信網、活動内容、検討事項などについて、一九九九年から二〇〇〇年頃までは豊富な情報を提供してくれた。しかし西側諜報機関で工作員（「スパイ」）をアルカイダの内部に潜入させることができたところは一つもない。

ビンラディンに関する情報のほとんどは、極めて高度かつ極秘の信号諜報（ＳＩＧＩＮＴ）システムから得られたが、そのシステムによって米国家安全保障局（ＮＳＡ）および同盟国関係機関は、彼の様々な無線・電話通信手段を組織的に押えた。しかしながら、彼は諜報対策に熟達しており、諜報手段を知ると、より安全な方法に変えた。

一九九八年八月七日にナイロビとダル・エス・サラームでほぼ同時に行われた米国大使館への爆弾攻撃は、ビンラディンが大規模なテロ活動に関与していたことを明らかにしただけでなく、彼が厳しい監視の下でも、約五〇〇〇キロも離れたアフガニスタン国内から、確実に大規模なテロを組織し統率することができる能力をもっていることも明らかにした。

一九九六年五月頃までに、ビンラディンと関係のあるイスラム過激派グループがケニアのナイロビに基地を設置したことを、米諜報機関は知っていた。そしてその年末までに、ビンラディン本人との会話用の携帯電話を含め、グループが使っていた五つの電話回線をつきとめ、会話とＦＡＸの傍受を始めていた。このナイロビでの傍受活動は八月七日の攻撃まで続けられていたが、攻撃を警告する情報は得られなかった。

二〇〇〇年一〇月、米海軍駆逐艦コールはイエメン停泊中に、アルカイダに関連のある自爆犯の攻撃を受けた。二〇〇一年初頭までに複数の米諜報機関が、一～二年以内に米国内あるいは国外で、多数の死傷者を出すことを目的に製造された武器によって大規模なテロが行われると予測していた。

ビンラディンの通信システム

一九九六年から二〇〇〇年の間に、ビンラディンは複数の代替用の本拠地並びに指令センターをアフガニスタン国内各地の要塞地帯に設置した。例えば、大規模基地が次のような地域に建設された。九六年から九七年に基地が建設されたイラン国境付近のコラサン山脈の洞穴群、アフガニスタン南部のパキスタン国境から一〇〇キロほどのタリバンの精神的故郷カンダハル近傍、カブールとカイバル峠との間にあるアフガニスタン東部ジャララバードに近い山中の洞穴群、ジャララバードの南でパキスタン国境から三〇キロのホースト付近、九八年八月のホーストへの巡航ミサイル攻撃後に基地が建設されたタジキスタン国境付近のクンドゥース州パミール高原山中、そしてどの国境からも遠く離れたアフガニスタン中南部のウルズガン州。これらの基地には、ＨＦやＶＨＦ無線、電話やＦＡＸ回線、Ｅメールやウェブサイトや電子掲示板やデータベース用のコンピュータなど、近代的通信システムが非常に幅広く備えられていた。(2)

一九九六年一一月、ビンラディンは、ラップトップコンピュータ大のコンパクトＭ衛星電話一式をニューヨークのロングアイランドにある会社から手に入れ、その後数年間にわたって頻繁に使用した。８７３　６８２５０５３３１という番号を割り当てられ、インド洋上空の静止軌道にある国際海事通信衛星インマルサットを二二〇〇分使った（二〇〇一年四月、大使館爆破事件の裁判で検察側は、一九九六年末から九八年末までの全ての送受信記録を明らかにした）。最も頻繁にビンラディンが電話をかけた（一四三回）相手はロンドンをベースとする工作員で、ナイロビ支部をつくったハーリド・アル・ファウワーズだった。五〇回以上がケニアにかけられ、そのうち四回はワディーフ・エル・ハッジの自宅電話番号にかけられたが、ハッジは二〇〇一年七月、ナイロビ爆破事件を組織したとして有罪判決を受けている。

ビンラディンは初めから衛星電話は簡単に傍受されることを知っていたので、作戦行動以外の目的に限って使用した（NSAは、特別に許可された人物にはビンラディンと母親との会話の録音テープを聞かせるということまでしていた）。しかし彼は少なくとも一九九八年八月までは、SIGINT衛星の交信場所探知能力を認識していなかった。問題ないはずの交信が重要な証拠物件を提供するという点を、彼が甘くみていたことは確かだ。

ビンラディンの衛星電話は彼の側近も時々使ったが、彼らはその危険性にあまり気づいていなかったかもしれない。九八年八月二〇日、ホーストが巡航ミサイルの攻撃を受けたが、その翌日、ビンラディンの友人で事実上の副司令官だったアイマン・アル・ザワヒリが衛星電話を使っている。その話振りからすると、傍受され彼の居場所が突き止められることを気にしていない様子だった。(3)

ビンラディンは九九年二月に衛星電話を使うことを止めた。タリバン高官は彼の活動を拘束するためそれを没収したと言っていたが、おそらく彼は安全確保のために止めたのだろう。九八年八月二一日、国家安全保障担当大統領補佐官サンディー・バーガーは、テレビで、米国の攻撃を促した情報の多くが、ビンラディンと仲間との電話の傍受から得られたと述べた。その後数ヵ月の間に、別の複数の米高官が、スパイ衛星がビンラディンの電話を盗聴していくつかのテロ攻撃計画を詳細に把握し、それを防止することができたと述べた、と報道された。

一九九九年初めまでにビンラディンは、西側諜報機関が事実上侵入できない多目的情報通信ネットワークをつくりあげた。ランド研究所がその年の後半に発行した報告書に述べられているように、それはウェブサイト、Eメール、電子掲示板を使って、テロ対策機関に傍受される危険をあまり冒すことなく情報交換するものだった[4]。この最新技術は大規模な密使ネットワークで補強された。この密使ネットワークの決定的重要性は、ビンラディンがアフガニスタンにおけるソ連との戦争の中で学んだもので、命令が手渡しでアルカイダの中枢から軍司令官へ、そして中東、アフリカ、ヨーロッパの支部組織へと伝えられた。

危険信号

九月一一日には、その数ヵ月前からビンラディンが大規模な作戦を計画しているという多くの情報を掴んでいたにも拘らず、米諜報機関は完全に不意をつかれた。米国務長官コリン・パウエルが二〇〇一年一〇月に言ったように、「(五月から七月にかけて) 何かが進行しているという多くの徴候があった」にも拘らず、「欲しかった忠誠と情報、現実に起きてしまったことに対する何らかの警告を事前に手にすることができなかった」。

五月二九日、米国務省は内外のアメリカ国民に対して、ビンラディン関連グループの標的になる危険性があると警告を発した。バーレーンのマナーマやセネガルのダカールの米国大使館は閉鎖され、湾岸地域の米軍基地では最高の警戒態勢（「Threatcon Delta」）が命じられた［Threatcon Delta――米軍施設に対する警戒の度合いを示し、低い段階からNormal, Alpha, Bravo, Charlie, Deltaの五段階に分けられる］。テロの可能性として、七月四日の米国独立記念日の直前とその二週間後のイタリアサミットが危ないという報告が多数あった。七月末、国務省は日本、韓国、アラビア半島にある米国の施設に対する攻撃の可能性について警告を発した。

これらの警告はビンラディンの偽情報作戦によって引き起こされたものだったが、それはその警告が誤りだと判ったときに安堵感を引き起こすだけでなく、脅威にさらされているのは米国本土自体ではなくは国外の米国の利権だと、西側の諜報機関を「騙して」信じ込ませるもくろみでもあった。

最も警告的な報告が9・11の一ヵ月前にFBIに渡されていた。ミネソタ州のある飛行訓練教官が数回にわたってFBIに電話をかけ、テロリストが燃料を満タンにした飛行機を空飛ぶ爆弾として利用する可能性、および彼の訓練生の一人、ザカリアス・ムサウイという、いわゆる「二〇人目のハイジャック犯」がもたらす脅威について警告していた。ムサウイ（彼は二〇〇一年二月に米国に入国している）はFBIと移民帰化局（INS）によって、八月一六日、査証違反の罪で身柄を拘束され、以来拘留されたままだが、9・11のテロに関しては何の情報も与えなかった。

ハイジャックした燃料満タンの飛行機を、空飛ぶ爆弾として有名な無防備の建物に激突させるという発想は、驚くに当たらない。一九九四年一二月、アルジェリアのイスラム武装グループがフランス航空の旅客機をハイジャックし、パリのエッフェル塔に激突させると脅した。九五年西側諜報機関は、ビンラディンが旅客機をハイジャックし、米国の様々な目立った標的に激突させる計画を立てているとの情報をつかんだが、その標的には、ニューヨークの世界貿易センタービル、シカゴのシアーズタワー、バージニア州ラングリーのCIA本部が含まれていた。その計画の詳細は、九三年の世界貿易センタービル爆破実行犯のリーダー、ラムジ・ヨセフの裁判の過程で、九七年に広く公表された。連邦航空局の九九年と二〇〇〇年の年次報告書は、それぞれ二〇〇〇年と二〇〇一年の初頭に発行されたが、ビンラディンとその仲間が「民間航空産業、特に米国の民間航空産業に大変な脅威」をもたらしており、英国に亡命した（氏名の公表されていない）あるイスラム指導者が、ビンラディンが「航空機を撃ち落とすか、あるいはハイジャックして米国に屈辱を与える」ことを計画していたと述べた、と警告している。(5)

諜報とテロとの戦争

下院の諜報に関する常設特別委員会は九月二六日に、「大規模な構造改革と諜報機関内の文化革命の双方が根本的に必要である」と報告し、スパイと情報分析要員の増員、画像情報（ＩＭＩＮＴ）管理と情報収集プロセスの改革、そして傍受した音声およびデータ通信の処理能力の近代化が、米国にとって不可避だと述べた。テロ、安全保障情報、重要サイバーインフラの保護、追加予算などに関する多くの新しい法案が提出され、そのいくつかは既に施行されている。情報機関やテロ対策関係機関の「規制」を取り除き、それらの機関をテロに向けて「解き放つ」ようにという声高な要求は以前からあった。二人の元ＣＩＡ長官（ジョージ・ブッシュ一世とＲ・ジェームス・ウルジー）は、甚だしい人権侵害を犯したことのある人物の採用を禁止した一九九五年の極秘ガイドラインの撤廃を要求した。他の元諜報機関高官も、米国は暗殺政策を積極的に遂行すべきだと述べている。

こうした議論の結果に関わりなく、米諜報機関の将来的な能力と任務は、９・11の直後に諜報活動に割り当てられた追加予算によって大部分が決定されるだろう。それは特に、法的あるいは組織的改革ではなく、アフガニスタンでの戦争に必要な新たな宇宙空間および空中情報収集システムへの大規模な投資に割当てられている。

大幅な予算増は、ホワイトハウスでも議会でも即座に認められた。九月二一日、政府は予備費一一・五億ドルを「状況把握と情報収集」に割り当てた。数日後、下院は二〇〇三年度の防衛予算（三四四〇億ドル）を承認したが、その中にはテロ対策用の四億ドルの追加予算も含まれていた。ペンタゴンの極秘の二〇〇二年度補正予算要求には、「状況把握、無人飛行機、人的諜報活動」のための一三〇億ドルが含まれると報道されている。ブッシュ大統領も六〇億ドルを（防衛目的以外の）テロ対策に支出すると約束した。

九月末までに米国は、アフガニスタンでの軍事作戦を支援するため、約二五〇億ドルを注ぎ込んで、約五〇に上る、諜報活動用、通信用、ナビゲーション用、気象観測用衛星を寄せ集めた。米国のスパイ衛星には、防衛支援計画（ＤＳＰ）ミサイル発射探知・早期警報衛星二機、新型ＫＨ―11型リアルタイムデジタル画像処理衛星二機（一九九五年と九六年打ち上げ）、ラクロス画像レーダー衛星三機、国家偵察局（NRO）によって操作されている複数の小型画像処理衛星、新型オリオン静止軌道SIGINT衛星二機、マーキュリー／新型ボルテックス静止軌道衛星一機、超楕円軌道のトランペットSIGINT衛星二機、そして複数のVHFおよびマイクロ波の発信場所を傍受し探知する低高度小型電子情報衛星（ELINT）などが含まれていた。更に、別の衛星がすぐに打ち上げられる予定だった。一〇月五日国家偵察局（NRO）は、三機目の新型KH11衛星を打ち上げ、アフガニスタンから毎日繰り返し受像できるようになった。これに一三億ドルの費用がかかったが（打ち上げロケットを含めて）、これは九月二一日にペンタゴンに与えられた諜報活動関連の緊急予算額を超えていた。一〇月一〇日NROは、約四億ドルをかけてデータ中継衛星（コードネームはアクィラ）を打ち上げたが、これは特にアフガニスタンでの軍事作戦に関する画像その他の諜報データを、SIGINT衛星に中継するためのものだった。

アフガニスタンでの戦争に使われる衛星システムの多くは、交換が加速度的に必要となるだろう。静止軌道、超楕円軌道および低軌道SIGINT衛星からなる新たな編隊計画にも拍車がかかっているが、最も精巧な編隊では一機につき一五億から二〇億ドルもかかるだろう。また、新しい画像衛星の開発も急がれている。

アフガニスタンでの軍事作戦が始まると、情報収集任務は人工衛星から、無人航空機（UAV）を含む空中システムへと移った。情報収集用航空機が一二機種以上配備されたが、例えばE3空中早期警戒管制機（AWACS）、レーダーや電子光学カメラやSIGINTシステムを装備した新型U2偵察機、RC135リベット・ジョイントSIGINT機、E8Cジョイントスターズ・レーダー偵察機、米海軍EP3エアリーズSIGINT機、EC130Hコンパス・コール通信傍受妨害機、同じく通信傍受妨害用に製造された海軍のEA6Bプラウラー機などである。米中央情報局（CIA）は一〇月から、プレデター無人航空機をアフガニスタン上空で使用し始めた。次いで一一月には、新型の高高度グローバル・ホーク無人航空機を急遽投入した。

繰り返すが、アフガニスタンでの戦争は、こうした空中システムの多くについて、交換および近代化を早めるだろう。新しい空中システムの開発が計画されている。米空軍は多任務偵察情報収集機を計画しているが、これはＡＷＡＣＳやレーダー監視やＳＩＧＩＮＴの任務を組み合わせようというものだ。米海軍はＰ３オリオン、ＥＰ３エアリーズ、ＥＡ６Ｂプラウラーシステムに代わる新たな多任務海上偵察機を提案している。あらゆるタイプのセンサーを装備した新型無人航空機が、ここ数年間のうちに何機か任務に就くだろう。

ペンタゴンは今後四年間にわたって、情報の収集と分析における米国の優位を更に著しく高める新技術の開発に、大規模な投資を行おうとしている。「四年期防衛見直し（ＱＤＲ）」によると、例えば発見され難くする技術、ナノテクノロジー、ロボット工学、計量生物学の発展で、顔の特徴や歩き方から人を瞬時に識別できるようになるという。蚊ほどの大きさの基盤に埋め込まれた偵察システムによって、米国の敵を追尾し、遠くの敵の施設に侵入することも可能になるだろう。また、新しい型の電子攻撃が、敵のコンピュータや通信インフラを妨害、破壊するために使われるだろう。

人的諜報活動の強化

人間による情報収集（ＨＵＭＩＮＴ）能力の強化を求める声が広がりを見せているが、首尾一貫性に欠けた耳障りなものとなっている。ブッシュ大統領は二〇〇一年一二月一一日、サウス・カロライナ、チャールストンの要塞で行った士官候補生への演説のなかで、米国が「人的諜報活動ネットワークの再建をしなくてはならない」ことを強調し、特に「標的を見つけ出し、敵の後をつけ、彼らの邪悪な計画の粉砕に役立つ現場の人間」の必要性に言及した。

しかし実際には、ＨＵＭＩＮＴの強化についての議論は、（暗殺を含む）秘密作戦から工作員の潜入（つまり「スパイ」）や分析・評価に至るまで、一連の非常に異なる能力と活動に関わっている。なかには末梢的な要求もあるし、おそらく実行不可能なものもある。また、ほとんどの議論が、長期計画あるいは人的資源への投資の必要性を認識していない。米軍の秘密工作員やＣＩＡの作戦活動に関する制限を緩和し、関係分野の犯罪者の活用や暗殺を認めよという要求は、目的を逸脱している。

ＣＩＡは既に人的情報収集能力の強化に乗り出しているが、イスラム系テロ組織への潜入は極めて難しい。有能な現場の工作員を採用し養成するには何年もかかり、多くのテロ組織には依然として潜入できず、なかには発見できない組織さえ残ることも避けられないだろう。ＨＵＭＩＮＴに非常に必要なことは、分析・評価能力の強化だ。これは、単に集められた情報を全て適切に分析するための十分に訓練された人材の採用を意味するだけではない。政治的、社会的、技術的問題の急速な拡大に対応して、必要な幅の広い深い知識を提供できるように、国の教育研究基盤を維持することをも意味する。いわゆるオープンソースの（一般に利用可能な）情報を利用する仕組みは未だに非常に不完全だ。しかしながら、こうした長期的投資や組織機構の設計については、ほとんど注目されていない。

組織改革

米諜報機関は、冷戦の終結とソ連の崩壊の予測を誤ってから、果てしのない調査と評価にさらされてきたが、多くの時間と努力を費やしたにも拘らず、僅かな組織改革以外には、ほとんど何も変わっていない。情報収集活動と分析活動のバランスの悪さ以外に最も多く指摘された弱点は、管理、任務の割り当て、そして調整に関係している。調整メカニズムの改善ばかりでなく、ある種の整理統合が多くの調査で提言された。安全保障関連の責任を負う機関が増えるにつれ、こうした改革がますます避けられないものになってきた。およそ三五から四〇の機関が現在テロ対策関連業務に携わっているが、それはＣＩＡやＮＳＡのような諜報機関から、税金や税関や移民などに関わる他の当局機関にまで及ぶ。

ブッシュ大統領は九月二〇日の国民向け演説で、全ての連邦機関（国防総省、連邦緊急事態管理庁、税関、沿岸警備隊などを含む）および本土防衛関連の責任を有する州その他の自治体当局の取り組みを調整するために、新しく大臣級の本土安全保障局を創設したことを公表した。しかしながら、その綱領も権限も明らかにされていない。恐らくそれは、一九六〇年代の民間防衛機構や、八〇年代に薬物と戦うため組織された執行体制以上に効果的だということはないだろう。簡単に言えば、現在まで根本的な組織改造は一つもなされていないということだ。実際、統合整理どころか新しい組織や部署が、テロとの戦争に対処するために創設されている。

組織変革が更に進む一方で、前例のないレベルと形式で、様々な本土監視手段が実施に移されつつある。これには、私的な電話やコンピュータ／電子通信の傍受、商業活動（特に金融取引）の更に踏み込んだモニタリング、領空内の監視強化などが含まれる。

米宇宙軍と北米防空軍（ＮＯＲＡＤ）には新たな国内任務が課せられた。９・11以降数ヵ月の間、米空軍はＡＷＡＣＳ（空中早期警戒管制機）によって、ニューヨーク―ワシントン間に脅威となり得る不審な航空機がいないか空中監視を間断なく継続した。（その任務は米空軍のＡＷＡＣＳ航空隊だけでは継続できず、ＮＡＴＯの五機も配置する必要があった）。ＮＯＲＡＤ司令官には、現在、米国の都市を脅かすのに使われる旅客機を撃墜する権限が与えられている。

Ｅメールやインターネットがテロリストの通信網の中心的役割を果たしていること、９・11の攻撃準備にハイジャック犯がＥメールを頻繁に利用したこと、またテロ組織が最新暗号技術を次第に多く使いだしたこと（これには、暗号化したメッセージをウェブ上の音楽や画像ファイルに隠す技術も含まれる）、こうしたことが電子監視機関の権力と能力を強化しようという様々な試みの引き金となった。これはまた、国家安全保障とプライバシーの微妙なバランスに関わる議論を再燃させた。

米国では、数多くの諜報機関、法執行機関、財務省関係機関が、電子監視活動に関与しており、膨大なデータベースやファイルにアクセスしている。あの攻撃から二週間のうちにFBIは、攻撃の三〇日から四五日前に送信された、ハイジャック犯に関連する英語やアラビア語やウルドゥー語の何百ものEメールをつきとめた。その中には、攻撃作戦の詳細を含むものもあった。

電子監視活動の制限を緩めようという［政府］提案のなかには、非常に問題のあるものもある。特にEメールの暗号化禁止要求は、少なくとも第三者預託（暗号解読キーが政府機関に預けられる）制度なしでは問題だ。ハイジャック犯が送受信したEメールで、暗号化されたものは一つも無かった。

いずれにせよ、現在FAXやEメールや電子データの交信の監視に使われている技術が劇的に性能を高めることは疑いの余地がない。現在使われている技術には、英米のSIGINT機関が国際回線の交信傍受に使っているエシェロン・システムや、国内のEメール傍受に（令状の下に）使われているFBIのDCS1000カーニボー・システムなどがある。更に、電子金融取引をモニターするために、これらのシステム間ないし類似システムとの間で直接データ交換を行うためのプロトコルも、急遽つくられている。

米政府は、不審な銀行口座および金融取引の秘密監視活動に関する規制を緩めるため、金融インフラ関係の情報収集に関する現行の法律を変える立法の準備を急いできた。またマネーロンダリングに対するより厳しい法律も提案しているが、それによってテロリストの国際的財政支援ネットワークが損なわれることを期待している。

テロ活動は比較的費用がかからない。一九九三年の世界貿易センタービルの爆破にかかった経費は二万ドルと推定されている。9・11の残虐行為にかかった経費は、生活費、操縦訓練、ハイジャック犯の航空運賃など、総額で五〇万ドル程度だろう。米当局は、ハイジャック犯と関連のある、クレジットカードやATM

機その他の手段を通じた三二万五千ドル以上の「金の流れ」を追跡してきた。しかし、一九人に関する金の流れは、何ヵ月もの間ほとんどが少額で、犯罪を臭わすような奇妙な取引はなかった。それとは別に一七万五千ドルがおそらく現金で使われた。資金のほとんどはハワラと呼ばれる書類が残らない（したがって本質的に形跡を残さない）送金システム（現金は、同じ一族に属するブローカーや商人を通じて「信用で」送られる）を通じて、多数の銀行やクレジットカードの口座に少額ずつ送金され、集められた。

諜報機関の協力強化

テロとの戦争は国際関係の再編成をもたらし、米国は新しい対テロ連合を構築し、従来よりはるかに大規模な諜報活動協力に取り組まねばならないだろう。米国は中東や中央アジアにおいて、地上傍受基地およびスパイ航空機、領空通過許可、通信ネットワーク、特殊部隊の作戦支援などをさらに必要とするだろう。またもっと重要なことは、アラブ諸国政府が、テロリストのネットワーク、人物、動機、採用、訓練、そして手口に関する貴重な情報源だということだ。彼らはイスラム武装グループのことをアメリカ人よりはるかによく知っている。彼らは工作員や情報提供者を西側の諜報機関よりはるかに容易に潜入させることができる。米国が技術的諜報収集能力で貢献し（特にＳＩＧＩＮＴや上空画像諜報活動において）、アラブ諸国政府は優れた人的諜報活動能力で貢献するといった協力体制が提案されている。

こうした諜報活動の新たな関係を構築するのは非常に難しいだろう。アラブの指導者に米国の告発の妥当性を納得させると共に、彼らの国内のテロ対策を支援し、その過程で米国の能力を示すためには、米国は情報の共有にもっと積極的になるべきだろう。スパイ行為の嫌疑を避け、米国が入手した関連情報が全て共有されているという信頼を築くために、米国は受入国での活動に関してもっと率直であるべきだろう。多国間の諜報活動協力に関する新しいアプローチを構築する必要があるだろう。諜報は、政策決定者や彼らの側近のために最高機密を用意するという限定的な職務だ。最も成功し易いのは、一般的には二国間の協力であり、その場合、最高レベルの相互信頼関係を保ち、情報の外部への流出を最小限に押えることができる。冷戦期の僅かな多国間協力の例は全く見本とはならない。

見通し

諜報機関は、9・11の失策によって、今後何年もの間、重荷を背負うことになるだろう。今後さらに多くの調査や組織の再編が行われるだろう。しかし、戦略的奇襲に対する諜報活動を向上させるような根本的改革は、冷戦終結から対テロ戦争に至っても、実施されそうにない。実際、根本的改革はまだはっきり述べられてさえもいない。

9・11のテロ攻撃の最も目に見えた結果は予算増であったが、これは必ずしも事態を改善しないだろう。一番得をしたのは、一九九〇年代半ばに諜報戦争が開始されて以来、ビンラディンにしてやられてきた諜報機関ということになるだろう。追加予算の大部分は、高価な新しい人工衛星や他の技術的システムに使われるだろうが、それは現在の能力と活動形態を永続させることになるだろう。

必要な改革の多くが、西側諜報機関を支配している根深い哲学や行動習慣によって妨げられている。つまり、秘密主義、自滅的棲み分け、絶対的な情報源や情報入手方法の保護の原則などがある。西側諜報機関は、多様性を増している標的に対応することも、オープンソース情報の増大を活用することも、民間技術を使うことも、体質的に不可能なように思える。教育・研究は、諜報機関が利用可能な、政治的、戦略的、技術的専門知識を国として蓄積するのに必要だが、教育・研究能力への長期的投資は、決定されても、予算化されてもいない。

予想される電子監視に関する能力と法的権限の強化によって、諜報機関の誤りやすい性質が改善されることはないだろう。たとえ現在集められているハイジャック犯のＥメールやインターネットを使った通信の全てが、事前に中央当局の手で処理され分析されていたとしても、彼らの正確な計画まではおそらく明らかにできなかっただろう。しかし、あらゆる種類の電子通信を集めて調査できる中央当局が、国民の自由を大幅に侵害するのは確かだろう。

これから一〇年の間に、更に大きな諜報機関が米国にできるだろうが（おそらく年間予算は五〇億ドルも増加するだろう）、その機関は、現在の弱点のほとんどに苦しむことになるだろう。例えば、お粗末な職務の割り当て、情報の収集と分析力のバランスの悪さ、深さも幅も不十分な知的能力などだ。そして、九月一一日の攻撃のような特定の出来事を予期することは依然としてできないだろう。電子通信（商業取引を含む）のプライバシーはさらに制限されるだろう。しかし、その次の一〇年の間には、戦略的均衡に関する別の危機ないし災難が起こり、その新しい諜報機関も不意打ちされることになるだろう。

第6章　テロ資金——金融グローバリゼーションの新たな課題(1)

トーマス・J・ビアステッカー

国際金融市場の統合が二〇世紀末に向けて急速に進んだ。国際為替取引高は一日一・三兆ドルを超えたが、これはOECD諸国の中央銀行保有外貨の総額を超えている。一九九〇年代初期、開発途上国へのネットの資本の流れは、年一三〇〇億ドルを超えた。アジア通貨危機の後でも、金融市場の混乱の被害を最も強く受けた東アジアおよび東南アジア諸国のなかに、海外直接投資が引続き増加した国がいくつかあった。

国境を越える資金の流れの劇的増大以上に重要なのは、個人の通貨取引業者から、機関投資家、国の管理当局に至るまで、主要関係機関の間に認識の変化が起きたことだ。つまり、金融面でも明確な国境があるという認識から、統合されたグローバル金融市場が世界規模の投資と競争の機会をもたらすという認識に大きく変わった。一九三〇年代から七〇年代に至るまで、ほとんどの国で当局が効果的な通貨統制を行おうとしてきたが、次第に、金融の規制緩和と自由化、投資に係る規制の段階的撤廃、国際金融取引奨励策の導入の道を開いてきた。資本が、一瞬のうちに、終日二四時間ベースで、「世界を駆け巡る」というイメージが、次第に一般化しつつあった。

資金の流れ、認識の変化、金融市場の自由化への動きは、多くの点で、第一次世界大戦前にみられた経済統合の一般的なパターンと程度に近かった。しかし、二〇世紀末に至って重大な違いがいくつかみられ、金融市場のグローバリゼーションは金融業界の新たなアクター、つまり債券取引業者、通貨取引業者、機関投資家、マネーロンダリング業者などの登場を促した。彼らは、新たな金融秩序を利用しようと国際的な投資および ヘッジ戦略を立てた。更に重要なことは、技術革新が国際金融システムの出現を促したことで、これはもはや国単位の金融市場間の、規制ないし統制された取引だけで成り立つシステムではない。現在の国際金融システムは、「世界各地のディーリングルームにある相互に連結された二〇万以上のモニター…を伴う、電子情報システムで統合されたネットワーク」から成り立っている(2)。善し悪しは別にして、このネットワークは金融の力の在り処となったのであり、比較的安全に世界各地に資金を運ぶ能力をもち、それが分別があると考える政策を推進する国には報いを、「持続不可能」と考える政策を進める国には罰を与える。

二〇〇一年九月一一日以前、金融市場のグローバリゼーションの課題として議論されたのは、ほとんどが分配への影響と定期的不安定傾向（金融の脆弱性）に関してであった。金融市場のグローバリゼーションの擁護者は、資金へのアクセス増大、国家間の不平等の削減可能性、資本を開発に向ける可能性を挙げて称賛した。他方、金融市場のグローバリゼーションの批判者は、定期的不安定、パニック、危機を引き起こす傾向、国内および国家間の分配を不平等にする作用を強調した。金融市場のグローバリゼーションは（グローバリゼーション自体と同様）根本的に厄介な矛盾を抱えており、真実は両者の中間にある。グローバリゼーションは分析のレベルによって、不平等の増大と減少を同時に引き起こす。

9・11以降の金融市場のグローバリゼーションの課題

二〇〇一年九月一一日以降、金融市場のグローバリゼーションの否定的（あるいは「暗い」）側面をめぐる議論は、多くが分配への影響と定期的不安定傾向に関する問題から離れて、金融市場のグローバリゼーションが、国際テロを可能にした資金輸送をいかに助けたかを検討し始めた。マネーロンダリングと国際犯罪組織の活動は長いこと金融市場のグローバリゼーションの副作用だとされてきた。しかし、こうした活動の否定的結果のほとんどが、金融市場統合の一般的利益を相殺して余りあった。9・11が全てを変えてしまった。国際的アクターがあれほど多くの人命を奪い、直接的ダメージを与えたことはこれまでなかった。金融市場の国際化の新たな課題は、国際テロリストネットワークの金融資産をいかに突き止め、凍結するかになった。

国際化の分配への矛盾した影響と同様、国際金融市場の国際化が国際的アクターの国境を越えた資金移動を容易にしたことにも矛盾した側面がある。というのは、資金の速やかな移動を可能にしたその同じ技術によって、そういう資金に対する調査を強化し、突き止める可能性を高めたからだ。[3] 国際テロは、ネットワーク化した国際的アクターという安全保障上の新たな脅威を提示する。しかし、国際テロというネットワーク型脅威に対して必要なネットワーク型の対応技術はある。たとえ、その使用が常に政治的意志にかなうとは限らないとしても。

それぞれのテロリストネットワークは非常に多様な構造や資金源によって活動している。国の支援と資金援助を得ているものもあり、準国家として振舞っているものもある（地域ないし領土を支配し、資金源は薬物取引その他の国際犯罪に関係している）。一方、分権的で、広く分散し、資金を一部自己調達しているものもある。我々はようやくアルカイダネットワークの資金的基盤が分かり始めたところだ。しかし、最近のいくつかの調査によって、資金調達方法に関する有益な分類法が提案されており、テロリストネットワークないしテロ組織の資産のどこを攻め、封じ込め、凍結し、あるいは妨害すべきかも示唆されている。

米国家安全保障会議および財務省の高官を務めたウィリアム・ウェクスラーは、アルカイダのネットワークが、合法的ビジネスと投資、犯罪計画（大小双方の）、直接的懇請、あるいは慈善団体への献金をかすめとることなどから、オサマ・ビンラディンの相続遺産以上の資金を調達したことを示唆している。[4] 資金の動きは、日常の電子送金による合法的送金、現金の密輸、金（ゴールド）の輸送、ほぼ規制外のハワラシステムなどにより行われている（ハワラは、個人がエージェントに依頼し、現金を別の場所で支払うのを可能にするもので、電子送金と正規の銀行関与を共に回避するシステム）。アフガニスタンのタリバン政権との密接な関係によって、アルカイダネットワークはアフガニスタンの国際航空会社を使って大量の資金と物資を直接動かすことができた。これが、タリバン政権に対する初期の国連安保理決議がアフガニスタン国営のアリアナ航空の運行停止に焦点を絞った理由だ。9・11以降、ハワラシステムは大きな関心を呼んだが、留意すべきことは、ハワラの多くはテロリストネットワークへの資金輸送を隠すためのパイプとしてではなく、世界各地に離散した社会間の送金のために存在することだ。それは全く合法的な理由で資金を送金する（主として信頼に基づく）非正規的方法で、しばしば正規の銀行制度を使うより安くつく。

一九八〇年代から九〇年代の国家レベルでの金融自由化・規制緩和政策は、国境を越える資本の流れを増大させただけでなく、多くの国の監視統制能力を減退させた。いったん精巧な許認可システムが解体されてしまうと、比較的短期間にそれを別の確固とした統制システムに置き換えることは難しい。しかし、過去数年間の一般的な規制緩和パターンに反する重要な流れが、少なくとも一つある。つまり、一般制裁措置の影響に対する人道主義的批判の広がりを受けて（特に、イラクに対する総合的貿易金融制裁）、限定的制裁、とりわけ金融制裁の可能性に対する国際的関心が高まっている。

金融制裁

金融に的を絞った制裁は、政府の役人、それを支えるエリート層、あるいは非政府組織のメンバーたちの行動を変えたり制限すべく、彼らに強制的圧力をかけるために金融規制措置を活用することを意味する。この制裁は一部の国民にのみ適用されることから、「的が絞られて」おり、したがって無辜の一般市民への影響を最小限に押さえる可能性がある。過去一〇年、国際社会が金融制裁を採用する事例が相当に増えた。国連安保理が初めて金融制裁を試したのは一九九四年、ハイチのラウール・セドラス政権に対してだったが、ここ数年この手段が頻繁に使われるようになった。国連は金融制裁をアンゴラのUNITA（アンゴラ全面独立民族同盟）に対して（一九九八）、アフガニスタンのタリバン政権に対して（一九九九、二〇〇〇、二〇〇一）、またリベリア国内で戦闘を行うRUFメンバー［シエラレオネの反政府勢力］に対して（二〇〇一）採用した。EU（ヨーロッパ連合）は九九年にセルビアのミロシェビッチ政権に対して金融制裁を加えた。

金融制裁が成功するには、多国間協調、各国による効果的実施、そして民間の協力が必要となる。近年、この領域の規制面での協力と政府間協調が盛んになっている。スイス政府は、金融制裁措置を改善し効果を高めるべく、金融界、政府機関、国際機関から国際的専門家を招集して会議を開き、これは後にインターラーケンプロセス［インターラーケンはスイス中部の町］と呼ばれるようになった。(5) ほぼ同時期に、OECDのマネーロンダリングに関する金融活動作業部会（FATF）が、マネーロンダリングに関する国際協力と政策協調の強化を目指して国際的努力を開始し、金融機関が顧客に払うべき注意に関する最小限度の基準を設定しようとしている。ウォルフスバーグ銀行グループのように、民間セクターもまた自発的に、この分野の国際的政策調整努力に参画している。

個人および政権を標的として、協調して金融政策を統制し、民間セクターに新たな金融規制措置の実施に携わらせる、こうした国際活動の全てが9・11以後、まさに適切なものとなった。国際テロとの戦いの第一優先課題には、国際テロリストを支える資金の調達と移動を共に凍結し抑える多国間の努力が含まれる。テロリストの金融資産の封鎖とテロリストを標的とする金融制裁には、多くの重要な類似点がある。つまり、双方とも標的の氏名と企業体（ないし組織）のリストが必要であり、成功するためには広範な多国間協調が求められ、その効果的な実施は民間金融機関の協力と参加に依存している。

的を絞った金融制裁の国際努力は、これまで比較的成功していない。しかし、特定の標的に金融制裁の的を絞る試みが真剣に行われるようになったのは、ようやくここ数年のことにすぎない。特定の標的への金融制裁を世界的に実施するのに最も大きな課題は、成功に必要な制度の確立に諸々の資源を投入しようという意志が各国に欠けていたことだった。9・11以降、テロリストの資産をなんとかしようという意向が明確となり、広く表明されてきた。国連安保理決議一三七三および一三七七の一節においても、バーレーンから香港に至る世界各国の重大な政策転換においても、テロ資金をなんとかしようという国際的な意向が表明されてきた。政治的意志の欠如は、少なくとも当面は問題とならない。

テロ組織の金融資産の劣等化

標的に金融制裁を課す努力から学ぶべきことが多くあった。金融制裁は国際テロを支える資金の調達や移動を凍結し抑える努力に直接関係している。まず第一に、テロは国際問題だということから、その対応には多国間の協力が必要となる。各国の法体系間で、定義と解釈が明確で一貫していることが非常に重要だ。過去、「資産」の定義の違いと、「所得を生む資産」に係る取引の阻止ではなく単に資金のみを阻止しようとしたことが、特定の標的への金融制裁の実施において、欧米間の不統一に繋がった。これが潜在的制裁破りに余計な抜け穴をつくったのであり、同様にテロ組織にも抜け穴を提供する可能性がある。国連安保理決議と関連国内法の用語の明確さが、二回にわたるインターラーケン会議の第一の焦点となり、用語の定義が行われた。例えば、「資金およびその他の金融資源」、「直接的ないし間接的な所有および管理」、「凍結」、「金融サービス」および「資産」などの定義であり、これらは現在の国際テロとの戦いの努力のなかでも使い得る。

第二に、民間金融機関は、特定の標的への金融制裁とテロ資金を阻止する努力の双方で実施の最前線におり、国連安保理決議と関連法規を遵守することでクレームをつけられることのないよう保護される必要がある。法的保護を受けない場合、資金を凍結することによって民間金融機関が顧客に対する基本的義務に違反する可能性がある。こうした懸念は、「その他のいかなる国際合意ないし契約、認可、あるいは許可によって与えられる、いかなる権利ないし課されるいかなる義務にも拘らず」、決議の意図を実行することを各国に求める関連決議ないし法律に、「免責」条項を入れることで容易に対処できる。皮肉にも、ほんとんどの国に、国連安保理決議が要請する諸決定に効力を与える措置を国が自動的にとれるよう規定した法律がない。そうした法律が整備されているのはたった二〇ヵ国（米国を含む）ほどであり、この問題が特定の標的への制裁——金融制裁および軍事制裁双方——に関する国際的政策協調努力の優先課題となっている。

第三に、特定の標的への金融制裁の経験が示唆するのは、テロ組織の資産を封鎖ないし凍結する国連安保理決議ないし関連法規は金融機関に資金を遡及して追跡する権限を与えるべきだということだ。テロ資金の動きを凍結ないし阻止する以前の一定期間、各国にそれぞれの法律に準じて資金の動きを報告するよう求めることで、司法の網を逃れようとしている金融資産の在り処と動きに関して、貴重な情報が得られるだろう。したがって、たとえ資金を押さえることができなくても、追跡は可能で、再び国際金融システムに入ろうとする動きをモニターすることができる。このようにして資金を確認することで、ＦＡＴＦがマネーロンダリングの聖域に対して行ったように、国際テロ組織の資産の聖域を「名指しし、辱める」ことも可能となる。

第四に、金融制裁を特定の標的に向ける努力はまた、国際テロと戦う国際的努力に携わる国家機関が、国連安保理決議や関連法規の標的に関する情報をできる限り提供する必要があることも示唆している。最低でも、国際テロ組織の各メンバーの完全な氏名、既知ないし予想される偽名、生年月日、完全な住所、およびテロ組織が使うとみられる表向きの会社ないし組織の詳細を含むべきだ。米財務省海外資産管理局は特定の国籍をもつ人物、麻薬密輸業者、およびテロリストのリストを長期にわたって用意してきた。最近作成された国際テロリストおよびテロ組織リストは従来より詳細かつ包括的なものだが、それでもまだ細部の不明な所が多くある。このレベルの情報が不足していると、金融機関がどの取引を調査すべきか正確に知ることが難しい。潜在的な標的の身元証明となる更に詳細な情報を得るには、諜報結果の共有と調整を含む多国間協力が必要だ。ハワラ・システムの活用を確認するには、正規の銀行システムとは違い電子的に調査できないので、諜報活動の協調がとりわけ重要となる。

第五に、テロと戦う国際努力を効果的に行うには広範な多国間協力が必要となる一方、特定の標的に対する金融制裁の経験は、国連安保理決議を効果的に実施する十分な行政能力がほとんどの国にないことを教えている。制裁措置の改革を追求する国際努力は、特定の標的に対する金融制裁および武器禁輸措置双方に関する国家レベルの「優良事例」を見つけようとしてきた。その他、制裁支援調査団、地域レベルの技術援助、制裁決議に従うことで最も直接的な被害をうける人々への資金援助、第二次制裁、相互評価、「名指し、辱める」方法、国家間協力、特定の標的への制裁努力に広範かつ多方面からの参加を確保するための民間イニシアチブ、などを活用する努力が行われている。国際テロ組織がもたらした脅威の緊急性からして、「優良事例」情報をオフショア金融センターおよびテロ資金の経由地となる可能性の高い国に早急に流す必要がある。

最後に第六として、コンピュータ技術のお蔭で、国際テロネットワークは金融市場を利用して資金を世界のどこにでも即座に移動することができるが、このコンピュータ技術を逆用することもできる。世界の金融機関に、既に市場にたくさん出ている「氏名認識」ソフトのどれか一つを使うことを勧めることもできよう。このソフトは、金融機関が電子的に、即座に、国際テロリストとされる個人や組織の口座の有無を判断するのを助ける。現在のところ、特定の標的への金融制裁措置に準じるために氏名認識ソフトを日常的に利用しているのは米国の大銀行のみであり、小規模の米国の地方銀行でも、ヨーロッパや日本の主要金融機関でもまだ利用されていない。リストにのっている個人に関係のある制裁措置の確認のほかにも、この技術の次世代版を利用して、取引の頻度、規模、相手先などに関し、一般の規範を逸脱したあやしい取引パターンを見つけることもできよう。実際、通常の取引パターンからのこの種の逸脱の有無を個々に調べたことによって、ボストンに本拠を置く銀行の行員がアル・バラカト組織の関係した取引に不審を抱くことに繋がった。コンピュータ監視技術の利用が、電子的侵入という新たな方法によって、基本的な市民の自由を侵害する可能性があるという、重要かつ合法的な懸念を呼んでいる。しかし、プライバシーの侵害への制限を定め、誤ってテロリストのリストに加えられた場合の削除申請手続を規定する新たな基準を導入することができる。特定の標的への金融制裁の効果を上げる努力の一貫として、誤ってテロリストに指定された個人（あるいは同名の人物）が標的リストからの削除を申請する権利に関する国連安保理決議が将来採択されるべきだと提言されている。(6)

国際的なテロとの戦いにおいて、国家レベルで採ることができる比較的簡単明瞭な行政手続がたくさんある。上記のように、国家が、国内で定められた手段を通じ、国家レベルで資産を凍結する法的権限を有することを明確にする必要がある。国家はまた、資産凍結ないし封鎖を執行する（一つないし複数の）公的機関を指名する必要もある。ほとんどの国が既に、こうした問題に関する統制権限を有しているが、テログループの資産凍結を目的とする専門機関はないかもしれない。国はこの執行機関を強化し、銀行などの金融機関に対する手引きを作ったり、効率的かつ効果的に情報を提供する権限を与える必要がある。また、法令遵守促進活動を行い、免除と例外に関する検討と実施のための基準と手続きを定め、凍結資産の執行手順を決め、また何が法律違反に当たるかを特定し、違反者に罰を課すことができるように、執行機関を強化する必要もある。

一層効果的に金融制裁の的を絞ろうとする努力は、

テロ資金を凍結しようとする努力の良い前例となる。

しかし、そうした努力に必要な投資を組織ごとに比較検討すると、つまりどの機関が新たな規制措置を執行できるかを検討すると、前途に横たわる課題がいかに大きいか、目の覚めるような証拠に出会う。現在、的を絞った金融制裁の実施能力は、各国の法律に応じて実に様々だ。主要経済大国の間でさえ、専門職員の数に大きな差がある。米国財務省の海外資産管理局には、金融制裁の実施にフルタイムで従事するスタッフが一〇〇人以上いる。他方、イングランド銀行には金融制裁に携わるスタッフは約七人しかいない。フランス財務省には二人の兼任スタッフ、ドイツ連邦銀行には一人、ブリュッセルのＥＣ（欧州委員会）でもたった一人（およびハーフタイムの事務補助員一人）だけだ。

主要国には国の統制監督機関があるが、ほとんどの地域経済大国には制裁問題を扱う専門の執行機関がなく、問題となるような資金が自国金融機関に置かれるとは考えにくいとか、他にもっと差し迫った行政ニーズがあるなどと主張する。最近のＦＡＴＦの対マネーロンダリング・イニシアチブに応え、銀行金融業界を監督しようと、オフショア金融センターの中には新機関を創設したり、現存機関を改編したところがある。なかには、こうした機関に与えられた権限が制裁実施に必要な権限に近い場合もあるが（記録の保存、顧客情報管理、情報の共有）、制裁に活用されているという証拠は限られている。小国の場合は、制裁決議を実施する行政能力が開発レベルと直接関連しており、開発が進むと制裁決議の実施能力が高まる傾向がある。小さな、開発の遅れた国の場合には、単に「最善を尽して」決議に従ったと宣言するだけで、国連への報告義務を済ます傾向がある。

国際金融の統治

国際テロと戦うための多国間協調という課題は難しい。しかし、不可能ではない。９・11以後、テロ資金を何とかしようという国際努力に実際「著しい変化」が起きたことは驚きだ。国連安保理決議一三七三（二〇〇一年九月二八日）の運用条項の多くがテロ資金に当てられている。また決議に従ってモニターするための新たな委員会、対テロリズム委員会（ＣＴＣ）が創設された。同決議の第六項は、決議に従ってとった具体的措置を明快に説明するよう国連メンバー国に求めており、既に六〇の報告書がＣＴＣのウェブサイトに送付されている。そのほとんどが、国際テロに対する特別対策およびテロの資金調達を押えるためにとられた措置を詳細に説明している。バハマ連邦、グレナダ、レバノン、リヒテンシュタイン、モーリシャスといった、従来オフショア・ヘイブンとして広く知られてきたり、近年ＦＡＴＦが「非協力的国家ないし領土」とみなした諸国は、すばやくこの報告要請に従っている。この問題をめぐる政治的意志の変化を示す証拠がたくさんある。『フィナンシャル・タイムズ』紙によると、9・11以来一・〇四億ドル以上がテロリストの資産として封鎖され、一四七ヵ国がテロ資金を封鎖する努力に参加している。(7) したがって、米国の忍耐不足ないし、「単独行動的な多国間主義」の傾向によって閉じられない限り、機会の窓は開いている。

国際テロリストネットワークに対する最も効果的な防衛戦略はネットワーク的対応の構築だ。テロリストネットワークの金融資産を押えたり凍結したりするには、諸々の国家間ネットワークの動員、世界の市民社会の関与、および民間金融機関の参加が必要だ。資金の移動方法がいくつもあり、比較的小額で衝撃的な破壊的テロ行為を行うことができるとみられることから、こうした努力で達成できるのは、せいぜい国際テロ組織の資産の劣等化だ。大量の資金を移動し、洗浄する必要のある国際犯罪組織とは違って、国際テロの主な動機は金銭の獲得ではなく、大義への狂信的コミットだ。世界貿易センタービルと国防総省へのテロ攻撃に多額の資金を要してはいないが（せいぜい五〇万ドルという推定がほとんど）、その人的被害の大きさから、国際テロ組織の能力を低下させる試みは十分努力に値するだろう。

定期的な金融の不安定化と富の不公平配分など、金融市場の国際化の伝統的な課題は、9・11以後もそのまま残っている。しかし、それに新たな課題が加わった。それは克服できない課題ではないが、多国間協力、政治的意志、そして技術の革新的な活用が必要だ。国際テロを支える資金を凍結ないし押えこむ世界的な努力によって、国際社会に、軍事力のほかに採用すべき重要な多国間の手段がもたらされる。テロ組織の金融資産価値の劣等化は、国際テロ活動にかかる経費を増やし、その実施を難しくするだろう。

第7章　誰なら爆撃してもよいのか

バリー・ブザン

戦争が勃発したとき、合法的な標的は誰だろうか。[1] 9・11の攻撃に対するほぼ世界的な嫌悪感は、あのとき世界貿易センタービルにいた市民が合法的な標的ではなかったことを示している。米国の権力に反対する人にとってさえも、そうである。戦闘がアフガニスタンに移り、誰なら爆撃されてもよいのかという問いが、対テロ作戦全体の合法性をめぐる問題の中心となった。テロに対する米国の戦争には際限がない。イラク、フィリピン、ソマリア、スーダンなどだけでなく、原則的にはどこであろうと攻撃の的になり得る。「誰なら爆撃してもよいのか」という問題は無くならないだろう。この問題は、決定的な答えは得られないだろうが、道徳的側面からも法律的側面からも議論することができる。しかし、それはまた政治的歴史的問題でもあり、本章ではこの観点から検討してみたい。政治的アプローチとは、我々（「我々」は西側民主主義諸国を意味する）は、敵は誰かをどうやって定義するのか、そして戦争に訴える場合、我々は何を成し遂げようとしているのか、という問題である。

戦争のとき国民と政府を別々に扱うべきだという考え方が、このところ西側では何か呪物のようなものとなり、西側の主張が文明的だと言い張る手段となっている。対イラク戦では、民間人の犠牲者を出さないよう多大な努力が払われた。同様に、対セルビア戦ではミロシェビッチ政権とそれを支える体制を標的とした。戦闘員と民間人の区別は、戦時国際法に関するジュネーブ協定の中で価値ある確固とした法的地位を占めている。しかしその区別を、民間人は全て無実で、敵は邪悪な指導者たちだけだという、今や西側の戦争のやり方の中心的要素となりつつある仮定と結びつけるべきではない。ジュネーブ協定は、捕虜や負傷者や民間人の保護を目的としており、戦争行為に様々な制限を課している。しかし、戦争を非合法化してはいないし、民間人と戦闘員をどうやって区別するかという問題を解決してもいない。

民間人を「敵」の定義から除外するのは、ごく最近までの西側の姿勢とは明らかに対照的だ。第二次世界大戦の際は、国民と政府を区別することへの関心は今よりずっと小さく、両陣営とも都市を自由に爆撃した。国内戦線（生産、後方支援、徴兵）は、最前線と同様の軍事活動だと理解されていた。広島と長崎への原爆投下ほどはっきりと、政府と国民とのつながりを物語るものはないだろう。冷戦期も、言い方は巧妙になったが、やっていることはほぼ同じだった。西側は、ロシア人や中国人や朝鮮人ではなく共産主義を敵としたが、核兵器を使っていれば全く同じように敵の都市を壊滅させていただろう。ベトナムでは、ゲリラ戦争はみな同じだが、民間人と戦闘員の区別は極めて難しかった。毛沢東が理解していたように、ゲリラ作戦の要は戦闘員と支持層を混ぜることだ[2]。

この混合は今日のテロリストをめぐるジレンマと似た点があり、彼らもまた一般住民の手を借りたり、その中に隠れたりしている。テロリストを犯罪者として扱うのではなく、彼らと戦争をしなければならないという考え方は、エジプト大統領ホスニ・ムバラクが言ったといわれる、「テロ活動をする者には、人権を要求する資格は無い」という言葉によく表れている[3]。戦争を行うにしろ終結するにせよ、戦争を理解するには、戦争とは単に戦闘集団間で行われるのではなく、戦闘集団・支援ネットワーク間で行われるという認識が極めて重要だ。戦闘員と民間人との区別は、その文脈の中で理解されねばならない。

悪い政府を国民と区別する西側の新しい政策には三つの要素が関係している。第一は科学技術の進歩であり、一九七〇年代から始まって特にここ一〇年間に著しく進歩したのが、弾頭を極めて正確に目標に命中させる技術だ。今や精密兵器によって、目標を正確に選択できるようになった。これは従来の戦争ではできなかったことだ。これは大きな違いだが、しかし、この

「軍事革命」（RMA）[4]の副作用の一つは、武力行使に関して非現実的な期待を人々に与えたことだ。西側の批評家だけでなく標的の政権も、二次的損害を利用して軍事行動に道徳的疑問を投げかける。

第二の要因は、西側の公衆道徳の発達で、少なくとも奴隷制の廃止以来、誰にも平等で公正な扱いをうける権利があるという考え方が次第に定着してきたことだ。西側は、科学技術と価値観を結びつけ、法律と人道主義の要素を血なまぐさい戦争ビジネスに注入することによって、自分たちの価値観を提示することができた。

第三の要因は、敵の定義を邪悪な指導者に絞ることが自らの利益になると西側諸国政府が計算したことだ。冷戦期のイデオロギー的大分割に取って代わったモザイク状の歴史的文化的対立においては、戦時における国民と指導者との区別には多くの利点がある。それによって、文化的帝国主義、つまり一つの文明が（ふつう西側文明だが）その価値を他者に押しつけようとすることへの非難を和らげることができる。また、それは専制君主の内部からの転覆を招くことで、人々に自国の改造と国際社会への早期復帰の道を残すことができる。もし国民に悪い政府の排除という仕事の一部ないし全てをさせることができるなら、西側諸国の死傷者が減り、その行為と結果の両方に対する合法性が増す。

以上のような国民と政府の分離という西側諸国の政策に対する、技術的、道徳的、方法論的説明が示唆しているのは、それが道徳的に望ましいだけでなく、有効でもあるということだ。しかし、こうした考え方を受け入れる前に、敵の定義と戦争目的の問題に立ち戻る必要がある。この問題に対する有益な方法は、「国民が彼らにふさわしい政府を手にしているのかどうか」と問うことだ。第二次世界大戦の間、西側諸国の答えは概して「イエス」だった。こうした理解が日本とドイツに対する大量破壊攻撃と占領体制による強制的改造を合法化した。

冷戦期、政府と国民とのつながりはずっと曖昧になり、東側ブロックの多くの国民はふさわしい政府を手にしていないと想定されがちだった。東欧諸国民は明らかに、またソ連国民も多少議論の余地があるものの、クーデターの犠牲者であり、政府の捕虜とみることができた。この立場が冷戦後の大部分の紛争に適用されてきた。もっとも、イランのイスラム革命に対する米国の姿勢など例外がいくつかある。しかし、北朝鮮からビルマ、イラク、リビア、セルビア、そしてつい最近の例としてアフガニスタンまで、西側の政策は、悪い政府を国民から分離し、それに応じて軍事戦略を構築するというものだった。それは、政府が国民にふさわしくないという想定による。だが、この想定は正しいのだろうか。

スペクトルの一方の端には、個人の権利、幅広い市民権、普通選挙などの伝統がしっかり根づいた民主主義諸国がある。民主主義国においては、投票しようとしまいと、結果として国民が政府の対外政策の責任を分担している。民主主義国では、国民は自分にふさわしい政府を手にしているのだ。この国民と政府の結合の極端な例を、イラエル・パレスチナ紛争の中に見ることができる。アラブ過激派はイスラエルに市民層は存在しないと見ている。イスラエル人は民主主義を手にした上で、成人の大半が軍隊の予備軍に属し、銃の携帯と使用も普通のことなのだ。イスラエルの戦闘員もほぼ同様に、パレスチナ人を、テロを行うために団結した国民と考えている。戦争は国民対国民の問題として考えられている。

スペクトルの他方の端を決めることもたやすい。それが最も明瞭なのは外部の力によって押しつけられた政府を有する場合だ。現在の国際システムではこういう情況は希ではあるが、チベット人、クルド人、カシミール人その他の少数民族の場合、彼ら自身が築いたのではない国の中に囚人となっていると主張するかもしれない。ごく最近の例では、ソ連占領下の東欧がある。占領者は一部の現地住民の支援を受けるのが普通で、インドにおける英国人の例でも、ヨーロッパにおけるナチスの例でもそうだった。しかし原則として、占領下の国民には政府に対する責任はない。

スペクトルの中間に位置するのが、様々な種類の独裁主義政権であり、それは国民の支持の程度によって区分することができる。民主主義国家のすぐ次にくるのが、幅広い支持あるいは黙認を享受する大衆革命政権ないし国家主義政権である。この例としては、共産主義中国、ベトナム、キューバ、イスラム主義イラン、ナチスドイツ、そして帝国主義日本などが含まれるだろう。政府が大衆革命を通して政権を獲得したり、国民の支持を得ている場合には、確かに国民にふさわしい政府だと言える。これによって、国際社会で日本人やドイツ人が今だに苦しんでいる、長期に及ぶ政治的後遺症の説明がつく。

スペクトルの中心には、大衆の支持よりむしろ大衆の黙認を享受する独裁主義政権がくる。この最も一般的な形態が安定を回復する手段として軍事政権が容認されている場合であり、パキスタン、あるいは以前のナイジェリアやブラジルやチリやアルゼンチンなどが挙げられる。もちろん、黙認が強制され、個人の抵抗に高い代償を払わせ、少数の政府支持者による民衆支配を許す可能性がある。そういう強制は普通、目に見え、消極的容認と恐怖による服従とを区別することができる。

スペクトルの明らかに好ましくない方向にあるのが、ビルマ、イラク、シリア、アミン政権下のウガンダ、デュバリエ政権下のハイチ、モブツ政権下のザイールのような露骨な専制政治だ。抑圧の存在は自明だろうが、それはまた多数の国民が積極的に抵抗したものの、政権の追放あるいは国からの脱出に失敗したときにも明らかになるだろう。ビルマやスーダンは現存するそうした反乱の失敗例であるし、ある意味でイラクもそうだ。

以上のように、このスペクトルは、国民がふさわしい政府を有しているかどうかについて、一連のかなり正確な答えを示唆している。しかし、判断が不可能な場合もある。北朝鮮政権が大衆の支持・黙認を得ているのかどうか、あるいはとても効率的に抑圧や教化を行っているだけなのか、どのようにして見分ければいいのだろうか。イスラエルやスーダン、スリランカ、トルコ、一九九四年までの南アフリカのように、政府が国民の一部に支持され、別の国民からは反対されている分裂国家は、どう扱えばよいのか。この場合、一部の国民に対する民主主義と、その他の国民に対する抑圧が組み合わさっている。トルコのクルド人やイスラエルのパレスチナ人、あるいはスーダンの南部住民が、ふさわしい政府を有していると主張するのは困難だろう。

同じように難しい問題が、アフガニスタン、コンゴ、リビア、ソマリア、イラク、インドネシア、サウジアラビアのように、強固な部族ないし氏族制度が存在する国についてもある。そういう所では、独裁主義か混沌とした政治的崩壊のどちらかを選ぶしかないように見える。アフガニスタンの場合、米国はアルカイダとタリバンが敵だと宣言した。しかし、タリバン政権は国民の支持をどのくらい得ていたのだろうか。あれだけ速やかに国のほとんどを支配したのだから、タリバン政権がある程度の支持を得ていたことは間違いないが、非パシュトゥン地域から反対武装勢力を排除することはできなかった。タリバン支持のうちどのくらいが真の熱心な支持で、どのくらいが単にどんな政府でも内戦よりはましという気持ちだったのだろうか。

国民の民族性・文化が多様で、国民全体に共通の強固な社会制度がない所では、国家レベルの民主主義はほとんど不可能だ。もし強制的にまとめなければ、国家はバラバラになる。例えば、リビアやイラクで、ガダフィやサダム・フセインが排除されたとしても、今と違うタイプの指導層が生まれるかどうか定かではない。この問題はタリバン後のアフガニスタンで試されつつある。ある国の社会構造が独裁主義か無政府状態にある程度確実に向かっていくとき、そういう文化を再生産する国民に集団的責任はないのだろうか。

この種の文化主義的アプローチあるいは民族や宗教的固定観念に焦点を当てるアプローチは、民族主義的で外国人を嫌う見方を認める危険性や、「文明の衝突」思考を促す危険性を孕んでいる。(5)更に、このように文化を一般化するには、その前に、国民と彼らが住む国との歴史的関係について答えなければならないという問題がある。長期にわたって国民が国家建設に一定の役割を果たしてきた場合は、その答えは明瞭だ。スウェーデン人、ハイチ人、エジプト人、イラン人、中国人、日本人、アメリカ人、フランス人、その他多くの人々が、彼ら自身と彼らが住む国との密接な結びつきを認めるだろう。しかし、この結びつきが弱かったり存在しない場合が多くあり、特に植民地から独立した国々で顕著にみられる。(6) コンゴ、イラク、ヨルダン、ナイジェリア、シリアのような国々は、人工的な国境を有し、伝統は浅い。植民地解放以来、これらの国々は、国際社会の成員を決定する外交的認知制度によって所定の場所に置かれてきた。これら植民地から独立した国々の中には、定着し、合法性を獲得した国もある。特に、インドやベトナムのように、植民地以前の歴史にある程度対応した国はそうだ。しかし、多くの国はそうならなかった。スーダン、アンゴラ、インドネシア、チャド、ガイアナなどの国民は、彼らが暮らす国に対して責任を負うことができない。国家が国民の間に定着できなかった場合、それによって政府のタイプが決まることが多い。

要するに、国民がふさわしい政府を手に入れたかどうかという問題は、国民と政府との関係の日常的観察によって、ごく簡単に答えられることが多い。この種の観察によって、必ず信頼できる答えが得られるとは限らないが、十把ひとからげ的な文化の一般化や、一般市民は全て無実だといった単純な想定よりは役に立つ。

こうして我々は次のような質問に立ち戻ることになる。つまり、国民と指導者を分けるという現在の西側の習慣は、戦争政策を良くするのか悪くするのか、という質問だ。この習慣が軍事的圧力を抑制することは間違いない。この習慣はまた、対イラク戦争で初めて見られたように、味方の死傷者とほとんど同じくらいに敵の死傷者について心配し、誤って一般市民を殺すと(これは避けられないことだが)、軍事行動への支持を失う危険があるという、奇妙な状態を西側に強いる。ジュネーブ協定の法的制約に加えて、犠牲者を最小限に留めることを主張する自己弁護的、人道主義的議論がある。また、こうしたアプローチが紛争のコストを減らし、政治的復興を容易にするなど、役に立つ場合もある。国民の手にした政府がそれに値しない場合には、可能な限り両者を分けることが戦争政策として肝要だ。

しかし、政府が国民にふさわしい場合はどうだろう。この場合、諸々の質問には注意を要する。問題は、国民が実際にふさわしい政府を有しているにも拘らず、政府だけが標的にされた場合、国全体としては政治的に再建されないままとなり、その国にとっても国際社会にとっても危険な状態が続くことになる。第二次世界大戦のドイツや日本の場合、国家と国民双方の大敗北は、西側国際社会にうまく適合できるよう両国を自由民主主義国家に変えるのに役立った。この両国の改造は正しく大きな成功だとみなされており、西側の冷戦の勝利に大きな役割を果たした。

もっと最近の例を挙げると、対セルビア戦争で、橋が爆撃されるのを阻止しようと一般市民が橋の上に立ったとき、西側の反応はどうあるべきだったのだろうか。彼らが明らかに強制されてそこにいたのなら、橋は爆撃されるべきではなかっただろう。しかし、それがミロシェビッチ政権への支持を示していたなら、そのときには彼らは自ら合法的な標的となったのだ。国民と政府が本当に密接に結びついているときは、国民を政府から切り離すと、そもそも戦争に訴える政治的意味を損なうことになる。結局、戦争とは、どのような政府を望むかという点で、国民の考え方を変えることだ。

こうした観点から見ると、アフガニスタンは難しい事例だった。アフガニスタンは植民地時代を経て専断的につくられた国でもないし、自力で成立した歴史的統一国家でもない。アフガニスタンの政治は、多数の族長が独自の兵士を指揮しており、典型的にバラバラで手に負えないものだ。タリバンは確かに積極的な支持者を多く引きつけていたが、おそらく支持の大部分は黙認の形であり、それは部分的には強制のためでもあったろう。ここ何十年の間、アフガニスタンの国内政治に対する外国の介入も多数あった。そうした介入が、内部の力の均衡を変え、アフガニスタン人が望む望まないに関係なく、政府の種類を決めるのに主要な役割を果たしてきた。タリバンを政権につけるのにパキスタンが果たした役割は、近隣諸国と大国の両者による、長い一連の介入の歴史における最新の一例というにすぎない。そして、アフガニスタンの（あるいはソマリアの）ような武人文化の中では、ほとんどの男性が武装し、戦いが生き方そのものとなっており、兵士と一般市民を区別することは非常に難しい。このように事情は非常に複雑だ。アフガニスタン人の中には、明らかに政府にふさわしい人々もおり、政府の政策を支持したり政府のために戦うことでそれを証明した。そうすることで、彼らは自らを合法的な軍事的標的にした。他方、多くの人々がタリバンを支持せず、それに反対し戦うことでそれを証明した。また両者の中間に多くの人々がいて、無関心あるいは恐怖から黙って従った。

タリバンが、テロリストと同盟することで、アフガニスタンを国際社会の危険要因とする道を選んだので、タリバンの支持者たち、そしてある程度は黙従した人々も合法的な軍事的標的となった。同心円状の支持と黙認の輪を取り去ることでのみ、タリバンであれどんな政府であれ、打倒が可能となり、国際社会にとってもアフガニスタン国民全体にとってもより望ましい政府をつくる余地が生まれるだろう。過去に、米国を含む多くの外国がアフガニスタンの政治に介入し干渉したのであり、今回の戦争に参加する部外者には、極めて選択的に暴力を行使する責任、そして戦争後もアフガニスタンに留まって新たな国造りに携わる責任がある。

セルビアや多分イラクとも違って、西側はアフガニスタンでは状況をおよそ正しく把握した。戦争の矛先をアフガニスタン内の西側の敵に向け、敵以外は、技術的限界と相手の識別の難しさがあったが、可能な限り攻撃の対象から除外した。ここに一つの興味深い問いがある。それは、もしパキスタンがバラバラになり始め、核兵器の管理に疑問が生じるといった事態が起こっていたら、西側はどう対処すべきだったのかというものだ。有り難いことに、この問いには答えなくて済む事態となった。が、アルカイダの際限のない過激主義、そしてパキスタンの諜報機関とタリバンとの密接な関係を考えれば、西側は、必要なら核兵器の使用を含めて、パキスタンの核兵器庫を破壊するためにあらゆる努力をしなければならなかっただろう。

将来に目を向けると、終わりがないという対テロ戦争の性格から、誰なら爆撃してもよいかについて、いくつかの疑問が生まれる。その特異な性格からして、この「戦争」は、国民と政府との関係が軍事行動を決定する際に重要な要素となる事例ではなさそうだ。「テロとの戦争」の主要な問題は、「テロリスト」と「自由の戦士」との区別の政治的曖昧さという久しい問題であろう。もし極端な暴力的手法を使う者を敵と定義するなら、米国は世界中の際限のない国内紛争に引きずり込まれ、様々な好ましくない政府と連帯するものの、それには現在の同盟国のほとんどが加わらないだろう。

他方、もしテロとの戦争がアルカイダや国際社会との戦争を宣言した他の似たような一団（国際テロリストと呼ぶ）に対するものであるのなら、軍事作戦はもっと扱いやすくなる。そういう組織の基地、またはそういう組織を支持したり黙認する政治権力に対して暴力を行使しても、政治的に合法的だろう。

イラク、ソマリア、スーダンは全て、標的になる可能性があると論じられてきた。これらの国々をどう扱うかは、テロをどのように定義をするかにかかっている。狭義の答えは、国際テロに加担しているとき、すなわち、それ自体が国際的平和と安全の脅威となっている証拠があるときに限って、これらの国が標的になるというものだ。ただし、ソマリアの問題は、政府と国民が敵対しているアフガニスタンの問題とは違う。ソマリアの問題は、むしろ強固な政府がないこと、そしてこの政治的混沌が国際テロリストに自由な活動の余地を与えていることだ。これらの諸国への軍事攻撃は、国際テロとその地元支援者だけを標的とする極めて選択的なものでなければならないだろう。スーダンは、対アルカイダ作戦に協力的だったようなので、軍事行動の問題は多分起きないだろう。また今のところ、イラクを標的としなければならない証拠もほとんどない。イラクに対する米国の攻撃の動機は別の問題にあり、それで毒されているだけだ。したがって、テロとの戦争の名目で米国がイラクを攻撃するのに必要な証拠は、極めて説得力のあるものでなければ政治的合法性を獲得できないだろう。それはともかく、西側諸国を含む多くの場所で、国際的テロリストの活動は、社会の枠組みの中に隠されていくだろうが、政府や一般市民にその明らかな責任があるということでもないだろう。ここでの問題は軍事戦略の問題ではなく、警察活動と監視の問題であり、これらと市民的自由とのバランスをどう保つかという問題だ。戦争と警察活動の中間には、フィリピンにおけるような軍事支援活動がある。フィリピンの場合、自国領土内の「テロリスト」と戦う政府機関にこの支援が与えられている。

平和主義者やさらに献身的な人道主義者は、暴力の適用に関するこうした議論を原則として容認できないだろう。この場合、「誰なら爆撃できるのか」への答えは、「誰もいない」ということになろう。これまでの議論は、複雑で相互依存の進んだ紛争の絶えない世界では、未だ戦争が果たすべき役割があること、またその役割は慎重に抑制され十分検討されなければならないことを信じている人だけを対象としている。戦争の軍事的戦略と政治的論理には、敵は誰かについての注意深い仕様書が必要だ。市民は全て無実だという包括的な想定は正当化されないことが多いだろう。国民がふさわしい政府を手にしているかどうかは難しい質問だ。しかし、もし人道主義的介入という考え方がこれから先、知的にも政治的にも整合性を獲得するためには、その答えを見つけなければならない(7)。

国際社会は、平和に対して容認できない脅威を及ぼす政府・国民に立ち向かう権利を有している。もし文明化という目的で、ある国に対して武力が使われるならば、妥当な軍事戦略が用意される前に、市民の責任の問題に答えを出さなければならない。もし政府が明らかに国民にふさわしくない場合には、近年の西側の介入のように、できる限り政府とその軍隊だけに的を絞るよう軍事戦略を立てなければならない。しかし、もし国民がふさわしい政府を手にしているなら、そしてその政府が文明社会の基準を甚だしく侵害しているなら、その時は、第二次世界大戦の場合のように、戦争は政府と国民双方に向けられるべきだ。

第8章　ブッシュのテロとの戦争
——結果は明白か

イマニュエル・ウォーラーステイン

九月一一日にアルカイダがニューヨークのツインタワービルとペンタゴンを攻撃してから間もなく、ブッシュ大統領は議会演説を行い、「テロとの戦争」を宣言した。そして特に、「結果は明白である」と述べた。本当にそうだろうか。私は今この原稿をその宣言の六ヵ月後に書いているが、[1]現在の情況はどうだろうか。

米国政府の作戦

最初に、米国政府が作戦をどう立てたかを見てみよう。あの攻撃の原因の一つは、米国の国力が落ち弱体化しているという仮説が広がっていることにあると、米国は決めたようだ。この論理に従うと、その仮説（オサマ・ビンラディンだけでなく、同盟国を含め他の多くの諸国にとっての仮説）に最もうまく対処する方法は、それが明らかに間違っていると証明することだった。そして、それを証明する方法は、米国の軍事力（そして更に政治力）の狂暴性と実効性を見せつけ、米国に敵対する勢力が、個人的な意味でも集団的な意味でも、アメリカ人の生命、財産、政治的利害にあのような暴力的攻撃を加えないよう脅しをかけることだった。

したがって短期的目標は、アフガニスタンのタリバン政権の転覆、「生死を問わない」オサマ・ビンラディン（およびオマール師）の逮捕、そして世界中のアルカイダネットワークの解体だと、米国は発表した。今のところ米国は、実際かなり迅速にタリバン政権を転覆させたとみることができるが、それはちょうど米国が以前（協力者のパキスタン軍情報機関を通じて）、タリバンを助けて闘争に明け暮れるムジャヒディン派をかなり迅速に倒したのと似ている。まだオサマ・ビンラディンもオマール師も捕えられていないし、近い将来捕えられるとも考えにくい（その可能性を排除するわけにはいかないが）。米国自身が認めているように、米国はまだアルカイダを解体することに成功していないし、その構造にどれくらいの打撃を与えたかも定かではない。もちろん、米国もアルカイダも非常に多くのことを隠しているので、簡単に言うことは慎まねばならない。

米政権「タカ派」は、タリバンの追放だけでは全く不十分であり、それは世界の周辺部における小さな成果にすぎないと主張してきた。彼らの分析からすると、現在の問題の一部は、米国の主たる敵が最近、あまりにも簡単に多大な成果を上げているという事実に起因している。この点について注目すべき事例が三つあるという。イラクに関しては、湾岸戦争に全くケリをつけていない。サダム・フセインは今も権力の座にあり、引き続き彼を押さえつけようとする国連の努力に反抗し、今でも大量破壊兵器を増やし続けている。イランでは、一九八〇年に米国を非常に辱しめたアヤトラ・ホメイニの後継者たちが今でも権力の座にあり、引き続き反米路線の行動をとっている（イランの現大統領に象徴される、強力な「穏健」派が勢力を伸ばしつつあるにも拘らず）。そして北朝鮮政権は、スターリン主義と軍事力の拡大努力、そして他国への核の拡散を支援する意志を堅持している。以上がブッシュ大統領の「悪の枢軸」演説の起源と正当化だが[2]、これは、これら三ヵ国のうちの一つないし全てに対して軍事行動をとるとの、事実上の威嚇だった。この演説が、ヨーロッパ、ロシア、韓国そして中東からの強い反発を招いたために、米政府は少し後退して、当面の軍事的威嚇の対象を事実上イラクだけに絞った。今のところ、この選択は活きている。

第三の米国の短期的課題は、同盟国（西欧と日本）の尻を叩いて足並みを揃えさせ、ロシアや中国の妨害を阻止して、米国の決めた地政学的秩序を取り戻すことだった。米国はまた、これを遂行するに当たり、説得という手段ではなく、武力の行使を決定したことは明白だ。この決定に至った理由には二つある。第一に米国は、同盟国とロシアと中国に関して、単に説得によって自分の目的が達成できるという確信が全くもてなかったからだ。第二には、説得が米政府にとって弱者のとる道のように思えたことがある。米国は、これらの諸国に二者択一（我々の敵か味方か）を迫ることで、初めて望み通りの条件で恒久的な地政学的秩序を確立できると考えたようだ。はたして、そのとおりになったのだろうか。

「悪の枢軸」演説に対する反応と、その反応にどう米国が対処したかをみると、米国の戦術が明らかになる。まず第一に、一九四五年以来、米国の政策発表に対して、悪の枢軸演説ほど強い反発がヨーロッパからあったことはなかったことに注目すべきだ。フランス人だけでなく、ドイツ人もスペイン人もスウェーデン人も、そして英国の主要人物までもが、この計画はばかげていると、声高に否定的に語った。公式には、こうした批判への米国の反応は尊大なものだった。パウエル国務長官は、フランス外務大臣ユベール・ヴェドリーヌが「憂鬱症を患っている」と言い、ディック・チェイニー副大統領は、紆余曲折を経てヨーロッパ人も足並みを揃えるだろうと述べた。しかし非公式には、非常に大きな圧力が加えられたことは間違いない。実際、ヨーロッパ人は口をつぐんでしまったし、トニー・ブレアは今、抵抗力を弱める作戦の先頭に立ち、米国のイラク攻撃に世界を備えさせている。

米国が直面している問題

米国政府は戦略の成功を喜んでおり、どちらかというと反米の批評家たちも、米国が成功しているようだとしぶしぶ認め始めた。フランスの地政学的分析における賢人アンドレ・フォンテーヌは、『ル・モンド』紙にちょうどそのような記事を書いていた。それでは、米政府の見地からして、否定的な情況はないのだろうか。いや、確かに二つある。

その一つは、イスラエルのアリエル・シャロン首相が米国のテロへの戦争を利用して、パレスチナ国家を絶対実現させまいと、異常に攻撃的な政策を遂行しているいることだ。その結果として、間一髪のところで全面戦争となるくらいに暴力がエスカレートしている。これは、爆発的、破壊的であるだけでなく、米国がイラクで計画している作戦の障害となる恐れがある。米国はこの対立を鎮めることができるだろうか。恐らく無理だろう。事態は手に負えないように見えるし、米国はシャロンに肩入れしすぎている。つまり、米国は間違いなくシャロンに抗議はするだろうが、本気で彼に手を引かせようとしたり、例えばサウジ提案を考慮する心積もりがあるかどうか疑わしい。

もう一つは、イラクとの戦争に伴う犠牲の可能性だ。一九九一年に米国は、一つのとても単純な理由でバグダッドに進軍できなかった。つまり米国は、財政面だけでなく、人命においても多大な犠牲を伴う激しい戦いを予想し、父ブッシュ大統領は（軍部の大部分もまた）、国内への影響を考えて、第二のベトナム戦争を好まなかったのだ。また、たとえそれが十分な理由ではなかったとしても、（クウェートを除いて）どの近隣諸国も米国のバグダッド侵攻を望まなかったという事実がある。彼らはみな、もし米国が勝てば、イラクの政情はサダム・フセインのときよりも悪くなるのではないかと恐れていた。

これら二つの要素に変化が起きただろうか。この一〇年間に米国の軍事力は大きな進歩を遂げたので、あれほどひどい代償を払うことなく容易に戦争に勝てると主張する人たちもいる。この主張に説得力があるとしても、ペンタゴン内部も含めて、米政府内ではまだそれほど議論されていない。近隣諸国に関して言えば、このような戦争が彼らに及ぼすと考えられる否定的影響について、一九九一年当時の見方を変えた国はない。しかも、イスラエルとパレスチナの緊張が九一年当時よりもはるかに高まっていることが、こうした気運をさらに強めている。

他方、ブッシュ大統領は、有権者がほぼちょうど二分されている国の政治家だ。テロとの戦争が彼と、恐らく共和党全体を政治的に助けたことは間違いない。彼の政治顧問たちは、彼がこの利点を失うことを望んでいない。彼らとしては、失敗や弱みを見せることで、中道の有権者が民主党陣営に戻り、右派の支持者の一部が離れていくような事態は絶対に避けたい。これが、ブッシュ大統領がイラクを話題にし続ける大きな理由だ。

イラクとの戦争が死の灰を招くという懸念に客観的な根拠があり、ブッシュ大統領の政治顧問の懸念にも根拠があると仮定してみよう。この場合、ブッシュ大統領は選択不能の状態に陥る。なぜなら、それまでに何を成し遂げようと、彼は国内で政治的に負けるからだ。もちろん、彼は二〇〇二年の一〇月頃にイラクとの戦争を始めて、これをうまく処理することができるだろう。この時期は、否定的な反応が起こるには早すぎるが、肯定的な反応にはちょうどぴったりで、共和党が中間選挙で勝利を収めることにも役立つだろう。しかし、ブッシュが再選を目指す二〇〇四年が前途に待ちうけており、その時彼は父の辿った運命につきまとわれることになる。

また、ヨーロッパ人がいつまでそんなに臆病で（おそらく正しい言葉は「脅迫されて」）いられるだろうか、という疑問がある。なぜ彼らはそれほど軟弱なのだろう。第一には、有権者の三分の一から半数が米国を応援していることがある。彼らはブッシュと同じく、これは文明人と野蛮人との戦争であり、効果的にバリケードを築けるのは米国だけだと考えている。しかし、他の人たちはどうだろうか。彼らは、現米政権の我慢のならない傲慢さと映るものに、次第に不快感を募らせている。そして、彼らの経済的利害関係は米国とは非常に異なっている。何よりも、彼らがヨーロッパを建設するつもりなら——彼らのほとんどがそうしたいと望んでいるが——、ヨーロッパは政治的にも文化的にも、何かを主張しなくてはならない。これは必然的に、ヨーロッパを米国と区別することを意味する。

米国がイラクに侵攻するとき、ヨーロッパ人がそれほど抗議をしないとしよう。もし戦争が長引いたとき、半年後に彼らは何を言っているだろうか。そして、米国で反戦運動が始まったとしたら、ヨーロッパの支配階級は黙って見ていられるだろうか。それはとてもあり得ないことだと思われる。そして、ヨーロッパが反対し始めたとき、ロシアや中国は何もせずにいられるだろうか。現在の世界システムにおける米国の偶然の政治的優位は、タリバン政権の崩壊と同じくらい速く瓦解するかもしれない。

更に、世界経済の問題がある。専門家たちはあらゆる予測をする。もし、ブッシュが望み、また予想しているように、実際に全てが再び上向けば、経済問題はなくなる。ブッシュにとってこれは良いことだろう。しかし、一層深刻な世界的不況とは言わないまでも、経済の不安定は避けがたく、無秩序が解き放たれている。第二第三のアルゼンチンが発生するかもしれない。そして、保護主義が醜い頭を持ち上げるだろう。実際、それは既に起こっている。米国の鉄鋼製品への関税は、歴史を振り返ったとき、世界貿易機関（WTO）時代の終焉と、三極型保護主義システムへの回帰を印すものと見られるかもしれない。ブッシュがカナダとメキシコを関税対象からはずしたことに注目すべきだ。彼は実際にはヨーロッパを標的としたし、ヨーロッパ人はこのことに気づいている。これには経済的な動機があるが、政治的な動機も含まれている。ブッシュは、これで米国内の重要な州の票をいくらか獲得できると考えているだけでなく、これがヨーロッパを傷つけ、それによって米国に逆らわない方がよいという教訓をヨーロッパに与えることになる、とも考えているのだ。ヨーロッパ人は、少なくとも現時点では、イラク攻撃を受け入れる用意があるかもしれない。しかし、米国の状況を改善するために、自らの生活水準の低下を受け入れる用意があるだろうか。これもまた、疑わしいようだ。

ブッシュの戦略に関する基本的な問題は無謀さであり、混沌とした世界状況の中で、米国が重要な変数の全てを支配できるという仮定を信じることなど、とてもできない。それはカジノの世界であり、米国は恐らくやりすぎているのだ。マキャベリも孫子もそんなことは勧めなかっただろう。

そして、そう、テロリスト。現在、彼らに対する戦争が行われている。もちろん、テロリストに対して戦争などできない。十分な力をもっている者は、テロリストを撲滅しようとするかもしれない。米国政府が今「テロリズム」という言葉に与えようとしている曖昧で包括的な定義からすると、テロリストの撲滅が達成される可能性はかなり低いように思われる。英国政府は決してＩＲＡ（アイルランド共和軍）を壊滅できなかったし、スペイン政府はＥＴＡ（バスク祖国と自由）を壊滅させていない。イスラエルはハマスやヒズボラを壊滅させていないし、ロシアはチェチェンの反政府勢力を壊滅させていない。コロンビアはＦＡＲＣ（コロンビア革命軍）を壊滅させていないし、フィリピン政府はアブサヤフのような小集団すら壊滅できない。南アフリカのアパルトヘイト政権は、軍事的に貧弱なＡＮＣ（アフリカ民族会議）を弱体化することができなかった。そしてもちろん、ベトミンは力を結集してアメリカの軍隊を打ち負かした。

こうした事例がなぜそのような結果となったかは、それぞれのグループが地域でどれだけ政治的支持を得ていたかによる。なぜなら、彼らは、地域の何かを擁護し、かつ地域の何かに反対していると見られていたからだ。センデロ・ルミノソのように、地域の支持を失えば、彼らは一掃されるかもしれない。そうでなければ、最終的には、際限のない流血と恐怖の後に、交渉と何らかの妥協の道がある。アリエル・シャロン、そしておそらくジョージ・Ｗ・ブッシュにも耐えられないかもしれないが、それが歴史の教訓だと思われる。

控えめに言っても、ブッシュのテロとの戦争の結果は全くわからない。

第9章　脅迫――9・11の前と後[1]

ジェイムズ・デルデリアン

9・11の前と後、それはあたかも国際関係の歴史と将来がこの時間の断層によって消えてしまったかのようだ。従来の政治、外交、戦争のルールが、テロリストと反テロリストの双方によって放棄されてしまった。この空白期間においては、批判的な質問は世界規模の脅迫にさらされている。これを、最後の香港総督で現欧州委員会対外関係担当委員、クリス・パッテンは、いみじくも「単独行動主義者の暴走」の一つだと表現した。[2]

9・11の出来事そのものの規模と範囲と衝撃の責任は、一部明らかに国際関係論分野の対応の不充分さと貧困にある。恐らく我々は、ベルリンの壁の崩壊後、学会で起きたことを再び経験しているのだ。当時、社会学者は一つのデータから因果関係を断定するのをためらった。もしかしたら、何かベルリンの壁の崩壊以上のこと、はるかに大きなことが起きているのかもしれない。テロリストのハイジャック犯が民間ジェット機三機を強烈な爆発力をもつ移動兵器に変え、世界貿易センターのツインタワーを倒壊させ、国防総省に大きな被害を及ぼし、三〇〇〇人以上の人命を奪い、非常事態宣言を出させた。

そして、十分に犠牲者の死を悼む間も無く、オサマ・ビンラディンの頭が皿にのせられ、正義が行われていると理解され、知識はもはや戦争の補助機能とはみなされなくなり、その結果、9・11に関して安全に言えることは極僅かになってしまった。愛国主義的、理想主義的あるいは宗教的立場にしっかり基づかない限り（それらは内外で不快なほど相互に近寄ったが）、対立の意味を判断するのは知的にも政治的にも難しい。そして、その対立はニュースのたびに段階が変わり、「テロ攻撃」から「米国の反撃」へ、「聖戦」から「対テロ作戦」へ、「二一世紀最初の戦争」から既に馴染みとなった人道的介入と遠隔地での殺人の組み合わせへ、移動テロから生物学的テロへ、戦争の光景から見世物としての戦争へ、と移っていった。

そうした状況では、何を考え、何を言うと「危ないか」を見つけることが任務だと思う。あるいは、ヴァルター・ベンヤミン［一八九二—一九四〇。ドイツの文筆家・評論家］が先の暴力と不安の間にいみじくも言ったように、「恐怖の時代、すなわち誰もが何がしかの共犯者である時には、誰もが探偵を演じなくてはならない状況に陥るだろう(3)」。

探偵の仕事と同時に、いくらかの勇気が必要だ。なぜなら、テロ行為の根本原因ないし政治目的に関する質問は、「道徳的同等性」に訴えられて黙らされるか、あのテロ行為の例外的な性格ゆえに政治論議の埒外だとされ口を閉ざされてきたからである。つまり、そのような質問に答えることはテロ行為を免責するに等しいというのだ(4)。あのテロ攻撃の性格およびそれに続く混沌と混乱を反映して、最初の一週間のうちに、従来の情報領域が拡大し、通常のプライムタイムに登場することのない人たちによる政治的、歴史的、倫理的分析も含まれるようになった。

しかし、情報の流れが実質的にエントロピー的無秩序になると、（世論調査と政治屋とプログラミングという不浄な三位一体から判断されるように）悪は責めを負うべきであるとする先のブッシュ大統領の宣言を見識として受け入れようという人々の意欲が表われ、しかも、その「悪」は、個人からネットワークへ、更に今では悪名たかい「悪の枢軸」へと対象が広げられている。その時点から、政策的論争と政治的活動は、不可能を遂行しようとする単純な宣言、すなわち「悪の根絶」へとギアシフトしたのであった。二項対立の話術が、何が何故に起きたのかに関する複雑で批判的な分析をとり除いてしまった。報復は確かな理由を必要としたが、その確かさは、実際の負傷者および象徴的な負傷者の奴隷として作り出された。

マイケル・イグナティエフのような、もっと精密な分析家もまた、次のように、あの行為の例外性を言いいが前に横たわる犠牲と苦痛に米国を備えさせるために、主に第二次世界大戦のごとき灰色の色調を帯びていた。大物保守党議員、ジョージ・ウィルは米国には今や時間帯が二つしかないと、次のように書いている。

戦争という産婆によってとりあげられ、多くの戦争が歴史を彩っている米国は、大きな責任を負っており、また無数の憤りの焦点でもある。これが、なぜ米国には戦争期と戦間期というたった二種類の時代しかないかの理由である。(6)

経験を超え、歴史を外れ、戦間期という異常な状況下で起きた9・11は、そうたやすく哲学的、政治的あるいは社会的疑問に答えないだろう。最終解決を求めて全く異なる世界観を提示する、全ての政党の、公認の真実と公式活動を、綿密に叙述し、しっかりと問い質し、直接戦いを挑むことが最善だろう。私もここでそうするつもりだが、まず9・11は歴史と理論を超えた例外的出来事だという、現在の一般的な想定に挑戦したてて、社会的ないし政治的究明の重要性を低く評価した。

我々が立ち向かっているのは黙示録的ニヒリズムだ。彼らのニヒリズム的やり方、つまり人的コストへの無関心が、彼らの行動を政治の領域からだけでなく、戦争の領域からさえも、はみ出させてしまう。彼らの目的の黙示録的性格からして、彼らが政治的要求をしていると考えることは全く馬鹿げている。彼らは、取り返しのつかないほど罪深く不正な世界を、暴力によって転換することを求めている。テロは政治ではなく形而上学、つまり善と悪の最終戦争において頂点に達する暴力を通じて、時間と歴史に最終的な意味を与えようという欲求である。(5)

例外的な米国というイメージをとおしてあの経験を集約したために、9・11は即座に「例外的非歴史性」を獲得した。歴史が引き合いに出されたのは、だいたしたい。特に、エドワード・ロスタインが『ニューヨーク・タイムズ』紙で指摘したように、「ポストモダン主義」と「ポスト植民地主義」で染まった理論をとり挙げたい。(7)第二に、主流のジャーナリズムと伝統的な社会科学を出しぬくネットワーク戦争の表れ方と技術と戦略を検討したい。そして最後に、9・11のテロおよびテロ対策から生まれる主な危険とは何かを見い出すことで締めくくりとしたい。

例外的行為だったのか

例外性の問題については、二、三の証拠を挙げて検討してみよう。まず、『ニューヨーク・タイムズ』紙の社説から。

世界貿易センタービルへの攻撃が証明することがあるとすれば、それは我々の事務所、工場、運輸通信ネットワーク、インフラが、巧妙なテロリストには比較的弱いということだ…。粉砕され危機に見舞われがちな世界に必要なリーダーシップを提供しようという我々の試みは、その報酬のなかに、我々への仕返しを誓ったテロリストなどの反社会的人間を含むだろう。(8)

次は『ニューズウィーク』誌の特集記事から。

あの爆発は建物以外のものも揺さぶった。つまり、多くの国々を苦しめているテロリズムの悪疫に対し、アメリカ人はなぜか免疫があるという身勝手な幻想をガタガタと揺さぶったのだ。(9)

そして最後に、『サンデー・タイムズ』紙から一つ。

あの日彼は、証券会社ディーン・ウィッターの社員として、ニューヨークの世界貿易センタービルの七四階で一日を始めた。そして彼は、〝タワーリング・インフェルノ〟の現実生活の続編に、エキストラとして登場し、その日を終えたのだっ

た…。(10)

これが全て一九九三年の、世界貿易センタービルへの最初の、はるかに被害の小さかったテロ攻撃についての記事だと知って、驚く人がいるかもしれない。これは、テロリズムについて解釈しようとするときに、9・11の出来事・目の眩むような光景だけに照らして解釈することへの警告のつもりだ。明らかに、二つの世界貿易センタービル事件は、その惨状の規模や攻撃の性格に違いがある。9・11は現実に関する一般市民の想像を絶するものだった。役人やメディアの権威はほとんど誰も認めたがらないが、情報機関、連邦警察、空港警備組織、軍隊その他の政府機関の想像も先制能力も超えるものだった。衝撃と驚きが即座に、出来事についてほぼ一様の解釈を生み、公の議論は非難と報復とテロ対策に絞られた。しかし、人々が被った悲劇と政府関係機関の受けた損害の直接性を超えて、歴史的文脈と解釈の領域に9・11を置いてみることが、専門的かつ国民としての責任だ。さもなくば、9・11はあの攻撃そのものではなく、それに続いて次第にひどくなる暴力の連鎖として記憶されることになろう。

9・11は、全面的に新しいのではないとすると、いったい何なのか。我々が十二分に見てきたように、公の解釈は善に対する悪の戦いというものだった。リーダーたちにとっては国民を行動に駆り立てるのに誇張表現が必要だと思われるが、アメリカの歴史には先例が数例以上ある。戦争の実践訓練として、我々はまたしても、9・11が何であるかではなく、何でないかについて、より明瞭な絵を手にしている。つまり、大統領と国防長官から国家安全保障機構の下部階層に至るまで、この戦争は湾岸戦争やコソボとは違うし、ベトナムやソマリアのモガディシオとは完全に異なるというのを聞いてきた。部分的には彼らは正しい。単純な反応をする左右両派の評論家は、第二次世界大戦の歴史からずさんな類例をもちだしたり（真珠湾とライキスタークの放火［ワイマール共和国の国会議事堂が放火され、ナチスはこれを機にワイマール憲法を事実上停止した］などが顕著な例）、…共謀理論（イスラエルの秘密情報機関モサドと石油メジャーが全て糸を引いているという）で放送電波を満たしたが、こういう評論家よりは確かに正しい。

私の見方では、演出および暴力の新旧の形態が9・11に協働した。聖戦というネオ中世的な修辞法が、イスラム寺院の尖塔からテレビに、そして前例を見ないレベルでインターネットに反響していった。シミュレーションと偵察という超近代的戦争が、飛行学校、空港、そして実際にアフガニスタンのあらゆる隠れ場所、岩の割れ目、洞窟で行われた。空の戦いは、標的から七七五〇マイルも遠く離れたフロリダ州タンパにある中央軍司令部で指揮がとられた。標的は、プレデターやグローバル・ホークといった無人飛行機が偵察し、精密なGPS誘導JDAM（半数命中界が半径約一〇フィート以内の衛星誘導爆弾）、CBU87およびCBU103「クラスター爆弾」（対戦車、対人および焼夷弾能力をもつ二〇〇以上の小型爆弾からなる複合効果爆弾）、地上三フィートで爆発し六〇〇ヤード以内の全てを焼却する一万五〇〇〇ポンド「デイジーカッター」（BLU82）を搭載した通常爆弾が破壊した。流血と脅しの汚い戦争では、特殊部隊が反タリバン連合を率いて、限定的ではあるが地上作戦を行い、初期の報告では大きな成功を収めた。

この奇妙な新しい混成型の戦いは、皮肉に響くだろうが、「高潔な戦争」といわれる。ポスト・ベトナム、ポスト冷戦、ポスト・モダンの高潔な戦争は、9・11に先だって、湾岸戦争の戦場およびボスニアとコソボにおける空の作戦で登場した。ボスニアとコソボでは、技術的、倫理的に可能な範囲、実際的、道徳的に可能な範囲で、最大限の殺戮が行われた。高潔な戦争は、潜在的な敵を抑止し、懲罰を加え、必要によって撲滅するために、コンピュータによるシミュレーション、メディア操作、世界規模の監視、ネットワークによる戦争に依存する。それは（可能な時には）正義の戦争や（必要な時には）聖戦の教義を利用する。ポスト9・11の高潔な戦争は、現在、米国が再び国境の安全を確保し、覇権を維持し、正義とは言わずとも国際政治にささやかな秩序を取り戻すための、最後の手段のように見える。プレ9・11との違いは、少なくとも国内では敵が実際に顔を現わしたことだ（実に二二の顔があり、その全てがFBIの新しい最重要指名手配テロリスト容疑者・ウェブサイトに載っている）[11]。

世界規模の自由市場、民主的主権国家、限定的人道介入という国際秩序の神聖な三位一体の名の下に、米国は、高潔な戦争を強調する軍事革命（RMA）の道を進んだ。この転換の筋肉および心臓に当たるのが、死傷者を最小限に止めながら、脅しを加え、必要ならば遠距離から実際に暴力を加える技術的能力であり、倫理的使命だ。

これは、高潔な戦争では人が死なないと言っているのではなく、殺戮の新技術が、戦場の内でも外でも、死傷者の割合を押し下げるという意味だ。9・11攻撃では、一九人のテロリストのハイジャック犯が米国内で三〇〇〇人以上を殺害した。二〇〇二年一月末までに、二〇人の米軍兵士が任務中に死亡しているが、大半は事故ないし味方の砲火による。唯一、ナタン・チャプマン軍曹だけが実際に敵の砲火で殺された[12]。コソボでの作戦同様、戦争の取材中に命を落したジャーナリストの多くは、米軍ではなく敵の砲火で殺されている（二〇〇二年一月末までに一〇人）。味方の砲火による死亡率が高いのは（敵の砲火による死亡率同様に）、殺傷率の向上した精密兵器が標的を誤ったことによる。米国陸軍第五特殊部隊の三人が殺され、一九人がけがをしたが、これは彼らが誤って衛星誘導型JDAM用に自分自身の位地情報を送ったためだった。

高潔な戦争はまた、「ベトナム症候群」（兵士の死体がたくさん戻ってくれば、国民の支持が侵食されること）の今に続く遺産だとみる人もいる、「低リスク」「低戦果」軍事作戦の反映でもある。「ベトナム症候群」は湾岸戦争の初期に浮上したが、最後には初代ブッシュ大統領が「撃退した」と宣言している[13]。高潔な戦争の別の側面として、敵の死傷者に遭遇するのが次第に難しくなっている。一二月に戦争が終息に向かっていたとき、敵戦闘員の推定死者数には三千人から一万人と大きな開きがあった。そして、ニューハンプシャー大学の経済学教授、マーク・ヘロルドが、アフガニスタ

ンの非戦闘員の犠牲者数を単独で調査して三七六七人としたとき、大論争が起きた。(14)

ネットワーク戦争

最初から9・11はネットワークによる戦争だということが明らかだったたし、今後も引き続きそうだろう。テロリストであろうとインターネットであろうとテレビのプライムタイムであろうと、ネットワークのほとんどが、暴力、恐怖、偽情報・誤情報のプッシュプル増幅器で繋がっている。あの混乱と混沌の最初の週には、しばらくの間、客観的観点は現れず、こうしたネットワークがほとんど神経で結びついているかのように、視聴者はひっきりなしに破壊と喪失の悲劇的イメージに漬けられた。国家的な非常事態と心的外傷が社会のあらゆる階層に及んだ。それはあたかも米国の政治文化がフロイト的な集合心理学的外傷を経験したかのようだったが、その外傷は（ケーブルテレビやインターネットで果てしなく）再現できても、ショックを受けた時点では理解できない。非常事態においては、戦時と同様、最初のイメージが後に残る。メディアは最初、恐怖のイメージを反省と行動という責任ある論議に転換しようと試みたが、激烈な非難合戦が始まった。議論がニュースサイクルの速さで進み、判断を急いだので、じっくり考え、攻撃犯の動機を理解したり、軍事的対応による意図した結果ならびに意図しない結果を予測する時間がほとんどなかった。

戦争のネットワークとは、単に結節点が電線か何かで繋がっているようなものではないということがすぐに明らかになった。それは、『ワイヤード（*Wired*）』創設編集者のケヴィン・ケリーが「技術的マトリクス内の有機的行動」と定義したように、人間の属性と意志を、伝え、模倣し、時には生み出す。しかし、9・11は、肉体と技術との間の常に問題の多い関係を鮮やかに突いた。技術に起因する出来事は有機的な理解様式を追い越し、人間の行動は、心的外傷ないし情報過多のために、次第に機械的反射に似てくる。実際、傍観者やテレビレポーターの最初の反応は、ほとんどがあの出来事を事故だと考えることだった。しかし、第二のビルへの攻撃が事故説を粉砕し、同時に、その破壊的な影響を認識し確認する我々の能力をも粉砕したようにみえた。代わりに、世界貿易センタービルの倒壊と客観的分析の欠如で生まれた空白に向けて、多数の比喩や類比や換喩語が殺到したが、否定（「これは映画だ」）と歴史（「これは真珠湾だ」）と得体のしれない恐怖（「これは、我々の知っている世界の終焉だ」）が多かった。

我々の大衆文化では、家族や地域社会や政府ではなく、メディアネットワークが、危機への最初の反応、かつ、その速さと浸透性によって、最も強力な反応をもたらす。メディアの効用と責任とアカウンタビリティに対する疑問が当然起きたが、想像に難くないように、メディアのできあいメニューには、ツインタワーの倒壊のごとき米国の不可侵性の瓦解は入っていなかった。テレビのプライムタイム・ネットワークは、危機の実況中継に最善を尽した（ＡＢＣのピーター・ジェニングスは抜きん出ていた）。しかし、恐怖とホワイトノイズ［白色雑音。可聴音波のすべてを含む騒音］と技術的問題が侵入し続け、出来事とその解釈との間に大きな時差をもたらした。その時差が大きかったので、スーパーストリング（超弦）理論が正しくなかったのかと、つまり宇宙を形成している別の一〇の次元のうちの一つが、これまで秩序だっていた我々の次元に侵入し、隠れていたカオスを露出させたのではないかと私は疑った。

実際、倒壊したツインタワーの場面が「既視感」を呼び起こし始めた後、『マトリックス』ほどではないものの、現実原則が致命的一撃を受けなかったかどうか私は非常に心配した。私はイグナティエフのように、ニヒリズムの働きを認めたが、それは別種の、あの映画で非常に生々しく示された類のものだった。それは最初、密輸品の仮想現実ソフトを探している数人のパンキー風の客が、キヌア・リーブス演じる主役ネオを見に来たときに現れる。彼は棚から緑色の革装丁の本を取り出す。その題名はすぐに、ジャン・ボードリヤールの *Simulacra and Simulation* だと分かる。彼がソフトを取り出すために、中をくりぬいてある本を開くと、最終章の最初のページに、「ニヒリズムについて」と現れる。明らかに二人のディレクター、ウォシャウスキー兄弟の意向に沿って、すべてが素早く起きる。素早すぎてボードリヤールの原書の言葉を読むことができないだろうが、それは次のとおりだ。

ニヒリズムは最早、暗く、ヴァーグナー風の、シュペングラー風の、すすけたような世紀末の色を身にまとってはいない。もうそれはデカダンス的世界観からくるのでも、神の死とその必然的結果として生まれた形而上学的急進性から来るのでもない。今日のニヒリズムは透明性の一つであり、この優柔不断さはシステムの優柔不断さ、そして未だにそれを分析する振りをしているあらゆる学説の優柔不断さと分かち難く結びついている。[15]

世界貿易センターの倒壊と共に、そんなことがここで起きるはずがないという信念が芯まで打ち砕かれた。この虚脱感に向かって諸々のネットワークが殺到し、深みのない透明性、恐怖の影、イグナティエフやロスタインなどモラリスト評論家の想像をはるかに超えた純粋な形のニヒリズムをもたらした。政府関係者の間には、その虚脱感を隔離しようという一致した努力がみられた。つまり、言葉、想像、さらにユーモアでさえ、道徳的制裁と政府の警告によって、批判的に使うことが制限された。批判的意見への最初の一撃は、「臆病」に関する意味論上の議論という奇妙な形をとった。『ニューヨーカー』紙と『ポリティカリー・インコレクト』紙では、民間航空機を奪いそれを世界貿易センタービルに向けて操縦するのと、一万五千フィートからセルビア人を爆撃するのと、数千マイルの距離からビンラディンを狙って巡航ミサイルを誘導するのと、いったいどれが臆病かという質問を掲げた。当局の反応は素早かった。広告ができなくなり、トークショーで非難され、ホワイトハウスのアリ・フライシャー報道官は『ポリティカリー・インコレクト』紙のビル・マハールのような人々は「自分が何を言い、何をしているのか、よく注意すべきだ」と述べた。

別の保護された言葉の領域がはっきりしてきた。ロイター通信社が「テロリズム」という言葉が乱用によって意味をなさなくなったと疑問を呈したとき、ジョージ・ウィルは日曜日の朝のニュース番組で、ロイターのボイコットを主張して仕返しをした[16]。皮肉と笑いは限られた場所でのみ許された。国防総省の記者会見で、国防総省内で誰かがニュースメディアに嘘をつく権限を与えられることがあるかどうか思いきって質問したレポーターを、ラムズフェルド国防長官は小馬鹿にして巧みに戦意を挫いてしまった[17]。ブッシュ大統領は、士気昂揚のためにCIAを訪問したとき、冗談を言う余裕が与えられていた。彼は、CIA長官、ジョージ・テネットと「最近、充実した時間をたくさん過している」と述べた[18]。また、『ニューヨーク・タイムズ』紙のレポーター、エドワード・ロススティンは、ポストモダン主義者とポスト植民地主義者に向けて日和見主義的な一発をみまい、彼らの皮肉と相対主義が「倫理的にひねくれた」、「罪深い消極性」を生み出したと主張した[19]。こうした見方が、熱心な真実の追求者や相対主義に真剣に敵対する人や、オサマ・ビンラディンはテロリストとしては敵だが認識論的には仲間ではないかといった皮肉をどう位置づけるのか、我々の間には訝る者もあった。

イメージの模倣戦争

空からの戦争は、分割スクリーンのイメージ戦争と一緒に二〇〇一年一〇月七日に開始された。一つの画面には夜間透視カメラのレンズを通して荒廃したカブールが映し出され、不鮮明な緑色の画素の中に時たま対空砲火の白い弧が浮かび、爆発の光がそれに続く。もう一つの画面では、登場人物が次々と映し出され、ブッシュ大統領を先頭に、ラムズフェルド国防長官、統合参謀本部議長マイヤーズ大将、ジョン・アシュクロフト司法長官などが、その当日の出来事を振り返っていた。そして彼らの後には、現地レポーター、有識者、退役間もない将校が続く。我々は一方で高画質で具現化された決意のイメージを見ながら、他方では誰もいない夜の影を見ていた。

戦略的かつ物語的な二分法がブッシュ大統領の戦争宣言で突然登場した。それは不釣合いにもホワイトハウスの条約室から、「我々は標的を攻撃する傍ら、食料も投下する」、米国は「アフガニスタン国民の友」であり「テロリストを支援する者の敵」である、「平和を追求する唯一の道は、それを脅かす人々を追及することだ」と述べられた。そして再度、究極のAかBか、すなわち「全ての国に選択の余地がある。しかし、この戦いに中立の立場はない[20]」が発せられた。

しかし、戦争計画はメディア通のビンラディンに妨害された。空からの爆撃開始直後、米国への空からの反撃として、用心深く届けられたビデオテープによって、彼はカタールのアルジャジーラ・テレビネットワーク（「アラブ世界のCNN」）に登場した。ターバンと戦闘服という出で立ちのビンラディンは、二極分化という彼の世界観を説いた。「これらの出来事は、世界を忠実な信徒の陣営と無神論者の陣営の二つに分けた」と。しかし、彼の世界観の本質をなすのが抵抗であるなら、それは武力による反撃を認めた歴史上の戦いの模倣にすぎない。「米国は北から南まで、東から西まで、恐怖に覆われている。ありがたい！　アメリカが今味わっているのは我々が味わってきたことのコピーにすぎないのだ[21]」。

「道徳的平等」の罠に陥ることがなければ、驚くべき類似性が分かる。ラムズフェルド国防長官等が、テロリストがしかけている「非対称的」戦争の大部分をつくったのだ。そして、テロリストが複数の民間航空機を乗っ取り、それを無差別暴力用の移動兵器に変え、また民間メディアを配備して軍事攻撃に反撃するのは、実に非対称的戦術および戦略の狡猾で邪悪ともいえる使い方だ。しかし、無意識の、そしてたぶん病理学的レベルでは、恐るべき対称性がある。つまり、これは競い合い、模倣し合う敵同士のエスカレートする戦争、すなわち「イメージの模倣戦争だ」。

模倣戦争とは模倣と主張の戦いであり、我々とは誰で彼らとは誰なのかという関係が、心安さと親しさ、無関心と寛容、不和と敵意といったように幅広く演じられる。それは、称賛ないし名誉毀損、調停ないし物別れ、同化ないし撲滅という結果に終わる可能性がある。模倣戦争は人々の間に物理的境界線を引くばかりでなく、生とその最も対極をなすもの、つまり死との間にも形而上学的境界線を引く。神から人間を引き離す。よい隣人をつくるための塀、つまりある人々全員を閉じ込める塀を立てる。また、ほぼあらゆる暴力を認める。ブッシュ大統領は、今やイランは「悪の枢軸」の一員だと発表する。するとイランは、穏健派のハタミ政権になってから初めての大規模な反米デモで応じる。

我々が戦争に向かうのは合理的な損得勘定以上のものによる。人々が戦争に行く理由は、彼らが敵をどう見るか、どう感じるか、どう描き、どうイメージし、どう語るかによる。つまり、主張を通じて、敵との違いおよび自分たち自身の同一性をいかに築き上げるかに依存する。ギリシア悲劇から古代ローマの剣闘士の光景、未来派の芸術、ファシストの集会に至るまで、イメージと暴力の模擬的組み合わせが、最も合理的な議論よりも更に強力だということが知られている。実際、模擬の医学的定義は「しばしばヒステリーを原因とする、実際には存在しない病気の症状の出現」となっている。治療法を見つける前に症状を調べなくてはならない。あるいは、かつての「症候学」をやる必要がある。

マイムネット（MIME—NET）

テロと対テロ双方のネットワーク群から病的症状が表面化するまで、それほど時間がかからなかった。報じられているところでは、アルカイダのメンバーは暗号化した電子メールを使って交信し、ステガノグラフィー（深層暗号化技術）によりウェブサイトの画像（ポルノも含む）に暗号化したメッセージを隠し、キンコーズ［二四時間年中無休のコピー・ドキュメント作成サービス店］および公共図書館のコンピュータで伝言を送り、ハワラと呼ばれる地下銀行ネットワークを使って追跡不可能な資金を送り、アルジャジーラやCNNなどの二四時間ケーブルテレビネットワークを使って主張を行った。そして9・11の準備では、レンタル携帯電話、オンライン旅行代理店、模擬飛行訓練装置などその他多数の情報技術が使われた。

テレビのプライムタイムのネットワークからインターネットのリアルタイムのネットワークに至るまで、一般的にネットワークは、視聴者ばかりか政策立案者までをも、置き去りにされるのを恐れて疾走させてしまうほど、機敏に素早く出来事を報道した。情報はネットワークの血液かつ致命的変数であり、敵が意思決定とイメージづくりをする場所の内部に侵入することが、ネットワーク戦争の中心的戦略となった。最初の攻撃を受けたあと、米国の国家安全保障チームが、敵ネットワークの策略の先を越そうと奮闘している時もそうだった。最初のゆっくりした反応のあとに、多数のネットワークに対する迅速な先制攻撃が続いた。議会は「テロリズムの遮断と妨害に必要となる適切な手段を提供してアメリカを団結、強化する法案（通称愛国法USA PATRIOT）」を採択したが、これは複数の電話の「移動盗聴」、電子メール・インターネット交信監視の容易化、米情報機関と外国情報機関との協力強化、大陪審の秘密情報と盗聴記録の情報機関への提供を認めている。[22]

ライス国家安全保障問題担当補佐官は、テレビ放送局の代表者たちに直接電話をかけ、アルカイダが作成したビデオに暗号メッセージがあるかどうか事前審査し、独自の編集を検討するよう依頼した。[23] 空からの攻撃と地上介入部隊の展開に関する情報は国防総省が厳しく監視した。国防総省は「戦略的影響局（Office of Strategic Influence）」を設置して、不都合な報道記事を矯正し、恐らく都合のよいものを外国報道機関に植えつけた。情報提供に厳しい制限が加えられてからは、大統領府と国防総省からの公開情報はしずくのように乏しくなった。宣伝パンフと食糧パックの投下による人道的介入には心理作戦が伴っていた。VOA（アメリカの声）はパシュトゥーン語で反タリバンのメッセージを放送し始めた。一二日以降、「最重要指名手配テロリスト容疑者」がFBIのウェブサイトに掲載され、人気テレビ番組「アメリカの最重要指名手配容疑者」がそれを一つ一つ時間を延長して放送した。情報戦争が始まっていた。

最も強力なネットワークの中には、しばしば最も目につかないものがある。しかし、ハリウッドが加わってから、秘密を守るのが難しくなった。ホワイトハウス高官とハリウッド経営陣との会合を最初に報じたのは、娯楽雑誌『バラエティー』だった。報じられたところでは、その意図は非常に不吉にも、「ハリウッドを戦争努力に加える」ためだった。

ホワイトハウスはハリウッドに、第二次世界大戦初期を偲ばせる格好で、国旗の周りに集まるよう依頼した。放送局と映画会社の代表たちはそれを、水曜日にビバリーヒルズで秘密に開かれたブッシュ政権の使者との秘密会合で聞き、テロとの戦争を支持する新たなイニシアチブを約束した。このイニシアチブは、世界の相互理解を増進するために、米国に対する世界の理解を深め、テロとの戦いの「メッセージを発信し」、また衛星やケーブルテレビなど既存資源を動員する努力を強化するだろう。[24]

いくつかの大手のメディアがこれを取り上げたが、それに先だって行われた軍部と南カリフォルニア大学創造的技術研究所との会合に注目したのは『ニューズウィーク』誌だけだった。[25] 同研究所については、その設立についての記事を、一九九九年の『ワイヤード』紙と『ザ・ネーション』紙に書いたので知っているが、当時、軍は、ハリウッドとシリコンバレーと米軍のシミュレーション技術を結合するために四三〇〇万ドルを提供した。[26] 今度は、新たなバーチャル戦争の調整を図るために最高の人材を集めているように思えた。

役割が逆転し、政府の情報専門家がハリウッド最高の映画制作者や作家に、極秘でテロのシナリオを依頼していた。ユニークな特別作業グループが、ちょうど先週、米国陸軍のたっての依頼で南カリフォルニア大学（ＵＳＣ）に招集された。目的は、国防総省と世界貿易センタービルへの同時襲撃に鑑み、アメリカ国内で考え得るテロリストの標的と計画についてブレーンストーミングを行い、こうした脅威に対する解決策を提供することだった。ＵＳＣ創造的技術研究所を本拠地とする作業グループには、『ダイ・ハード』の映画シナリオ作家スティーヴン・Ｅ・デスーザ、テレビシナリオ作家デビッド・エンジェルバッハ（『マクガイバー』）、『デルタフォース・ワン』や『ミッシング・イン・アクション』や『誘拐』などの主要映画を監督したジョセフ・ジトーのように明らかにテロリスト映画に関係のある人物がいる。しかし、デビッド・フィンチャー（『ファイト・クラブ』）、スパイク・ジョーンズ（『ビーイング・ジョン・マルコヴィッチ』）、ランダル・クライサー（『ギリシャ』）、マリー・ラムベルト（『ザ・イン・クラウド』）などより主流のサスペンス映画監督や、主要映画シナリオ作家のポール・デメオとダニー・ビルソン（『ロケッティア』）も含まれている。[27]

9・11は新たなネットワークに洗礼を施したように見えるだろう。つまり、軍—産—メディア—娯楽ネットワーク（Ｍ Ｉ Ｍ Ｅ—Ｎ Ｅ Ｔ）だ。ベトナム戦争が米国の居間で戦われたとすれば、今度の対テロ戦争の最初の、そして恐らく最後の戦いは、それよりはるかに広くかつ深く我々の日常生活に浸透している、世界規模のネットワーク上で行われるだろう。

対テロ戦の危険

9・11に米国を襲ったテロは、情報や安全保障の専門家が予言したように、ならず者国家、あるいは弾道ミサイルやハイテクの生物化学兵器ないし核兵器といった大量破壊兵器によるものではなく、邪悪なネットワーク、ハイジャックされた航空機など、テロ犯お気に入りの「威力増幅器」、プライムタイムの放送、ケーブルテレビ、インターネットといった大量破壊・妨害兵器によるものだった。その後、我々は教訓を正しく学んだのだろうか。あるいは、「悪の」政権、ミサイル、そしてハイテクが、壊滅的な新たな脅威をもたらす、更に多くの盲点を突くのだろうか。我々の前には何が横たわっているのだろうか。

私の最大の懸念は、過去に描いた未来が再現されるという意味の未来についてではない。つまり、低質の情報活動、官僚思考、そして役立たずの想像力などのフィードバック・ループから我々が逃れられないように思われることではない。私自身の経験からすると、ネットワーク間の衝突の複雑さとスピードに直面したとき、政治学と国際関係論は反応が遅すぎて最も必要なときに間に合わない。これによってもう一つの知的空白ができ、政策立案者や軍事計画担当者や各種メディアで活躍する専門家たちはその空白に向かって殺到しようと準備万端だ。

現在、国防総省の技術楽観論者の軍事革命信奉論は、「ネットワーク中心の戦争」の速やかな実施を唱えている。海軍中将アーサー・セブロウスキー（海軍大学前学長。ラムズフェルド国防長官に指名されて国防総省に新たに設けられた軍事力改革局—Office of Force Transformationを率いている）が最初に公式化したように、ネットワーク中心の戦争は敵の意思決定回路の内部に入り、敵が同じことをする前に敵を妨害し壊滅する戦いだ。基本的な考え方は、人々は富を築くのと同じように戦争をするというものであり、情報時代においては、ネットワーク化した技術がその両方を可能にしている（たぶん、エンロンの株主は賛成しないだろうが）。戦争では、情報とスピードが重要な要素となっている。つまり、最も迅速なネットワークをもつものが勝つのだ。

私は、セブロウスキーがまだ海軍大学長だったときにネットワークについてインタービューしたことがある。彼は、非常に明敏で明快、とても宗教的で奇抜という印象だった。(28) 彼は、ディズニー・イマジニアリング社の社長、ブラン・フェレンや『ワイヤード』紙編集委員、ケヴィン・ケリーなど意外な分野の人物の引用を織り交ぜてコメントした（例えば前者の「相互連関性の出現は火事が起こるのに似ている」や、後者の「改革にまず必要なのは、十分に育ったネットワークだ」など）。9・11に照らしてみると、その中でも、ある一つの答えが際立っていた。というのは、私が常に敵よりも迅速であることが目標となるネットワーク戦争の影響について、「我々の考える時間が制限されてしまうのではないか」、「人間的時間を機械的時間に置き換えたいと本当に考えるのか」と彼に尋ねたところ、彼は、「できるだけ速くそうすべきだ」と答えた。目標は「低レベルの意志決定プロセスから人類を解放すること」だと。

新たな脅威を抑止し打倒するための国家中心モードからネットワーク中心モードへの転換は、合理的な考え方としては納得がいく。しかし、人間の判断の役割を小さくしてしまうことは、特に感情が判断に大きく影響する場合には、将来のテロリズムの脅威に対処する最善の方法ではないかもしれない。更に、国防総省が一二月に、夢と神学が破壊と殺戮の戦略となない交ぜになったビンラディンのホームビデオを公開したとき、ネットワーク中心の抑止力が機能している証拠となる合理的な手掛かりはほとんど何もなかった。(29) 同じ日、ミサイル防衛が米国の弱さのデウス エクス マキナ［戯曲などで急場の解決に登場するもの］的治療薬として復活するのを見てからは、「低レベルの意思決定」をネットワーク型技術に委任するのは、実質的自殺行為にみえる（これまでは、お互いにとって自殺行為だったが）。

技術的解決という誘惑は、明らかに多くの文明に共通で、しばしば理性を超える。周波数帯と爆弾が、テロリズムによる目前の脅威に対する、短期的解決策となるかもしれないが、どんなに弱いといっても、肉体、神経のネットワーク、人間の精神、そして政治的意志が、安全な未来を取り戻すためにまだ必要だ。あわてて各種のネットワークを活発化し強化している間に、あらゆる類のチェック・アンド・バランスが置き去りにされている。組織論の専門家が密接に繋がったシステムの間に働く負の相乗効果とみるものへの関心はほとんどないようだ。その場合、意図しない結果が連鎖反応を起こして通常の事故が起き、ネットワークの複雑さとその余分とみられる部分が、予知不可能だが避け難い惨事を招く。スリーマイル島の原発事故を一九一四年以前の外交軍事環境で考えてみよう。ポール・ヴィリリオが「不可避の事故」につき次のように書くとき、国防総省とエンロンを思い浮かべてみよう。

> 核兵器の拡散は、新たにインドとパキスタン、そして恐らくはその他のアジア諸国によっても拍車がかかったが、それは最後の世界的超大国、米国を刺激し、「情報戦争」として知られる新たな戦略の開発によって、名高い「軍事革命」を推進させている。その情報戦争では、覇権をにぎる技術の役割を、電子工学が核物理学から引き継ぎ、そして使われている…。「不可避の事故」の問題が再び登場するのは、まさにこの金融の不安定性および軍事的不確実性という今日の状況においてであり、そこでは情報と偽情報とを区別することができない…[30]。

次の私の懸念は政治的かつ理論的なもので、社会科学は本来、軍―産―メディア―娯楽ネットワークの登場で必要となった調査に、向いていないのではないかということだ。アイゼンハワー大統領が一九六一年の最後の演説で、「軍―産複合体」の台頭について、また「公共政策が科学技術分野のエリートの手に握られた場合に」何が起こるかについて、米国民に警告したことは有名だ。シリコンバレーとハリウッドが複合体に加えられた今、危険は形をなし、増大した。『ワグ・ザ・ドッグ（ウワサの真相）』と『マトリックス』が出会うと考えてみよう。C・ライト・ミルズの言う、現実を再現する非常に優れた装置をもつパワーエリートを考えてみよう。

> メディアは、世界の出来事に関する情報やニュースをたくさん提供する。しかし、そういう視聴

者の日常生活をとりまく現実を、彼らの日常生活に結びつけられないことがよくある。逆に、メディアは視聴者を信用せず、番組の枠内で、通常は暴力といわゆるユーモアで解決する作りものの乱痴気騒ぎに彼らの関心を惹きつけ、自分自身と自分をとりまく環境を理解する機会を覆い隠してしまう。…だいたい常に、思考停止の、元気のよい気晴らしの、お決まりの調子がある。しかし、それはどこにも行かず、また行くべきところもない。(31)

したがって、近い将来、軍―産―メディア―娯楽ネットワークが演じる高潔な戦争が、我々の日々のパンと夜毎のサーカスとなるだろう。我々がそこに、テロと対テロの戦いの間に、永久に宙吊りにされたままになるとみる者もいるだろう。この破滅的、しばしば自己預言的循環をいかに脱することができるだろうか。戦間期の罠に陥ることなく、批判的に対応できる理論的手段があるだろうか。理解したいという気持ちとテロを許す気持ちを同一視するような、退化的思考を回避できるだろうか。他方、テロと抵抗運動とのいい加減な類比にも、批評家の間のけちな内輪争いと同様、多くは期待できない。アメリカ人の大半が、愛国心・心的外傷・虚無・あるいは単なる道理からか、物事を専門家の手に委ねるのを最善と考えていることを認める必要がある。旧来の危険と新たな危険、バーチャルな影響と現実の影響、テロと対テロとを区別するものは何かを、そしてその区別に関する曖昧さの新しいレベルと共存する用意が自分にできているかどうか我々が判断するまで、その状態は変わらないし、かの悪循環は壊れないだろう。

さもなければ、最後の言葉を米国が戦った先の戦争について私が最初に聞いた言葉の中からとり出すのもやむを得ない。一〇年前、シカゴのオヘア空港上空を旋回しているとき、機長アナウンスがイラク爆撃の始まったことを告げた。ホテルに向かうタクシーで初めて、ステルス機やスマート爆弾について、また犠牲者が非常に少ないことをラジオで聞いた。しかし、タクシー運転手の最後で唯一の言葉が、その夕方から突き刺さったままだ。興奮しすぎのラジオ放送以外に何の脈絡もなく、強いロシアなまりの、戦争でひどく疲弊した声で、彼はこう言った。「アフガニスタンにいるのは一〇週間だろうと我々は言われた。我々はそこに一〇年間いたよ」。

第10章　テロと国際法の未来

マイケル・バイアーズ

米国政府は、古代ローマ帝国以来のどの政権よりも大きな権力をふるっている。米国は、一二隻の空母、世界で唯一の超大型重量貨物の空輸能力、世界で唯一の精密誘導弾道ミサイルを有し、最小の損害で、ほとんどいかなる敵も打ち負かすことができる。大規模防衛予算のおかげで、米国は軍事技術を常に前進させることができる唯一の国である。国家ミサイル防衛システム（ＮＭＤ）構築の決定は、奪いようのない軍事的優勢をさらに強化するために、世界最大の富裕国である米国がハイテク兵器へ大規模投資する意志を示すひとつの例にすぎない。

ウォール街やワシントンでなされる決定は、世界中で反響をもたらしている。米国株式会社、それを支えるインフラの整備、それを推進する年金基金は、世界銀行・ＩＭＦ（国際通貨基金）・ＷＴＯ（世界貿易機関）は言うに及ばず、ヨーロッパやアジアや南米やその他の経済政策に支配的な影響力をもっている。エンロン社の倒産は法人組織のもろさを示したかもしれないが、財界と政界エリートとの近親相姦的な関係も暴露した。エンロン社はその倒産までは国家以外にかなう者がない力をもっていた。昨年春、私はアルゼンチンの外交官に、「米国の会社が主導を握って取り決めが行われる米州自由貿易地域（ＦＴＡＡ）の一員となったことについてどうお考えですか」と尋ねた。彼は明らかに残念そうに答えた。「私たちには他に選択の道はないのです」。

米国の単独行動主義

米国ほど強い国なら選択の幅は大きい。９・11のテロリスト攻撃以前は、ブッシュ新政権は確固として単独行動主義の路線をとっていた。政権に就いて八ヵ月でブッシュ政権は、弾道弾迎撃ミサイル制限条約、京都議定書、国際刑事裁判所（ＩＣＣ）のローマ規定、小火器の販売と移送に関する協定、生物兵器禁止条約の議定書を公然と拒否した(1)。

多くの人は、９・11の残虐行為への当初の対応は外交問題に対する劇的変化であり、今までにない協調主義的アプローチの先駆けだと考え、テロリストの資産凍結と海外での情報収集を促進させるために「同盟」が構築された。アルカイダ・テロネットワークとアフガニスタンのタリバン政権への軍事行動に対して多くの国々に支持が要求され、承認された。

しかしニューヨークとワシントンへの攻撃が、協調主義的アプローチの価値をブッシュ政権に納得させることになったと、米国の同盟国が考えるならば思い違いである。９・11以来、ブッシュと彼の助言者は、新しい対テロ戦争には国連安全保障理事会の承認決議が必要だとする意見を拒否し、その代わりに新しい対テロ戦争は自衛行動だとする拡大解釈を選択した。パキスタン、キルギスタン、タジキスタン、ウズベキスタンといった反自由主義的政権との間に、新しい同盟関係が強制され、人権促進のための何年もの努力を無効にした。また誤爆の結果、何百人ものアフガニスタン市民が死傷し、不発クラスター爆弾がさらに何千人も殺すことになろう。カブールのアルジャジーラＴＶ局の破壊、信憑性の乏しい証拠にもとづく特殊軍事作戦の計画、アフガニスタンで捕えた抑留者を一九四九年のジュネーブ協定に従って戦争捕虜と認めることを拒否すること、これらすべてが国際世論と戦時国際法の軽視を物語っている。

しかし最も混乱を引き起こしているのは、ブッシュ大統領の脅迫的な言辞である。「我々の味方か敵か」という主張は、国家主権の中心的側面、すなわち、巻き込まれない権利をあらかじめ除去し、米国を善悪の究極的な裁決者とするものだからである。イラン・イラク・北朝鮮を「悪の枢軸」と決めつけることは、二〇世紀の偉大な成果、すなわち「国際問題を解決するに当たって武力を脅迫的攻撃的に使用することの禁止」への挑戦である。相互依存・相互協力・価値共有が拡大し続ける時代にあって、ブッシュと顧問団は意図的に西側世界の多くと歩を共にしないのである。

多くの点で、ブッシュ政権はレーガン政権の生まれ変わりで、レーガン政権もまた声高な単独行動主義者であり、善悪の明確な区別をし、権利の拡張解釈を主張し、ミサイル防衛を促進し、テロの脅威を口実に全てを正当化した。米国軍人がよく行くベルリンのディスコで一九八六年に起こったテロリストによる爆破事件を調査するなかで、当時の国務長官ジョージ・シュルツはこう述べた。「我々は、公海や公空域でテロリストを捕え、人質救出のために他国にいるテロリストを攻撃し、テロリストやゲリラを支援し訓練し匿う国へ武力行使をしている。それを国際法が禁止していると主張するのは馬鹿げている(2)」。

ジョージ・W・ブッシュの演説起草者が、それより上手く原稿を書くことはできなかっただろうが、当時と現在の状況では重要な違いがある。まず冷戦終結で米国は無敵の超大国になり、そうした主張が他国に黙認されやすくなった。さらに重要なのは、9・11は伝統的に孤立主義者だったアメリカ人を「大統領が国際舞台で断固とした行動をとる」ことに対する肯定者に変えてしまったことである。そしてブッシュの助言者たちは「対テロ戦争」を巧妙な国家概念と結びつけ、アメリカ人が大統領の行動を良しと感じ続けるように仕向けたのである。すなわち、アメリカは輝く「丘の上の町」であり、企業家精神と個人主義精神との最良の代表者であるにもかかわらず異教徒から再び攻撃を受けている、とするのだ。

強い国家はいつも自分に都合の良いように国際組織をつくってきた。一六世紀スペインは正義と普遍性の基本的概念を再定義したが、それはアメリカ先住民の征服を正当化するためだった。一八世紀のフランスは国境と勢力均衡という現代的な概念を開発したが、それはヨーロッパ大陸での勢力配置をフランスの力に合致させるためだった。一九世紀の英国は海賊行為と中立と植民地主義の新しい規範を導入したが、これまた自己の特別な権益を当時の支配的勢力としての英国に合致させるためだった。[3]

現在の米国についても何の違いもない。9・11事件の追及は別として、どの国も米国の主導権に挑戦できない状況である。大統領の顧問たちはこの状況を最大限に利用し、普通の状況では達成不可能な広範囲の目標追求に圧力をかけている。二〇〇二年一月ボスニア最高裁判所が証拠不足のため釈放すると命令したにもかかわらず、ボスニアは米国にアルジェリア人五名を引き渡し、現在、彼らはグアンタナモ湾の基地収容所にいる。同じ頃カナダは米国から京都議定書批准の誓約撤回を強制されただけでなく、「本土防衛」の一環としてカナダの移民制度を米国の手続きと一致させるよう命令された。そのうえカナダはすでに兵士数百人を米国の直接指揮下に置き、残りも同様にしようと考えている。また英国はカブールにおける安定化作戦を指揮し、ミサイル防衛システム（NMD）と（アルカイダやタリバン）抑留者問題でも最大の支援を提供している。

ロシアとしては、カザフスタンやタジキスタンやウズベキスタンという旧ソ連邦内に米軍基地が駐留することを黙認した。中国はすでにブッシュ政権の侵略的性格を二回もみせつけられた。一回目は二〇〇一年四月の、米国監視航空機の胴体着陸であり、二回目はアフガニスタン西側の国境である。いずれの場合も中国は沈黙を守り、米国の矛先が代わりにイランに向くことを望んでいた。国家主席江沢民の専用機として購入したボーイング767に盗聴器二七個が発見されても、何事もなく過ぎていった。

自衛権の拡大

ブッシュ政権が押しつけた最も劇的変化は、軍事力使用を管理する国際的規約に関するものである。9・11への広範な同情とテロへの高まる懸念から、テログループを支援し匿う国家への軍事的対応を含む自衛権の拡大という念願の目標を手に入れることができた。[4]

国連憲章第五一条は、自衛行動は国連安全保障理事

会に報告されなければならないと規定しているが、自衛権の内容までは定義していない。自衛権は慣習的国際法の一部、すなわち諸国家の実践と意見に由来する慣習法である。必要性と妥当性が必要条件である。一八三七年の北部カナダ暴動では、ナイアガラ川のカナダ側で反乱軍に補給していた米国艦船を英国軍が捕らえ、火をつけ、ナイアガラ瀑布から突き落とした［カロライン号事件］。米国の主張は、この行為が自衛に必要で妥当な行動だと英国が示すべきだというものだった。英国は法的条件の査定が必要だとする米国の意見に同意し、自衛の現代法が生まれた。

英国の最近の先例、フォークランド／マルビナス侵略への対応は合法的な自衛行動であった［一九八二年英領フォークランド諸島へアルゼンチン軍が侵攻し、英国が機動部隊を派遣し奪還した紛争］。しかし、自衛の主張はたいていの場合、明確でない状況で生じ、その主張が他の国々によって広く受け入れられるかどうかに依拠しつつ、国際慣習法の発展に寄与することになるのである。一九七六年イスラエルの特殊部隊がウガンダのエンテベでハイジャック機を急襲し、プロのパレスチナ人ハイジャック犯を殺害し、ほとんどの乗客と乗務員を救出した。乗客の多くはイスラエル人だったが、イスラエルそのものが攻撃されたわけではなかった。また、イスラエルはハイジャック犯を急襲することについて、ウガンダの許可を求めていなかった。しかしほとんどの国は暗黙のうちにイスラエルが行ったことを認め、その結果、（自衛の）必要性と妥当性の必要条件は、外国にいる自国民の救出に関して幾分緩和されることになった。それとは対照的に、イスラエルが一九八一年にイラクの原子炉を破壊したとき、その自衛の主張は他の国々によって強く拒否された。核攻撃は切迫したものでなかったし、必要性と妥当性の必要条件は満たされていなかったからである。

数十年間、米国とイスラエルとアパルトヘイトの南アは、自衛権はテロリストの行動に対する軍事的対応にも適用されると主張していた。しかし、その主張はわずかな特例では受け入れられたが、その対応形態が十分明確とは言えず、新しい国際慣習法を確立するに到らなかった。イスラエルが一九八五年チュニジアのパレスチナ解放機構（PLO）司令部を攻撃したとき、自衛で攻撃を行ったと主張した。しかし国連安全保障理事会はイスラエルの行動を強く非難した。九八年ケニアとタンザニアの米国大使館が爆破された後、米国はスーダンとアフガニスタンの標的に巡航ミサイルを発射し、自衛だと主張した。しかし、攻撃が国そのものではなくその国にいるテロリストを標的としても、主権国家の領土保全が侵害されたとして、多くの政府は懸念を表明した。

関係国が直接テロに巻き込まれる場合でさえ、直接的自衛行動は、ほとんどの場合、賛成を得られず、良くても賛否両論の反応を受けた。一九八六年ベルリンのディスコでのテロ攻撃への対応として、米国はトリポリを爆撃して自衛だと主張した。その主張は広範に拒絶され、リビアへの攻撃が必要で妥当性があるのかどうか多くの国が疑念を表明した。九三年クウェートでは、ジョージ・ブッシュ一世暗殺計画があった。米国はその対応としてイラクの秘密警察司令部を爆撃した。米国は、前大統領への攻撃は米国自体への攻撃と同等だという根拠で、自衛であると主張した。しかし再びこの主張も他の国々からはほとんど支持を受けなかった。

二〇〇一年の九月下旬、法律が全く役に立たないわけではないにしても、米国は法的ジレンマに陥っていることに気づいた。対テロ同盟を維持するためには、米国の軍事的対応は必要で妥当性のあるものでなければならなかった。要するに、軍事攻撃はニューヨークとワシントンでの残虐行為の責任者たちだけに注意深く照準を合わせなければならない。しかしもし米国がオサマ・ビンラディンとアルカイダだけを標的に選ぶならば、世界的な見解とぶつかることになっていたであろう。なぜなら世界的見解では、テロリストの攻撃だけで自動的に主権国家への軍事的対応を正当化することにはならないからである。今日でも、「テロリストが領域内で作戦を行っていると考えられれば、その国に対して即座に攻撃を開始してよい」とする規範を支持する国はほとんどないだろう。

このジレンマに対応して、米国は二つの法的戦略を採用した。一つはその焦点を拡大し、タリバン政権までを攻撃対象に含める戦略だ。ビンラディンとアルカイダを匿い、ビンラディンの引き渡しを拒否したとして、タリバン政権は彼らの行動を直接助長し支援したものと断定された。米国はこのようにして自衛の主張をアフガニスタンの国にまで広げた。まだ議論の余地は残っていたが、単に偶然そこにいたテロリストを攻撃する権利を主張するより、このほうが現存の国際法を拡大解釈する程度は少なかった。その結果、自衛行動だという主張は、国際慣習法の修正を内在させていたが、公然かつ暗黙の広範な支持を得る絶好の機会となった。

二つ目の戦略は、その軍事攻撃に先立って国際的支持を確保するための懸命なる画策だ。一九四九年の北大西洋条約の第五条の実施（ただしNATOが軍事行動を求められることは決してなかった）を含め、他国との連携に成功したことは、自衛だとする主張への道を敷く助けとなった。二〇〇一年九月一二日と二八日に採択された国連安全保障理事会決議は、国連憲章における「軍事力の行使」を認めなかったが、その代わりにテロに対する幅広い対応という文脈で、国際慣習法の自衛権が注意深い言い回しで確認されていた。(5)

事前の支持を取りつける戦略的努力は、一九九八年に前もって使われた方法に基づいていた。スーダンとアフガニスタンのテロリストに巡航ミサイル攻撃を命令するわずか数時間前、ビル・クリントンは英国首相トニー・ブレアとドイツ首相ヘルムート・コールとフランス大統領ジャック・シラクに電話をして支持を求めた。弁護士に相談する時間もなく、この三人の指導者は同意し、声明が公表されたのは攻撃直後だった。その結果、他の国々による軍事行動批判は予想以上に抑えられることになった。そしてこの比較的に抑制された反応のおかげで、国際慣習法の修正が容易になり、現在はテロリストの攻撃を受けた国家が、テロリスト集団を積極的に支援し快く匿う国に対して自衛権を行使する権利をもつに至った。

国際法のこの変化は将来かなり意味をもつだろう。

自衛を、テロリストの攻撃に対して軍事行動が許容されるものとして確立させたことによって、米国は状況が深刻でなくても再び自衛権を行使できるからだ。

米国は現在、先制的自衛権を更に拡大するために同じ戦略を使っている。9・11までは、先制攻撃をする権利の主張は常に論争の的であった。事実、国連憲章第五一条は、「武力攻撃が起きた」ときにのみ自衛権が生ずると述べ、一九四五年以来、ほとんどの国は先制的自衛権を主張することには乗り気でなかった。六七年の「六日戦争」の発端となった軍事攻撃を、イスラエルは「エジプトによるティラン海峡封鎖に対する自衛行動だ」と正当化した。また米国は六二年のキューバ封鎖を、国連憲章第八条を根拠に、地域の平和維持として正当化し、八八年のイラン民間大型旅客機の撃墜も進行中の軍事攻撃への対応として正当化した。しかし現在の国際慣習法では上記のような先制的自衛権への支持はほとんどない(6)。

これは法律のこの側面がずっと変わらないことを意味しているわけではない。安全保障理事会議長への二〇〇一年一〇月七日付け書簡で、米国大使ジョン・ネグロポンテは次のように書いている。「我々の自衛は、他の組織や国家に更なる行動を求めるかもしれない」(7)。このジョン・ネグロポンテの書簡に続けて、大量破壊兵器を開発して米国を脅かしているという根拠で、イランやイラクや北朝鮮のような国々に反撃するつもりだと示唆する声明を読むと、ブッシュ政権が、先制的自衛として正当化する、拡大した軍事行動を考えていることが明らかになる。こうした行動や法的正当化の試みが、更なる自衛権拡大につながるかどうかは、他の国々がどう反応するかによる。もし米国の行動に抗議をしなければ、そしてそんなことが続く時がきたら、そのような黙認は国際慣習法の未だかつてないような別の変化を招来することになってしまう。

例外的な国際法づくり

ブッシュ政権は上記の活動と併行して、米国に有利になるように規範をつくり変えるという努力もしているようだ。それによって国際法はつくられ解釈され変えられることになる。米国は、条約の条文が実際に言っていることではなく、条約が想定する目的に焦点を当てた条約解釈の方法を採用する。これは、国際慣習法の問題で国家の行動を評価する際、声明よりも物理的行動にかなり重点を置き、国連総会の決議や宣言は完全に無視する方法だ。たとえ他の大部分の国が、国際司法裁判所決定を「国際法の存在証明であり、その規範内容についての権威ある声明である」とみなしても、ブッシュ政権はその決定にほとんど注意を払わない。その結果として、米国によって用いられる国際法は、ますます他で理解される国際法と何ら関係がなくなっている。この拡散が他の国々によって採用される国際法の理解に影響を与えるのか否か、あるいはそれがどの程度かは、まだ不明だ。

しかし、もう一方で、現存する規範の変更を模索するより、米国は実際米国だけのために新しい例外的規範を作ろうとしている。過去数ヵ国でつくられた同様の例外的規範は、もっと限定された原理に基づいていた。一九八四年に西ドイツは、ハンブルグ沖三マイルが領海だする一般に認められた主張を放棄し、ボックスを基礎にした地理的調整による新しい境界線、すなわち一六マイル沖合までを領海とする先例のない主張をした。この新しい主張は、明らかに交通量の多い水域での石油漏れ事故を防ぐ限定的目的のために考えられたものであり、他の国々からは公に抗議を受けなかった。これはおそらく、その沖の特殊な状況における利害調整が、一般的状況における既存の利害調整に適用できなかったからだ。その違いがあまりにも大きかったので、他の国々は例外を一般規範に発展させる心構えができていたのだ。

同じことが、冷戦後唯一の超大国の立場と利益についてもいえ、この場合に例外的規範の発展は、例外的主張への他国の反応によって決まってくるだろう。米国に反対することが、もしかして潜在的・実質的・政治的・軍事的・経済的損失をともなうのであれば、例外的主張が黙認されるかもしれない。少なくとも他の国々の最重要権益に実質的に反しない主張については、黙認されるだろう。要するに、国際法は国々があるべき姿を選ぶものだが、「実際には、力のない国々に選択権はほとんどなく、法の背後にある大国の力学が正にそんな例外的法体制を作るのを可能にするのだ」と弱小国に信じ込ませてしまうかもしれない。

そのような法体制はどのようなものになるのだろうか。ブッシュ政権は明らかに、その法体制に帝国的色合いをもたせたがっている。つまり米国は世界の立法者であり保安官であり、規範を定め、単独行動し、従順な同盟国の先頭に立って懲戒を与え、外国の脅威を打ち砕く。したがって、一九四五年に国連憲章によって確立された安全保障体制では、五つの常任理事国、すなわち中国・フランス・ロシア・英国・米国が、国際的な平和と安全を維持する独占的権力を与えられているが、これら常任理事国が新しく自信に満ちた覇権国家＝米国の自由裁量権を妨げる可能性があるので、それら理事国の独占的権力は断固として破棄されねばならないのだ。

例外的体制をつくる努力は他でも行われつつある。弾道弾迎撃ミサイル制限条約とジュネーブ協定のいずれも「時代遅れ」だと評されたが、これは冷戦終結以前にできた条約に、米国が縛られないことを意味している。国際人権法も同様に米国を縛るものではないとみなされている。反自由主義的政権との新しい連携に加えて、アフガニスタンとグアンタナモ湾において捕虜が虐待的処遇を受けているとの報道を、ブッシュ政権は米国の法的基準に違反していないことを根拠に、退けた。しかし私たちが予想できるのは、中国やイランやイラクや北朝鮮のような他国の行動のことになると、国際的人権問題が国務省の外交上の武器になることである。

しかし、人類の長期的生存に対する最大の脅威は、テロよりむしろ気象変動かもしれない。「政府と企業のもつれた同盟関係」がもともと疑われているが、ブッシュ政権は、石油産業から大量の資金を提供されて、国際的な温室効果ガスの排出規制を拒絶した。またブッシュ政権は国際刑事裁判所（ＩＣＣ）に対しても同じ態度をとった[8]。ＩＣＣが来年（二〇〇二）には設立されるが、その時、唯一の超大国による強い反対に直面することになろう。というのは、米国は兵士の活動と軍事方針が外国の裁判官の調査によって妨げられるかもしれないからである。他国は、京都議定書やICCを通じて共通利益を促進したいと思うかもしれないが、それは幻想であり、米国は単独行動をとるだろう。

テロは大破壊と激変を引き起こし得るが、それを踏み潰す努力は、ほとんど価値のない他の目標追求のための煙幕としても利用可能だ。したがって、米国の友人と同盟国は、個々の問題について、一方で強い全般的支持を米国に与えながらも、他方では何が自らにとって最善かを注意深く考えた後にのみ、米国との協力をすべきである。欧州連合（EU）コミッショナーのクリス・パッテンやフランス首相ライオネル・ジョスパンやドイツ外相ジョシカ・フィッシャーによる最近の声明で分かったのは、有名なヨーロッパ人がついに9・11以降の米国単独行動主義についての懸念を表明していることである。これらの声は反米として退けられるべきではない。意見の相違に対する尊重は、結局米国社会の中心的側面であり、見解の相違点は決して遙か彼方にあるわけではない。ほとんどのアメリカ人は目下、大統領を支持しているが、国民の半分以上は彼に投票していない。民主党はエンロン社のスキャンダルで息を吹き返し、他方ブッシュの顧問たちは必死に何か隠しているようにみえる。また政権内部においてさえ、抑留者捕虜の処遇などめぐって意見の相違がある。

パテンやジョスパンやフィッシャーは、ブッシュ政権が最も価値ある伝統の幾つかを奪っているとして、米国に対して友人としての深い懸念を表明している。国連やEUのような超国家機関の「民主的観点から見た欠陥」については常に話題になっているが、おそらく米国についても同じ欠陥を話題にするときがきている。今日ワシントンで下される決定の重要性が、国連で下される決定の重要性を失墜させているが、これはアメリカ人の利益にならないだけでなく、他国の人々にも自分たちが歴史における恐ろしく皮肉な状況に立たされていることを気づかせる。何故なら、自分たちが「代表制なき課税」という二一世紀的形態の犠牲者であり、外国権力の統治に晒され、いかなる声を上げる権利も奪われていることを教えるからだ。

国際法体系の全体的統一性を維持すること、それを誰にも平等に適用することが、我々がこの問題に対処する手始めとしてできる最も効果的方法である。ブッシュと顧問たちによって拒絶されている現在の国際法や国際機関は、たとえ不完全であったとしても、彼らが良しとしている帝国主義的原理よりも、米国の建国理念にはるかに合致している。独立宣言ですら、「国の代表者は『他国の意見に対してしかるべき敬意』を払うことが必要だ」と認めていた。「現存する国際法と国際機関の挑戦を米国が正面から受けとめて、その大国の権力を世界の進歩のために万人のために使用すべきだ」と米国の友人たちが声を上げ主張すべき時が今こそきている。

第11章　誰がグローバル・テロリストか

ノーム・チョムスキー

二〇〇一年九月一一日の惨劇のあと、「犠牲者」は「テロに対する戦争」を宣言し、実行犯と疑われる人々だけでなく、彼らがいるとされた国も、テロリストだとされた世界中の他の人々をも、標的としている。ブッシュ米大統領は、一九八五年に「テロの邪悪なる鞭」を弾劾したロナルド・レーガンの口まねをしながら、「悪の実行者たちを世界から除去」し、「邪悪を温存しない」ことを誓約した。レーガン政権は発足時にテロ、特に国家によって支えられた国際テロに対する戦いを米国外交政策の核に据えると宣言していた。[1] レーガンによる第一次対テロ戦争の焦点となった地域は中東と中米であった。中米で、米国はホンジュラスを主要な作戦基地とした。ブッシュが再宣言した戦争の軍事部門を率いるのは、レーガン政権時代に中東特使だったドナルド・ラムズフェルドであり、国連における外交担当は、レーガン時代のホンジュラス大使ジョン・ネグロポンテである。政策立案は、概ねレーガン＝ブッシュ一世時代の主要人物の手に握られている。

テロを非難するのは健全なことであるが、ここには答えられていない疑問がいくつかある。まず、「テロ」という言葉が何を意味するのか。第二に、犯罪に対する適切な対応は何か。どのような答えも、少なくとも道徳的に当たり前の基準を満たさなくてはならない。すなわち、対立する相手に何かの原理を提案するならば、その同じ原理が自分たちにも適用されることに同意し、その原理をたゆまず主張しなくてはならない。この最低限の誠意を守れない人々が、正義と不正、善と悪を語っても、真面目に受け取るわけにはいかない。

定義の問題は煩わしく複雑なものと考えられている。けれども、単純な定義を提案したものもある。例えば、米軍のマニュアルは、テロを「脅迫・強制・恐怖を植え付けることにより政治的・宗教的あるいはイデオロギー的目的を達成するため、意図的に暴力あるいは暴力による威嚇を用いること」と定義している。[2] この定義はレーガン政権が対テロ戦争を強化していたときに提案されたものだけに時宜を得たものであり一層の権威を備えている。世界は当時からほとんど変わっていないので、レーガン時代の前例は有益であるに違いない。対テロ戦争を再宣言した現在の政府首脳陣が、第一次対テロ戦争を宣言したレーガンの生まれ変わりだから、なおさらのことだ。

第一次対テロ戦争は大きな支持を得た。レーガンがテロを弾劾してから二ヵ月後、国連総会は国際テロを非難し、さらに一九八七年にはその非難の口調は更に激しさと明確さを増した。[3] けれども、これらの決議は満場一致ではなかった。八七年の決議は賛成一五三、反対二で採択された。ホンジュラスは棄権した。反対の二票は米国とイスラエルによるものであり、反対票を投じた理由として、決議には次のような致命的欠陥のある文言が含まれていると述べた。「国連憲章で保障された自決の権利・自由の権利・独立の権利を強制的に剥奪された人々、特に植民地体制下・人種主義体制下・外国による占領下の人々が、上記の諸権利を備えていることに、本決議のいかなる部分も、偏見を与えるものではない」という文言である。

この文言は、南アフリカのアパルトヘイト政権に対するアフリカ民族会議（ANC）の闘争、および二〇年にわたって続いてきたイスラエルによるパレスチナ軍事占領に適用されるものと理解されていた。米国政府はアパルトヘイト政権を支持する一方、ANCを公式に「テロリスト組織」としていたし、パレスチナ占領についても、国際的に孤立しながらも事実上、米国一国による軍事的・外交的支援によって維持されていた。結局このテロに反対する国連決議は米国の反対のため却下され無視されたのである。[4]

一九八五年にテロを非難したとき、レーガンは特に中東のテロに焦点をあてていた。この問題は、八五年度のAP通信社のトップ記事に選ばれた。けれども、レーガン政権の「穏健派」ジョージ・シュルツ国務長官にとっては、「国家の支持によるテロ」の最も「警戒すべき」兆候は中東ではなく中米であり、その恐ろしいテロは米国の近くまできていたのだった。彼によれば、この現代に「野蛮へと後戻りする」「文明そのものに敵対する」疫病が邪悪な者によって撒き散らされており、したがって彼は議会に対し、「国境なき革命」により西半球を支配しようと目論む「癌が、まさにここ我々の大地に」存在すると報告したのだった。例によって、シュルツお似合いの身震いとともに繰返される興味深い創作物語で、すぐにボロの出る代物であった(5)。

中米のいわゆる「脅威」は非常に深刻であったため、一九八五年の「法の日」(五月一日)、レーガン大統領は「ニカラグア政府の中米における侵略的行為により作り出された非常事態への対応」として経済封鎖を発表した。さらにレーガンは国家非常事態を宣言し、これを毎年更新した。それというのも、「ニカラグア政府の政策と行為は、米国の国家安全保障と外交政策に対し途方もない脅威となっている」からであった。

ジョージ・シュルツの警告によれば「テロリストは、そしてテロリストを支援し扇動する国家は、〝民主主義は脆弱なものであり警戒を怠らずに防衛しなくてはならない〟ことを厳しく思い起こさせる」。それゆえ、我々は寛大な方法によってではなく強権的力によってニカラグアの癌を「切除」しなくてはならないのである。シュルツは「交渉のテーブルに強制的暴力という裏の支えがなければ、交渉は単に〝降伏〟を婉曲的に言い換えたものにすぎない」と宣言した。そして「方程式における〝強制力〟という媒介変数」を無視して国連や国際司法裁判所といった外部の仲介による「ユートピア的・法的」事態解決を提唱する人々を、彼は厳しく批判したのであった。

米国はこのときネグロポンテの支持・監督のもとでホンジュラスを基地とした傭兵部隊を使い、「方程式の力の項」を実行した。そして国際法廷およびラテン・アメリカのコンタドラ諸国[中米の紛争調停工作をしているメキシコ、ベネズエラ、コロンビア、パナマの四国。一九八三年一月、パナマのコンタドラ島で外相会議を開き、調停工作開始を決めた」により追及された「ユートピア的・法的手段」を妨害することに成功した。こうして、ワシントンが仕掛けたテロ戦争は、勝利するまで続けられたのである[6]。

レーガンが「邪悪なる鞭」に対する非難を発表したのはイスラエル首相シモン・ペレスと会談したときだった。ペレスはこのとき悪を根絶するための呼びかけに参加するためワシントンに来たのだが、イスラエルを発つ直前にチュニスを爆撃機で攻撃し、残虐の限りを尽くしたばかりだった［一九八五年一〇月一日］。その残虐行為の一つに、イスラエルの著名なジャーナリスト、アムノン・カペリュクが現場で目撃した、七五人をスマート爆弾でバラバラにして殺害した事件がある。米国政府は、チュニジアが同盟国であるにもかかわらず、爆撃機が向かっていることを告げずに、このイスラエルによる虐殺に協力した。そしてジョージ・シュルツは、イスラエル外相イツハク・シャミールに「米国政府はイスラエルの行為に大きな共感を抱いている」と述べた。しかし国連安保理が満場一致でこの爆撃を「武力侵略の行為」と非難したことにたじろいだ。その結果、米国は国連安保理では反対ではなく棄権することになった[7]。

一九八五年、中東における国際テロはピークに達した。そのテロの過激度を競う第二候補は、三月八日、ベイルートにおける自動車爆弾であった。この爆弾では八〇名が殺され二五六名が怪我をした。この爆弾はモスクの外に置かれ、礼拝をした人々が出てくる時間にちょうど爆発するように仕掛けられていた。「長い黒のチャドルを身にまとった二五〇人もの少女と女性が、〝導師リダ・モスク〟での金曜礼拝からどっと出てきたところを爆発に見舞われた」とノラ・ブースタニーは報告している。この爆弾により「ベッドの赤ん坊が焼かれ」、モスクから家に帰る途中の子供たちが殺され、西ベイルート一角の「人口の集中した表通りが破壊された」。このテロの標的は、テロ共謀者として告発されていたシーア派の指導者だったが、彼は逃げ延びた。この犯罪はＣＩＡと従属国サウジアラビアが英国諜報機関の助けを借りて仕組んだものだった[8]。

中東における最も過激な国際テロの栄冠を、これら二つのテロ行為と競うことができるものと言えば、ペレスが三月にレバノン占領地で指揮した「鉄拳」作戦くらいであろう。この地域に詳しい、ある西側外交官は「鉄拳」作戦を、「計算された残虐行為と恣意的な殺害」が新たな規模に達したものと述べた。このとき、イスラエル国防軍（IDF）は村々を砲撃し男子を強制連行したうえに、多くの村人を殺害した。こうしてイスラエル軍の準軍事組織に虐殺された多数の人々の上に、さらに数十人の村人の犠牲者を付け加えたのである。さらにまた病院を砲撃し患者を連れ去り「尋問」した。他にも多くの残虐行為が行われた(9)。イスラエル国防軍最高司令官は、標的は「村人のなかのテロリストだ」と述べた。『エルサレム・ポスト』紙の軍事特派員（ヒルシュ・グッドマン）は、さらに、「住民に犠牲が出よう」とも、イスラエル軍はレバノン占領地の「秩序と治安を維持する」ため、村人たちに対する作戦を続けるべきだと述べた。

イスラエルのレバノンにおける上記の行為は、それより三年前の、一万八千人もの死者を出したレバノン侵略と同様、自衛のためではなく政治目的のためだった。イスラエルでは誰でも知っていたことだ。それ以降、一九九六年のペレスによる残虐な侵略行為に至るまで、同様の様々な残虐行為が行われた。しかし、これらすべての残虐行為は米国の軍事・外交支援に決定的に支えられていた。それゆえ、これもまた国際テロ年鑑には記録されなかったのである。要するに、中東における国際テロの主導的共謀者たる米国の主張に何ら奇妙な点はない。米国なりに行動と主張は一貫していたのである。「彼ら」の行為はテロだが「我ら」の行為は懲罰だというわけである。だからこそ「野蛮へと後戻りする」残虐行為がなされていた絶頂期に、その主張が何のコメントも引き起こさずに主流のメディアに受け入れられたのである。

一九八五年における「テロ」のチャンピオンとして広く記憶されているのは、クルーズ船アキレ・ラウロ号の乗っ取りと、乗客の一人レオン・クリングホッファー殺害である。確かにこれは卑劣なテロ行為であり正当化されるものではない。たとえそれが、それよりはるかに惨いチュニスでの残虐行為に対する復讐だったとしても、また、そうした行為を阻止するための先制手段だったとしても。

道徳的原理に従えば、報復や先制としてなされる我々米国の行為も同様に正当化されない。だとすれば、公式の情報源に記されている「テロ」の定義に修正を加えなくてはならないのは明らかである。なぜなら公式の定義では「テロ」という用語を、「我ら」米国に対するテロにのみ適用し、「彼ら」に対してなされたテロに適用していないからである。これは、ナチスのような最悪の大量虐殺者でさえ常に行ってきたことである。ナチスの言い分では、外国からの指令を受けたパルチザンのテロリストたちから住民を防衛していたのだ。同じく日本も、満州の平和的な人々と合法的な満州政府を「中国人の追い剥ぎたち」によるテロから守るために私心を捨てて努力していたというわけだ。国家に敵対する行為のみを「テロ」とする上記の定義には例外を見つけるのは容易ではなかろう。

同じ事が、ニカラグアの「癌」を絶滅するための戦争についても言える。一九八四年の「法の日」にレーガン米大統領は、法がなければ、存在するのは「カオスと無秩序」だけだと述べた。ところがその前日、国際司法裁判所はレーガン政権のニカラグアに対する「不法な武力行使」を非難し、米国が行っていた国際テロ犯罪を止めニカラグアに相当の賠償金を支払うよう命じていた。にもかかわらず、レーガンは、米国は国際司法裁判所の裁定を無視すると宣言していたのである（一九八六年一一月）。レーガン政権は、この国際司法裁判所の裁定を軽蔑をもって拒絶しただけでなく、「すべての国家は国際法を遵守すべし」とする国連安保理決議と同じ内容の国連総会決議も、繰り返し拒絶したのである。（前者に関しては米国が拒否権を発動し、後者に関しては米国とイスラエルが反対し、エルサルバドルも一度だけ反対票を投じたことがあった）。それどころか、国際司法裁判所の判決が出されたとき、米国議会は逆に「不法な武力行使」に従事していた傭兵部隊に対する資金提供を大きく増加させたのだった。

それから少しして米国は傭兵部隊に対して、ニカラグア軍との戦闘を避け「ソフト・ターゲット」すなわち自衛手段をもたない一般市民を標的とするよう命令を出した。米国が制空権を握り、米国からテロリスト傭兵部隊に先端通信機器が与えられたため、傭兵部隊はこの命令を容易に実行することができた。著名な評論家たちは、「費用」対「便益」の分析テスト、すなわち「流される血・悲惨の量」対「民主主義が出現する可能性」の比較分析テストにパスする限り、この戦略を妥当なものと考えた。ここでいう「民主主義」とは西側エリートが理解し解釈するものであり、その実情は中米地域に生々しく示されているとおりだ(10)。

国務省法律顧問アブラハム・ソファイアは、米国が国際司法裁判所の管轄権を拒絶する資格をもっている理由を次のように説明している。すなわち、国連発足当時は、国連加盟国のほとんどは「米国の側に立ち、世界秩序に対する米国の見解を共有していた」けれども非植民地化が進んで以来、「重要な国際問題をめぐって多数の国がしばしば米国に反対する」ようになった。したがって我々米国は、我々がどのような行動をとるか、そしてどの問題が「本質的に米国の司法権」に属するかを「決定する権限を自ら保持して」おかなくてはならないというのである。ニカラグアに関して言えば、それは、国際司法裁判所と安保理が非難した米国によるニカラグアへのテロリスト的行為をさしている。だからこそ米国は自分たちの行動は自分たちで決める権利を留保するとして拒否権を発動したのである。同様の理由で、一九六〇年代以降、国連安保理決議に対する拒否権発動回数では米国が断然トップであり、英国が第二位、フランスがはるかに遅れて第三位となっている(11)。

米国政府は、前例のない規模の国際テロ・ネットワークを創生し、世界中でそれを活用することにより「テロに対する戦争」を遂行した。これは長期にわたり致命的な結果を生み出すこととなった。中米では、米国が指導し支援した国家テロは極限状態に達した。それらの国々では、国家の治安部隊が直接の国際テロ・エージェントでもあったからである。その結果については、エルサルバドルのイエズス会聖職者たちが開催した一九九四年の会議で詳しく報告されている。彼ら聖職者たちの経験は特に身の毛もよだつようなものであった[12]。この会議の報告は、「権力者たちとは異なる代替策を期待する大多数の人々」を「飼い慣らす」際に、民衆の心に残留する「テロ文化」の効果に特に注目している。これは、国家テロの効力の絶大さに関する重要な意見であり、広く一般化できるものである。

ラテン・アメリカでは、二〇〇一年九月一一日の残虐行為は強く非難されたが、同時にそれは何ら新しいものではないという見解が添えられていた。マナグアのイエズス会大学が出版する学術雑誌は、9・11の残虐行為を「ハルマゲドン」と呼ぶことができるとしながら、同時に、ニカラグアは米国による攻撃のもとで「耐え難いほど緩慢な速度で自らのハルマゲドンを生き続け」「現在はその荒涼たる余波の中に沈められている」とも述べている。しかも一九六〇年代以来、中南米を席巻した国家テロの巨大な悪疫のもとで、ニカラグアよりもはるかに悪い状況に置かれている国もある。しかし、これらの国家テロの多くは元を辿れば結局はワシントンに行き着くのである[13]。

だからワシントンが二〇〇一年九月一一日の攻撃に対して復讐を呼びかけたとき、ラテン・アメリカではこれに対する共鳴がほとんどなかったことは全く驚くに値しない。ギャラップの国際的世論調査によると、多くはビンラディンの身柄引き渡しを求め、米国の軍事行動を支持する意見は、二%（メキシコ）から一一%（ベネズエラとコロンビア）にすぎなかった。9・11のテロに対する批判は、ラテン・アメリカ諸国自身の苦痛に対する回想を伴っていた。たとえば一九八九年一二月、パナマのチョリーヨ街をジョージ・ブッシュ一世が爆撃し、おそらく何千人もの貧しい人々を殺害した事件である（これは西側による犯罪だったため調査も検討もされていない）。その上、この「正義」作戦では、命令に従わない悪漢ノリエガを誘拐した。ノリエガはフロリダで終身刑の判決を受けたが、その罪状のほとんどはノリエガがＣＩＡに雇われていたときの犯罪であった[14]。

現在に至るまで、こうした状況は口実と戦略の変更以外、本質的に変わらず続いている。米国製武器の提供を最も多く受けている国々のリストは、その大きな証拠である。国際的な人権状況の報告を知る人にはお馴染みであろう。

それゆえ、ブッシュ米大統領がアフガニスタンに対して（タリバン政府からのビンラディンに関する証拠要求と暫定的な交渉提案を拒絶し）米国がテロ容疑者とみなす人々を引き渡さない限り爆撃を続けると述べたことは、驚くに値しない。三週間にわたる爆撃の後に、新たな戦争目的が付け加えられ、英国海軍幕僚長・海軍大将ミカエル・ボイス卿がアフガニスタンに対し「指導者が替わるまでは爆撃が継続すること」を「アフガニスタン人自身が認識するまで」[15]米英の攻撃は続くと警告したことについても同様である。すなわち、米国と英国は「本質的に…政治目的を達成するために、計算して暴力を用いる」と主張し続けているのである。これは専門的な意味では明らかに国際テロであるが、定評のある慣例に従い、彼らの規範からは除外されている。なぜなら「彼ら」の行為はテロであり、「我ら」の行為は自衛だからである。

ここアフガニスタンでの理屈は、基本的に、米国とイスラエルによるレバノンでの国際テロ行為に使われた理屈と同じである。ボイス海軍大将は、レーガンが対テロ戦争なるものを初めて宣言したときに、著名なイスラエル人政治家アッバ・エバンが述べた言葉をほとんど繰り返しているにすぎない。レバノンでの残虐行為に関するメナハム・ベギン首相の説明に関連して、エバンは例の定評ある正当化論を次のように展開した。「攻撃の被害を受けた人々が敵対行為を止めるよう自分たちの指導者に圧力を行使するという理にかなった見通しがあり、それは結局実現された[16]」。

しかもエバンは、このイスラエル労働党政権下で遂行された残虐行為が「ベギン氏も私もあえて名前を述べようとは思わない政権」のやり方で行われたことを暗に認めているのである。レーガンが中米で行ったことをベギンはレバノンで行ったにすぎないというわけだ。こうした考え方も、また妥当と思われるときにテロに訴えることも、常套的なものである。それどころか、そのような成功は公然と祝福される。米国のテロ作戦によるニカラグアの破壊は極めて遠慮なく話題とされ、メディアはその成功を「アメリカ人は喜びで一丸となった」と報道したのである。

一九六五年にインドネシアで起きた、土地無し農民を中心とした何十万人もの人々に対する虐殺も、メディアには大きな幸福感をもって歓迎されただけでなく、米国が果した決定的役割をワシントンが隠しおおせたことに対しても賞賛が送られた[17]。「目もくらむような大虐殺」により社会を浄化した「インドネシアの穏健派」（*New York Times*）ですら、この賞賛には困惑したであろう。この大虐殺を、スターリンやヒトラー、毛沢東の犯罪にも比するものと公言していたのがCIAだったからだ。［一九六五年九月に大統領親衛隊長ウントゥン中佐が指揮する反乱が発生し、六人の有力将軍が殺害された。陸軍戦略予備軍司令官のスハルト将軍は反乱を鎮圧して軍の指揮権をにぎり、六六年三月スカルノから全権を委譲させた。スハルト軍は共産党が反乱をひきおこしたと主張し、六五年末、軍とイスラム教徒グループの一部が、とくに地方において共産党員と支持者農民の大量殺戮をはじめた。殺害された者は三〇万～一〇〇万人にのぼるといわれる。米国はスカルノを民族派として嫌い、スハルトを穏健派として歓迎した］。

他にも同じような多くの例がある。このように見てくると、オサマ・ビンラディンが9・11の残虐行為を祝福したことが米国民の中でなぜ怒りと驚きを引き起こしたか不思議に思うかも知れない。けれども、そう思うのは誤りである。なぜなら、そうした疑問は、邪悪な「彼ら」のテロと崇高な「我ら」のテロとの区別がきちんとできていないことによるものだからである。これが米国の歴史において常に実践されてきた原理なのである。テロが弱者の武器だという公式定義は重大な誤解である。ほとんどの武器と同じように、テロも強者が行使してはるかに大きな効果を手にしているのである。ただ、強者のテロは、テロではなく、「対テロ」とか「低強度戦争」とか「自衛」とか言われるだけなのだ。そしてそれが成功すると、「道理にかなった」「現実的な」ものと賞賛され、「喜びで一丸となる」機会というわけである。

ここで、上記のような世界を支配している道徳原理を念頭に置きつつ、犯罪に対する適切な対応をめぐる問題を考えよう。仮にボイス海軍大将の言明が道理にかなったものであるならば、西側国家によるテロの犠牲者も、逆に同じ原理に従って行動する資格をもつことになる。しかし、このような結論は当然のことながら米国にとっては許し難いものとみなされる。このような原則が公然と米国の敵に対して適用されることは許し難い。そうした行動が膨大な数の米国人を危険にさらすとみられるときはなおさらである。国連による、「七五〇万人のアフガニスタン人が冬を越すための食料を必要としている。9・11時点より二五〇万人の増加である」との見積もりに真面目な疑問を投げかける専門家は誰もいない。[18] 爆撃の威嚇と、それに次ぐ実行により、五〇％も難民が増えたのである。ただし、これまでの歴史が教えるところによれば、一体何人の人々が犠牲になったのか、その正確な調査がなされることは多分、決してないだろう。

別の提案が色々なところから出されている。その一つはバチカンによるもので、軍事史家のマイケル・ハワードは、それを次のように述べている。「国連主導のもとで犯罪的陰謀に対する警察活動を行い…そのメンバーを捕えて国際法廷に送り、そこで公正な裁判を行って有罪とされるならば、それに応じた刑を受けさせる」。[19]

全く検討されなかったが、この提案は妥当なものに思える。そうだとするならば、これを西側の国家テロに適用することも妥当であろう。これもまた、全く検討されてこなかった可能性である。検討されなかった理由は正反対であるが。

アフガニスタンに対する戦争は広く「正義の戦争」と言われてきた。確かに見かけはそのように見える。また、この判断を支持するような「正義の戦争」という概念をつくろうという試みも見られた。それゆえ、こうした提案を一貫した道徳的公理に従って評価すると、どうなるかを考えてもよかろう。私には、すぐさま崩壊するような議論しかみあたらないのだが。なぜなら、彼らには、その提案を西側の国家テロにも適用しようというのは考えも及ばないことなのである。それどころか、そんなことを考えること自体が見下げ果てた行為ということになるかもしれない。たとえば、最高の権威をもつ国際機関（国際司法裁判所）の判断に照らして論争の余地のない事件、すなわち米国政府によるニカラグアに対する戦争に、この考えを適用するとどうなるか考えてみることができよう。むろん「論争の余地がない」というのは、国際法と条約義務をそれなりに遵守するものたちにとってのことであるが、これは試してみる価値のある、教訓的な思考実験である。

対テロ戦争の他の諸側面に対しても、同様の疑問が湧いてくる。米英のアフガニスタンに対する戦争が、曖昧な安保理決議により認められたかどうかをめぐる論争があった。けれども、これが問題の本質なのではない。なぜなら、その気があれば、米国は安保理からのはっきりした曖昧でない権限を確実に得ることができたであろう（なぜロシアと中国が、熱心に米国の側に立とうとしたか考えてみれば、それは全く明白である）。しかし、それは米国にとってあまり魅力的なものではない。

けれども、この選択肢は投げ捨てられた。恐らくそれは、安保理からの権限委譲を受けるということは、米国が従わなくてはならない、より高位の権威があることを示唆してしまうからである。これは、圧倒的な力を手にしている米国にとって受け入れがたい条件であろう。外交と国際関係の文献には、このような立場に対して名前すらつけられている。「威信の確立」というものである。暴力を行使する際に標準的公式的に使われる正当化手段であり、最近の例では、セルビア爆撃にもこの理屈が使われた。タリバン政府が容疑者ビンラディンの交渉による引き渡しを検討するよう要求したにも拘らず、米国がそれを拒絶したのも、恐らく同じ理由による。

道徳的真理は、容疑者引き渡しといった問題にも妥当する。米国は、有罪性がはっきり確立しているときでもテロリスト引き渡しを拒否する。最近の例として、一九九〇年代初頭、ハイチで軍事臨時政府のもと何千人もの人々を残虐に殺した責任者である準軍組織の指導者エマニュエル・コンスタンを挙げることができる。

米国は公式にはこの軍事政府に反対していたが、米州機構（ＯＡＳ）の経済封鎖をあからさまに軽視し、秘密裡に石油輸出を認めるなどして暗黙にこの軍事政府を支持していた。軍事政府が倒れたあと、ハイチ法廷はコンスタンを不在裁判で有罪とし、選挙で選ばれたハイチ政府は何度も米国にコンスタンの引き渡しを求めてきた。

タリバン政権が米国によるビンラディンの引き渡し提案を侮蔑的に拒絶した二〇〇一年九月三〇日に、ハイチ政府も米国にコンスタンの身柄引き渡しを要求しているが、これも米国は再度、無視した。恐らく、コンスタンがテロ時代における米国との関係を暴くことを憂慮してのことであろう。だとすると、ワシントンがアフガニスタンで行っているモデルに倣って、ハイチもコンスタンの身柄引き渡しを実現するために武力に訴える権利がある、と我々は結論してよいのだろうか。こう考えること自体、米国にとっては許し難いことであろうが、そのような態度は道徳的公理をあからさまに踏みにじる米国のもう一つの例となる。

同様な別の例を挙げることは極めて容易である。[20] 一九五九年以来、恐らく国際テロの主要標的となってきたキューバを考えよう。その規模と性格は驚くべきもので、九〇年代後半まで続いた。ケネディのマングース作戦に関する文書が機密解除されたために、その実態の一部が暴露されている。例によって、冷戦という口実が使える間はそれが利用されてきたが、調べてみると、そのような話は政府内部では当たり前のことだったのだ。アーサー・シュレジンジャーは、ラテン・アメリカ・ミッションに関する結論を着任予定のケネディ大統領に報告した中で、これを秘密裡に詳説している。すなわち、キューバの脅威は「米国からの自立を図るというカストロの考えが広まる」ことにあった。

それが「今やまともに暮らす機会を求めている」他の国々の「貧民や貧困層」を刺激するかも知れないということであり、米国上層部では「ウィルス」とか「腐ったリンゴ」と言われていたのである。冷戦との関係でいうと、「ソ連はあたりを飛び回り、大規模な開発資金を途上国に提供し、自ら、一世代で近代化を実現したモデルとして範を示している」という点にあった。それが米国にとっては脅威だったというわけである[21]。

これら国際テロの「偉業」はかなり深刻なものであるにもかかわらず、実際に公の場では標準的慣習により議論の対象から除外されている。それはともかく「正義の戦争」の公式的定義に従うことにしよう。その理論とそれに従った適切な対応ということになれば、キューバは当然ながら米国に反撃する権利をもち、その規模は米国によるアフガン爆撃以上のものになっていただろう。

国際テロを「文明そのものに対する邪悪な敵対者」が広める災いとして弾劾するのは全く正当なことである。また「悪を世界から駆逐する」ための献身は、なおさら真面目にとることができよう。ただし例の道徳的公理を満たすならば、である。これは決して不条理な考えではないと私には思われるのだが、どうであろうか。

第二部　秩序

第12章　公論によるテロの非合法化と同盟政治

ロバート・O・コヘイン

二〇〇一年九月一一日のテロ攻撃は幅広い非難をうけた[1]。その極悪非道さは国際社会が擁護できるものではない。テロは以前から違法とされ、関連の一二の国際協定が国連その他の国際機関に寄託されている[2]。しかし、多くの国が長いあいだ、自分たちが信奉する大義のために「フリーダムファイター」を例外扱いしようとしてきたし、他の国は外交政策の一環としてテロを優先することに反対しなかった。9・11以降、公的立場でテロを消極的に許容するのはもちろん、黙って支持することさえ、世界的に一層難しくなった。テロリストが大量破壊手段を使うという恐るべき可能性のために、テロ防止が一層緊急のこととなり、低強度テロの許容は更に難しくなった。9・11攻撃の一つの結果は、「公論によるテロの非合法化」だ。

「公論による非合法化」とは、人々があらゆる所で、政治目的を達成するためのテロへの支持を突然放棄してしまったというのではない。私が言いたいのは、今やあからさまにテロを支持すると、従来以上に強い非難をうけ、テロの支持者は一層の妨害をうけるということだ。世界の列強、つまり米国、EU、中国、ロシアには、全てテロを恐れるに足る十分な理由がある。そのどの国も、テロに対する国際的努力を支持することなしには、自国自身のテロ対策の目標が達成できないと考えている。こうして、突然、米国の力だけでなく、他の列強自身の利害認識にも基づく、幅広い対テロ同盟ができた。

本章の主題は二つある。短期的には、公論によるテロの非合法化が様々な国の利害と立場を変え、それが同盟の構築と政治論争の結末に影響を与える。9・11攻撃で各国の利害関係が変化したため、諸々の新たな同盟や連帯が現在姿を現わしつつある。政治活動の手段としてのテロを公論が非合法化したことから、様々な国や非国家的運動の間に力関係の調整が行われつつある。

長期的にみると、テロは別形態の非国家的暴力を想起させる。顕著な例は海賊行為で、それはある条件下で盛んになったが、最後には国家の行動と機会の構造変化の組み合わせによって排除された。もしテロと海賊行為との類比に意味があるなら、国家の支援や容認の下に国際的に活動するテロの危険を大幅に減らすことが期待できるかもしれない。しかしそれは、効果的な国家行動ならびに不満をもつ人々が次第に多くの機会を得ることによって、公論によるテロの否定が更に一層世界的なものとなるか否かにかかっている。

利害関係の変化と同盟

組織的インフォーマル暴力としての「テロリズム」の際立った特徴は、犯罪行為、ゲリラ戦、暗殺などと比べて、敵の排除よりも聴衆を脅そうとすることだ。テロ活動では、「暴力の直接的対象とその主要な標的とは違う」(3)。

テロが全て、国家の支援を得るか、その黙認の下に国際的に行われているのではない。オクラホマ・シティの爆弾事件を実行したティモシー・マクベイや東京の地下鉄でガス攻撃を行ったカルト集団、オーム真理教は国内育ちだ。ジョセフ・ナイが最近指摘したように、科学技術は、国家および国家と何らかの関係のある非国家組織のみならず、民主的社会の個人やグループの手にも、破壊力をもたらす(4)。しかし本章では、国際テロだけに、ブッシュ大統領の言葉に従えば、「世界を股にかけるテロリズム」(5)だけに焦点を絞る。ここで「テロリズム」というのは、政府に支援されているか、少なくても容認されている国際テロを意味する。

テロに反対する点では広い合意があるけれども、国際政治が利害衝突に満ちた競争だということを肝に銘じておくに如くは無い。したがって、テロ対策の規範構築は政治プロセスの単なる始まりであって終わりではない。規範ができると、国際政治は、「その規範の意味を特定する競争」に多くを費やす。誰がテロリストと呼べるのか。何をもって「テロリストを匿まう」とするのか。非国家武装グループも国家も共に、彼らが関与ないし支援しているインフォーマル暴力がテロと定義されることなく相手の暴力がテロと定義されるように、問題を設定しようとする。例えば、イスラエルは自国を含め国家の行為は如何なるものも「テロ」から除き、非国家組織に焦点を絞ろうとする。また、イスラエルの警察と軍隊への暴力をテロと定義したいと望む。反対にパレスチナグループは、イスラエルの警察と軍隊への攻撃をテロ行為から除外し、イスラエルによるパレスチナ市民の暗殺と住居の破壊を、他を脅すことを意図したテロ行為とみなそうとする。

政治的に多くのことが危うくなっており、「テロリズム」という言葉には未だに各国政府による統一された定義はない。実際、二〇〇一年九月の、テロとテロ支援を非難する国連決議では、テロという言葉を定義しようとしなかった。今後暫くの間、圧倒的に多くの国が不法とみなすインフォーマル暴力行為と同様、テロは帰納的かつ運用的に定義されるだろう。しかし、長期にわたってテロを非合法化するには、テロという言葉の意味に関する明確な合意が必要だ。

同盟政治において予期される変化を分析する方法が二つある。一つは、9・11の出来事が国際政治の主要アクターの利害関係をどう変えたかを探ること。もう一つは、根本的利害関係がそれほど変化しなかった諸国をとりまく政治状況がどう変わったかを探ることだ。これまで自分をテロの標的とは考えてこなかった諸国の利害関係は変化した。テロを含む闘争になんらかの形で関わってきた諸国にとっては、政治状況が大きく変わった。

利害関係の変化

まず米国について検討してみよう。9・11の攻撃は、「テロとの戦争」で米国が他国の支援に依存する程度を強めた。通常、ある国家が他国に支援を求める場合、何らかの見返りが要る。したがって当然ながら、米国はパキスタンの経済援助要請に対し、9・11以前よりも配慮を見せている。トルコはイスラム原理主義抵抗運動を抑圧している世俗的イスラム国家だが、そのトルコからの援助要請にも、ワシントンは世界貿易センタービルと国防総省への攻撃以前よりも聞く耳をもつだろう。しかし同時に、米国にとってテロ問題の重要性が高まったことは、米国の望みを拒む諸国への脅威が以前より増していることを意味する。スーダンやシリアといった国々が米国の対テロ対策に協力し始めたと報道されているが、それは協力しない場合のコストが高くなったからだ。米国は対テロ同盟国を援助することと、米国に反抗する国を罰することの双方に新たな関心を抱いている。

米国の関心が国連などの国際機関に移った点も同様に複雑だ。国際合意と国際機関に対する以前の高慢な姿勢にも拘らず、二〇〇一年九月、ブッシュ政権はテロに関する国連決議を頼みとした。明らかに国連は、対テロ同盟の指揮をとることではなく、米国の行動の

「集団的正当化」の拠り所として期待されたのだった。ある行為に対する幅広い支持を取り付けることによって、国連だけがそれを一国ないし限られた諸国の政策から国際的に承認された政策に格上げできる。(6) しかし米国はまた、アフガニスタンでの戦争を通じ、軍事戦略上の自由を維持しようとしていることも示した。実際、多国間協調の厳しい足かせからの自由を維持したいという米国の関心は、9・11の結果としてむしろ強まった。その結果、国連は本質的に米国単独の努力を合法化する機関として機能している。米国の決めた軍事目標がアフガニスタンの長期的復興という一層困難な任務に優先し、後者は国連の手に委ねられつつある。

その他の国も、9・11のテロ攻撃をうけて利害関係を調節した。なかには、テロに対しても、テロとの戦いで実施していることが少なすぎるという米国からの非難に対しても、思っていたより弱いと分かった国もある。こうした利害認識の変化の結果、警察の監視と情報収集が、ヨーロッパであろうがシンガポールであろうが、自国を本拠地とするテロリストの一味を粉砕

する試みと共に強化された。フィリピン政府は、アルカイダとの繋がりがあるとされるイスラム教徒のゲリラ活動を打ち負かすために、米軍を招きさえした。

最後に、明らかに中国は、非中国人イスラム教徒が多数居住している西部の広大な領土の、イスラム原理主義に対する懸念を強めた。この点に関する利害関係の変化を反映したのが、中国の二つの重大な政策転換だったようだ。まず、中国は九月二八日の国連決議に賛成したが、それは実質的に、テロに避難場所を提供しているのがたとえ主権国家であっても、米国が正当と考えるなら、いかなる手段によってその避難場所を攻撃してもよいという白紙委任状を米国に与えるものだった。中国が一九九九年、コソボにおけるＮＡＴＯの行動に、主権侵害への懸念を主な理由に反対したのとは極めて対照的だ。もちろん大きな違いは、テロの場合には、中国政府が自国の領土と国民の統制への影響を恐れることだ。アフガニスタンの場合のように、他国の主権を制限する行為でも、それが中国の主権を守る場合には正当化される。

もう一つ顕著な中国の政策転換は、インドとの友好関係の回復だ。二〇〇二年一月中旬、中国の朱鎔基首相は、インドが中国の長年の同盟国パキスタンと戦争態勢にあったとき、一〇余年ぶりにインドを訪問した。中国の北西部各州のテロに対する懸念が、インドの台頭が懸念されるにも拘らず、カシミールでテロと戦っているインドと中国との共通の利害をもたらした。(7)

政治情勢の変化

こうした利害関係の変化と同様に劇的なのが、どちらの側に立つにしても、テロとの戦いに関与している国々の政治情勢の変化だ。テロの非合法化で得した国もあるが、その他はこの規範の変化の負け組だ。

得をした主な国にインドがある。五〇年以上にわたり、人口のほとんどがイスラム教徒のカシミールの一部をインドが統治していることをめぐって、インドとパキスタンは争ってきた。英国が地域の政治的統制を放棄し、結局住民の意志を決める住民投票の実施も拒否した後、一九四七年に戦争となりインドが問題の領土を獲得した。パキスタンは長い間、カシミールの統治からインドを追放しようとするテロ活動を支援してきた。9・11の後でも、パキスタンのテロ支援を西洋諸国は厳しく非難しなかった。しかし二〇〇一年一二月、インドの議会が攻撃された。インドはこれを、パキスタンを本拠地とする戦闘員の仕業だとして、戦争の脅しをかけた。戦争と軍隊動員という脅しは、脅しをかける側が圧力を受けることがしばしばある。しかしこの場合、パキスタン政府は米英から、テロを拒否しテロ組織を閉鎖しテロ容疑者を逮捕するよう、圧力をかけられた。ある専門家が述べたように、「9・11のテロ攻撃以来、インドは一歩退いて、米国がパキスタンに圧力をかけ、インドの長年の要求をことごとく実施させるのを見守ってきた(8)」。

なぜ米国が、タリバンとの戦いでパキスタンからの援助に依存しているにも拘らず、この問題ではインド側に立つのだろうか。もちろんいくつかの理由がある。インドはパキスタンに対し圧倒的な軍事力に訴えると本気で脅したが、これはパキスタンが引き下がることが戦争を避ける唯一の道であることを意味していた。しかし、もう一つの答えは、米国が構築しようとしているテロに対する規範的な合意にあるかもしれない。規範に関する議論で常に鍵となるのは「世界性」だ。一般の規範上の諸議論は、地域的観点からは区別がつけられない。目立つ問題がなければ、矛盾を静かにそのままにできる。しかし、インドの議会が攻撃され、それに対してインドが軍隊を動員すると、パキスタンの支援するテロが新聞の一面をかざるニュースとなった。

こうした状況で、もし米国が、民主的国家インドに対するイスラム教徒のテロを、対処する価値が小さいとみなすなら、米国自体を狙ったイスラム教徒のテロに対する同盟を築くことはできないだろう。言い替えれば、この点での米国の関心は、物的関心、すなわちタリバンを打ち負かしアルカイダのリーダーたちを捕えることにさえ止まらない。米国の関心は、今やテロを非合法化する「信頼のおける規範的秩序の構築」を含む。したがって、米国はインドを支持しなければならない。たとえそれが、9・11以降、大きな危険を冒して米国の政策を忠実に支持してきたムシャラフ将軍率いるパキスタン政府の不安定化という危険を冒すとしても。

テロの非合法化で得をしたもう一つの国はイスラエルだ。テロは、ヤセル・アラファトのパレスチナ暫定自治政府との関係はともかく、パレスチナ戦闘員の第一の武器だった。アラファトは9・11以後数ヵ月にわたって、テロを拒否するだけでなく、それを止めるよう大きな圧力を受けた。米国がそれをパレスチナ暫定自治政府との話し合い再開の条件としたからだ。他方、イスラエルのパレスチナ戦闘員への攻撃がテロとされることは少なかった。その理由の一つは、イスラエルがテロを計画した活動家を標的にすると主張していることにあるのかもしれない。つまりこの考え方では、イスラエルは聴衆を脅すのではなく、敵を排除しようとしているのだ。(9)

もっと貧弱だが、テロの責任からイスラエルを免責する別の理由として、テロを行うのは国家に所属しないアクターのみだという想定がある。しかし、この想定には疑問がある。「国家テロ」は現実に存在し、決して矛盾した語法ではない。だが、テロを非国家アクターと同一視することによって、イスラエルも含め全ての国家が非国家対抗勢力に対して有利となる。国家が国際機関の議論をコントロールするので、国際機関には国家の行為に特権を与える定義を採用したり、黙認する傾向があるだろう。

テロの非合法化は、国境を跨いで活動拠点をもつインフォーマル暴力組織に領土を攻撃されている政府だけでなく、国内の反政府武装勢力と戦う政府にとっても都合がよい。行動を正当化する上で、問題の組み立て方が重要となる。政府が自国内の武装戦闘員を暴力によって抑圧するのは、人権侵害なのか、それともテロとの戦いなのか。ロシアのチェチェンのイスラム戦闘員との戦闘は、今や米国のアフガニスタンでの努力同様、テロとの戦いの枠組でとらえられる。しかし以前は、ロシアの行為は少数グループへの抑圧とみなされていたし、ボスニアやコソボでのセルビア人の行為に類比されていた。類比の対象を変えれば意味が違ってくる。現在、テロが強調されていることから、先のような米国のアフガニスタンでの努力との類比が、ロシア政府が自分の行為の妥当性を人々に説得する手助けとなっている。一九九〇年代の人権の強調にはそれとは反対の効果があり、バルカン半島での不当な人権抑圧とチェチェンでのロシアの行動とが自然に類比された。アルジェリアもまた、対テロという基盤からイスラム戦闘員への抑圧を正当化しようとし、シリア（テロ支援国家として米国のリストにのって久しい）でさえも今や、ムスリム同胞団への抑圧はテロとの戦いの先例だったとほのめかすほどだ。[10]

以上はテロの非合法化の受益者の話だったが、もちろん負け組もいる。パキスタンのカシミールを再び奪回しようという戦い、パレスチナ人のヨルダン川西岸地区の支配権を回復しようという試みは、ともに一部9・11の結果として後退した。様々な国でイスラム原理主義運動が同じ目に合っている。サウジアラビアの「穏健」国家としての名声は、サウジアラビアの指導層および国家がイスラム原理主義を支援していたことが暴露されことで、また多くのサウジアラビア国民がアルカイダに関与していたことで、ひどく傷ついた。テロが同盟政治の焦点となったことから、「敵の敵は友達」という原理によって、テロと戦う抑圧的政権に加担する強い誘惑が同盟の指導者たちに働く。その結果、世界の様々な地域で人権が被害をうけ、戦略的に配置された独裁者が得をすることになるだろう。

一八〜一九世紀における非国家的暴力の非合法化

以上我々が見てきたのは、米国への痛烈な攻撃の結果をうけての、公論によるテロの非合法化についてだけだ。このような現在の出来事から長期的な結論を導くのはたいへん難しい。しかし、一八〜一九世紀の奴隷制度や非国家的暴力に関する出来事のなかに、もっと徹底的なテロの非合法化、あるいはその実質的排除の歴史的先例があるかもしれない。

奴隷制度の非合法化の物語はよく知られている。一七八七年に英国で行われた最初の奴隷制度反対運動から、一八八〇年代に奴隷制度を合法化していた最後の国、ブラジルでそれが廃止されるまで約一世紀が経過した。[11]一七八五年には、奴隷制度は慣例として事実上世界的に容認されていたが、一八八五年までに世界的に禁止された。

海賊行為を含む非国家的暴力の抑圧の方が、もっと直接テロ問題に類似している。一七〇〇年には、非国家的暴力は世界政治の一部として容認されていた。オランダ東インド会社やイギリス東インド会社のような商業会社が大きな力を振るったが、その力の源は多数の大砲だった。更に、戦いにはよく傭兵部隊が使われた。民間人が、「私掠船」［戦時敵船捕獲免許を得た民有武装船］として敵国臣民の商船を攻撃し捕獲する権利を国から得ていた。そして、インド洋からカリブ海に至るまで海賊行為が広く行われた。しかし一九〇〇年までに、商業会社は解散させられ、多くの国が外国軍に加わったかどで自国の臣民を処罰し、海賊は実質的に海から放逐された。この任務は大部分が、英国に率いられた列強海軍によって成し遂げられたが、それはまたヨーロッパの支配領域を広げた帝国主義を含めて、政治的変化の結果でもあった。[12]この過程における画期的出来事は、海賊行為が既にほとんど排除された後のことではあるが、米国を除いて全てのヨーロッパ列強が署名したパリ宣言（一八五六）だった。それによって、海賊行為の主な要因となっていた私掠船が法的に廃止された。

こうした非国家的暴力の規制の鍵は、国家の行動にあった。一七〇〇年には、諸国家は自国の目的を追求するために私掠船のような手段を使った。実際、英国やその植民地アメリカの有力者たちはキャプテン・キッドのような海賊に資金援助したほどだ。[13]各国は、海賊行為の明確な定義を用意し、私掠船を非合法化して初めて、海賊行為を排除しえた。「海賊行為は、定義されるまでは絶滅できなかったし、国家支援ないし国家容認の個人的暴力と区別されるまでは定義できなかった」[14]。海賊行為を排除する上で、法的、政治的行為は、少なくとも軍事的手段と同じ程度に重要だった。国家の主権が強化された。全体的には、力のある、統制のよくとれた国家、その指導層と社会一般がこの過程で利益を得た。海賊やより強力な海軍力に対して私掠船を使おうとした弱小国家など、周縁化されたアクターたちは損をした。

これは今日にふさわしい前例かもしれない。テロは弱者の武器であり、敵に直接戦争で対抗できなかったり、それどころかゲリラ戦を効果的に戦うこともできないような弱小グループに最も役に立つ。テロはまた、高度に組織化されたグループ、狂信的グループ、良心の呵責を感じない輩の武器でもある。強国は、テロを非合法化し、テロと効果的に戦うことで一層強くなり、(テロ対策とは別に)国境を警備し、他国からの攻撃を抑止することができる。それはまた民主主義のためにもなる。民主主義は、その開放性のせいでテロに最も弱く、またテロは特有の秘密性を伴うので、民主主義に最も適さない。テロ組織支援は民主主義そのものの価値を下げてしまうだろう。

テロの非合法化は、海賊行為と私掠行為の非合法化同様、興味深い国際政治の弁証法を示している。一六世紀の海洋貿易などの技術進歩および二一世紀の世界的な相互依存と同盟関係が、海賊や今日のテロ活動のような非国家的暴力を振るう者に標的をもたらした。更に技術進歩が、帆船技術によろうが、ジェット機や携帯電話技術によろうが、非国家的アクターに、暴力を振るう手段を与えた。今日のテロの最も困難な側面の一つは、大量破壊手段がテロリストの手に入る可能性があることだ。大量破壊手段は、被害を何千倍も拡大し得る。しかし、国家の組織的能力がなおざりにされてきたわけではなく、非国家的暴力の脅威が大きい場合、国家は法律や警察や軍事力を使って効果的に反撃することができた。これが一八～一九世紀の非国家的暴力の抑圧物語だが、それが、はるかに大きな破壊力をもつ二一世紀のテロの抑圧物語になるかどうかは未だ分からない。

国家の行動とテロの非合法化だけでは不充分かもし

れない。一七世紀の海賊行為の一つの原因は、英国で一般的にみられた下層階級の抑圧だった。冒険精神からすれば、海賊としての短い人生の方が故郷でのあわれな従順生活よりましだったかもしれない。[15] 同様に、二一世紀においても、多数のイスラム諸国の若者が機会の不足に直面しており、難民キャンプや都市のスラムでずっと不満と屈辱を感じているよりも「聖戦」に参加する方が魅力的な状況だ。一八〜一九世紀には、部分的には帝国主義の結果、活動的な人々の機会が増えたので、相対的に海賊行為の魅力が減ったのに違いない。この類推から、今日テロの脅威を受けている諸国家は、テロリストを現在輩出しているか、今後生み出す可能性のある地域の生活条件や、主要な教育・教化制度の改革に、長期的関心を抱いている。

結論

9・11の恐ろしい出来事のあと、米国が組織したテロに対する同盟は、世界各地の紛争に影響を及ぼしている。対テロ同盟によって、パキスタンなどの国家やパレスチナ暫定自治政府のような組織がテロ活動を支援するのが一層難しくなった。彼らの敵はこの機会に乗じて、政治の地図を自分に都合よく書き変えようとしている。

公論によるテロの非合法化に関する私の幅の広い議論は未だ推論的なものだが、一八〜一九世紀の非国家的暴力の非合法化との類比は特に示唆に富む。今日の国際テロと同様、海賊行為は国家とその指導層の支援に依存していた。その抑圧の歴史が示しているのは、そうした非国家的暴力が国家にとってひどく都合が悪くなったとき、国家はそれに対してうまく対処できるということだ。非合法的活動を確認し根絶するには、象徴的レベルでの公論による非合法化が、実際的な方法で不法活動を定義する努力を伴わなければならない。より深いレベルでは、国際テロの根絶には、海賊行為の根絶同様、重層的戦略が必要となる。軍事行動と警察活動が不可欠であり、国家のテロ支援を復活させない継続的な努力が必要だ。

最後に、国際テロの温床を本当に根絶するには、人々が生産的生活を送ることができる機会を広げる努力が要る。更に、民主的社会は、国際的性格のものであろうが純然たる国内的性格ものであろうが、個人や小グループによる非常に破壊的な暴力の使用に対する防衛手段を維持しなければならないだろう。

9・11の暴力行為は数千人の生命と何百万という人々の生活に重大な影響を及ぼした。それは、社会の安全を守る力が十分にあるとみられた国家の安全を脅かした。米国は、恐ろしい軍事力を地球の半周向こうまで派遣して、これに応じた。しかし、「テロとの戦争」の政治的な長期的成功は、活動の合法性ないし非合法性に、また軍事力と情報収集と警察活動に依存する。国際テロとの戦いに勝つには、奴隷制度や海賊行為が今日そうであるように、国際テロが非合法だと広く認められねばならない。奴隷制と海賊行為は世界から根絶されたのではなく、周縁化されたのだ。国際テロの非合法化を深めることが、それが国際政治の主要な力でなくなる必要条件だ。

第13章　勝利の意味――ツインタワー以後の米国の力

マイケル・コックス

「9・11で冷戦後の安全というバブルが破裂した」[1]とすれば、それとともに砕け散ったのは、我々が偶然生きているこの世界が心地よいものだという前提であり、心地よさの理由のひとつは、グローバリゼーションで国際紛争が増加よりも減少の傾向にあるという前提であった。[2]しかしニューヨークとワシントンへのテロリストの攻撃はあまりにも生々しかったので、グローバリゼーションには、それに好意をもつ者と同じ数ほどの確固たる敵だけでなく、全く新奇な（制止しようのない）性格の敵がいることがわかった。さらに明らかになったのは――世界が良くなり安全になってきたと考えていた人々にとっては不愉快なことだが――最悪の事態が起きることもあるということだった。

しかし陰謀説を唱える右翼的な理論家の中の最も想像力に富むひとにとってすら予測不可能だったのは、狂信者集団の多くが元はＣＩＡによって組織され訓練された者たちであって（しかもＣＩＡが今では最も豊かなサウジ家の億万長者の息子から融資を受けていて）その狂信者集団があの攻撃を実行したということだった。つまり、見るからに破壊できそうもない二棟のビルをニューヨークの真ん中で倒壊させ、その後、世界中にいる忠実な子分たちにその事実を自慢するあの残忍なビデオをつくったのだった。

それは言葉にできないほど異様なものだったが、米国の政治に与える影響は過小評価されるべきではない。9・11攻撃以前はリベラルな人たちにも少なくとも発言権があったが、事件以後、彼らはみな押し黙った。たぶんアルカイダが9・11で破壊したのは、四〇〇〇人の罪なき人の命だけでなく、アメリカのリベラルな人たちがそれまで踏みしめていた狭い土台でもあった。

ある保守派の人物が、悲しみに浸るよりは逆に勝利に酔って、抜け目なく指摘したところによれば、「米国に訪れた悲劇は米国へのモーニングコールであって、我々が忘れてしまっているように思われることをすべての人に思い出させるもの」だった。つまり、我々は未だに危険な国際的システムの中に住んでいて、情け容赦のない言葉だけが（あるいは、情け容赦のない手段すら）必要だ、というのである。[3]

もし9・11の政治的勝利者が一般に政治的右翼、とくにジョージ・ブッシュであるなら、最も困惑しているのは危機に対応する米国の能力にかつては疑いをもったすべての人だった（しかも、それは少なくなかった）。実際、あの秋の朝、最も多くの写真が撮られた日に起こった出来事で世界が完全にひっくり返ったわけではないと認めたとしても、我々は9・11以後の出来事が米国の力に対する認識に与えた影響を無視することはできない。[4] 9・11以前は、米国は困惑した無力な巨人であるというのが一般的見解だった。それも、経験の乏しい、おそらくは違法に当選した大統領に導かれた巨人であるというものだった。しかし最後に残った超大国が、アフガニスタンにおける勝利の後、突然いかに恐ろしいものになったのかを的確に描くには言葉だけでは十分ではないように思われた。それは桁違いの逆転劇だった。

タリバンを打ち破った後まもなく書かれた典型的な報告によれば、米国はもはや単なる「スーパーパワー」などではなく、「地球という惑星の舞台で」尻尾をたてて威張って歩く唯一の「巨獣」以外の何者でもないというものだった。[5]『フィナンシャルタイムズ』もほとんど同じ結論に至っている。実際、アメリカン・パワーについての五つの連載記事で、数回その点を繰り返した。[6]「米国の没落」に関する権威、ポール・ケネディ教授でさえ、過去の自説を撤回しなければならなかった。米国は、と彼は悲しそうに告白した、今や世界政治の競技場に残っている「唯一の競技者」である。鷲は、その翼を切られたと考えた途端に、前よりもはるかに高く飛ぼうとしている。[7] しかし一瞬の類い希な詩的なインスピレーションでミルトンにさえ言及し、米国が新しい力強い形態をとると、最大の力を込めて述べたのは、ケネディ教授ではなく、サッチャー女史だった。「我れ観ず、我が心眼に浮かぶ姿を。高貴かつ強力なる国家、そが、鉄人の如く身を奮い起こし、眠りから目覚め、無敵の錠前を揺する姿を」、「米国よ、行くがいい」、あまり文学的ではない調子で彼女は続けた。「世界を更に安全な場とするために」(8)と。

もちろん9・11以後の重要な論評として通用しているものの大部分は誇張表現である。そのうえ、そのほとんどはむしろ重要な事実を無視してきた。すなわち今や多くの人が畏敬の口調で話す「新しい」米国の主導権とは、全く新しいどころか、実は一九九〇年代を通して世界政治の形を変えてきた多くの重要な（だが、ほとんどは大いに無視された）流れの副産物であるという点だ。(9)それはともかく、その論評によれば、我々はツインタワーの崩壊以来起こっていることをうまく利用しなければならないという。というのは比較的短時間で米国は息を吹き返しただけではなく、これまでにはありえなかった同盟関係を存在するものにしてしまい、敵を打ち破り、他国の進路をも変えさせ、今までは敵国だった地でも、かつての立場よりもさらにもっと有利な国際的立場に立ったからだ。それでもなお評論家たちは何がどのように行われたのかについて攻撃するかもしれないが、とにかくそれは行われたのだ。米国の敵と崇拝者を同じように呆然とさせ感動させるというようなやり方で行われたのだ。米国の政策に反対する左翼ですら呆然として珍しく口をつぐんでしまったのは、タリバンが敗退し、カブールで中世の圧制者を打ち負かしたことを祝ったときだった。

しかしウォルター・リップマンがウッドロウ・ウィルソンにかつて指摘したように、戦争に勝つことは平和を構築するよりもはるかに容易い。そして9・11以来の全く目も眩むばかりのパフォーマンスにもかかわらず、世界は未だ安全な場所ではない。そしてこの理由のひとつは米国それ自体なのである。あの戦争が行ってきたことは、基本的には不確実世界における安定性は力に由来するというブッシュ政権の見解を確認することだ。

だとすれば安定した秩序を保ち維持する最良の方法は、多国間協定や国際条約や国際法によるのではなく、脅威論や軍事力の使用（ただし米国の軍事力）に依拠することだ。以上の状況を考慮すると、問題は、米国の軍事力が小さすぎることではなく——これはなぜ国際的システムが緊張状態にあるのかを説明するために過去によく使われた議論だが——今や持ちすぎているということである。米国が軍事力を増大させるプロセスは9・11以前に始まっていたが、そのことを明瞭にし、軍事力拡大をおおっぴらにするためには9・11が必要だった。したがって、我々の物語はあの美しい火曜の朝のその攻撃で始まる。

9・11とその後

何故9・11が米国人の感受性にとてもショックを与えたのかという理由はたくさんあるが、その中でも特筆すべき理由は、米国の世論調査によれば、その攻撃自体の規模と、米国人自身が安全だと感じていたときにそんなことが起こったという事実である。実際、イギリス人がホワイトハウスに放火した一八一二年以来、米国本土は一度も直接攻撃を受けたことがなかった。少なくとも二〇〇一年後半になるまでは（一八一二年は別として）ぞっとするような虐殺行為が更に続くかもしれないと思わせる直接攻撃は受けたことがなかったのだ。

同じように困惑させられるのは、その惨劇が米国の国境を越えた世界について語っている事実である。すなわち、アメリカナイゼーションやハリウッド文化の広がりという派手さにもかかわらず、米国的世界観を共有しないだけでなく米国が代表するものに嫌悪感すら抱く「埒外」の人々が実際にいるという事実だ。確かに、9・11攻撃に公然と拍手喝采したひとは少なかったし、実際もし最近の調査が信用に足るものなら、最も微妙な立場にいる人々（つまりイスラム教諸国のイスラム教徒たちだが）ですら、その攻撃直後に米国に大きな同情を寄せた[10]。にもかかわらず、米国の力の中心的象徴であるツインタワーとペンタゴンに最大の痛打を与えた覇権国への攻撃を見て密かに満足をしているひとが少なくないように思われる。(11) オサマ・ビンラディンと彼の提携者たちはターゲットを巧妙に選択したのだ。

9・11の直接的損失は確かに巨大だった。しかし、大統領がアメリカ人にそれ以降何度も思い出させようとしたように、あらゆる危機は米国への挑戦であると同様にチャンスであった。したがって、米国がとくにこの挑戦にいかに対応するかが重大となった。ほとんど誰も疑わなかったのは米国が軍事行動をとるということだったが、誰も予測できなかったのは先ずそのスピードであった。それによってアフガニスタンの政治体制の背骨は破壊された。誰も予測できなかったもう一つはその程度だった。はじめ多くの人が大惨事に終わるだろうと予測したにもかかわらず、米国は戦争を開始してほんの数週間でその全作戦地域に軍を送った。

戦争はまた米国にさらに大きな正当化を与えたように思われた。このようにして、9・11以前は米国が目的もなく必死にもがいているように見えたのに反して、9・11以後は一瞬にして米国は極めて積極的活動的な役割を演じるようになっていた。米国が率いているのは結束は緩いが驚くほど従順な同盟者であった。それらは、「戦争」と「テロ」の定義次第では批判を受けかねない国々であったが、いずれにしても国際テロと呼ばれるものに対して現実の「戦争」状態にあった。

そして結果は感動的でないはずがなかった。なぜなら、少なくともタリバン政権という世界的秩序を乱すひとつの供給源が破壊されたからだ。また米国は以前ならほとんど何の影響力も及ばなかった旧ソ連邦内に新しい基地を獲得した。(12) それで少なくとも石油のひとつの重要な供給源は安全になった。(13) しばらくの間は、イランにすら政治的接近をするのかと思われた。さらにロシアを取り込み、パキスタン、インドネシア、フィリピンのような国のいくつかに自国の原理主義者を処罰するように命令さえした。

帝国主義という用語は不十分で曰くありげな用語だが、その用語で9・11以後、米国が影響力を増大させたプロセスを示すことができる。事実、米国は地球的規模で影響力を増大させ、確実に軍事力は増大した。実際一九四七年以降、共産主義に対する国際的な闘いが米国の影響力を拡張させたのと全く同じように、テロという名のグローバルで新しい敵に対する戦争は、9・11以降米国の力を拡張する助けになっている。あるアナリストが、共産主義に対する国際的な闘いと国際的な反テロ戦争の間に重要な類似点を見たのは驚くに値しない[14]。

概して戦争がかなりの程度明らかにしたのは、同盟の性格についてである。つまり米国がとくに同盟国には何の関心ももたず強大化しているという点である。米国が何を考えているのかは、かつてのコソボにおける戦闘から得た主要な教訓をみればよく分かる。すなわち、友人とは（一七代ダービー伯の言を引用すると）「政治的には有益だが軍事上は忌々しい迷惑もの」だった。だから米国は当初から同盟国による一切の干渉を排してアフガニスタンにおける戦争をする決定をしていた。したがってNATOは第五条に基づき連帯を宣言するだけだった。

一方、同盟国の他のメンバーが重要視されたのは、それが基地としての役割か、あるいは応援団としての役割かのいずれかであった。ポール・ケネディ教授が気づいていても秘密にしていたように、アフガニスタンでは米国が戦いの九八％を行っており、イギリスが二％、一方、日本人は「モーリシャス号の周りで蒸気をあげていた」だけだった[15]。この戦争は、最近の歴史の中でもかなり一方的な戦争のひとつとなった。米国とその敵（ビンラディンとその信奉者たちがアフガニスタンにいるという理由だけで、アフガニスタンは敵なのだが）の間の戦争が一方的なものであることがますます明白なものになれば、そうすればおそらくまた米国とヨーロッパの友人との間で、今回の戦争の意味がますます重要なものになるだろう。

トニー・ブレアの異常なほど熱狂的な外交姿勢は事実を不明瞭にしているが、ほとんど誰ひとり何が起こっているのかを見誤らなかった。「米国軍人による、米国のために戦われた、米国の戦争」の中では、ヨーロッパ人はほとんど完全に脇に追いやられた。

もちろん戦争でも平和に通じるものもある。しかし今回の戦争は、より効果的な破壊手段をつくり上げたいという米国の要求を更新することになっただけだった。実際ブッシュの継続的な軍事強化は、多くの人がすでに本当だと知っていることをただ確証しただけだった。つまり米国とそれ以外の世界との間の軍事力の格差は巨大すぎて、政治的に厄介になるということが確証されたのだ。しかし機敏な政治家へと急速に変身したブッシュは物言わぬ議会と手傷を負った国家をうまく利用しようと懸命だった。その結果米国の国防予算における軍事費増加は、この二〇年間で最大になったと発表された。

新しいプログラムがそれほど巨大なのは、大統領自身をも含めて、不調な米国経済にはずみをかけたいと望む人がいるからである！[16] 最近の米国史上、平和時の指導者が軍事費との関連づけをこれほど明瞭に語ったためしはない。しかし彼はそれをやってのけた。その過程で、すでに決まっていた二〇〇二年の軍事予算三二八〇億ドルに三六〇億ドルを加え、〇三年には四八〇億ドルを加えた。すなわち全体で一五％増、ここ二〇年間で最大である。これだけでも米国の防衛支出を欧州連合全体国の防衛支出の二倍にし、そして五年間にわたって、さらに一二〇〇億ドルを加え、総防衛支出は一兆七〇〇〇億ドルに達することになる。ブッシュ大統領は、また〇三年の本土安全保障プログラムのために三八〇億ドルを要求した。〇二年の支出レベルを新しい支出項目をつくって倍増するのである。それは〇一年には存在すらしなかった支出項目であった。ポール・ケネディですら認めざるをえなかったように、「世界の警察」は、非常によく武装しているというだけでなく、「軍事用語では」リングには戦闘員がたった一人しかいないのである。

最終的には、９・11に対する米国の対応を判断する点で我々が考慮しなければならないのは、米国自身に対する影響である。ひとつのことを我々は確信している。すなわち、米国は決して再び同じにはならないだろうということである。本土防衛問題を扱うことを目的とした新しい閣僚ポストをつくるのではなく、ブッシュ政権が迅速に行動したのはアメリカ人にそんな攻撃はもはや再び起こらないことを保証しようとしたことである。しかしこれは簡単ではなかった。少しの防衛は何もしないに等しく、防衛しすぎると市民的自由を脅かしかねない。ブッシュは疑いもなく後者を優先した。彼は孤立しておらず、一〇月二日には議会は適切にも命名された「米国愛国法」を通過させた。それはテロの脅威を扱う際に、政府に重要な新しい力を与えた。

この「愛国法」は一ヵ月後に施行され、さらに信じられない行政命令が、議会には相談せずブッシュ大統領自身によって署名された。それは外国人テロリストを軍事裁判にかけることを合法とするもので、なんら刑法上あるいは証拠に基づく保護規定をもたないものだった。[17]そのような措置がきわめて一般的に行われている国だからこそ、9・11の最初のショックから立ち直っても、米国は今なお愛国心の発作状態にあった。その最も目に見える発現は、国旗を大量に掲揚し、国歌をほとんどいつも歌い続けているといった状態だ。そのような状態はおそらくカタルシス行動としては理解可能だが、政治的影響がないというわけではない。実際この果てしない愛国主義の波は、ブッシュの大統領職とブッシュ自身を大いに支えただけではなく、国を統合し、アイデンティティーを共有する感覚を生成するのに役立った。テロの脅威と戦うために更なる攻撃が必要とされるかもしれない不安定な世界では、このイデオロギー的結束という新しい感覚は過小評価されるべきではない。

結局、もし米国がイラク、イラン、あるいは北朝鮮にすら——この三国は二〇〇二年の一般教書でブッシュによって「悪の枢軸」国だと明確に評された国だった——行動を起こすとすれば、それにはアメリカ国民の支持が必要である。しかし、いわゆるベトナムシンドローム［ベトナム戦争の敗戦でアメリカ人の心に残った厭戦気分］は結果的には現在に至っても完全には克服されていない。にも拘らず9・11はアメリカ人の厭戦気分を減じるのに大いに役割を果たし、米国の海外での軍事行動を支持するようにし向けたのである。

将来

ここで進められる議論は単純だが論争的なものにしたい。すなわち、米国がその事件で耐えなければならなかった短期の犠牲がたとえどのようなものであったとしても（しかしこれも過小評価されるべきではないが）、長期的結果は、米国の信頼性を拡張し、世界中で軍事力を派遣することを容易にするものだった。[18] それだけでなく冷戦初期以来、一度も見られなかった方法で米国国内を団結させるものとなった。9・11と引き続いて起こった戦争は大規模な軍事強化を正当化させる役割を果たしてもきた。そしてそのことで米国は以前よりももっと支配的地位につくようになるだろう。

さらに、このようなことすべてが起こったのは、合法的な意見の相違が非国民と同義になってしまうような雰囲気のなかでであった。このような雰囲気の中では米国がジュネーブ条約を遵守することは今や明らかに疑わしくみえた。[19] そしてその中でほとんどの米国の自由主義者、9・11以前にブッシュをとくに声高に非難していた人たちですら、当面は事態の推移を見守る以外にない。[20] これは何ひとつ誇張してはいないのだ。とはいえ事態を誇張すべきではない。なぜなら米国はよく知られている敵に対して先制攻撃を行おうとしていない。またジョセフ・マッカーシーが、破壊分子だと推定されるリストを振り回す準備を整えて上院の舞台の袖で待っているわけでもない。しかしながら、苦しい時代である。

このことで、我々はしたがって将来の問題に至る。タリバンの崩壊以来、反吐が出るほど繰り返されてきたように、きわめて重要なのは、米国が起きてしまったことから今や正しい教訓を引き出すことである。そして少なくとも次の二点はどんな客観的な観察者にとっても明らかであるように思われる。第一点、侵略しようとはじめから計画されていた敵国はとくに安定した国でも強い国でもなかった。第二点、攻撃の本来の性質はある種の反撃を合法化する。しかし反撃と言っても「文明世界」＝西側世界として知られるようになってきた世界の構成要素の大部分からみた場合だけである。

さらに、ビンラディンの最大の努力にも拘らず、彼の集団はどんなまじめな国際的支援も得られず、彼と彼の組織はひどく攻撃を受けやすい状態である。実際、多くのイスラム教徒とアラブ人は米国を好んではいなかった（パレスチナ紛争など、同時進行していた戦争のためになおさらである）が、国際テロリスト・ネットワークを匿っていたタリバンを恐らくもっと好んではいなかった。なぜなら彼らテロリスト・ネットワークの行動がイスラム教徒に汚名を着せさせ、さらに彼らテロリスト・ネットワークの政治的な怒りが、西側に対するのと同様に、イスラム教世界における他の政治体制に対して同じように向けられる可能性があったからである。このよく知られた事実を何度も繰り返しているうちに、我々は第一の自明の結論に至る。すなわち、アフガニスタンの政治体制を攻撃し破壊することは比較的容易な仕事であるという結論である。

国際テロに対する戦争をさらにもう一歩押し進める試みは、（それは、イラクなど「米国を攻撃する意図はないが、かなり大きな能力をもっている国」に対する戦争だが）さらにもっと難しいだけではなく、並はずれて危険でもある。しかし、もし大統領のレトリックと最近暴露された事実が信じられるものだとすれば、それは確かに今熟考されているものである。少なくともワシントン周辺の上流社会ではそうである。

ある最近の報告が指摘したように、ますます明らかになっているのは（とは言っても、どの程度明らかであるかは推測の域を出ないが）、「米国は今や、対テロ戦争ではなく、米国の嫌いな政治体制に対する戦争に専念しているのである」ということであり、イラクは明らかに米国が最も嫌っている政治体制である。[21] サダム・フセインに対する戦争が、いつ・いかに、開始されるかはわからない。それが始められるのか否か、あるいはどんな形態を採るのかも明らかではない。それでもなお、政治体制の変更が議事日程に今あるようである。かなりの「穏健派」コリン・パウエルでさえも、次のように述べたと報道されている。すなわち、イラクの政治体制を変えることは「その地域に最大の利益

をもたらし、イラク人に最大の利益となる。…我々には政権交代をもたらす様々な選択肢を探っている」と。(22)

アフガニスタンに対する戦争の成功で、このように米国は元気づき、米国が好まない他国や組織をどう処分するかを「クリエイティブに」考えるようになった。しかしまた米国はおそらく9・11と同じくらいに重要な一連の緊張をヨーロッパ諸国との間で引き起こしている。これらは9・11以前も長い間、表面下で煮えたぎっていたが、世界貿易センターとペンタゴンへのテロ攻撃の恐怖によって、すぐに一時保留にされることになった。しかしながら、これら未解決の意見の相違は消え去ってはいない。ここでは京都議定書と弾道弾迎撃ミサイル制限条約の二つだけ名前を挙げておく。

そのうえ、戦争は事態をさらに悪くした。なぜならそのひとつは戦争のやり方のためであり、もうひとつは米国が他国に対してまた別の戦争を押し進めたいという衝動のためである。しかし、これらはただ短期的問題だった。長期的問題が起こるのは、米国と様々なNATO同盟国との間に純然たる軍事力の乖離があるからである。NATOは常に対等ではないパートナーだったが、米国とその他の国との間の乖離は幾何級数的に増大した。それは潜在的にはNATOの将来の団結と同盟の存在意義すらも問題になりうることを意味していた。

アフガニスタンでの戦争はこのようなことを顕在化させなかった。アフガニスタンでの戦争で顕在化したことは、そのNATO諸国との格差がいかに大きなものになっているのか、そして将来はどれほど大きくなる可能性があるのか、ということだった。これがNATOの土台を崩すことはない。格差の拡大は単にとても重要な問題だというだけである。それでもなお、それはNATOの基礎的な性格を容易に変えうるものである。NATO駐在の米国大使ニコラス・バーンズが「軍事力格差を縮めるための劇的な行動をしなければ、我々は将来の二層に引き裂かれた同盟国という現実的な予想に直面している」と警告した。一方はロード・ロバートソンが「軍事的こびと」と呼ぶヨーロッパであり、もう一方は米国である。

最終的には、将来のどんな評価も、もう一つ別の単純な事実つまり国際政治のあり様を抜きには不可能だ。それは、米国自身が単独行動主義の方向にどの程度、突き進むかである。(23) これは何も新しいことではない。多くの点で米国は、(自己のアイデンティティー・地形・憲法を理由に) 好きなときに、好きなように、基本的には好きなところで行動する権利を使わなかったことは一度もなかった。これはいくつかの点で珍しい特権だが、よく考えてみれば、あらゆる非常に強力な国家はいつだってその特権を楽しんだのである。クリントン政権ですら、単独行動主義の魅力に免疫ではいられなかった。マデライン・オルブライトは次のように述べた。「我々はできる時には多面的に行動するだろう。そしてそうしなければならない時には単独行動主義をとる」と。

しかしながら、ブッシュ政権はこのすべてのアプローチをほとんど全く異なった哲学的な地平に引っ張り出した。これはドナルド・ラムズフェルド周辺の人々にとくに当てはまる。彼の世界観は、結果を出すためには他国の政治的感覚についてさほど神経質になる必要はない、というものである。ラムズフェルド集団のあるメンバーが最近みとめたところによれば、国防長官と彼の集団は非常に堅固な「単独行動主義的な米国の軍事力の信奉者」だ。(24) この見解は、アフガニスタンで起こったことによって修正されたようには決して見えない。もしこれが事実であれば、その時は米国外交政策の将来の方向は我々の予測 (単独行動主義から多国間協調主義に変わるのではないかという予測) とは非常に異なったものになる可能性がある。

戦争が始まったとき、多くの人が望んだのは、これがブッシュ政権の単独行動主義的傾向を抑制するかもしれないということであり、また他方では共同行動と多国間協調主義という大義に立ち戻ることだった。しかし実際は、戦争はほとんど正反対の影響を与えた。これはヨーロッパの主要大国の指導者たちには気に入らないだろう。(25) それは米国との同盟関係を転覆させるかもしれない。ただしそれは部分的には外交政策担当の官僚によって一時的には抑止される可能性がある。彼ら官僚はあらゆる問題への効果的な行動は、協力を必要とするということを認識しているからである。

しかし現在のムードでは、その外交官僚のような声を聞く傾向は米国にはほとんどみられない。もし何か姿勢がみられるとしても、ワシントンから聞こえてくる最も騒々しい音は、米国が全能である世界、そしてそれに対する脅威がすべて現実的すぎるという世界においては、もし必要なら米国は単独で行動すべきだし、もし他国が沈黙を保つのならば共に行動してやってもよい、と考えるひとの声だけだ。我々は面白い時代に生きているのである。

第14章　イスラムのジハードと米国のジハードに反対し、国際的合法性を維持する[1]

アブドラヒ・アハメド・アンナーイム

私は米国における9・11のテロ攻撃をほとんど無条件無制限に非難するが、と同時に、ともかくも米国による大規模で無制限の単独行動主義的対応を点検し規制することに国際社会が失敗したことが、国際的合法性の根本的課題であると考える。一〇月七日以来の報復で米国は地球的規模で独占的に軍事行動を行ったが、それは、国際法で受け入れられているいかなる制度的手順や査定もなしに、危険だとする独自の認識に基づいて攻撃したのであった。この状況の重大性を米国国内法で単純化して説明すると次のようになる。すなわち誰かの家が侵入され、侵入者がその侵入時に死んで、その後、侵入された側が銃を取って町に行って、その侵入者の黒幕かその関係者とおぼしき人物を殺しているのと同じなのだ。この国際的合法性の失敗は、戦闘的イスラム原理主義の大義にさらに口実を与え、国際平和への支援の可能性とイスラム社会の普遍的人権保護の地盤を掘り崩している。

一〇月七日以来の、米国の行動の合法性を詳細に議論し評価するゆとりはない。恐らくそれは時期尚早である。しかし私の主要論点は国際的合法性の制度上・手続上の失敗についてである。合法性の原理の本質は、国内法・国際法のレベルを問わず、本質的には、第三者による公正な調査基準、調査手続、最終判定であり、特定の行動「資格」を行為者が主観的に判定することではない。合法性が崩壊するのは、行為者が自力防衛や自警団の正義に頼る時であり、世界で唯一の超大国であり安全保障理事会常任理事国によって犯罪が行われた時それはもっと重大な事態になる。なぜなら常任理事国は世界の平和と安全の護り手と考えられているからである。

世界中の多くの地域での、西側による植民地主義とその後の侵略的支配を背景にして考えてみると、この合法性の失敗の重大な意味はもっと認識されるべきである。アフガニスタン自体何度もターゲットになってきており、過去にはイギリスとロシアが征服しようとし、一九八〇年代はソビエトと米国の冷戦対決の現場となり、そして現在に至るまで地域紛争のターゲットになっている。この同じ文脈にあるのは、米国が他国の領域とくに中南米でテロを使用しテロに資金を提供してきたことであり、それと同じように、長期にわたる支援をしてきた勢力を今アフガニスタンで破壊しようとしていることである。国際的合法性に関して思い出すべきなのは、八〇年代初めニカラグアでの違法行動を扱った国際司法裁判所の決定を米国が簡単に無視したこと、ノリエガ大統領を誘拐し米国で裁判にかけようとパナマに侵攻したこと、米国で彼は今でも禁固刑に服していること、である。

自分の敵だとみなした者に対する米国によるジハード（聖戦）と、やはり自分の敵だと見なした者に対するイスラム集団によるジハードの間に、どんな道徳的・政治的・法律的差異をも私は認めることができない。アラビア語の言葉「ジハード」は単に「自己努力」「特別な努力」を意味し、イスラム教では神の意志を増進させることをはじめとした様々な行動のことを指すために使われる。実際、イスラム教徒にとってジハードの主要な宗教的意味は「自制」であり、それには他人を傷つける誘惑を抑制することが含まれている。(2) しかしながらその言葉は、信仰を広め守るために攻撃的な戦争を是認することをも同様に示している。このジハードの後者の意味が問題になるのは、それが政治的目的追求のための直接的で統制されない激しい行動と、不正だと認識されたものを糾す自助努力を含み、その際無実の傍観者を傷つける危険を冒すという点である。

ジハードのこの特殊限定的な意味において、一〇月七日以来の米国の行動とイスラム教テロリストによるジハードの主張を、私は比較する。米国のジハードは

「米国の例外論」として正当化され、イスラム側のジハードは宗教的義務として正当化されるという事実は、ここでの私の目的でないので重要ではない。それはただ単に行為者の動機にのみ関係していて、熟慮した上での目的でも行動の結果でもない。さらにここ最近の事件で明らかになったのは、物質的利益という世俗的計算に対して、宗教的動機がイスラム側にとって何ら「利点」にならないということである。

私の意見では、9・11の結果はサムエル・ハンチントンの「文明の衝突」論文の誤謬を証明している[3]。それだけでなく、この攻撃は「文明の衝突」という理論が平和な国際関係のためには更に大きな危険性をつくりだす役割を果たしていることを証明している。今回の攻撃の動機が「西側文明」に対するイスラムの非理性的・一般的敵意にあったのではなく、米国の対外政策における政治・安全保障・人権に対する特定の不満にあったのであり、だとすれば、この論文の誤謬は明らかである。どのイスラム教国の、どんな実際の地点においても文明の衝突の徴候はなかった。というのは、米国による大規模で継続的な軍事的報復をイスラム教国がみな支援するか黙従したからである。イスラム教国の全政府は自国の経済的、政治的、安全保障の利益に基づいて明確に一貫して行動し、ハンチントンの論文で予測したように、米国を攻撃したと非難されているイスラム教国や彼らを匿ったり支援したと告発されている国と連帯するのではなかったのである。あらゆるところで起こっていることは、いつもどおりの単純なパワーポリティックス（武力外交）であり、文明の衝突の表明ではない。しかしハンチントンの論文は危険な自己完結的予言になりうる。なぜなら、もしかして紛争に対する双方のいずれかが、それを深刻に受け取り、それに従って行動することになれば、その基礎的前提が「自己証明を得た」ことになるからである。

このような観点で明らかになるのは、9・11と一〇月七日の結果は、いわゆるイスラム文明と西側文明の「違いの力」よりも、紛争とその同盟国間の「力の違い」の問題である。文化的宗教的関係に関わりはないのである。世界中至る所で起きる事件のように、事件が双方によってどのように認識され解釈され対応されるかに関しては、文化と宗教は紛争の重要な要素ではあるが、おのおのは独立変数ではない。最近の地球規模の事件は、必ず深刻な文化的宗教的分裂を伴い、人権の普遍性を掘り崩す危険性を高めているが、これらは道徳的政治的選択の産物であって、文化的宗教的差異が本来の原因ではないのである。

また重要で強調すべきなのは、非合法性は結果によって正当化され得ないということである。しかし今回の場合、抑圧的で過激なタリバン政権をアフガニスタンの権力の座から除去したことは、米国の軍事キャンペーンが正しかったという「自己弁護」として主張される可能性がある。なぜなら彼らはアフガニスタン国民の大多数のために人権保護の直接的前進を勝ち取り、また全体としてはアフガニスタンの平和的政治的安定と経済発展のために好ましい状況をつくったと主張するだろう。たとえ今回の場合これが事実であり持続可能な結果だとしても（私には事実からほど遠いものに見えるが）、現在を基準に過去を正当化する辻褄合わせは、合法性原理の本質を踏みにじるものである。なぜなら結果としての合法性は、一般に確立された原則と手順に従って達成される必要があるからである。さもないと、別の行為者はこの危険な先例を、危険な投機的行為を正当化するために使うかもしれない。その中には悲惨な結果になるものもあるのだ。

今までの分析に一貫しているものは、この挑戦に対応するための枠組みとして「法の支配」が根本的重要性をもつという私の信念である。「法の支配」は、この場合、国際人権法と整合性をもつ「法」を意味し決して単なる言葉の形式的意味においてではない。これは強調されなければならない。私の意見では、人間としての脆さを我々が共有しているという現実に対して、これが唯一の効果的持続可能な対応の仕方であると思うからである。最も特権的で見るからに安全な人々でさえいかに脆いものなのかということが、9・11の攻撃では痛々しいほどドラマチックに見せつけられたのである。

イスラム社会にとってのテロリズムの課題

イスラム社会が今日直面する主要な問題は、イスラムの国家政治と国際関係におけるイスラム教の役割である。特にシャーリア法典の伝統的公式をいかに・どの程度、現代に適用すべきかを考慮しなければならない。この基礎的問題についての異なる立場は、9・11以来イスラム教徒の中で広く行われている公開討論に反映され、イスラム教とその攻撃の間には絶対的隔たりがあるとするものから、他方、シャーリア法典によって命令されたのではないにしても正当化としてそれを強く支持するというものまで、多岐に渡っている。

実際シャーリア法典とテロの関係はイスラム教徒の間で常に大きな論争的主題であり、それは第三カリフ、オスマーンに対する反乱や、ヒジュラ歴三五年（西暦六五六年）[4]のオスマーン暗殺に続く第一次内乱以来のことである。初期イスラム史の前例のみならず教典（コーランとスンナすなわち預言者ムハンマドの言行録）が、この論争のどちらの側からも引用されているので、状況によって解決が調整されるべきである。これが私の提案する結論である。すなわち、箇所によっては矛盾する教典の内容も、状況に照らしてはじめてその意味が理解され、現在の問題に現実的に応用可能となるのである。

このような状況的解釈の前提になっているのは、イスラム教典が、七世紀アラビアのメジナという小都市国家から今日の民族国家まで（そして未来に至るまで）の著しく異なるイスラム教共同体生活にとっての道徳的政治的手引きを提供すると考えられていることである。[5]イスラム教のはじめの三世紀間にシャーリア法典が練り上げられていく歴史的背景は、非常に厳しく激しい環境だったので、そこではコミュニティー間関係における軍隊の使用が疑いない基準だった。シャーリア法典によるコミュニティー間（国際間）関係の統制が現代的意味の平和共存の原理と法の支配とに基づいていたということは、理論的にも矛盾があるし実際的にも不可能だった。通説によれば、シャーリア法典が攻撃的に力を使っても是とするのは、イスラム教を護り広める場合だけに限定し、敵意による行為を制限していた。また子供・老人・女性・非戦闘員を殺すことを厳しく禁止していた[6]。しかし明らかに、この主題に関するシャーリア法典の理論には非常に曖昧な意見の相違があり、またイスラム史の至る所でその理論と実践は一致していなかった。

国際的合法性という信頼性への、現在の重大な脅威を私は深く憂慮しているが、にもかかわらず私が主張するのは、ジハードの伝統的理解は今日ではまったく維持できないということである[7]。なぜなら国際的合法性にとっての重大な脅威は、最近の米国の行動と世界の主要強国の共謀によって引き起こされているからである。だが、そのような脅威はジハードの意味の再定義を正当化しないし、地球規模の力関係の現実では、新しい意味でのジハードの実行は不可能だからである。今日イスラム社会が直面している問題は、イスラム教徒の心と頭にある新しいジハードの概念を、国の公式政策だけでなく、実際の行動においてもいかに権威をもって効果的に否認するかということである。それはイスラム教はもともと個々のイスラム教徒に直接訴えかける宗教なので、そのような国の公式政策や行動には関係なく、シャーリア法典だと信じられているものに従う強い義務感がある。だから「法の支配」の下で重大な不正に対する歯止めがないと、個々のイスラム教徒は国内では腐敗した制度に対して、国外では目についた敵に対して、直接的な激しい行動をとることを宗教的に正当化する可能性があるからだ[8]。

現代イスラム社会生活におけるシャーリア法典の性質と役割を変えるためには、内的・外的に様々な次元がある。内的次元には、理論的根拠、すなわち変化を正当化することについての神学的理論的討論が含まれ、個人・共同体生活に対するトラウマ的衝撃に対処する方法が含まれる。内的次元にはまた、新しい思考・生活様式を取り入れることに関する討論と実験のための政治的社会的「空間」が含まれる。普遍的人権を積極的に承認し実行することが、社会変革と文化的変革の全ての側面にとって不可欠である。

外的次元に関しては、もし社会が脅威を感じたり攻撃を受けていると感じたら、閉塞感が支配し、そのために人々と集団はより保守的になり、伝統的なものの見方や判断の仕方をするように追い込まれる。この観点で言うと、米国外交政策は社会変革の内的前提条件を掘り崩すことに手を貸し、と同時に外的脅威の感覚を補強する。保守的勢力が砦を固めることを励ますだけに終わるのである。それはまたサウジアラビアのような抑圧的な政権を支え、あるいはイラクのような抑圧的政府が支配を強化できるような口実を与えることによって、普遍的人権の妥当性に対して強い懐疑論を促すことになる。というのは、イラク政府は米軍によって恒常的に空襲の脅威に晒されていることや、経済的制裁という外的圧力があることを引き合いに出すことによって、自分の行動を正当化できるからだ。これら長期的否定的な結果が今やアフガニスタンにおける軍事キャンペーンと結びつけられている。

最近の国際法を踏みにじる状況は、イスラム社会におけるジハードの伝統的理解と実践に反対する議論の、概念的政治的な前提を厳しく掘り崩している。この一連の国際法を踏みにじる行為は国際法を支持するイスラム教徒たちに対する裏切りである。なぜなら、それがジハードに反対し普遍的人権に賛成する内部イスラム教の議論の政治的基礎を掘り崩すことになっているからである。侵略的な戦争としてのジハードは、現在のような状況では、軍隊と自力防衛が国際関係の中で「法の支配」に勝っている地域では、多くのイスラム教徒に支持される可能性がある。

米国流ジハードの国際的合法性への挑戦

私は、米国が市民と国内外の利益に対するひどい攻撃に受け身的に屈服すべきだとは提案していないし、アフガニスタンでの軍事キャンペーンに法律上の正当性があるという結論を引き出そうともしていない。というよりも私の立場は、一〇月七日以来の米国の行動は、もし当該システムの制度的手続的要請によって調査され是認されたのでなければ、国際法の合法性に合致したものとしては認められない、という簡単なものである。たとえ、どんな法的正当化が米国の行動に主張されようとも、また米国が自分の大義をもとに検察官・裁判官・陪審員・死刑執行人として振る舞い、どんな国際的合法性を主張しようとも、国際法は米国の行動を正当だとする権限を与えない。

これら行動の合法性についての詳細な評価はこの章の範囲を超えている。重要なのはこの点に関して国連安全保障理事会は制限された行動しかしていないし、国際的合法性を認めてもいないことをただ確認するだけである。安全保障理事会は一〇月七日以前に二つの決議を採択した。二〇〇一年九月一二日決議一三六八号、二〇〇一年九月二八日決議一三七三号である。ひとつめは単に例の攻撃を非難したが何ら決定をせず「現状維持」を決定した。ふたつめはその前文で自衛の権利を確認したが、国連憲章第七号によるいかなる軍事力行使をも是認しなかった。米国の軍事キャンペーンは9・11の攻撃の四週間後に始まり三ヵ月以上続いたが（本論文の提出時で）、それにも拘らず安全保障理事会が、国連憲章が要求している国際平和と安全を守るために、米国の行動にどんな認可も支持も非難も与えなかったという事実が、国際的合法性を得ることに米国が失敗したことを示しているのである。

テロは人権にとって重大な脅威である。なぜならテロは、国家の安全と民衆の安全を守るという名の下に、正当な法手続を踏むという自制された関わり方を犠牲にするという強い誘惑を呼び起こすからである。テロの究極目的は、国家によるものであれ、個人・グループによるものであれ、犠牲者の人間性を踏みにじり、野蛮性のレベルに貶めることである。そうしたグロテスクな行動に出会ったとき、この挑戦に応えるために、あらゆる社会は啓蒙的人道的立場で自分たちの最大利益が何なのかをよく考えてみる必要がある。特に直接的報復は相互破壊の悪循環に入るだけなので、あらゆる社会は全く意味のないものに見える大虐殺の原因を理解しそれに対処する努力をしなければならない。たとえそれが社会の合理的感覚にとって異様で不可解に見えたとしても。

テロリストの言い分を認識しそれに対処することを

拒否することは、彼らの人間性を否定することになり、それによって普遍的人権のあらゆる可能性を失うことになる。だからこそ、9・11の攻撃前後にビンラディンによって行われた様々な宣言や国際的メディアのインタビューのような、テロリストによって明確に述べられた不満を真剣に考慮してみることが極めて重要なのである。だからといって、そのような見解はテロを社会的不正の是正手段として正当化し合法化することを意味するものではない。あらゆるテロリストの動機を理解することは、道理のある持続可能な対応のためには不可欠で、犯罪を容赦するもの、犠牲者を非難する行為と見られるべきではない。この観点から私が主張するのは、9・11の攻撃と米国外交政策の関係を考慮することは妥当であり、実際その必要があるということである。この観点は、世界の特殊地域――この場合は中東だが――に関する米国の政策にとっても、また国際的合法性に対する巨大な影響力にとっても有効なものである。

人権のために国際的合法性を擁護する

国際的合法性で最近失敗した結果のひとつは、9・11のテロ攻撃と一〇月七日以来の米国同盟国による軍事的報復の双方の法的特徴づけについて意義ある議論を米国が排除していることである。私はこの問題の仮説的思弁的議論に加わらないで、国際的合法性の失敗で私が言いたいこと、人権の普遍性に対する根本的意味を、ここでは明確化することに専念したい。「正義は実現されねばならないだけではなく、正義は実現される過程もまた正義でなければならない」という古い格言によって、ここでの私の論点は容易に理解していただけると思う。この場合、世界中を股にかけて勝手気ままに振る舞う大国＝米国の独断的単独行動主義的権力は、国際法（と人権）の合法性と信頼性に打撃を与えるものである。それは、好きなように行動する法律上の実質的権威を米国に与えることになるからである。

しかし次のような質問が当然出てくるかもしれない。

「何か他に方法はあるのか。どうしたら米国は自国民を保護し、世界の唯一の超大国としての品位と誇りはもちろんのこと、主権と領土の完全性を保護することができるのか」。答えは単純で、その攻撃が戦争ではなく最大級の国際的犯罪であったとすることである。犯罪ならば、法の下で信頼ある説明責任を得るために精力的な捜査がされることになる。この観点から、および入手可能な証拠によれば、攻撃直後の米国政府とアフガニスタン・タリバン政府間の法律的問題は犯人引き渡し問題として特徴づけられ、そのようなものとして追及されるべきである。9・11の攻撃に関してこのアプローチをとることは非現実的に見えるかもしれないが、しかしそのようなアプローチは米国によって拒否され一度もまじめに取り上げられ検討される機会がなかったのである。一〇月七日以来の米国の行動は、将来同じような事件が起きたときにそのようなアプローチをとることを難しくしているのである。

もしその攻撃を軍事的「報復」ではなく法的処罰に関わる問題とする政治的意志があれば、国際法で犯罪の有罪証明プロセスを始めるための十分な規範的制度的蓄積があると私は信じている。利用可能なモデルには、国連安全保障理事会によって設立された特別な国際裁判所や、スコットランドのロッカービー上空でのパンナム航空機爆撃事件の時に関係国間の交渉の結果によって設立された裁判所などがある。実際、一〇月の第一週、米国の軍事キャンペーンが開始される数日前、イランは英国外務大臣を通してイスラム諸国会議機構による調停の申し出を行った。そしてバーレーンで翌週には会議が開かれる予定になっていた。その調停は裁判所の開設に同意し、それによって9・11の容疑者を証拠に基づいて裁判にかけることができるというものだった。タリバン政権も同様にイスラム諸国会議機構と国連による調停の申し出を行った。

米国は両方の申し出を拒絶し、オサマ・ビンラディンとアルカイダ指導者の即時無条件の引き渡しを要求した。米国の主張は、ビンラディンが主犯者であり、第三者による公平な立証の必要はないとする排他的なものだった。当時のいくつかの新聞記事によれば、米国はオサマ・ビンラディンと彼の共謀者に対する証拠をNATO同盟国へ提出したが、同盟国の中でも異論の出るような証拠だった。たとえ同盟国がみな十分確信できる証拠だと認めたとしても、正当な法手続の観点からは十分な代物ではなかったのである。

国際法秩序が制度的にも不十分で、実行性に乏しいものであることが事実だとしても、そのような主張は米国に適用されない。なぜなら米国は決して国際的合法性が効力をもつ機会を与えなかったからである。このような国際法の弱さと不十分さを改善する唯一の方法は、時間をかけてそのシステムが発展するように努力を惜しまないということである。そのポイントは米国自身の法律史で明らかに例証されている。組織犯罪が一九二〇年代の暴力・脅迫・堕落の綱を解き放ったとき、それは民衆の安全をひどく脅かし、国の大部分において正義の執行が不能になったが、米国政府は「法の支配」を一貫して追求し、信用できる適正手続の裁判システムを妥協せずにつくり上げた。国際問題においても同じような決意と忍耐なしでは、「法の支配」が国際関係における自力防衛や自警団の正義に取って代わるときはこないだろう。

ここでの問題は、米国が世界の様々な場所で、他の人々の人権に何ら敬意を示さず自国民の市民的自由を保護することだけに関与しているということである。これは9・11以来の米国による非市民の処置に如実に現れている。たとえばブッシュ大統領の軍事命令によって、米国の合法的永住権をもつ居住者を含めて外国人の裁判が認可され、軍事裁判でテロの嫌疑をかけられたら最後、正常な法的保護さえ与えられなくなっているのである(9)。このような状況の中で、米国による国際刑事裁判所設立への強い反対をみれば、人はみな疑念を抱くだろう。つまり米国が軍事行動に猛進するのは、9・11のテロ攻撃に対する有罪証明を得る可能性を覆すための入念な計画の一部なのではないか、と疑わざるを得ないのである。

本論文の最後にあたって分析しなければならないのは次のような疑問である。米国が国際法の適正手続きにチャンスを与えたくないと考えているのが明らかだとしたら、安全保障理事会は紛争の平和的解決を求める国連憲章の命ずるとおりに何故介入できなかったのか。安全保障理事会は一〇月七日以前に二つの決議を通過させたが、それらの決議の中では米国による軍隊の使用を明確に認可し軍事作戦の範囲と目的を明確にすることもしなかったし、国連軍の設立を呼びかけることもしなかったのは何故か。これらの質問に対する答えは明確である。それは、理事会のメンバーの特に五つの常任理事国が共謀して、自国の政治的利益のために国連組織を麻痺させ機能不全に陥らせたからである。このような軍事行動における国際的合法性を意図的に踏みにじる大国の中で、誰一人としてクリーンな手をもつ者がいないということをここで思い出すのも有益であろう。

この何十年間もの間、米国やロシアを含め多くの大国はテロリストの方法を用いたりテロリストのスポンサーになってきたが、他方の側は同じことをしたと言ってもほんのここ数年間のことにすぎない。あるいはそのような大国に挑戦しようとしたにもかかわらず特別な政治的理由のために失敗してきただけなのである。

第15章　米国とイスラエル・パレスチナ紛争[1]

アヴィ・シュライム

大戦は、よりよい世界の理想像を描くキャンペーンや、正義と道徳のような普遍的価値に基づく国際秩序といった、直接的安全保障目的を超えた平和課題を生み出すという副産物を伴ってきた。これは戦争が一国ではなく幾つかの国の同盟によって戦われる場合に言えることである。同盟を結束させ、敵と戦って出る犠牲を正当化するためには、広範な平和課題が必要だったのである。

かくして第一次世界大戦はすべての戦争を終わらせる戦争だった。第二次世界大戦は、ファシズムの惨劇から世界を解放するため、世界を安全にして民主主義を確立するために戦われた。一九九一年一月一六日、ジョージ・ブッシュ一世は、イラクに対する軍事行動は「新世界秩序つまりジャングルの法ではなく法の支配が、国家行動を統治する世界」を可能にすると述べた。同じようにジョージ・ブッシュ二世は、国際テロの惨劇から世界を解放するという広範な課題で、アルカイダ組織とアフガニスタンのタリバン政権に対する戦争に乗り出した。

リンケージ・ポリティクス

湾岸戦争とアフガニスタンでの戦争の間には著しい類似点がある。第一に、米国側では現在の重要な閣僚ポストは、ディック・チェイニーやポール・ウォルフォウィッツやコリン・パウエルなど湾岸戦争経験者によって占められている。第二に、どちらの戦争においても現職大統領が侵略者に立ち向かうために幅広い国際的連立を構築しようとしたことである。第三に、両戦争では、連立を維持するためにイスラエルに一定の距離を置いた。第四に、どちらの場合も、現前の戦争とパレスチナ問題の間にリンクを素早く確立した。

一九九〇年にサダム・フセインは、イスラエルが六七年に占領したすべてのアラブの土地からのイスラエル撤退を条件として、クウェートからイラクが撤退するという「リンケージ（連鎖）」概念を開拓した。[2] かくして、イラクが攻撃され「あらゆる紛争の源」を脅かすことになる前に、サダム・フセインはすべての「リンケージの源」を解き放つことになった。ブッシュ大統領がリンケージ案を拒絶したのは、サダムに褒美を与えることにならないためであり、パレスチナの英雄サダムの主張を退けるためであった。しかしブッシュ大統領は「イラクはクウェートから撤退すべしという国連命令に即時無条件に従うべきだ」と主張して、ダブルスタンダードという告発に身を晒らした。なぜなら酷似の国連決議を、イスラエルに従わすことを受け入れず六七年から棚上げしたままだからである。この問題をめぐるブッシュ大統領のやり方は、イラクがクウェートから撤退または追放されれば、すぐ米国はアラブ・イスラエル紛争に着手すると暗示するものだった。言い替えれば、同時的リンケージを拒絶する一方、ブッシュは将来のリンケージを暗黙に受け入れたのである。

湾岸戦争で銃声が鳴りやんだ後、ブッシュ政権は中東の将来へ五項目の計画を提案した。この計画内容を評者は「英知の五本柱」と呼んだが、民主主義、経済発展、軍縮、湾岸地域の安全、アラブ・イスラエル紛争の解決だった。それは堅実で綿密な計画だったが、簡単に頓挫してしまった。大言壮語の新世界秩序は、ソビエト連邦を差し引いただけの旧世界秩序だと判明したのである。勝利直後、唯一生き残った超大国アメリカと、そのアラブ同盟国は、悪習に復帰した。アラブ世界へ民主主義を導入したり、更なる経済的平等を促進したり、その地域への武器売買を抑制したり、湾岸の独立した安全保障の組織を創設したりという真剣な試みはなされなかった。

大変な注目を集め続けた戦後再建計画のひとつは、アラブ・イスラエル紛争だった。米国後援の和平プロセスは一九九一年一〇月下旬マドリード会議で始められた。その会議の基礎は、国連決議二四二号と三三八号に含まれている「平和と領土の交換」の原則だった。パレスチナ問題を主要な国際会議で初めて提起するパレスチナ人も含め、紛争の関係者すべてがはじめて揃った。ブッシュ大統領は開会演説で、完全に平等な立場でイスラエルの安全とパレスチナの正義に基づく解決のために働くことを誓約した(3)。

二国間交渉のふたつの路線がマドリードで確立された。イスラエル・アラブ路線とイスラエル・パレスチナ路線である。しかし右翼リクルード党指導者イツァク・シャミールが政権の座にあった間、どちらの路線でも本当の進歩は達成されなかった。シャミールは、率いる党のイデオロギーの立場で、西岸地区はイスラエル領土の不可分な一部だと断固主張した。ブッシュはそれにもかかわらず、大イスラエル主義は捨てられなければならないこと、西岸地区への新しいユダヤ人入植地建設は中止すべきだと主張した。互いの意志を通そうとする戦いが続いた。米国の援助と西岸地区植民地化のどちらを選択するかをイスラエルに迫ることで、ブッシュは一九九二年のシャミールを選挙で敗北させることに寄与し、イツハク・ラビン率いる労働党政府をその後継者とした。しかしその熾烈な闘いは、その年後半の大統領選挙でジョージ・ブッシュ自身の敗北の要因となった。先送りされたリンケージは、イスラエルの非協力で実を結ばなかった。クウェート解放から二年たってもパレスチナ問題は未解決のままだった。ジョージ・ブッシュ一世は、「イスラエルを解決へ向かわせる」という誓約を果たすことに失敗した。

ビル・クリントンの「イスラエル第一主義」のアプローチ

ビル・クリントンは大統領就任直後、自分のイスラエルびいきに行動の自由を与えた。彼は前任者の公平な政策を突然逆転させ、レーガン時代をしのばせるような「イスラエル第一主義」に政策転換した。この新しいアプローチは、国家安全保障会議の高官マーティン・インディクが一九九三年五月一八日にワシントン極東政策研究所で行ったスピーチで、段取りされたものだった。インディクは、二つの要素を中心課題として挙げ、和平プロセス継続中はイスラエルが強化され、イラクとイランは弱体化されねばならないというものだった。第二の要素は「二重封じ込め」と呼ばれ、その目的のひとつは東部戦線でイスラエルを守ることであった。中東和平プロセスに関してインディクは「和平交渉への我々のアプローチは、イスラエルとともに働くことであって、イスラエルに敵対することではない。我々は平和と安全の追求において、イスラエルとの戦略的提携を深めることに専念する」と述べた。領土からの撤退はイスラエルの安全に危険をもたらし、イスラエルがこうした危険に晒されるのは、米国が後ろ盾だと分かる場合である、とインディクは主張している。話し合いの本当の進展は、米国とイスラエルの特別な関係がある場合にだけ可能である。こんな固い約束が、アラブ人やパレスチナ人と働くために交わされたことはない。その結果米国は事実上、和平プロセスの監督としての独立した役割を放棄し、主役の一方だけに肩入れした。一〇回協議した後、ワシントンでの二国間交渉は行き詰まることとなった。[4]

一九九三年九月に発表されたパレスチナ路線での打開案は、ワシントンではなくオスロでつくられた。ガザとエリコのパレスチナ自治についての原理宣言は、ノルウェーの首都で米国には秘密で援助も受けず、イスラエルとパレスチナ解放機構（PLO）間で直接交渉された。オスロ合意がホワイトハウスの芝生で署名された時、ビル・クリントンは司会者としての務めを果たし、イツハク・ラビンとヤセル・アラファトのためらいがちな握手を固く結ばせた。しかしクリントンは、パレスチナ暫定自治を支える米国の積極的役割の必要性をよく認識していた。しかし、イスラエルは年間三〇億ドルを受け取り続け、またガザとエリコからの撤退特別資金も受け取っていたが、パレスチナ暫定自治政府にはわずかな「着手金」が前払いされただけだった。

ベンジャミン・ネタニヤフ率いるリクード党政府が

一九九六年五月に政権をとり、オスロ和平プロセスに大打撃を与えた。ネタニヤフはオスロ合意の最も厳しい反対者で、オスロ合意は、イスラエルの安全と聖地の歴史的権利の二つとは両立しないとみなした。[5] 彼は首相を務めた三年間を、オスロ合意の中心部分である「平和と土地の交換」を阻止することに費やした。オスロで打ち出された歴史的合意からイスラエルが撤退したことで、米国の役割の再評価が求められることになったが、真の再評価は起こらなかった。

クリントン大統領はイスラエル・パレスチナの和平交渉に積極的に個人的関与を続けたが、九七年一月一五日ヘブロン合意［ヨルダン川西岸ヘブロンからのイスラエル軍の部分撤退］と九八年一〇月二三日ワイ・リバー合意［西岸からのイスラエル軍一三％の追加撤退］といった形のきわめて慎ましやかな結果しか達成できなかった。イスラエルが足を引っ張ることが、和平への道の推進力を失わせる主な原因だった。しかしクリントンのホワイトハウス入り後、米国の役割の再評価は、迂闊にもなおさらイスラエルが足を引っ張ることを容易にした。そのため大多数のパレスチナ人は、大イスラエル主義の古い理想像に凝り固まった右翼政府のなすがままになったのである。

一九九九年五月イユード・バラク［労働党政権］の選挙勝利は、中東における包括的和平への闘争の新しい始まりを約束した。そのことはビル・クリントンがいつも演じたがっていた役割を再開させ、イスラエルが「平和と領土の交換」に巻き込まれる危険を予想させた。彼のよき指導者イツハク・ラビンと同じく、バラクはもと軍人であったが、晩年には和平を求める人物となった。しかしこの最も多くの勲章を授与されたイスラエル軍人は、絶望的に無能な国内政治家で不器用な外交官であることが分かった。彼は戦争拡大外交を他の手段を使って進めた。彼はパレスチナよりシリアとの合意に更に興味があった。なぜならシリアは考慮に入れなければならない軍事国家だが、パレスチナはそうではないからだ。したがってバラクは首相職の最初の八ヵ月間、もっぱらほとんどシリア路線に集中した。しかし彼の努力は失敗に終わった。彼の「シリア第一主義」政策が失敗してはじめて、バラクはしぶしぶパレスチナ路線に進路を変えた。その間ずっとクリントンはバラクの後ろ盾になり、中東和平プロセスを進める独立的役割を果たそうとはしなかった。

イスラエル・パレスチナ最終地位交渉の臨界点は二〇〇〇年七月のキャンプ・デービッド首脳会談に持ち込まれた。失敗の原因には、ふたつの根本的に異なった解釈があった。イスラエルの解釈は、バラクがキャンプデイビッドで非常に寛大な提案を提示したが、アラファトはこれを即座に断り暴力への逆戻りを選択したというものである。パレスチナの解釈は、バラクがアラファトに罠を仕掛け、米国の「和平プロセス」の助けで、基本的に不公平で不合理な最終地位協定をアラファトに押し付けようとしたというものである。

アラブ・イスラエル問題特別補佐ロバート・マリーとパレスチナ問題専門家フセイン・アガによってキャンプデイビッドの内情を暴露するような説明が公表された。説明には三つの主要点がある。第一に、イスラエルの当面の義務はさておき首脳会談ですべての問題に取り組むという考えが、バラクからクリントンに提案された。第二に、アラファトは会談の準備時間がもう少し欲しいと申し立て、両者間の溝を埋めてから進行されないと首脳会談がクリントンの目前でだめになる危険性があることを警告した。実際、首脳会談に提案された構想とタイミングのいずれもアラファトの心に、イスラエル＝米国陰謀の疑念を起こさせた。第三に、クリントンがアラファトに保障したのは、もし首脳会談が成功しなくてもアラファトは非難されないというものだった。「責任追及はない」と彼は約束したのだ。それなのに首脳会談が失敗した後、何故クリントンがアラファトに非難を浴びせたのかは明らかでない。

その理由としてマリーとアガが述べた解答は、キャンプ・デービッドがクリントンに例証することになった対比だった。すなわち、バラクの政治的勇気とアラファトの政治的受動性、一方は危険を恐れず、他方は危険を嫌うということだった。しかし彼らがもう一つ指摘したのは、首脳会談で米国が果たした複雑でしばしば矛盾した役割のせいだということだった。つまり和平取引の主要ブローカー、和平プロセスの後見人、イスラエルの戦略的同盟者、そしてその文化的政治的パートナーとしての役割を一人で果たそうとしたからだった。(6) イスラエルへのクリントンの強い関与が、仲裁人としての彼の信頼性を台無しにし、キャンプデイビッド首脳会談を崩壊させた要因のひとつだと結論づけるのは無理からぬことである。

クリントン自身はキャンプデイビッドの失敗から正しい教訓を引き出したようである。二〇〇〇年一二月二三日、メリーランドでの会合の五ヵ月後、そして第二次パレスチナ・インティファーダ（民衆蜂起）発生の二ヵ月後、クリントンはイスラエル・パレスチナ紛争解決の詳細な計画を提示した。その計画は、キャンプデイビッドで棚上げにされた米国の「橋渡し提案」以来、パレスチナ人の期待に添う方向にクリントンが歩んできた長い道のりを反映していた。

彼の計画は、①独立したパレスチナ国家をガザ地区全体と九四～九六％の西岸地区で構想するもので、②パレスチナの統治権を、旧市街と「嘆きの壁」のユダヤ人街を除くエルサレムの全アラブ人地域に認め、③パレスチナ難民が歴史的パレスチナの母国に戻る権利を認めるが、ただしイスラエル領土内にパレスチナ人を受け入れるというイスラエルの最高決定に従って、というものであった。(7) 上記提案すなわち「パラメーター」に基づいて二〇〇一年一月エジプトのタバで、イスラエルとパレスチナの折衝人たちによって、最終的な地位協定に向けた相当な進展があった。それぞれの側には未解決の疑惑や心配があったが、彼らは基本的にクリントン提案を受け入れた。(8) しかし主要三役者のうち二人に時間切れが迫った。一月二〇日クリントンは大統領職をジョージ・W・ブッシュに引継ぎ、二月六日には首相直接選挙でイユード・バラクはアリエル・シャロンに敗北した。

新しい共和党の大統領は、二つの点において、民主党の前任者のやり方に決別した。第一に、クリントンはイスラエル・パレスチナ紛争を解決するためなら大統領職を賭して厭わず献身するつもりだったが、ブッシュ二世は「無干渉」姿勢をとり、意見の違いの改善は両者に任せてしまった。第二に、クリントンはイスラエル労働党指導者やヤセル・アラファトと特別な絆をもっていたが、ブッシュはパレスチナ指導者アラファトを冷遇しイスラエルの右翼指導者と驚くほど親密な関係を確立した。ホワイトハウスでの最初の会合で、ブッシュはシャロンの「素晴らしい歴史感覚」について指摘した。さらに重要なことは、ブッシュ政権がシャロン路線を受け入れているように見えることだった。すなわちヤセル・アラファトはテロリストであり、パレスチナ暫定自治政府はテロリスト集団であり、彼らはテロリスト集団として扱われるべきだ、というものである。シャロンは、暴力の完全な停止までパレスチナ暫定自治政府と政治的対話を再開することを拒絶したが、このことはワシントンの心の琴線に触れることになった。ディック・チェイニー副大統領は、暴力を組織していると疑われているパレスチナ人活動家を暗殺するイスラエルの政策を公に正当化しさえしたのである。

9・11と対テロ戦争

9・11の世界貿易センターとペンタゴンへのテロリスト攻撃は、世界政治の万華鏡を激しく揺さぶった。それはイスラエルとパレスチナの関係も含め米国外交政策のほとんどあらゆる面に広範な影響を与えた。多くのイスラエル人たちは、9・11の事件がパレスチナ人闘士に対する自分たちの戦いに更なる共感と支持が米国で生まれることを期待した。アリエル・シャロンはコリン・パウエルに次のように述べたと報道された。「すべての人が自分自身のビンラディンをもっていて、アラファトは我々のビンラディンだ」。シャロンはまた、国際的テロへの戦争で米国と共同戦線をはることを望んだ。しかしこの望みはすべてすぐに打ち砕かれた。コリン・パウエルは「イスラエルはいかなる反テロ軍事行動の一部でもない」と言明した。アラファトを悪魔化する試みは期待はずれに終わった。

イスラエルが緊急の反テロ連合からはっきり除外さ

れた一方、従来は敵だったシリアやイランのようないくつかの国が反テロ連立のメンバーと考えられた。シリアのヒズボラやハマス、イランのイスラム聖戦機構が、米国議会による資産凍結二七テロリスト組織のリストには見あたらないからだった。彼らは今回は、オサマ・ビンラディン率いる組織のような世界的テロネットワークではなく、占領に対して闘っている地方運動として扱われた。イスラエルは体面を保つどころか、パーリア（最下層民）や反テロ連合をつくる米国の努力への障害物として扱われていると感じた。

更に悪いことが到来した。9・11攻撃二週間後に、ブッシュ大統領は東エルサレムを首都とする独立パレスチナ国家を支持する今までにない強い声明を出した。ブッシュ政権の計画は9・11以前に準備されていたと言われているが、西岸地区のほとんどすべてをパレスチナ支配に戻すことを構想している。正規の交渉手続きを踏まずに、国務省は勝手に国務省独自案を準備、少しの修正を加えたイスラエル提案を無視した。その計画すらもシャロンにとっては忌々しいものだった。シャロンはエルサレム全体をイスラエル支配下に置きたかったからである。シャロンはしぶしぶパレスチナ暫定自治政府にイスラエルが現在支配している西岸地区の四二％以上を譲り、領土が隣接しない孤立した飛び地で構成される弱体化したパレスチナ国家を構想した。

シャロンは米国の和平計画に驚くべき怒りを噴出させて反応したが、その怒りは、米国がイスラエルとの戦略的同盟を放棄して、アラブ諸国とパレスチナとの都合のいい同盟のほうを選ぶかもしれないという、シャロンの深い恐れを反映したものだった。シャロンはブッシュ大統領に警告した。ネビル・チェンバレン英国首相が一九三八年にナチスドイツに譲歩してチェコスロバキアの一部をヒトラーに提供した過ちを繰り返すなと。「我々を犠牲にしてアラブに譲歩するな。イスラエルはチェコスロバキアになるつもりはない。イスラエルはテロと闘う」とシャロンは述べた。しかしミュンヘンとの類推は不合理である。イスラエルはチェコスロバキアではなく占領軍であり、パレスチナ暫定自治政府はナチスドイツではなく、アラファトはアドルフ・ヒトラーではない。よりによってネビル・チェンバレンにたとえられた後、ブッシュはシャロンの素晴らしい歴史観を褒めたことを後悔したに違いない。いずれにせよ、米国の公式反応は極端な不快を示した。「首相論評は受け入れがたい」とホワイトハウスのスポークスマン、アリ・フライシャーは述べた。

イスラエルは米国以上の強力な友人と同盟国を他にもたない。ブッシュ大統領は特にイスラエルの親友だった。米国は何ヵ月間も関係者に暴力を終わらせ和平への対話に戻るよう取り組んできた。米国はイスラエルとパレスチナが和平に向かうよう圧力をかけ続けるだろう。

シャロンはこの公の騒動を引き起こしたことに遺憾の意を表明したが、パレスチナへの妥協とイスエラエルへの背信という疑念は彼の心に疼き続けている。

一〇月一七日のエルサレムで起きたパレスチナ人民解放戦線（ＰＦＬＰ）による観光大臣レハバム・ゼエビ暗殺へのイスラエルの反応は、米国との関係に亀裂を深めることになった。急進的右翼で人種差別主義的前将軍ゼエビは、パレスチナからのパレスチナ人の「移送」を提唱し、アリエル・シャロンの個人的な友人だった。その暗殺は、八月にイスラエルが行ったＰＦＬＰ指導者アブ・アリ・ムスタファへの「個人に狙いを絞った殺害」に対する直接的報復だった。シャロンはアラファトに、暗殺者を引き渡さなければ、「全面戦争」をすると警告した。アラファトの返答を待たずに、シャロンはイスラエル国防軍に西岸Ａ地区の六都市を再占領するよう命じた「西岸はオスロ合意に従い、自治政府統治のＡ地区、パレスチナ統治だがイスラエルが治安を守るＢ地区、イスラエル統治のＣ地区がある」。これは、七年前に限定的自治が始まって以来、ヤセル・アラファト暫定自治政府への最も激烈な攻撃だった。侵略の規模と残虐性は多くのイスラエル人に衝撃を与え、外務大臣であり、報復政策に反対する交渉政策の、指導的擁護者シモン・ペレスもその一人であった。この攻撃は、アラファトを追放することで和平プロセスを破壊し、パレスチナ暫定自治政府を崩壊させるという、政府や軍部内の強硬派のなかば公然の政策目標に奉仕したかにみえた。

しかし、パレスチナ暫定自治政府への侵略的な行動で、イスラエルは米国と衝突することになった。米国は無遠慮な言葉でその行動を非難し、イスラエルに西岸都市から即座に無条件に立ち退くよう要求した。また米国はシャロンに、パレスチナ人への戦争はタリバン政権とオサマ・ビンラディンに対する脆弱な同盟を脅かすものだと警告した。しかしシャロンは米国の要求をにべもなく拒絶し、毎年三〇億ドルの援助を与えている同盟国アメリカに反抗的態度を示したのは驚くべきことであった。しかし米国へのテロ攻撃がパレスチナ地域における紛争ゲームのルールを再定義する好機をイスラエルに提供したと考えたのは、間違っていたと認識せざるを得なかった。イスラエルは自国の利益を守るために単独行動すると宣言したにも拘らず、彼は米国の利益を考慮せざるを得なかった。西岸都市から段階的な撤退が始まった。

エジプトやヨルダンやサウジアラビアのアラブ親米政権は、パレスチナにおける暴力のエスカレーションを高まる苦悩と懸念をもって眺めていた。彼らは、パレスチナ人を助けられず、米国のイスラエルへの露骨なえこひいきを修正できないため、自国民の前で恥をかき信用を落としていた。オサマ・ビンラディンは、パレスチナ人の苦境を次なる鞭として迅速に手中に収め、その鞭で、英国・米国のアフガニスタン攻撃に追従するこれらのアラブ政権を叩いた。「イスラエル戦車はパレスチナを破壊している。ジェニン、ラマラ、ラファフ、ベイトジャラ、そしてイスラムの土地の諸地域を破壊しているが、誰も声を上げず平然としている。」イラクの独裁者と同じく、ビンラディンはパレスチナ人の苦境を自分の目的のために利用した。しかし彼の動機はパレスチナ問題の重要性を損ねることはなかった。彼の願いはアラブとイスラム世界すべての心の琴線に触れた。パレスチナが自由になるまで米国に平和はないと断言することによって、包囲されたビンラディンはパレスチナに関するアラブの要求を政治課題に据えることに成功した。

ヤセル・アラファトは恐ろしい9・11テロ攻撃を非難した最初のアラブ指導者だった。彼はクウェートを侵略したサダム・フセインを支持したことで大きな代償を払っていたので、再び同じ過ちを犯すつもりはなかった。アラファトと彼の同僚とすべての思慮深いパレスチナ人は、国際テロの「明けの明星」ビンラディンから距離を置こうとした。ビンラディンの西側に対する戦争は宗教戦争であるが、イスラエルに対するパレスチナの闘争は、宗教的次元は否定できないにしても、本質的に政治的国家的闘争である。パレスチナ人は、ビンラディンによる見境のないテロと、彼らが自衛の暴力に依存していることとの間に、厳密な境界線を引いた。彼らがさらに区別したのはイスラエルの暴力であった。パレスチナ人がイスラエルの暴力を違法とするのは、その暴力がパレスチナの土地占領とそれに対するパレスチナ人の抵抗を永続化させるのが目的だからである。

米国はダブルスタンダード、すなわちつい最近までイスラエルにだけ都合の良いテロの定義をしてきた、との非難を浴びている。アラブとイスラム教徒は「占領への抵抗運動をテロから除外する」というテロの新しい定義をかねて追い求めてきた。そのような新しい定義がなされないからこそ、アラブ諸国が米国主導の対テロ連合に積極的に応じることができないのである。

明らかに、アフガニスタンでの戦争とパレスチナでの紛争の間には繋がりがある。アラブ民族やイスラム教徒の大多数にとって、パレスチナは中心課題である。米国のアフガニスタンにおける戦争に対する彼らの態度は、米国がパレスチナ問題でどのような立場をとるのかによってほとんど決められた。アラブ側の支配的認識は、米国はダブルスタンダードであり、イスラエルに適用される基準と、パレスチナ人に適用される基準とはまったく違うというものだった。その結果、米国は国際テロに対する戦争で明白なアラブの支持を得られなかった。なぜなら米国はパレスチナに関するアラブ穏健派の要求、例のクリントンの「パラメーター」

を満たさなかったからである。すなわち、独立した主権国家パレスチナの境界を決定すること、難民の帰還を許すこと、イスラエルとパレスチナの間でエルサレムを分割すること、などの取り決めである。ブッシュ大統領はアフガニスタンでの戦争を正当化するために国際的正義を呼び起こす重大な一歩をとった。首尾一貫するため、彼はパレスチナ人に対しても正義の同一基準を維持しなければならなかった。言葉だけの約束ではもはや信用を得られない。ブッシュの父親は湾岸戦争後にパレスチナ人のための正義を約束したが、それを実現できなかった。ブッシュ自身も言葉ではなく行動で審判されるだろう。

結　論

過去一〇年間のイスラエル・パレスチナ紛争への米国外交政策を簡単に調べてきたが、いくつかの結論が導き出せる。第一に、自分たちの力では両者がこの一〇〇年にもわたる紛争を解決に至らしめることは不可能である。両者は二〇〇一年一月にエジプトのタバで世界の注目を集めつつ接近はしたが、結局和平まで漕ぎ着けなかった。第二に、アメリカ的道徳や物理的軍事的援助を使って、和平合意の前進をイスラエルに確信させるという米国の政策は、望ましい結果を達成できなかった。もっともよい証拠がビル・クリントンである。イスラエルのある新聞によれば、彼は最後のシオニストであった。しかし彼でさえイスラエルをおだて最終的解決に持ち込めなかった。クリントンがだめなら誰にもできない。和平進展の唯一可能な道が残るのみである。それは外部から解決を持ち込むことである。

外部から強制された解決策はイスラエルにとって強制的で残酷に思えるが、決してそんなことはない。なぜならそれがもし本当に残酷なものなら必ず逆効果になるからである。和平進展の鍵は、イスラエルの世論を変えて、占領を終わらせパレスチナ人に本物の民族自決権を認めることに賛成することである。あり得ないことに現在は見えるが、そのような変化は想像不可能ではない。パレスチナが国家であるという考えに、イスラエル国民は右翼政治家ほど抵抗感をもっているわけではない。最近の選挙でアリエル・シャロンは安全を伴った平和を公約したが、安全も平和も果たしていない。今日、シャロンは相手側が許容できる僅かなチャンスのある計画ももっておらず、そのことは自分でもよく分かっている。したがって、彼は最終地位交渉の再開に頑固に反対している。それと同時に、シャロンは連立パートナーから非常に激しい圧力を受けている。左派は西岸地域を放棄するように圧力をかけているし、右派はそこを再占領するよう彼に圧力をかけている。シャロンの第一目的は自分自身の生き残りであり、そのことが西岸地区からの自発的撤退という選択を妨げている。過去においてもしばしばそうだったが、そこで再び、和平プロセスはイスラエルの国内政治の人質にされているのである。

米国だけがイスラエル政治の行き詰まりを打破できる。もし米国がしなければ誰もしない。イスラエルの友人としての米国の信任は申し分がない。一九六七年以来、米国はイスラエルに九二〇億ドル以上の援助をしており、年平均三〇億ドルを援助し続けていることになる。米国は、国連や欧州連合（EU）やロシアやアラブ同盟国を巻き込んで、猛烈な努力をしてシャロンが政治の前面で前進するように内部的圧力を生み出すべきである。米国自身の指導的役割が決定的に重要である。この教育的キャンペーンでイスラエルを納得させる重要ポイントは、米国がイスラエルの安全と福祉に関与し続けること、そして西岸地区とガザの占領を終わらせることで危険に晒されるのではなく、むしろ国家の安全が高められると説得することである。

シャロンはイデオロギーに取りつかれているので、公然と大声で抗議するに違いないが、米国がシャロンに和平交渉への道を歩ませることができれば、恐らく米国はかえってシャロンに良いことをしたと感謝されることになるだろう。さらに、かなり多くの思慮深く分別あるイスラエル人は、シオニストの政治目標を破滅的に歪めてきた三五年間の植民地的冒険から解放されて米国に感謝するだろう。結局は、ジョージ・ボールが『フォーリン・アフェアーズ』の記事でかつて述べたように、これはイスラエルをイスラエルからいかに救うかという問題なのかもしれない。

第16章　アフガニスタンの復興

ウィリアム・マレイ

タリバンの壊滅は、アフガニスタンが国際社会の一員に復帰するための、第一段階を意味するにすぎない。アフガニスタンの抱える問題は深刻で、復興は単純な課題ではない。そのためには、国家組織の再編、指導層および大衆レベルにおける信頼の回復、略奪をする軍閥の脅威の克服、破壊されたインフラの再建、そして数十年に及ぶ戦乱のあいだ大半の人口を支えてきた互恵主義の規範と市場メカニズムを崩壊させることなく、最も脆弱な人々の緊急のニーズに応えることなど、相互に絡み合った諸々の課題を達成する必要がある。そしてこうした諸課題全てが、長期的な援助額の見通しが立たない中で、また、戦争体験で心に深い傷を負った極めて多数の一般国民の期待が高まる中で、遂行されねばならない。それはどんな統治者にとっても容易なことではないが、長年国際社会から無視され続けた後にようやく政権についた統治者にとってはなおさらだ。

オサマ・ビンラディンのアルカイダがアフガニスタンに根を張ったのには様々な要因があった。一九八〇年代、ビンラディンはペシャワールで過ごし、アフガニスタンのアラブ志願兵を支援した。しかしこの時、彼に米国の後ろ盾があったという証拠も、彼の支援したアラブ人が反ソ抵抗戦で重要な役割を果たしたという証拠も無い。とはいえ、ビンラディンはアフガニスタンにある種の義務感を感じており、スーダンでの活動が行き詰った後は、当然のごとくアフガニスタンに向かった。そして、パキスタンの後ろ盾を得て九四年後半に結成されたタリバンの支援もした。つまりタリバンは、ビンラディンが提供した多額の資金を使って、九六年九月のカブールへの最終攻撃の一環として、地域の有力者を〝買った〟のだ。そこでビンラディンは、タリバンから、パシュトゥン族の掟であり、部族の中心的特徴をなす親切なもてなしを受けた。因みに、タリバンの病理的、反近代主義的、新原理主義的中核は、パシュトゥン族としての連帯意識からタリバンを支持した元共産主義者と日和見主義者の混成集団によって膨らんでいた(1)。

ビンラディンにとっては、タリバンの支配地域に集まってきた他の複数の急進的集団との繋がりも有益だった。なかでも、パキスタンの支援を受けたカシミール人戦闘員が挙げられる。パキスタン政府は、自国ではなくアフガニスタンで、自らの関与を「もっともらしく否定できる」やり方で、彼らが訓練されるのを歓迎した。しかし、タリバンとアルカイダが、同時にアフガニスタンで台頭した最大の要因は、アフガニスタンの国家組織の崩壊だった。国家組織の崩壊は次の二点において、そうした動きを助長する。第一に、国家組織が崩壊すると、利己的な近隣諸国による内政干渉を許してしまう。仮に、穏健派イスラム勢力が有効な国家機能を継承していたら、タリバンがパキスタンの支援を得て政治的足がかりを確保する可能性はなかっただろう。第二に、国家組織の崩壊は、国内の政治的指導者と国際社会とのコミュニケーションを歪めてしまう。タリバンは国際社会についてほとんど何も知らず、無知から生じる問題を軽減する機会が限られていた。恥知らずにも、ビンラディンはそういうタリバンを利用し、高い代償を払わせたのだ。

国家組織の再建

したがって、アフガニスタンの抱える最大の課題の一つは適切な国家組織の再建だが、この課題は、単に「政府」をつくるよりずっと困難だ。なぜなら、アフガニスタンでは、何年も前から国家組織が実質的に存在していなかったからだ。一九八〇年代を通じて、歴代政権は、七九年一二月に侵略してきたソ連に依存したが、九一年末からはこの生命線が分断されて危機的状況に陥り、九四年四月の共産主義政権の崩壊につながった(2)。以来、アフガニスタンは様々な勢力の乱立状態で、統一国家は存在しなかった。タリバンの崩壊を受けて、二〇〇一年一二月五日、ドイツのボンで、アフガニスタンの反タリバン組織間の協定が結ばれたが、これによってアフガニスタンを政治的発展の新路線に乗せ、「勝利」の成果を配分するのではなく、国家組織を再建すべく方向づけがなされた。ハミッド・カルザイ氏を議長とする「暫定政権」は国家再建の過程を開始する責任を負っているが、ボン協定は二〇〇四年六月までに自由で公正な選挙を実施することを目指してその手順を定めている。この移行過程の目的は、基本的な国家機能を再建し、それに十分な合法性を与えて、長期的に維持することだ。

新生アフガニスタンにおいて「民主主義」は可能なのだろうか。それはそもそも幻想だという者もいるし[3]、確かに、民主主義が機能するには、単に選挙を一回実施する以上の、ずっと多くのことが求められる。更に、政治のルールに関する基本的合意が形成される前に選挙を行うと、扇動に影響されかねない。とはいえ、一般国民が統治者を流血なしに変える手段をもつという民主主義の基本原則はとても重要であり、あまりにも長い間この基本的権利を否定されてきたアフガニスタン人にとっては特に大きな意味をもつ。その上、選挙はボン協定の基本事項であり、その放棄は移行過程の挫折につながりかねない。

良かれ悪しかれ、とにかくアフガニスタンは民主主義への道を歩み始めた[4]。ただし、その枠組みの中で重要な選択が求められており、それは政治理論に関する次のような重大な問題を提起する。国家機能は広範囲に及ぶべきか、限定されるべきか。中央集権か地方分権か。立憲君主制か、大統領制か、議院内閣制か。選挙制度は多数決主義か比例代表制か。政治制度は、民族に基づく連合を目指して設計すべきか、超民族的な同盟形成を目指すべきか。国家組織と市民社会との相互関係をどうすべきか。こうした問題に関する選択はアフガニスタン国民の手に委ねられており、彼らの知恵がこの国の将来を大きく左右するだろう

指導層の十分な安定確保が重要な課題だ。移行期になされる政治的選択はその重要さゆえに、意見の相違

が必ずといっていいほど生まれるものであり、信頼の度合いが低いと復興への求心力が失われる危険がつきまとう。ゆえに、権力の集中を避けることは長期的には賢明な戦略だが、[5] ここで重要なのは、指導層を形成する各グループがボンで受け入れた約束を固く守るよう、またボン協定に参加しなかったグループがボン・プロセスを唯一有効な方法として受け入れるよう、国際社会が動機づけをすることだ。その方法の一つは外国援助であり、もう一つは中立的な治安部隊の配置だ。治安部隊は、相互不信から不安にかられた勢力が、先制攻撃される前に「敵」に先制攻撃を加えるといった、国内の治安上のジレンマを解消するのに有効だろう。これが英国主導の国際治安支援部隊（ＩＳＡＦ）の（たとえ明言されていないにしても）重要な目的だ。

アフガニスタンの国軍再建支援は国際治安支援部隊（ＩＳＡＦ）の重要な任務だが、同様に重要なのが、有効な国家警察だ。一般的に軍隊は外部の敵を滅ぼしたり抑止するために用いられるが、警察は最小限の強制的手段による法の執行に携わる。警察の任務は法治への信頼を築くことであり、警察力は、大規模に悪用される危険があるとしても、市民生活の繁栄の重要な土台を提供する。ハミッド・カルザイ氏は、一九七八年四月の共産主義者によるクーデター以前に、アフガニスタンが国家としての権威を失う一因となった汚職の蔓延に対して、徹底的に戦う決意を示している。汚職と縁故主義は、数十年に及ぶ戦乱の重荷を克服しようともがく組織で働く役人には、収入源として極めて魅力的だが、それは特に公平なサービスと公正の概念を冒してしまうために、広範に大きな害を及ぼす。

この意味で注目すべきなのは、ボン協定が、公務員委員会、司法委員会、人権委員会という、今まであまり議論されたことのなかった三つの重要な組織を設立したことだ。ドナーにとっては綺麗な写真として記録可能な、形のある施設の建設に資金を出す方が魅力的かもしれないが、この三つの委員会の日常活動資金が十分に供給されるようにすることが大変重要だ。なぜなら、「守護者を守護する」ための建設的な権力の分散メカニズムを提供するからだ。万一これら委員会の力が衰えるようなことがあれば、それは悲劇となるだろう。

経済的、社会的復興

アフガニスタン復興には莫大な資金が必要だ。二〇〇二年一月二一、二二日に東京で開催された復興支援閣僚会議に向け、アジア開発銀行、国連開発計画、世界銀行が共同で行った研究によると、今後一〇年間に必要とされる復興資金は一四六億ドルから一八一億ドルに上ると推定されている。(6) アフガニスタン国内のインフラの被害は深刻で、道路、水の供給、航空、エネルギー、通信設備はすべて危険な状態だ。(7) 特に懸念されるのが保健医療体制の崩壊ぶりで、これはプライマリー・ヘルスケアーにも高度医療にも見られる。信用できる基本データが不足してはいるが、一〇〇万人のアフガニスタン人がなんらかの障害を抱えており、結果として多くの家計を圧迫していると推測されている。平均寿命はたった四四歳で、乳幼児死亡率は世界最低水準にある。医療の次にアフガニスタン人自身が常に重要と考える問題は教育、特に初等教育だ。現在の初等教育の就学率は男子児童が三八%、女子児童ではたった三%にすぎない。教育は、何十年に及ぶ戦乱の結果アフガニスタン人が陥ってしまった状況からの脱出手段だと広く考えられている。

一九九四年後期のタリバンの台頭は、アフガニスタンでの権益を強化する新たな手段を獲得したいというパキスタン政府の思惑に大きな影響を受けていたが、同時に、様々な商業関係者からも強い支持を受けていた。特に密輸業者と麻薬生産者は、自分たちの品物の運搬経路を確保してくれる勢力としてタリバンを支持した。このためアフガニスタン経済の「犯罪化(criminalization)」は深刻なものとなった。(8) 問題は「不法な(illicit)」活動に従事する労働力の比率という点ではなく、むしろ国民所得全体に占める不法生産高の割合だった。

タリバンがケシ栽培を禁止した生産者は比較的少数だったにも拘らず、一九九九年に四六〇〇トンもあったケシの生産高が、二〇〇一年にはわずか一八五トンにまで落ち込んでしまった。したがって今こそ、アフガニスタンが麻薬の国際市場から足を洗う絶好の機会なのだ。しかし、個々の栽培農家は大変な窮地に立たされており、有望な転換作物が見つからない限り、再び大規模なケシ栽培に走ることは確実だ。全く意外なことに、一九九九年の旱魃以前には農業分野でいくつかの目覚ましい実績を上げており、九八年には穀物生産高が三八五万トンに上った。しかし、旱魃によって穀物生産高が四〇%も減少したので、国際社会は、最も犠牲となりやすい人々に物資が行き渡るよう介入する必要があると同時に、農家の商用穀物生産意欲を削いでしまわないような配慮が必要だ。

過去二〇年の大半がそうであったように、今後も市場が、多くのアフガニスタン国民の、主要な生計手段であり続けるだろう。アフガニスタン経済が「崩壊」してしまったというのは正確ではない。個人的な生産と交易が今も数百万の人々の日常生活を支える柱だ。もっとも、市場には幾つかの改善すべき点もある。まず、運輸・通信インフラの改善によって取引範囲が拡大する。第二に、国家が再建されれば、取引上の争議を裁く制度が整備され、不法行為に対して刑罰を執行することが可能になる。第三に、有効な金融部門が成長すれば、貯蓄が動員できる。アフガン国内の一部の人たちの貯蓄は相当な額に上るが、今は投資資金として使うことはできない。他方、伝統的な公共事業の一部の民営化について慎重に検討すべきもっともな理由がある。たとえば、アフガニスタンのためのスウェーデン委員会（Swedish Committee for Afghanistan）など幾つかの非政府組織（ＮＧＯ）は、アフガニスタンの地方の学校経営ですばらしい成果を上げており、こうした例に倣おうとする地方の教育事業家がいないとも限らない。

復興の過程で社会資本を劣化させないことが大変重要だ。アフガニスタン社会では相互扶助は極めて強力な規範であり、とりわけ家族構造の中で著しい。アフガニスタン社会の強さ、特に外部の脅威に直面したときに生まれる社会の構成単位の団結力よって、アフガニスタンに侵攻した旧ソ連は散々な目に遭わされた。これに比べ、二〇〇一年の米国の干渉はもっと上手くいった。それは非常に多くのアフガニスタン人が、タリバン政権を倒し、パキスタンの「密かな侵略」の結果から自分たちを救い出してくれる外部勢力を待望していたからだ。高度の社会資本は復興過程を円滑にするので、個々のプログラムやプロジェクトを、社会資本の発達に役立つように設計することが大切だ。この点で特に有効な活動領域は地雷除去であり、国連とアフガニスタンNGOとの創造的なパートナーシップが、国家の上位目標を追求するための協力の場をもたらしている。

女性は復興の担い手として、特に重要な役割を担っている。(9) 都市出身の教育のある女性は、タリバン政権下で極めてひどい扱いを受けた。ただ、この女性に対する差別政策は、女性から教育要員や保健要員の役割を奪ったことがアフガニスタンにいかに大きな損害を与えたかを国際社会に訴える効果はあった。(10) 暫定政権では、女性は象徴的な意味で重要な地位を与えられているが、さらに開かれた態度が新しいシステムの上層部からアフガニスタン社会の隅々にいきわたるには、まだしばらくの時間が必要だろう。他の発展途上国の例から考えて、零細企業を起こしたいと考える女性への小規模融資を奨励してもよいかもしれない。

復興過程における脅威

復興における第一の脅威は軍閥の復活だ。これは、アフガニスタン南東部のタリバンの潜在的対抗勢力だと売り込んできたグループに、米国が不用意に資金援助したことが一因だ。軍閥は徹底的な略奪戦略を追求し、略奪品の一部を仲間に与えて支持を固める。こうしたやり方に対する軍閥の熱意は、犠牲者の略奪根絶への願いを大抵は凌ぐものだ。したがって、軍閥を粉砕するには国家権力を行使するか、あるいは軍閥の協力を得る代わりに略奪の儲けより価値のある報酬（例えば、国の要職のような）を支払う必要があるかもしれない。こうしたやり方は共に危険をはらんでいる。

後者には「モラルハザード」の問題を招く恐れがある。つまり、一部の者に金を与えておとなしくさせると、他の者たちが金目当てに暴れだすことになりかねない。

一方、前者には、未発達の国家機関に対して武力を行使するという、もっと直接的な略奪行為に軍閥を駆り立てる危険がある。軍閥の排除ないし無力化が目標だと宣言してもほとんど益がない。かえって先制攻撃を招くだけだ。しかし、中央政府が徐々に力を蓄えてくると、非協力的な軍閥の負担が増大する可能性がある。ここで重要なのは対応策の順番だ。初期段階では、軍閥に打ち勝つ手段として、政府機関を強化することが重要だが、[11] 長期的には、合法的コミュニティーや統治関係機関に権力を分散することが重要だ。どちらも時間がかかる。他の国と同様、アフガニスタンでも時間は不足している。

第二の脅威は、ここ数年来アフガニスタンにみられる技術の喪失だ。アフガニスタン人の多くが起業家精神旺盛で、タリバン政権の思いがけない崩壊で生まれたチャンスを喜んでつかまえるのは間違いない。しかし、数百万もの人々は未だ難民として近隣諸国に留まっているか、あるいは国内避難民となっており、難民キャンプは、アフガニスタンの若者たちが実際的技術を習得して有能な農民や牧夫に変わるには適当な場所ではない。人的資源を再構築する過程は骨の折れるものであり、未熟練労働者が軍閥に加わろうとする誘惑は大きいかもしれない。また、難民の帰還も混乱を引き起こす可能性が大で、財産権や共有資源へのアクセス、あるいは新しい政治組織での仕事をめぐる争いなどが予想される。

更にもう一つの脅威は、アフガニスタンに関する文献では事実上とりあげられていないが、戦争によるトラウマ（心的外傷）の問題だ。アフガニスタンでは、非常に大勢の人が心的外傷後ストレス障害（PTSD）を発症しているか、または発症する危険がある。こうした症状について診断や処置を施してくれるところはほとんどない。結果として、多くの人が心に傷を抱えており、自分では理解することもコントロールすることもできない感情の波に呑まれる傾向がある。アフガニスタンでは文化的な理由から、こうした悩みは気軽に口にしたり、仲間から本当に理解されることがあまり期待できない。しかしこれは、非常に現実的な意味で、心理学的時限爆弾だ。悲しみや無力感そして自尊心の喪失といった諸問題への対処法は、抽象的に述べるのは容易だが、それを具体化するのは極めて難しい。こうした症状に出会ったとき、その裏に隠された悩みに敏感に反応できるよう、国際団体のスタッフに十分に講義しておくことが間違いなく重要だ。

また、人々の期待の急激な高まりで、新政府が全く対処できないような要求に直面する危険もある。そして、不充分な対応が原因で権威が失墜すると、その損失は、ボン協定の手順により「法的、合理的」正当化によって克服するには大きすぎるだろう。したがって、国際社会とアフガニスタン当局は、ラジオその他のメディアを通して、事実を伝える情報を人々と共有することで、人々の期待を現実的なものに止めるよう協力することが大事だ。プロセスが透明だと、秘密主義より擁護しやすいだろう。同時に、過去の複雑な平和構築の実施過程の中で明らかになった、一部の弱点を避けることも重要だ。つまり、組織上ないし実務上の回避可能な手違いから、あまりにも重要な移行過程を万が一にも損なうことがあれば、それは悲劇的だ。

国際的に特に重要なのは、国際社会がアフガニスタンに関わり続けることだ。アフガニスタンの人々は過去に見捨てられた苦い経験をしている。とりわけ一九九〇年代には、米国がアフガニスタンから撤退したために、不体裁なパキスタンの干渉と米国の石油・ガス企業の野望の餌食にされた。アメリカ人は二〇〇一年九月のテロリストの攻撃を受けて初めてクリントン政権の愚行を悟ったが、不幸にもアフガニスタン人はずっと前からテロリストの攻撃にさらされてきたのだ。

暫定政権設立の熱狂はやがて過ぎ去り、諸々の問題が確実に現れてくるだろう。この時こそ、国際社会がアフガニスタンを見捨てないことが重要だ。もしもう一度見捨てられれば、その打撃は計り知れないだろう。特に重要なのは、アフガニスタンの統治者を決める権利を主張できる時代は終わったと、パキスタンが認識することだ。モスクワを除けば、イスラマバードほどアフガニスタンに惨状をもたらした首都はない。しかも、イスラマバードが多年にわたる搾取で手にした利益は無に等しいことが分かった。パキスタンは広くアフガニスタン人の不信を買っているが、パキスタンの指導層は現在、多くの罪のない人々の命を犠牲にしてきた地元の急進主義者の問題に直面している[12]。

アフガニスタンと周辺諸国の安定化を望む国にとって、アフガニスタンの国際部隊を拡大することへの積極的な姿勢が特に重要だ。ブラヒミ国連事務総長特別代表が、ＩＳＡＦをカブールに限らず他の地域にも拡大するという提案を「安保理が前向きかつ緊急に検討する」べきだと、二〇〇二年二月六日の国連安全保障理事会への報告で述べたことは驚くに当たらない。一般のアフガニスタン国民はＩＳＡＦの規模と活動地域の拡大を圧倒的に支持している。また、暫定政権の有力者もそうした提案を支持してきた。新政府が基本的な安全を保障できないとなれば、そのような脆弱な権力は簡単に信用を落してしまうだろう。

よって、こういうときにこそＩＳＡＦの役割が大変重要であり、「妨害者」と直接戦うだけでなく、新政府よりも反政府側につこうとするアフガニスタン人の「気を削ぐ」ことが期待される。しかし、国際部隊を容易に支援できる国々が、他国が先に支援するのを待つようであれば、ボン会議と移行過程の開始で生まれた勢いも失われかねない。アフガニスタンに楽観できる根拠はあるだろうか。確かに、長期的にはある。アフガニスタンはたいへん大きな進路変更を成し遂げた。しかし、ブラヒミ特別代表が上記安保理報告で述べたように、「その道のりはまだまだ長く、危険に満ちている」。アフガニスタン国民を放置し、その道のりを独りで歩かせてはならない。

第17章 「国家―国民」関係――9・11以後のアジアと世界秩序

アミターフ・アカーリャ

9・11と米国の対応が二一世紀初頭の世界秩序をどのような新形態にするのかを最終決定するのは、地政学や文化ではなく政治である。これらの事件が「文明の衝突」、もしくは少なくとも国家間の新権力抗争の到来だと見る人は多い。しかしイスラム教世界・非イスラム教世界にかかわらず、9・11は「国家―国民」関係に最も深い影響を及ぼし、権威と合法性を求める新たな闘争が姿を現すことになろう。

アジアは世界で最大の多文明大陸であり、米国という超大国が今後戦争を起こす可能性が高い唯一の地域であり、専制政治の最後の最前線であるが、9・11が世界秩序に与えた影響を評価する重要な窓口を提供している。9・11と、米国によるタリバン政権への攻撃に対するアジア諸国の対応は、必ずしも文明境界線に沿ったものではなかった。さらに重要なのは、9・11への反応は、国家と国民の関係よりも、政府間関係に大きな収斂を示している。したがって、アジアにおける9・11の最大の遺産は、「国家―国民」関係の新形態になるだろう。多面的な戦線で戦われる対テロ戦線と、自由や普通の生活を求める要求願望とを、国際社会がどう調和させるかによって世界秩序の新形態は決まるのである。

何故これが文明間の衝突ではなかったのか

サムエル・ハンチントンは『ニューズウイーク』誌の論考で、「9・11と米国の対応への反応は厳密に文明境界線に沿ったものであった」と主張している。しかしアジアからの証拠では、少なくとも政府対応はまったく異なっている。ハンチントンが指摘したように、西側諸国政府と国民は米国への「圧倒的支持」「対テロ戦争」への結束を約束したが、[1] 他方、米国に軍事施設を真っ先に提供したなかにはインドやパキスタン政府があった。イスラム教国であるパキスタンは後方支援の最重要結節点となって、タリバン政権に対する米国の勝利を保証したのだった。

イスラム教国を含め各国政府は、米国に対するテロリストの攻撃を非難しただけでなく、米国がタリバンに対して報復する権利をも認めた。中央アジアのイスラム教国政府は米国への物資や後方支援を申し出ることで民衆の反発に立ち向かった。サウジアラビアからパキスタンまで、イランからインドネシアまで、イスラム教国はみなオサマ・ビンラディンの神学から距離を置いた。パキスタン大統領ムシャラフは、国内過激派がイスラム教に汚名を着せパキスタン創始者アリ・ジンナーの近代的理想像を脅かすものだと非難した。イランはここ数十年「巨大な悪魔」に対するイスラム教の革命的聖戦の先頭に立ってきたが、タリバンのイスラム教の資格に軽蔑を隠そうとしなかった。

9・11の対応に際し、国家は文明としてよりも国家として行動した。[2] ヒンズー教国インドからイスラム教国インドネシアまで、仏教国タイからカトリック国フィリピンまで、政府の対応は同じであった。米国とテロリストのどちらをとるかと問われて、おしなべてワシントンの側についた。イスラエルに対する米国の支持には同意しかね、アフガニスタン戦争で民間人の犠牲者が出ることを心配し、米国の軍事的経済的世界支配を懸念するにもかかわらず、また多国間協調主義と連携構築を軽視するというブッシュ政権の決定にも拘らず、こちらの道を選択したのである。

各国政府がそのような行動をとったのは、彼らの文化的傾向や文明的類似性よりも実利主義や行動原理に重点があることを物語っている。国益、政権維持、国際的行動の近代的原理が、原初的感情や宗教的一致に優先したのである。例えばパキスタンは待望の米国支援と軍事政権への事実上の承認を獲得した。インドネシアもその駆け出し民主主義への経済的政治的支援を受け取ることになったが、それは米国にとって人口では世界最大のイスラム教国インドネシアの支持が米国の対テロキャンペーンを合法化するためには極めて重要だったからである。サウジアラビア政権は、パキスタンと共同でタリバンを作り出した経緯があるが、「安全保障は米国に従え」という命令にただ従っただけであった。イランは近隣から非友好的政権を除去する好機と見て、東の国境線を越えて勢力を拡大した。

政府のなかには、国内的安定と政権維持への関心が決定的であることを証明したところもあった。マレーシアやパキスタンで対テロ戦争は、政府権力に挑戦し社会混乱を引き起こした国内のイスラム過激派を政府が抑える絶好の機会となった。マレーシア首相マハティール・モハメッドはマレーシア人の聖戦支持者がアフガニスタンに行ってタリバンと共に戦うことを阻止した。タリバン政権とその支持者による聖戦への広範な呼びかけを拒否して、イスラム教国家の中には利益を考えて行動した国もあれば、主義に従って行動した国もあったが、大部分は両者を考えて行動した。多くの国は米国の反撃を国連憲章五一条「国家の自衛権行使」として承認した。しかしタリバン政権には同じ権利を与えなかった。タリバン政権擁護者が、テロは「不正で反イスラム教的で圧倒的力を誇る帝国主義者に対する弱者の合法的な武器である」と主張したにも拘らず、国益と民益の結合が依然として国際関係の基礎だったのである。国際関係の指導的動機としては、宗教と文明が、実利・利益・主義に取って代わることはできないのである。

「文明の衝突」理論はイスラム教による反乱がある程度同一であると想定するが、同一性を保有しないのは明らかである。イスラム教あるいはテロリスト（あるいはその両方）という烙印を押されている多くの過激派グループは、自国政府が米国と同盟していようがいまいが、自国政府と闘っている。したがってマレーシアのイスラム戦士は、反西側外交政策の言説で有名なマハティール政権に取って代わるイスラム教国家をつくろうとしている。したがって、文明間の衝突というよりも文明内部の衝突の典型的な実例である。フィリピンのアブサヤフは宗教的心情からではなく、主に金銭的目的で行動している。アチェの武装反乱軍は宗教的目標ではなく、政治的目標を追求している。

9・11以後の大国の地政学

ハンチントンの文明論の代わりに、伝統的な大国間の競争とくに大国の地政学の問題として9・11の影響を見てみるのが有効かもしれない。東アジアの主要な戦略的対立になっている米中関係に与えた影響は顕著である。この対立では中国が様々な戦線で「敗者」になったと地政学専門家は見ている(3)。パキスタンは以前に比べると中国に依存しなくなっているし、インドの中国に対する戦略的地位は、インドの対テロ戦争への米国の同情と支持で強化され、アフガニスタンにおけるインドの影響も増大した。中国の不安定さは、東南アジアと中央アジアで劇的拡大を遂げた米国の軍事的進出によってさらに高まった。特に中央アジアで中国はこれまで苦労して独自の反テロ同盟を築きカスピ海の石油を独自に長期的に確保する途上にあった。このような事態の展開は、米国がアフガニスタンで恐ろしいほど誇示しているだけに、なおさら中国を再び不安定にさせ、米中の戦略的競争を複雑化悪化させる。中国と日本の戦略的緊張もまた強まっている。米国のタリバン攻撃を支持して作戦行動をとるという口実で日本海軍はインド洋水域に入った。この件と日本・インド間の深まる防衛の結びつきは、中国の懸念と怒りを増加させる。

これらのことはアジアの地域的安全の土台を崩すことになりかねない重要な変化であるが、その影響はいくつかの事態の進展によっては相殺されるだろう。米国のヘゲモニーが強化されると地域紛争への有効な抑止力として働く。米国は、アジアと世界における最も危険な一触即発の可能性のあるインドとパキスタン両国への影響力を強化することによって、その競争を抑止する空前の力を手にしている。国境を越えたテロに関する米ロの新理解は、ミサイル防衛と少数民族の権利に関する両者の戦略的な隔たりを狭めた。米中関係も同じような方向に進むかもしれない。

アジアの至るところで、国境を越えたテロネットワークは、国家が安全保障の新たなネットワークをつくるための共通の脅威として役立っている。このことはすでに東南アジアにおける米国の新しい戦略的関与に繋がっており、その地域の民衆一般がそう思っていなくとも、地域の政府はアメリカの関与を地域的安定のための肯定的な力とみなしている。マレーシア、シンガポール、インドネシア、フィリピンは、テロの脅威から、国防情報機関の責任者による最初の多国間協議をすでに開催したのである。

9・11以後の「国家―国民」関係

9・11は国家間と文明間の関係に変化を与えたが、その変化は、「国家―国民」関係に内在する原因とその結果が「国家―国民」関係に及ぼした影響（および潜在的影響）と比較すると、まったく見劣りがするものだった。このことを示す道標がいくつか現れている。最初の道標は、政府と国民の側の9・11への多様な感情と反応である。サウジアラビア、マレーシア、パキスタン、インドネシアを含めてイスラム世界の至るところで、国民社会は自国政府ほどの共感や支持を米国に対して示さず、民衆の怒りの多くは自国政府に向けられた。特にこれまで米国側に立ってきたりアフガニスタンでの米国の軍事行動を非難してこなかった政府に対してはそうだった。米国のイスラエル支援に対する民衆の怒りは、自国政府が米国への理解や支持を表明するのを、不可能にはしなかったが困難なものにした。インドネシアのメガワティ大統領は大々的にホワイトハウスを訪問し米国との結束を示したが、国内ではこの立場に反対の声が上がり、ついに米国のアフガニスタン攻撃を批判せざるを得なくなった。マレーシアのマハティール首相が、自国民がアフガニスタンに行ってタリバンと共に闘うことを阻止した後で、アフガニスタンでの米国の軍事行動を同様に非難したのは、国内圧力のせいであった。対テロ戦争がこのように対立するのは、政府間関係ではなく、政府と被支配者の関係である。

9・11の犯人は米国のヘゲモニーへの憎悪と同じほど自国政府への憎悪によって行動を起こした。オサマ・ビンラディンが本格的大規模なテロへと戦術変化の口火を切ったのは、彼の有名な米国嫌悪ではなく、サウジ王室の独裁政治への嫌悪であった。9・11テロリストの首謀者モハメド・アタは、彼のドイツ人の友人によれば「ホスニ・ムバラク大統領とその取り巻きの前陸軍将校、そして一握りの金持らによる独裁的政府に激しい敵意」をいだいていた[4]。世界中の「ビンラディン」を育てるような反米主義は、中東の独裁主義と手を携えている。つまり中東政府は自らの抑圧的支配から国民の注意を逸らすためにメディアを通じて日常的に反米感情を炊きつけている。この意味で米国の対テロ戦争は、エレン・アムスターが指摘するように、実のところワシントンがイスラム教急進派とアラブ諸国政府の闘いの仲裁に入っている戦争であるともいえる[5]。

テロと独裁政治の関係はアジアではずっと議論になってきた問題であり、9・11以後の変化する「国家―国民」関係の重要な一側面である。過去、民主主義についての論議は、「民主主義が発展に役立つか」「民主主義への移行（インドネシアでのような）が地域混乱の触媒ではないか」といった問題に集中していた。9・11以後のアジアの民主主義に関する議論は次のふたつである。民主主義の欠如がテロの「根本原因」なのか。逆に民主主義はテロに効果的に対処しようとする国家の手足を縛るのか。

最初の質問に、現在は職を追われ収監されているマレーシア前副首相アンワル・イブラヒムは次のように指摘している。「オサマ・ビンラディンと弟子たちは絶望の子供たちで、平和的手段による政治的闘争が役に立たない国から出てきている。多くのイスラム教国では政治的意見の相違は絶対に違法である」[6]。アンワルは自らをマレーシア独裁政治の犠牲者だと見ていて、彼の意見は未解決の国内問題を反映している。テロと民主主義の問題はマレーシアでは同時に起こり、政府は現在進行中の政治的自由を求める要求に直面する一方、アフガニスタンで訓練を受けた自国テロリストからの深刻な挑戦にも対応しなければならない。マレーシアのイスラム教学者ファリッシュ・ノアはマレーシアのテロと独裁政治を直接結びつけている。

概してイスラム世界における民主主義文化と実践の欠如が、ここマレーシアでタリバン指導者やオサマ・ビンラディン、自国の宗教指導者やオサマ予備軍のような自称リーダーを生み出している。そして政治的自覚と民主主義を理解する感覚が世界中のイスラム教徒の心と頭に沁み込まない限りは、我々は偏狭な狂信者の人質とならざるを得ない。彼らが発言し行動し考えるのは「我々のため」だと主張するが、我々にはそれを確認する術もない。(7)

もし民主主義の欠如がテロを生むならば、民主主義はテロリストの挑戦を先制攻撃で阻止できるのか。イスラム世界の民主主義擁護者の中には「民主主義と民主主義擁護の声がもっと強ければ、民衆の不満が誤って暴力やテロに依存することはなくなるだろう。政治的不満をもつ影響を受けやすい若者の間では特にそうだ」と更なる民主主義を希望するものもいる。(8) 東南アジアでは、タイの前外相スリン・ピツワンはイスラム教徒であり、東南アジアの民主主義の指導的声であった人物だが、民主主義は多元的社会の異民族間調和の条件を広げ、テロの危険を減少させると論じている。「民主主義を強く追求すれば、我々は信仰を十分に実践することもでき、信仰や宗教的儀式をもつ他者とも対等になれる」(9)。

しかし民主主義の批判者はそのような論理では説得されない。米国、イスラエル、インドの例が示すように、民主的統治は国家に多国籍テロに対する免疫を与えない。トマス・ホウマーディクソン［トロント大学］が論じるように、西側先進工業国は複雑かつ相互関連し重要なインフラが密集しているため、テロに特に脆弱である。(10) これらの国が民主主義的傾向をもつか否かはあまり重要な問題ではない。民主主義国家はテロ攻撃を防ぐのに必要な恣意的拘留や強制捜査の類を実行する力を理論上は制限されているからである。

しかしいわゆる「成熟した」民主主義国家では、政府がテロと闘う際の市民的自由という伝統的落とし穴に気づくにつれ、そうした国家に対する制限は減少しつつある。これは例えばザカリアス・ムサウイ事件で証明された。このフランス人のラップトップ・パソコン（差し迫った9・11攻撃の情報が恐らく入っていた）を米国当局が合法的に押さえることができず、世界貿易センターを救うことができなかった。皮肉にもインドネシアやフィリピンのような未熟な新民主主義国がさらにテロに脆弱になるのは、ジョン・アシュクロフト司法長官の米国を真似ることができないからだ。

民主化によってこれらの国は、国内外からを問わず（ほとんどの場合、内外が連携している）テロリストの陰謀や攻撃を受けにくくなったわけではなかった。それだけではなくテロリストに対する主要な武器が国内治安維持法（ＩＳＡ）だけだった地域では最小限の対テロ防御にしかならない。しかしこれは植民地時代の遺物であり、宗教的狂信者と同じほど効果的に政治的反対者を黙らせるために用いられてきたものだ。かくしてインドネシアがテロリスト容疑者を抑えるために隣国マレーシアやシンガポールの真似ができないのは民主化のせいだとされている。（ただしスハルト以後、ひとつの政治勢力として台頭してきたイスラム教や、他の様々な進行中の国内暴力は別である。なぜならこの国内暴力はビンラディンのテロに対して相対的にインドネシア人に免疫を与えているからである）。スハルト時代の悪名高き「破壊活動防止法」廃止後、新民主的憲法の下でインドネシアはふたつの隣国［マレーシアやシンガポール］と類似の国内治安維持法を設けなかった。フィリピンでは国民が過激派の大義に共感していないのに、自国の対テロ戦争に米国の援助を求めることによって、アロヨ大統領はわざと政治的地雷源を歩き、国内の不満を危険に晒した。

東南アジア諸政府のテロに対する対応は、テロリストの挑戦に対峙する際に、民主化が解答ではなく問題の一部だと考える人々に弾薬を与えている。マレーシアとシンガポールの対応（治安維持法による即時拘留）

をインドネシアとフィリピンの対応とを比較すると、民主化した場合はテロ対策の土台が掘り崩されているとも言える。インドネシアの学者イルマン・ランチは次のように述べている。

民主主義が永続的解決策を提供することは本当かもしれないが、もしそれが明確な政策と計画をもたないで実行されるならば、民主化は（過程としては）逆効果にもなりうることは確かだ。が、最善が尽くされれば、政治的な自由を切り拓くものとなり、国民社会が現体制の枠組内で様々な問題を国家と議論することもできる。しかしこれらの国々を民主化する野心的計画は、すでに複雑な問題をさらに複雑にしてしまう可能性もある。(11)

民主主義はテロの原因と対応についての議論で守勢にある（たぶん一時的だが、時が経てば分かる）とすれば、政府が国家安全保障を政権維持の隠れ蓑として使うのを阻止できるのは一体誰だろうか。というのは、たとえそれが短期の見かけだけのものであっても、対テロ戦争は国家の団結と大義という感覚をつくりあげることで、他のあらゆる戦争と同様に、政府が政治的敵対者に策略で勝つチャンスを与える。これが今マレーシアで起こっているのである。対テロ戦争はこのように容易に「自由」に対する戦争に翻訳されることになる。

9・11以後の世界では、テロが便利で包括的な旗印として急速に現れ、その旗印で政府と学識者は国家権力や政権維持へのあらゆる挑戦をひとまとめにして処理できる。民族自決は、冷戦後の世界的政治秩序の賞賛される基準だったが、この歪曲されてしまった政治的知的風土のなかで今や一番の犠牲者となった。このことは中国政府の公式解説者が9・11以後の米国に共感を示す傍ら、チベット人や台湾人がテロを行った記録はないにもかかわらず、新彊ウィグル地区、チベット、台湾で起きている「テロリズムと分離主義」の中国による一掃に米国の理解を求めた性急さを見れば分かる。既に9・11の数ヵ月前に、上海フォーラム（中国、ロシア、カザフスタン、キルギスタン、タジキスタン、ウズベキスタンという地域集団）は「テロリズム、分離主義、急進主義に対する戦いでの各国軍隊および他の権力機構の実質的相互交流」を国防大臣が誓うという共同宣言を出していた[12]。

確かに、テロリズムと民族自決は常に分離可能とは限らない。しかしテロリズムが意味するものが何なのかという共通理解がなければ、政府はテロリズムと分離主義を同一視し、民族自決やテロとは無縁の合法的要求でさえも押しつぶそうとするからである。逆にテロリストの攻撃が民族自決の名において行われるところでは、政府にとって戦術と大義を区別する理由が減少する。世界的な反テロ同盟に属している国々に、「戦術（テロリズム）に対する戦争は、大義を主張する意志（民族自決の要求）を押しつぶして行使されてはならない」などと、誰が言うであろうか。

突然に9・11以後の世界秩序は世界中で人権を蔑ろにし始めた。米国はテロの疑いがあれば外国人居留者は合法不法を問わず拘束し身柄を秘密裏に拘留し、キューバ米軍基地のアフガン戦争囚人にジュネーブ条約の権利（捕虜待遇条約）を全面否定している。このような国は、世界中の人権と民主主義の擁護者としての道徳的優位性を失う[13]。この事件が発するメッセージはアジアの政府、特に人権と民主主義を促進する際に米国のダブルスタンダード（二枚舌）を告発しつつ、他方では、人権規準の普遍性に挑戦しようとしているアジアの政府には、とりわけ重要な意義をもつ。とくに国内の安定性が危険なときには、政府はあまり人権規準を制約だとは感じないだろう（もし政府が以前は独裁政権だったらなおさらそうである）。このことは9・11のもうひとつ別のありうる結果、市民社会的自由の減少をつくりだす。なぜならテロ組織の中にはNGOの地位を要求しNGOの運用方法を採用することで成長したものがいかに多かったかが分かったからだ。

最後に、9・11以後の「国家—国民」関係は「安全保障」の必然的再定義という挑戦を受ける。9・11以前は国家の安全保障問題は「非従来型」問題、例えば環境、難民、移民、人権侵害等へと着実に再設定されつつあった。人類の安全保障すなわち民衆の安全保障パラダイムは、国家（正確には政権）の安全保障に代わるものとして出現していた。国境を越えたテロは非従来型脅威として分類されるだろうが、この脅威への対応は従来型の国家構成に陣頭指揮されている。そして復讐・反撃を武器に、どの国家も社会的諸勢力に対して自らの力を徹底的に再強化している。国家は様々な方法でそれを行う。テロネットワークの経済的命綱を抑制するために金融の流れを抑制したり、出入国管理を厳しくしたり、国境を再軍備したりする。米国とカナダの国境はもはや世界最長の無防備国境ではない。グローバリゼーションと政府と「力の均衡」は、今のところ政府側に有利に傾斜している。

安全保障は別のものに、本質的にはもっと皮肉な方法に変わりつつある。「防衛上の対外的・対内的脅威という伝統的な分割はもはや有効ではなくなった」と、シンガポールの国防大臣トニー・タンは9・11の余波の中で宣言した[14]。「自国の安全」という米国モデルは、シンガポールやアジアや世界の他の地域で根を下ろしつつある。表面的にはテロリストの脅威を破壊することにギアが入っているが、「自国の安全保障」は高度に融通の利く概念なので、「低強度紛争」の脅威や日常生活を統制することなど、すべての局面を含み得る。未来戦争に関する米国の第一人者たちの考えによれば、来るべき対テロ戦争の真のヒーローは、アフガニスタンで使われた超大型気化爆弾「デイジーカッター」や無人偵察機「プレデター」ではなく、米国やその同調国で見られる「広域センサー」である。そのセンサーは「あなたの家のどの電気製品にも街角のあらゆる自販機にも設置可能」で「どんなレストランやデパートにいてもあなたの居場所」をその時に記録している[15]。「デイジーカッター」。超大型の燃料気化爆弾。衝撃波により形をとどめずに消し去られ、至近距離の場合は高熱で焼かれる。あまりに強力すぎるため国際的に禁止すべしとの声もあがっている」。

米国内に広がる不安感を投影して、「自国の安全保障」という考え方は、安全保障アプローチにおける西側と第三世界間の、かつての違いを曖昧にしつつある。

今までは第三世界では国内戦線に焦点を当て、西側は外国軍の侵略に対する防衛を追求していた。しかし米国本土の人が——インドやマレーシアの人たちよりも——不安を強く感じて行動させられている現状況が、対テロ国内戦線における米国の安全保障の苦境を、第三世界の苦境と近いものにしている。双方の状況を集約するには、デビッド・イグナチウスの言葉を思い起こすのがよいだろう。「しかし安全保障は違う。生活それ自体と同じように、安全保障とは人々がどんな犠牲を払ってでも手に入れるものである」[16]。

第18章　カタルシスとカタリシス
――南アジア地域の転換

C・ラジャ・モーハーン

国際テロは長い間中東と結びつけられてきたが、近年、急進主義と暴力の位置が南アジア地域に移動し始めた。一九九〇年代初期、中東和平プロセスと米国がテロ支援国家の動きをうまく制限できたことで、中東の危険は軽減されたように見えた。しかし同時期、国際テロの重心が南アジアに移った。(1) その重心移動の要因としては、同地域のあらゆる宗教団体と多くのエスニック・コミュニティーにおける急進主義と暴力の発達、国際テロ育成のためのインフラ提供などアフガニスタンにおけるテロ支援政権の台頭、パキスタンによる領土内の急進的活動の容認、地域的不安定性の増大などがある。これらが一緒になって宗教的急進主義の豊かな土壌となったのであり、その証拠が9・11にニューヨークとワシントンで極めて劇的に示されることになった。

南アジアは、9・11をうけて国際政治の舞台中央に登場し、テロに対する米国の戦争は、同地域における最初の直接的な米国の軍事介入となった。あらゆる点で、南アジアにおける米国の政治的関与および軍事的プレゼンスが長期化しそうに見える。南アジアは、9・11以後浮上してきた多くの重大問題が演じられる場所のようだ。例えば、イスラムと西洋間の緊張緩和問題、世界的に高まりつつある反西洋・反米感情への対処、反啓蒙主義者と保守勢力の新たな抵抗のなかで啓蒙主義を世界的に広めること、などがある。(2)

9・11以後、米国が国際テロとの戦いで採用した概念と仕組みの双方に対して、少なからぬ批判がヨーロッパ、中東その他でみられるが、南アジアではタリバンの崩壊は大きな安堵をもって迎えられた。タリバン運動は宗教的全体主義の地域に対する新たな脅威の縮図だった。更には、南アジアにおける旧来の政治的傾向に反して、米軍の長期的プレゼンスへの抵抗は限られたものであった。地域への米国の新たな関与が、国内の政治力学と地域の対外的方向づけを共によい方向に変える可能性がある、という強い見方が印パ双方にある。

南アジアが、一九九〇年代、国内紛争および国家間紛争の永続的絶望的危機に陥ったとするなら、9・11とテロに対する米国の戦争は進路を変える外部からの強力な刺激となった。宗教的急進主義者が社会的勢力を強めることに恐怖感を募らせていたパキスタンの指導層にとっては、米国によるタリバンの追放は、喉から手の出るほど欲しかった、自国の「タリバン化」という不気味な危険から脱出する手だてを提供してくれた。パキスタンに国境地帯の暴力行為への支援を止めさせ、暫定協定を受け入れさせることができないことに苛立ちを強めていたインドの指導層は、米国のテロとの戦争をパキスタンとの関係における新たな国際的枠組みを築くものとして歓迎した。

9・11のニューヨークとワシントンでのテロ攻撃は、一九七〇年代後期、米国がアフガニスタンで始めた政治に根ざしている。[3] オサマ・ビンラディンはアフガニスタンでのソ連に対する米国の代理戦争の優等生だった。米国本土が久しく誇ってきた安泰に終止符を打った、ビンラディンによるブローバックに対処するため、米国は七〇年代後期とは大きく異なる問題を抱えた南アジアに戻ってこなければならなかった。米国の最初のアフガニスタン介入が地域にとって破壊的だったとすれば、二回目の介入は変化をもたらす積極的なものとなる可能性が高い。

カタルシス（浄化作用）

二〇年以上前、ソ連のアフガニスタン介入によって南アジア西部は冷戦の最前線に押し出された。アフガニスタンでソ連という熊を罠に嵌め、出血死させようという米国の戦略において、パキスタンは欠くことのできない基地だった。パキスタン軍が、ソ連の占拠と戦うアフガン・ムジャヒディンの訓練、武装、育成の主要な手だてとなった。米中央情報局（CIA）が一九八〇年代初期、モスクワの手下の第三世界諸国を締めあげることを狙ったレーガン・ドクトリンを開陳したとき、パキスタン軍はアフガニスタンにおける同ドクトリンの執行者であり、米国の祝儀の一番の受け手となった。レーガン・ドクトリンは強力なものとなり、ソ連が支援する第三世界政権を守勢に立たせ、西側陣営を、反政府運動と低強度紛争の積極的な支援者に変えてしまった。その性格がどれほど非難すべきものであっても、あらゆるグループがその新たな十字軍に加わるのを歓迎された。ソ連・ベトナムが支援するカンボジア政権と戦う大量虐殺犯のポルポトであろうが、中央アメリカのコントラ、あるいはアフガニスタンの共産主義者と戦う素朴なムジャヒディンであろうが、どうみても卑しむべき相手と米国は付き合った。レーガン・ドクトリンは、その道徳的次元が如何なるものであろうと、ワシントンの最も熱烈な支持者の予想さえはるかに超えて機能した。八〇年代末までに、ソ連軍をアフガニスタンから追放したあと、米国は勝利を宣言し、そして南アジアに背を向けた。が、結局、9・11に対価を払わされた。

聖戦士[4]は、パキスタン内につくられたテロ学校でアメリカ人が訓練したものだが、彼らはアフガニスタンの「神を認めない共産主義者」とそのモスクワの支援者を打ち負かすことに成功した。アメリカ人が意気揚々と立ち退いてからも、聖戦士たちには彼ら自身のより大きな課題があった。彼らは単に「反共産主義者」だったのではなく、より根本的には「反西洋」であり、「反近代」だった。ヨーロッパの一大パワーを根こそぎにした聖戦士の間には、アメリカ人以上の達成感・勝利感があった。そして彼らは更に多くを求めた。アメリカ人が中東全域からイスラム教徒の志願兵、いわゆるアラブ・アフガン人を、また保守的王国サウジアラビアから資金を意識的に動員したことで、低強度紛争の近代技術を有する反西洋感情の一大貯蔵池に導火線を取り付けることとなった。それはまた、アフガニスタンとパキスタンにおけるテロと暴力の基盤を築いた。タンザニアからタジキスタン、ミンダナオ島からマンハッタンに至る急進主義者たちは、タリバン支配下のアフガニスタンおよびパキスタンとアフガニスタンとを境目なく繋ぐ無法国境地帯に、避難所と慰安、武器と技術を見出すことができた。アフガニスタンとパキスタンに育ちつつあった、近代に対する煮えたぎるような憤怒を伴う強力な新勢力に影響されない国はないようにみえた。

西洋では、一九八〇年代の米国のアフガン政策の結果については遅まきながらも認識されているが、その南アジアに対する影響については理解が非常に遅れている。米国のアフガン戦略の苦い結果は、四つの領域で認められた。つまり、パキスタン国内の退廃、印パ関係の悪化、南アジアの核化、そして地域における反西洋イデオロギーの台頭だ。

パキスタンが有する地政学的位置へのアクセスという戦略上の必要性が、パキスタン軍への米国の強力な支援に繋がったが、その軍隊は一九七一年の対インド敗戦で大幅に信用を失墜していた。七七年、ジアウル・ハク将軍がズルフィカル・アリ・ブット政権を追放したとき、彼は社会の除者だった。しかし、冷戦のアフガン最終戦のために、米国がその軍政を強力に支持することになり、これがパキスタン民主化の展望に壊滅的な長期的影響をもたらした。八〇年代末に民主主義がパキスタンに戻ったけれども、文民指導者たちには、国家政策の策定においても国家財源の配分においても、軍の支配を揺るがすことなどとても無理だった。

それ以上に重要なことは、ＣＩＡとアフガニスタンの紛争で創設されたパキスタン軍情報機関（ＩＳＩ）が、外国で戦争をし国内政治を操作し得る強力な化け物をパキスタンにつくったことだ。ＩＳＩと聖戦士との関係は、米国が背を向けパキスタンがアフガニスタンの政局の主要調停者となってから、永続的なものとなった。アフガニスタンの捕えどころのない「戦略上の深み」を求めて、パキスタンはタリバンとその宗教的全体主義を支援した。一方、聖戦士グループおよびアフガニスタンでタリバンを支持する急進的思想集団は、パキスタンにもアフガニスタンと同様の未来を望んだ。彼らは次第に自由に、国内の思想的議論を形成し、党派間の暴力抗争を仕組み、パキスタン警察の穏健な世俗的勢力を守勢に立たせるようになった。一九九〇年代に選挙で選ばれた政治家も軍の指導者も共に、その危険が次第に明白になってきたにも拘らず、パキスタン国内の聖戦士グループの台頭に抵抗することができなかったようだ。タリバンの首を絞め、二〇年間にわたってアフガニスタンに投入した物的・感情的資源を放棄することにパキスタンが合意したのは、漸く9・11のあと、「我々の側につくか、敵となるかのどちらかだ」という米国大統領のあけすけな警告によってだった。

国内の聖戦士が、インドの「占領」下にあるジャム・カシミール地域の「解放」というパキスタン大衆の大義を追求するうえで、その役割を増してきた状況では、彼らをなだめることがまた不可欠となった。カシミール問題は、一九七一年から八八年まで、印パ関係の中でほぼ休眠状態だった。しかしパキスタン軍は、アフガニスタンでの勝利を感じた時点で、伝統的な反政府運動に宗教的動機と近代兵器を結びつけるという同様の方式をカシミールにも適用しようとした。カシミールにおける政治的不満に対するインドの扱いがまずかったために、パキスタンは従来以上の問題を起こす手だてを得た。パキスタンが安上がりで非常に有効な低強度紛争という道具を作り上げたと自覚したとき、インド国内のテロ活動に対するパキスタンの支援がカシミールを越えた。その戦略の拡大は、二〇〇一年一二月一三日のインド議会への攻撃で頂点に達した。ほぼ一〇年にわたりパキスタンの暴力支援の影響に耐えたあと、インドはもうたくさんだということで、イスラマバードが「無数の切り傷による死」戦略を止めないならば、戦争に訴えると威嚇した。

米国・アフガン戦争のもう一つの遺産は、印パ関係の極度の縮小であり、最終的には南アジアの核化だった。一九八〇年代のパキスタンへの米国の武器輸出および援助は、六〇億ドル近くに上り、インドの対抗的な軍事力の増強を誘発した。九〇年代、印パ両国の通常兵器の獲得は両国の経済危機によって速度が鈍ったが、双方とも一線を越え、核ミサイルを軍備に加えた。パキスタンを頼りにしてアフガニスタンにおける冷戦の諸目的を遂行していた米国は、八〇年代のパキスタンの核およびミサイル計画を見逃した。インドは独自の計画で対抗し、両国とも九〇年代までには公然たる核保有国になった。印パ紛争は核によって新たな局面を迎え、八七年、九〇年、九九年に一連の軍事危機が発生したが、二〇〇一年一二月一三日のニューデリーの国会議事堂へのテロ攻撃をうけて、両国が国境地帯に軍隊を集結するという最も深刻な事態となった。軍事的緊張が核レベルに達する危険が現実のものとなり、国際社会は印パ両国への関与を強めて、国境を越えて行われるテロ支援の中止をパキスタンに求め、カシミール問題を解決するための現実的な交渉を両国に求めた。

一九八〇年代の米国のアフガン戦争による最大のダメージは、南アジアにおける反近代主義の急進的不寛容勢力の合法化だった。宗教は八〇年代まで国政の瀬戸際でほぼ食い止められていたが、米国およびパキスタンがソ連を打ち負かす際にイスラム戦士と原理主義的イスラム組織を支援したことで、地域の宗教的急進主義の台頭を勢いづかせた。公然たるイスラム教国のパキスタンでさえ、宗教的には穏健だった。しかし、ジアウル・ハク将軍が自分の軍事独裁に合法性を与えるために宗教勢力を寄せ集め、国境を越えてソ連軍を打ち負かすために宗教的急進主義者を助けたことで、パキスタンは急進主義と党派主義の台頭をみることとなった。

パキスタンの変化は、その他の南アジアや他の地域のイスラム教徒に影響を及ぼさずにはおかなかった。イスラム教急進主義の台頭は、八〇年代後半から九〇年代にかけてのインドのヒンズー教原理主義の成長を助けた。それらが一緒になって南アジア全域に及ぶヒンズー対ムスリムの緊張を増幅し、さらに根本的には、地域の反啓蒙思潮に拍車をかけた。多数決主義、党派主義、反啓蒙主義、地域の伝統的宗教観である寛容の否定、そして政教分離という西洋思想の拒否が次第に勢いを強めた。米国―タリバン対決は南アジアを後戻りさせようとした勢力を打ち負かしたことで、地域にとって祝福すべきことだった。

カタリシス（触媒作用）

9・11の浄化作用的な出来事と米国の南アジアへの関与は、地域の望ましくない傾向の阻止に役立ったが、また政治の穏健化、社会の近代化、地域の融和へと地域を方向転換する触媒となる可能性もある。9・11以降のアフガニスタンにおける米国の戦略と戦術に対する正当な批判によっても、またそもそも米国にはタリバンを助けた罪があるという事実によっても、西洋が宗教的急進主義勢力と対決し、これを打ち負かしたことの歴史的重大性が減じるものではない。米国の地域への関与はまた、パキスタンを穏健なイスラム国家に変え、ニューデリーとイスラマバード間の歴史的な和解を進め、地域全体のより速やかな経済発展を促す機会をも提供する。

南アジアの新たな、望ましい局面展開の可能性は本当だが、また政治的障害が生れる可能性もある。しかし、地域の新たな出発にとって国際環境がこれほど整ったことはない。9・11から獲得できるとみられる積極的なものとその獲得の難しさとの間の緊張が、パキスタンほど露わなところはない。南アジアのもう一つの未来への鍵を握っているからだ。米国との長期的関係を選ぶか、タリバンへの支援を継続するかという米国からの圧力の下、ペルベス・ムシャラフ将軍はタリバンの放棄を選んだ。後に、インドからは戦争の威嚇をうけ、米国からはアフガニスタンのテログループのみならず全てのテログループ支援を放棄するよう外交圧力をうけ、ムシャラフ将軍は二〇〇二年一月一二日、急進派グループの取り締まりと国内の急進思想の源となっていたマドラスの教育制度の近代化を含めて、パキスタンを新しい軌道に乗せると言明した。[5]

ムシャラフ将軍の演説は、いかなる点からしてもパキスタンの発展における歴史的瞬間だった。近代的な世俗的国家の建設というパキスタン建国の父、ムハンマド・アリ・ジンナーの当初の思想に戻って、ムシャラフ将軍は過去二五年間に及んだ政治における宗教勢力の容認と操作を放棄しようとしていた。イスラム世界では、ほとんどのリーダーが公に口にすることさえしないようなことをムシャラフ将軍は断言した。神権政治のビジョンを否定し、聖戦士グループがイスラム教徒を代弁し主張することに挑戦したのである。ムシャラフ将軍が「アタチュルクⅡ世」として西洋で賞賛されたのは不思議ではない。彼のパキスタン近代化計画は、その他のイスラム社会の紛れもないモデルだと言われた。中東には米国のイスラム世界に対する政策への怒りと怨みがあるが、ここにイスラムと西洋の橋渡しをしようとする指導者と国家があった。

ムシャラフ将軍の大胆なビジョンが、南アジアに明るい将来への希望をもたらした。しかし、西洋とインドは、たった一人の、選挙を経ていない軍人指導者に、政治の穏健化と経済の近代化に向けてのパキスタンの解放を託せるのだろうか。パキスタンの文民および軍人指導者の一連の失策の歴史からすると、ムシャラフ将軍の成功は必ずしも保証されたものではない。穏健な方向にパキスタンを動かすには地域の対テロ戦争から得たものを維持する必要があるが、それには想像力に富んだ政策手段を用意しなくてはならず、米国とインドにとって最大の政治的課題だろう。安定した穏健なパキスタンという望ましい結果は、国際社会にとって手の届かないものではない。

パキスタンを新たな軌道に乗せるムシャラフ将軍の能力は印パ関係の将来と密接に結びついている。インドと平和共存している方が、隣国と絶えずいがみ合っているよりも成長と繁栄の可能性が高いだろう。繰り返すが、この点9・11は瞬時にして、両国間に甚大な軍事危機と和解の機会をもたらしたのかもしれない。一二月一三日のインドの国会議事堂への攻撃によって、両国間の一〇年に及ぶ軍事的緊張が全面的敵対へとエスカレートした。インドはこれまでで最大規模の軍隊の動員によって、パキスタンが越境テロをきっぱりと止めない限り戦争をすると暗に脅しをかけた。インドと米国からの圧力を同時にうけ、ムシャラフ将軍は一月一二日の演説で、止めさせると誓った。彼の計画に対するパキスタン国内の抵抗に打ち勝てるなら、この両国間の軍事危機は、ジャム・カシミール問題を含め、あらゆる懸案問題を解決し、二国間関係の完全正常化への実質的な交渉に繋がるだろう。

しかしパキスタンには、越境テロという手段を諦めることに大きな抵抗があった。イスラマバードでは多くの人が、カシミール問題に対する政策を見直すようニューデリーに政治的圧力をかけるのに、越境テロは効果的だったと考えている。パキスタンが越境テロという手段を諦めてしまうと、インドには交渉の動機がほとんどなくなるのではないかという懸念がある。他方インドは、交渉を回避するというよりも、カシミール問題におけるパキスタンとの最終合意の達成に向けて、近年大きな進展があったと考えている。インドのアタル・ベハリ・バジパイ首相は、カシミール問題を解決することで分割の苦い遺産を解消することの重要性を繰り返し強調してきた。(6) しかし、強い相互不信があり、インドがパキスタンに善意を保証する状況ではない。正にここに、9・11以後の、南アジアにおける米国の役割があった。

一九八〇年代後期の隠れた南アジアの核化以来、米国は印パ間の軍事危機を回避するために再三介入しなければならなかった。印パ紛争が核レベルまでエスカレートする恐れによって、地域への米国の関与が確実になった。しかし、9・11以降米国は、危機管理をこえて、印パ紛争の最終解決を目指す機会を手にした。9・11以後の、前例のない、米国と印パ両国関係の同時改善によって、米国が促進し維持してきた地域の和平プロセスが現実の可能性となった。冷戦の間、米国の対印パ関係はずっとゼロサム・ゲームだった。しかし九〇年代に入り、インドが反西側の外交姿勢を放棄して米国に接近するにつれ、ニューデリーは、ワシントンがイスラマバードとの危機に満ちた関係正常化の信頼できる仲介役になり得ることに気づき始めた。

9・11以降、ブッシュ政権があらゆるところでテロと戦うことを明白にコミットし、越境テロを止めさせるようムシャラフ将軍に圧力をかけたことで、インドはパキスタンとの緊張緩和および紛争解決を第三者が慎重に促進することに賛成できた。インドは数十年間、パキスタンとの紛争に対する外部の介入を厳しく拒んできた。冷戦期には西側と距離を置いていたために、インドが米国をカシミール問題の中立的仲介役として受け入れる余地はなかった。9・11以後、インドにとって、米英がパキスタンとの政治的対話の唯一のルートとして登場した。アングロアメリカンは、冷戦時代、カシミール問題でパキスタン寄りとされたことから、インドでは長い間信用がなかったが、今は南アジア変革の潜在的パートナーとしてニューデリーは見ている。

カシミール問題を含む印パ関係の正常化によって、分割以来南アジアを消耗させてきた憎悪の政治、宗教的急進主義、そして暴力から解放されるだろう。印パ間の永遠と続いた紛争によって、この地域は世界で最も遅れた場所の一つにとどまってきた。カシミール問題は、分割の副産物として、ヒンズー教徒とイスラム教徒の関係を南アジアでいかに構築すべきかという、そもそもの問題への答えを求めている。米国は9・11以降、印パ双方と良好な関係を打ち立て、今やカシミール問題の納得のいく解決、地域経済協力、および内部の民主化に向けて、南アジアを突き動かす位地にあるのかもしれない。印パ関係の正常化が地域変革の鍵を握るだろう。

その変革の影響は地域を越えるだろう。南アジアは世界のイスラム教徒の三分の一以上にとっての故郷であり、そこで啓蒙主義的価値観が勝利すれば、9・11の攻撃犯を駆り立てた反近代主義的な政治的情熱との世界的戦いの助けとなろう。南アジアはいくつかの最も古いイスラム復興運動の故郷であり、この地域のイスラムと近代性との緊張関係に関する論争は、マグレブからマレーシアに至るイスラム思想家に深い影響を及ぼしてきた。南アジアのイスラム教徒の世界観が啓蒙思想との和解の方向に確たる変化を遂げれば、中東と東南アジア双方に好ましい波紋をもたらすだろう。

アフガニスタンでの予想外に迅速な勝利のあと、ブッシュ大統領は二〇〇二年一月二九日の問題の一般教書演説で、米国は「先頭にたって自由と正義を守る。

なぜなら、どこの誰にとってもそれは正しく、真実不変であるからだ」と宣言した(7)。米国が他国に自身の価値観を押しつける意図のないことを強調しながらも、ブッシュ大統領はイスラム世界の民主主義の促進が、米国の国際テロとの継続的な戦いの主要な政治目的に入るに違いないことを示唆した。「米国は、こうした価値観をイスラム世界も含めて全世界に唱導する勇敢な男女の味方となるだろう。なぜなら、我々には脅威を根絶し憤りを抑えること以上の目的があるからだ。我々は、テロとの戦いの向うにある、公正で平和な世界を求めているのだ」、とブッシュは付け加えた。

今や、不安定なアジア地域の民主主義の促進に焦点を移さなければならないという意見は、政治上の多国間主義は世界共通の価値観であり、文化に依存する相対的なものではないとする、インドの考え方と一致する。インドは、民主主義は西洋の価値観であり、イスラムあるいはアジアの価値観とは相い容れないという見方に賛成したことはかつて一度もない。悪いところも全て含めて、インド自身の民主主義の実験がその証だ。今やインドは、近隣諸国に民主的価値観が普及しないかぎり、多民族・多文化国家としての自身の将来が、様々な宗教的急進主義の台頭によって危険にさらされかねないことを理解している。インドは米国と、テロとの戦争の次の段階の方法をめぐって些細な議論をするかもしれないが、9・11はインドと西洋が共同して啓蒙計画を南アジアあるいはアジアに拡大することを容易にしたと言えよう。

第19章　政治的暴力と世界秩序

ポール・ロジャーズ

テロの定義としてしばしば引用されるのは「強制し説得し大衆の注目を得るための、恐怖の使用と暴力による脅迫」である。[1] テロの背後に政治的動機があるとする考えは、その行動に合法性を与えると考えられるため、普通なら当局は受け入れないだろうが、その政治的文脈はほとんどのアナリストによって受け入れられ、それが次のようにウォードロー氏の政治的テロの定義に正確に反映されている。

> 政治的テロとは、個人または集団による「暴力の使用」、あるいは「暴力を使用するという脅迫」である。その行為が既成権威に反対であるか賛成かは問わない。テロ実行者が、政治的要求を強要する目的で、直接的犠牲者よりも大きな目標集団に、不安あるいは恐怖を引き起こそうと、行動が計画されている時、それを政治的テロと呼ぶ。[2]

その定義の重要な側面は、テロと政治的暴力が準国家的集団の特権ではないと認識することである。「扇動的」「革命的」テロは準国家的集団によって行われるかもしれないが、「体制強要的」「体制確立的」テロは国家の専門領域である。

このような説明こそが本質的である。なぜなら国家はほとんどの場合、自身の権力に対する脅威をテロと見なすが、実はほとんどのテロは国家によって自国民に対して行使される。9・11の攻撃がユニークだと思われたのは、決して多大な人命が奪われたからではなく、二〇世紀後半にもなって、大量殺人という政治的暴力の使用が、国家統制の一側面として通例であり、今後もそれが続くからである。

これまでも政治的敵対者および非政治的市民活動家

の大虐殺の例は多く、インドネシアからイラクまで、チリからグアテマラまで世界中で行われ、それぞれの暴力が行われた期間における死者数は9・11の残虐行為の損失をはるかに超えていた。一九八八年三月イラクによるハラブジャのクルド人に対する大量破壊化学兵器の使用は、およそ五千人のクルド人住民を虐殺した特別な例である。しかしそれが西側諸国に大して非難されなかったのは、イラクがイランに対する防波堤と見なされたからだった。

テロの使用は、世界の様々な地域で続いており、西側民主主義国家から経済支援を受けている国々も含まれる。その方法は、民間人に対する、裁判なしの略式拘留、拷問、準軍事的暗殺部隊および対ゲリラ軍事行動の使用を含んでいる。どのような物差しで測ってみても、テロは国家の主要な機能である。たとえ西側諸国に対する準国家的テロに、昨今大変な注目が集まっているとしても、である。

それでも本章は主として準国家的行為者に焦点を当て、変化する「原動力」すなわち国際安全保障のパラメーターが何を意味するのかについて論ずる。すなわち、今後とくに重要になるのは「反国家」「反エリート」の行動と国家権力との相互作用だという点である。本章で、私の焦点は一部、9・11攻撃と、その余波・結果に向けられるが、私の主たる関心事は国際安全保障の広範な問題である。それこそが今後二〜三〇年間の政治的暴力を含めた紛争の性質と範囲を決定すると思われるからである。

したがって私の意図は、紛争と不安定の主要「原動力」を調査し、これらを現在の西側安全保障パラダイムと対比し、そのパラダイムが持続可能かどうか疑問を呈することである。私は、「先進的都市工業国は政治的暴力や非対称戦争にかなり脆弱であり、不安定の根本原因を追求すると自国の私利私欲に行き着く」との見通しを分析し、また9・11の衝撃がそのプロセスを助けるのか妨げるのかについても私は疑問を呈するものである。

紛争と不安定の趨勢

今後数十年の紛争と不安定を引き起こす三つの主要原動力は、社会経済的分裂、自然環境的制約、軍事技術の拡散であろう。

軍事技術の拡散は、冷戦時代の機動力と推進力に大いに起因し、大量破壊兵器、弾道ミサイルと巡航ミサイル、広域制圧用弾頭などの広がりと、比較的粗末な兵器や戦術を使って政治的経済的権力の中心をターゲットにする準軍事的集団の能力とを含んでいる。

社会経済的分裂は、ここ十数年間の世界的傾向では、一〇億人のエリートが、残りの五〇億人を置き去りにして急速に前進し、世界人口の最富裕層二〇%と最貧困層二〇%との不均衡率は倍近くになった。その差は一九八〇年代から九〇年代にかけて大幅に開き、人口統計と経済動向によれば、その差はさらに広がるといぅ。エリート共同体は北大西洋共同体と西太平洋諸国に集中しているが、多くの貧困国にも金持ちエリートがおり、富裕国でも疎外されたマイノリティがいる。

エリートが残りの人たちより急増すると、経済的アパルトヘイトの一形態が出現する。そしてグローバル化した自由市場はつぎはぎだらけの経済成長を実現するが、しかし、いかなる経済的正義も保証することができない。このプロセスは初等教育、読み書き能力、コミュニケーションの抜本的改善過程で起こっているが、結果的には多くの人が自分たちは社会的に無視されていると気づくことになる。これは回り回って「学歴ある貧乏人」現象を引き起こし、期待が裏切られて革命に向かう可能性を導くのである。

頻繁に起こる結果としては、深刻な難民化への増大する圧力、地域特有の犯罪問題、そして世界各地では急進的社会運動の進行過程で反エリート闘争や暴動がしばしば起こっている。多くの例があるが、例えばメキシコのザパティスタ反乱、ペルーの反政府集団センデロ・ルミノソ（輝く道）、コロンビアのＦＡＲＣ（コロンビア革命軍）、アルジェリアにおける激しい反政府抵抗運動とその後の内戦、ネパールでの毛沢東主義者の反乱、中東や南アジアや東南アジアの数ヵ所で長引いてきた反乱などが挙げられる。そのような傾向は継続し、衝撃力を増大させることが予想される。

自然環境的制約は現段階では主に資源紛争という形で考えられる。小規模な例ではコバルト、ダイヤモンド、タンタル、燐灰土をめぐるアフリカでの紛争があるが、最も顕著な例は、世界の石油埋蔵量の三分の二がペルシャ湾に集中していることから生じる資源紛争だ。米国は石油の輸入依存率を増加させ、三〇年前は一〇%だったが現在では消費の六〇%以上になり、米国安全保障政策の主な構成要素として中東に大規模軍事基地を築き、ペルシャ湾に第五艦隊を配備し、サウジアラビアに一大空軍を駐留させることになった。反対に、この米軍駐留に対する人々の猛烈な憤りが、アルカイダ・ネットワークの主要な活動の動機であり、地域の強力な支持を得ている理由でもある。

しかし長期的に見ると、特定の地球環境上の影響力がもっと重要になるだろう。一九八〇年代、人間の活動による地球環境変動を示す最初の徴候は、CFC汚染物質（フロン）によるオゾン層破壊問題で明白になった。それは比較的単純で対処しやすい問題だったので何らかの措置がとられてきたが、重大な環境問題を防ぐには十分ではなかった。さらに重要なのは、主に化石燃料の使いすぎによる炭酸ガス放出によって引き起こされた気象変動現象である。

つい最近まで気象変動は相当な問題を引き起こすが、特に厳しい気象現象の形をとって主に温暖地域に影響を与えるだけだと思われてきた。これらの影響は少なくとも、富裕国で発生するなら、まだしもうまく対処できるだろう。明確になってきたのは、気象変動は世界の大多数が生活する熱帯・亜熱帯大陸に深刻な影響を与えるということだ。[3] 熱帯地方では「砂漠化」が進行し、世界で最も肥沃な農地の環境収容力に深刻な影響を及ぼすであろう。その影響たるや、過去一〇〇年間の大飢饉さえはるかに凌ぐ食糧危機を引き起こし、社会政治的システムに莫大な歪みを与え、難民化をさらに激化させるだろう。

概して、社会経済的分裂と自然環境的制約の組み合わせが、環境紛争問題の拡大、集団移住で生じる不安定、とりわけ反エリート闘争に導き、なかにはその性格と影響において国境を越えるものもある。その結果がどのようになるかは予測不能であるが、おそらく急進的で過激な社会運動となり、しばしば本質的に反エリートなものとなるが故に疎外された大衆の支持を引き出すことが予想される。さまざまな状況で、そうした集団は政治的なイデオロギー、宗教的信念、民族、国家主義者、文化的アイデンティティー、あるいは恐らく上述の要素を幾つか複雑に組み合わせたものにルーツをもつ。彼らは個人や集団を標的にするかもしれないが、最も一般的特徴は既存権力の中枢に対する反対である。

彼らは自国エリートや外国の利益に反対する準国家的集団になり、南の発展途上国で国内権力を握り、その後、北の先進資本主義国へ独自の対応をとると、間違いなく「ならず者」国家のレッテルを貼られる。昨今の傾向では、反エリート闘争が今後三〇年の中心的特徴となり、自然環境的制約のため悪化し拡大した社会経済的分裂が、その原因の一部になると断言できよう。

更に、反エリート闘争は場合によっては極端な暴動に結びついて、大量死傷者を引き起こすことになるかもしれない。組織のリーダーは教養があり社会の比較的富裕階層から引き抜かれる。もし彼らが反エリート的革命的変革の遂行に成功したとしても、彼らリーダーは厳格で権威主義的な制度をつくりあげ、その中で自らが新しいエリートとなる。概して革命やその結果生じる政権の中心は男性上位社会である。

上記の傾向は、一九九〇年代中頃の注目すべき攻撃では十分な結果を達成できなかったが、政治的暴力が権力中枢に及ぼす能力を実証したという点では、今も進行中である。いずれにしても、センデロによるリマのエリート地区にたいする爆撃から、ＬＴＴＥ（タミールイーラム解放の虎）によるコロンボ中央商業地区の爆撃まで、多くの例がある。アルジェリアの集団は、九四年にパリ中心街にハイジャック機を衝突させようとしたが失敗。その翌年、ある日本の宗教団体が東京の地下鉄に神経ガスを放って数千人を殺そうとした。九〇年代中期ＩＲＡ（アイルランド共和国軍）暫定派はイギリスの都市中心街と輸送機関を狙った爆撃という経済的ターゲットの持続的攻撃計画に着手したが、大局的に見たら影響力はなかったとしても実質的政治的衝撃を与えた。(4)

海外駐留米軍は二〇年以上にもわたって政治的暴力を受けた。一九八三年ベイルートの米大使館および海兵隊兵舎爆撃から、一〇年後にはダーランのホバル・タワーと米海軍駆逐艦コールの爆撃、ナイロビとタンザニアのダル・エス・サラームの米大使館攻撃までである。おそらく最も重要なのは九三年世界貿易センター破壊の試みだった。その攻撃は、もし成功していれば9・11の残虐行為の一〇倍は殺していたであろう。

このように政治的変化を求める急進派による反エリート闘争の激しい記録があるにもかかわらず、このことは9・11以前には広く認識されていなかった。もっと認識されていないのは、たとえそのような分析が新しくないにしても、反エリート闘争と変化する安全保障パラメーターの広範な問題との関係である。初期の一例にはエドウィン・ブルックスの著作があり、それは二五年以上も前のものではあるが、「混み合った睨みの効く工場は、巨大で不均衡な富をもち、頑強な武力で強化されているが、地球規模の貧民街に住む絶望的な人々によって、依然として果てしない脅威に晒され続けている」という危機的状況に関心を寄せていた。(5)

米国の安全保障パラダイム

この国際安全保障の流れに関するこのような分析は、一般的に西側から見た展望や、特に米国から見た展望とどれほど合致するのだろうか。潜在的不安定の中核的「原動力」に対処する必要があるという指摘がこの分析の中にあるのだろうか、あるいは単に現存する秩序を維持するという問題なのだろうか。

クリントン大統領の第一次ＣＩＡ長官ジェームズ・ウルジーは冷戦後の米国安全保障の課題を次のように

特徴づけて言った。「米国は竜（ソビエトの脅威）を殺したが今は毒蛇だらけのジャングルに住んでいる」(6)。ジャングルには潜在的ライバル二国として、少なくとも長期的にはロシアと中国があり、継続的不安定の二地域として、北東アジアと中東がある。中東は石油埋蔵量が驚くほど集中しているために特に重要である。輪郭のはっきりしない脅威には、「ならず者」国家と破綻国家の両方から生じたテロと無秩序がある。特にそういった国ではその輪郭のはっきりしない脅威が米国の利益に影響を及ぼしている。このような展望はある程度ヨーロッパや他地域の米国の主要同盟国によって受け入れられるだろうが、ただし普通それほど歯切れの良い展望ではなく、また特に中東に関しては、複雑な要因に関する展望が欠けている点で、かなりの懸念を抱いている。

冷戦後の米軍の姿勢は一九八〇年代に急速に変化した。陸軍・海軍・空軍は全て三〇％人員削減をした。その間、長期的軍事計画・対ゲリラ作戦・特殊作戦といった急速な能力開発の方向へ転換した。米海兵隊は水陸両用の能力を兼ね備え、その力のほとんどを保持した。軍事予算は削減されたが、結果的に残された軍隊は相当なもので、特に旧ワルシャワ条約の脅威が何もない状況を考えれば、実質的な尺度では世界最強である。

主要NATO同盟国も同じ道を進んできたが、米国だけは抜きん出ており、国益が危機にあると考えられる地域紛争に介入するために軍事力を維持拡張するという全体的方向にある。竜を殺す代わりにジャングルの蛇を飼い馴らすことになった。ジャングルの「蛇」の正確な性質と能力は明確ではないが、この問題についてブッシュ大統領は二〇〇〇年一月の選挙演説で、注目すべき率直さで次のように表明した。

それは危険な世界だったが、「奴ら」が誰なのかを我々は正確に知っていた。それは「我々」対「奴ら」の世界であり、「奴ら」が誰なのかを我々は正確に知っていたのだ。今日、「奴ら」が誰なのか正確にはわからない。分かっているのは「奴ら」が確実に存在していることだけだ。

軍隊の大幅な変化にもかかわらず、クリントン政権二期目の後半時点における共和党の見解は、世界における自国の利益を強化し保証する役割を米国が適切に成し遂げているわけではないし、共和党支配下の議会で初めて展開された単独行動主義の立場を際立って成し遂げているわけではないというものであった。単独行動主義は二一世紀を米国の世紀と見なすべきだとする広範な見解の一部である(7)。ブッシュ大統領の選挙前にすでに、この傾向は現れており、包括的核実験禁止条約の承認を上院が拒絶し、対人地雷禁止提案と国際刑事裁判所設立に反対した。

選挙後、9・11以前に、単独行動主義的姿勢が示されたものには、気象変動に関する京都議定書からの撤退、中東和平提案への無関心、北朝鮮との外交約束の中止、テロ撲滅に関する国連提案への反対、生物化学兵器制限条約（一九七二年締結）強化交渉への拒否的姿勢などがあった。けれども米国は全てにおいて単独行動主義者だったわけではないと、二〇〇一年六月に、チャールズ・クラウサマーは誇らしげに書いている。

マルチポラリティ（多極化）もいいだろう。これに代わるものがない時には。しかし代わりがあれば、すなわち我々が唯一の不均衡な力をもち、それを享受している今日では認められない。この唯一の不均衡な力は、少なくとも過去一世紀に享受できなかった安定と本質的平静を国際体制に与えてきている。国際環境は唯一の覇権国の下で更なる平和を楽しむことになろう。我々は単なる覇権国ではない。我々は比類なき親切な絶対権を行使しているのだ(8)。

かくして、米国は、NATO拡大やNAFTA（北米自由貿易協定）のように、米国の利益になるという場合のみ合意し受け入れる。しかし政策は非常に選択的で、一つのパラダイムにしか合致しない。すなわち、「米国の安全保障上の利益が最高であり、世界一般には（同盟国にすら）どんな影響があろうとも、平和と繁栄を保証する唯一の方法は米国に行動の自由がある時だ」とするパラダイムである。

9・11の意味

9・11の残虐行為の直後、「ワシントンは今後、どんな対応も親密な多国間協調主義が必要だとの認識になるだろう」との期待をもって、米国には驚くほど支援が集まったが、結果的には、情報活動と安全保障協力以外は何もなく、実質的な軍事作戦は主として単独行動主義的だった。その結果、タリバン政権を破るために、内乱に反対勢力を合流させ、継続的爆撃が必要だとするキャンペーンを使い、数千人の一般市民を死に追いやった。その上、ほとんどのタリバン民兵は、降伏せずに撤退し、共同体内部に紛れ込み、指導者のほとんど誰も殺され捕えられなかった。

このことはアルカイダ・ネットワークにも当てはまった。彼らはアフガニスタンの施設を破壊されたが、指導者をほとんど失うことなく首尾よく分散し、「削減させたのは作戦能力の三割のみ」と上級FBI職員が結論を下さざるを得なかった。[9]

最激戦の直後、アフガニスタンは人口中心地カブールを除けば、軍閥と強盗へと逆行した。カブールだけは国際安全支援軍（ＩＳＡＦ）が安全を確保していた。一方、米国は基地をアフガニスタン、タジキスタン、キルギスタン、ウズベキスタンに拡張でき、パキスタンの軍事基地を維持でき、ブルガリアにすらタンカー航空母艦のための基地（一九四六年以来初の外国軍駐留）を獲得できた。

一般的に、9・11攻撃と対テロ戦争はユニラテラリズムの様相を強めた。これは広範な文脈では、生物兵器協定強化の協調的交渉に反対し、テロリストと思われる者を秘密に裁くための軍事裁判所の設立、ＡＢＭ（弾道弾迎撃ミサイル制限）条約からの撤退であった。この撤退決定は、二〇〇一年一二月初旬のトライデント（米海軍原子力潜水艦）戦略核弾頭ミサイルシステムの大規模な「連続発射」テストと同時であり、米国が世界最大の核保有国であるにもかかわらずミサイル防衛をそれでも実現しようとしていることを強烈に印象づけるものであった。

「対テロ戦争」に関しては米国の言動が強硬になった。米軍は中央アジアの至る所に基地網を確立しただけではなく、イスラム戦士への対ゲリラ作戦のためにフィリピンに軍事支援を増大した。二〇〇三年会計年度国防予算は二〇〇二年度に引き続き増加することが予想され、なんと全英連邦国防予算の一五〇％近くの額に上り、低強度紛争と対ゲリラ作戦に関する側面が最も強調されることになるだろう。支配権維持が安全保障パラダイムのメインテーマになったのである。

米国の言説もこれらの予算増を反映している。基調になっているのは、用意周到の「我々の側でなければ、我々の敵」であり、それどころか誰が「我々の敵か」を決めるのはワシントンだとはっきり強調したものである。最も注目されたのは、二〇〇二年一般教書でブッシュ大統領が北朝鮮、イラク、イランを「悪の枢軸」と言及したことだったが、イランが含まれていたことにヨーロッパの外交官は驚いたというよりも驚愕したのだった。

政治的暴力の将来像と政治的暴力に代わるもの

9・11攻撃とその余波が、国際的不安定の趨勢の一般的分析にどう関わるのか。西側安全保障パラダイムの再検討は多少なりともなされ得るのか。まず強調すべき点は、世界中の社会進歩から取り残された絶望的な人々が平和的変化への可能性に落胆し暴力に突き動かされて、アルカイダの攻撃が生まれたのではないという点である。それにしてもネットワーク発展過程ではそういった点は少なからず関係している。

第一に、9・11攻撃が恐ろしい方法で論証したのは、高度先進国が非対称的準軍事的行動には脆弱だということである。第二に、アルカイダの支援は、米軍が湾岸に駐留していることに反対することから一部はきているが、その地域の「人口統計的に突出した」教養ある若者の、鬱積した不平不満によって後押しされている。最後に、そして最重要なのは、米国の反応が、こうしたネットワークの力の基礎、核心問題には対処せず、むしろ活動的で肥大化した軍事力によって支配維持する構えであったことである。

より一般的な分析によれば、社会経済的分裂および自然環境的制約の中核的原動力が不安定さと紛争を増加させ、そのほとんどが反エリート暴動の増加傾向で示される。これらは時としてかなり暴力的になり、9・11に匹敵もしくはさらにひどい大量虐殺攻撃になる危険性をはらんでいる。反対に、対ゲリラ作戦が活発化するが、それは、地域エリートの自警武装集団と軍隊によるもの、対テロ戦争での米国による本格的戦争によるもの、この両者によるものである。長期的結果はエリートと急進的な反エリートとの暴力の悪循環おそらく螺旋状悪循環になるだろう。

短期的な選択肢としては、多国間協調主義的アプローチを強調することで反テロ行動に積極的協力を要請することだろうが、長期的戦術としては、西側政策の抜本的変更が必要である。たとえば社会経済的分裂をなくし、持続可能な経済への効果的環境政策をとることが重要である。このために必要なのは、債務危機に対する政策の抜本的変更、南の発展途上国が展望のもてる貿易改革の促進、性・人種差別のない持続可能な開発と、それにむけての経済協力の奨励である。さらに根本的改革が必要なのは、北の先進資本主義国の、経済成長にたいする姿勢であり、気象変動と資源の過剰使用に対する効果的行動が中心課題である。

9・11直後、パラダイムのそのような変更という点では、短期予測は否定的である。その攻撃が国内に広範囲に及ぶトラウマ的影響を与えたので、少なくとも米国では、著しく右翼的政権連合が既存パラダイムの強化を図り、特に安全保障面で支配を維持して、蛇だらけのジャングルから危険と脅威の問題を取り除こうとしているからである。現在、その中核問題を理解し対処しようという試みはないに等しい。

終わりなき戦争か

ニューヨークとワシントンが攻撃を受けた米国への同情がヨーロッパではここ数ヵ月間強く残っていたが、一方、9・11の前後の単独行動主義的立場についての懸念が増大した。程度の差はあっても、ヨーロッパ各国政府は広範な問題に関して米国とは異なる見解をとってきた。すなわち、ミサイル防衛のような軍縮問題、核実験禁止条約や生物兵器の制限、対人地雷反対と軽火器移転から、さらに北東アジアと中東の安定に関する大きな懸念に至るまでの問題である。WTO、IMF、世界銀行の活動のような、地球規模の問題に関して広い共有見解は依然としてあるが、ヨーロッパ各国は不良債権や気象変動のような問題に非常に高い関心をもっている。すべては、米国が超大国として行動するという明瞭な決意に対して、深刻な懸念を抱く中で進行しているが、米国はその同盟国と思われる国から支持されているか否かにはほとんど関心がない。

より広く世界に目を向けると、過半数の国ではワシントンの視点から見た世界とは全く違った分析がさらに進みつつある。攻撃直後に刊行されたある分析では、あの攻撃を恐ろしく卑劣で許しがたいものとして非難する一方、その根底に潜む要因を無視した自動的「鉄拳」報復を警告している。その分析が指摘しているのは、米国による頻繁で見境のない武力の使用と、中東と西南アジアのほとんどあらゆるところでの悲痛なムードであり、部分的には、米国だけではなく米国の支援に依存する独裁的な国々に注意が向けられている。その分析は次のような結論を出している。

実際に世界の安全保障と平和に貢献する唯一の対応は、ワシントンがテロの徴候ではなく根源に対処することである。それは米国が中東や第三世界でこれまで採ってきた政策を再検討し本質的に変えていくことであり、最近まで無視されてきた国民のために、変革の手筈を支援し、公正、正義、本物の国民主権の達成を妨害しないようにするこ

とである。他のどんな方法でも終わりなき戦争へとつながる。(10)

少なくとも当面の予測は、残念ながら終わりなき戦争であり、エリートによるものであれエリートに対するものであれ、ますます本格的に増大する政治的暴力の危険性を伴うものである。もう一つの可能性は、9・11のトラウマによって、個人、市民グループ、知識人、特に政治指導者が、起きてしまったことの長期的安全保障の重要性を認識し、公正で安定した世界の構築に向けて努力を倍増させることである。

それは本質的に選択の問題であり、今後一〇年間が国際的不安定と政治的暴力の程度を決定する際に、最重要な時期だとわかることになるだろう。9・11当初の活動は古いパラダイムの固定化を提案するものだったが、更に分析を進め、そのアプローチの無益さを実証できるチャンスはあるのである。学者、活動家、政治家、その他多くのいずれであれ、そのような立場に立つ人の責任は重い。

第20章　9・11後も変らぬ世界政治
――リアリズムの復権

コリン・グレイ

現在の世界的メディアは、いわゆる「ニュース」の中の目新しいニュースで成り立っている。よって、劇的な出来事なら何でも新時代の到来を告げるものとして扱われがちだが、劇的かどうかは、事件の重要性を計るうえで完全に信頼のおける指標ではない。9・11は衝撃度からすれば百点満点どころか、実にハリウッドの映画広告から着想を得ていたのかもしれない。しかし、9・11は今後の世界政治にどんな意味をもつのだろうか。

この章で私がしたいのは極めて常識的な議論で、治政術の教えは永遠であり、依然有効だということだ。更に、9・11は、一世紀後の歴史の教科書に、長めの脚注かパラグラフを一つ付け足す程度だろうと強く思っている。つまり、事件発生当時の二〇〇一年後半に思われたより、9・11の重要性はずっと小さいということだ。この章では二つの別種の問題を取り上げたい。第一に、9・11とその直接的重要性を、世界政治の仕組みに照らして吟味しなくてはならない。つまり、リアリズムが論証できるだろうか。第二に、リアリズムが健全だとすれば、リアリズムのパラダイムの中で、9・11が政治行動に顕著な変化を及ぼしたかどうかだ。例えば、今回の残虐行為の遺産として、長期に及ぶ政治的再編が起きるだろうか。最大の規模としては、世界的な対テロ連合が結成されるのだろうか。もっと限定的には、G8諸国は真に「調和」した力として機能できるだろうか。これからみていくように、玄人の相場師は、その両方の賭けにのらないだろう。

最近起こった出来事が「リアリズムの復権を証明した」という命題を議論することは、恐らくかなり奇妙なことかもしれない。なぜなら、十分に説得力のある、世界政治のもう一つのパラダイムを確認するのは難しいからだ。リアリストの教理は、自立国家つまり主役たちが必然的に国益を求めて力と影響力の増大を追求する、構造的な無政府世界を想定している。主要人物から通行人まで、登場人物は全てリアリズムの台本に従ってきたのであり、今まで世界が政治的に変化したことは無かったし、今後もすぐにはないだろう。変化の証拠、おそらく革命的な変化の証拠を確認できるという意味では、不運なタリバン聖戦士に対する米国の軍事力行使の仕方に、ある程度それをみることができる。

しかしながら、そのような比較的劇的な領域でさえ、伝統的な治政術の教えは依然有効だ。確かに、特殊部隊や無人飛行機、(JDAMを投下する)[1]長距離爆撃機や宇宙空間システムなどを融合した、今日の「共同作戦」は、戦略史における戦術および作戦上の革新だ。しかし以前には、鉄道、電報、大砲の間接射撃、そして広範な機械化などもまた革新的だった。9・11の犯人と目される者たちとの戦いの軍事面において、我々が今まで目撃してきたものは、技術的には実に印象的だった。しかし、この戦争で我々がまだ目撃していないのは、リアリズムの世界(無)秩序がなんらかの変化を遂げつつあるとか、リアリズムの世界(無)秩序という概念が十分な説得力に欠けるという納得のゆく証拠だ。

リアリズムはあまりにも幅広い教派であり、この短い章の中で、その多くの教えの有効性を厳格に検証しようとするのは、有益でもなければ現実的ですらない。しかし、9・11から現在までの、国際政治の主な場面をめぐる議論を取り上げ、その大筋を述べて検討するのは啓発的だろう。これまでの私の議論は十分に明確でなかったかもしれないが、私の言いたいことは、治政術の手法と内容は、これからも、大規模テロの新しい形態の証拠があっても、ほとんど全く変わらないだろう、ということだ。二〇世紀の現実的恐怖(第一次および第二次世界大戦、ホロコーストなど)と、潜在的恐怖(核大国による第三次世界大戦)が、世界政治の手法に根本的な変化をもたらさなかったのなら、単発的なテロリストの残虐行為がどんなにテレビ映えするものであっても、それを変化させるとは考えられない、ということは指摘する価値があるかもしれない。さて、9・11以降、我々が見たものは何だったのか。

① トゥキュディデスの解釈によれば、アテナイ人の治政術の背後にあったという、恐怖、名誉、利益という動機の有効性の再確認。[2]

② 国連機関を通じた国際社会全体による新世界秩序の出現、ないし、より現実的には、（超）大国（実質的にはG8）の新たな協調による新世界秩序の出現を示すそれらしい証拠の欠如。

③ 地上で収集され衛星経由で伝達される標的情報に依存した、情報主導の長距離空軍力における新段階の出現。米軍に本当の変化が起きつつあるかどうかは別として、確実なのは、9・11とその後の軍事作戦が、今後の防衛政策と防衛計画に関するアメリカ人の議論を活発にしたこと。

リアリズムの多様さを考えれば、それ／それらが世界政治に関与する際の信頼のおける条件かどうかを検証するのは難しい。[3] ここで私ができるのは、リアリズムのパラダイムに挑戦するかのような政治的動機や目的ないし、新しいやり方への参加意欲を示す徴候があるかどうか確認するために、最近の動きについていくつかの質問をすることだ。すなわち、国家、特に超大国は、自国の安全に関して、自国第一主義的行動を止めようとしているのだろうか。国際機関と国際組織（特に「テロ」に走りがちな）という非国家的アクターは、双方とも世界政治のゲームを変えつつあるのだろうか。「正規の」軍事力は、「非対称的」紛争の新時代において、その重要性を急速に失いつつあるのだろうか。

どちらかと言えば、9・11とその直接的影響がもたらしたのは、リアリズムの教理の権威を再認識させる、説得力のある証拠だった。治政術の台本は最初古代ギリシア人とローマ人によって書かれたものだが、今は、米国、ロシア、中国、そして、いくつかの凶悪な宗教的狂信者によって演じられている。CNNが可能にした瞬時の国際調査によって、歴史上の敗者に対する抑圧と懲罰の手段が古代と比べ多少は変化した。集団磔刑と串刺し刑は時代遅れになって久しい。しかし、商売になるとなれば、放送したがる衛星テレビ局があるだろうということは確かだ。古代のアテナイ人やローマ人に比べれば、今日のアメリカ人が寛容な勝者であることはほぼ間違いないが、文化の違いと最先端の近代技術による軍事的選択肢を考慮すれば、絶対権の行使つまり覇権的秩序による安定維持の行為は、古代も現代もそれほど違わない。

大国が、覇権的大国でさえも、世界政治のルールが示すとおりの振る舞いが常に十分にできるとは限らない。それどころか、国際政治・戦略のゲームは、政治家にその能力があろうとなかろうと、リアリズムの線に沿って進んでいる。唯一の問題は、彼らがどの程度上手にプレイできるかということだけだ。二一世紀初頭の今日、我々は、八年間にもわたって逸脱漂流した、米国の高貴な政策の後始末に追われている。なぜなら、クリントン大統領には外交問題に対する本当の関心も理解もなかったからだ。米国は、一九九〇年代を、冷戦後の秩序の構築の名にふさわしい前向きな思慮深さを特徴とする一〇年にできた唯一の国家であったにも拘らず、大統領の無関心と外交防衛政策分野の人材不足が相俟って、それをぶざまな一〇年としてしまった。

ブレア政権が定期的に公約を繰り返した倫理的外交政策、少なくとも世界に善を行おうという政策は、ひどい見かけ倒しで、軍事的に実現不可能だと分かっている。倫理の執行に力が必要となったとき、覇権国の軍事的関与に代わるものはない。これからその理由を検討するが、今日の国際秩序は最終的には覇権の力で、可能な限り、形づくられ統制されているのだ。ブッシュ政権には単独行動をとる傾向があるかもしれないが、これこそ、唯一の超大国としての地位に伴う、真に孤独で独特な責任を反映しているのだ。

先に挙げた基本的な問題について少し考えてみよう。国家は自国の安全保障に関して、自国第一主義的に振る舞うのを止めようとしているのだろうか。思い出して欲しいが、リアリズムの理論は、構造的に防衛的な性格の場合も、ジョン・ミヤシャイマーの攻撃的な性格の場合も、(4) 本質的に無政府状態という世界政治のなかで、国家にまず自国の生き残りに目を向けことを求める。9・11の後、米国はその「名誉」をひどく傷つけられて、敵国内の標的を容赦なく軍事的に破壊すると主張した。軍事的能力のデモンストレーションは実に印象的だったが、悲しいかな、諜報に関しては大分見劣りがした。世界の「テロリスト」の多くはベッドで安眠を貪ることができるし、主なテロ支援国家も震える必要はない。なぜなら、覇権国アメリカは十字軍を口にしているだけで、実行する見込みはないからだ。その理由は、もちろん、昔ながらの地政学と地域戦略が、依然として国家安全保障政策という重要任務を構成しているからだ。テロや同様の非対称的脅威は、今日的脅威であるかもしれない。しかし、現在、米国の舵を取る思慮深いリアリストたちは、第一の危険と第二の危険とを混同してはいない。

米国のアルカイダに対する姿勢は、ローマ帝国のユダヤ民族主義者(更には実に、蜂起を企てた全ての少数民族)に対する姿勢と全く同じだ。恐怖からでも、利害のためですらなく、名声、そして極めて貴重な「名誉」を守るために、必要ならば、最後の一人、地の果てに至るまで、覇権国は非正規の敵を狩らねばならない。そうした軍事作戦は、世界秩序がその有益な副産物となることが多いとしても、世界秩序に直接貢献することを目指すのではなく、覇権国の威信を再確認し、他に檄を飛ばそうとするものだ。米国の政策において一貫して明白な、復讐という動機に加えて、覇権という重荷を軽減するための尊敬を維持したいのであれば、アルカイダを願わくば容赦なく追及することが、米国にとって重要なことだ。もし地域の日和見主義者たちが、米国に覇権の意思がないという証拠が明らかになって、米国というワシの羽毛をむしる気にでもなれば、世界はずっと危険になるだろう。

9・11後の政治に関して、米国以外の国はどうだろうか。反リベラル色を強めるプーチン大統領のロシアは、最も現実政治的に、独断的な米国との協調路線に得るものが多いと計算した。二一世紀におけるロシアの最も深刻な地政学的問題は中国の台頭であり、NATOの拡大や覇権主義的な米国ですらないことを、プーチン大統領は知っている。アルカイダに関して責任のある政治家を演じることで、プーチンはチェチェンでの罪をほぼ許され、世界の出来事を揺り動かす者として期待され、現在相対的な力をほぼ全面的かつ客観的に試されている国にとって、歓迎すべきものとなっている。また、事実上ないし法律上のロシアの加盟によって古いNATOが解体するのを望む西側の開けた人々の期待を高めている。長期的な視点から要点を繰り返せば、プーチンはアジアに中国を封じ込めておくために、米国との同盟が必要であることを知っているのだ。

中国は、9・11に対して偽りの涙を流し、米国が実施している「合同」戦争の明らかに新しいやり方によって、多少行儀よくさせられてきた。中国にもテロリストを追うことにおける米国との利害の接点が、控えめではあるが存在するからだ(テロはほぼ世界的現象なので、実は、ほとんどの国に、この利害関係が当てはまるのだが)。しかし、この利害関係が、東アジアにおける米国の覇権の鼻を折り、その影響力を減らさんとする中国の関心と競合し始めている、ということは現在のところはない。東アジアでの覇権の序列をめぐる長期的戦いは、実に厳しいものがあるが、これに比べると一握りの狂信者たちを狩ることはそれほどでもない。

私は読者の時間を無駄にしたくないので、インド―パキスタン関係を典型的に支配しているような残忍なリアリズムについて、痛ましいほど明白な証明をしようとは思わない。安全保障をめぐる世界政治の最も特徴的な手法に関して、好ましい変化が一部で進行しているとしても、その変化はまだこの亜大陸には到達していない。

恐らく、9・11以降の英国の動きに関する簡単なコメントは有益だろう。英国は米国の忠実な補佐官を務めることで、自国の影響力を増大し、確かに「力量以上のパンチをくりだそうと」努めてきた。米国は、戦争の方針（戦略）ないしミサイル戦争の役割を、真剣に英国と共有しようとしてはこなかったが、ブレア首相が悪に対する善の勢力のために、世界を飛び回るのを喜んで許してきた。更に、タリバン崩壊後のアフガニスタンにおいて、英国が平和維持活動で主導的役割を果たすのを、奨励するのではないにしても容認してきた。米軍はハイテク火器の効果に照準を当てており、平和維持活動を実際に「実行」することはない。本来、軍事力というのは、現実的であろうと無かろうと、決定的な軍事的成功を達成しようとする戦士のエトスと戦争のドクトリンに固執するものだ。平和維持活動は、カナダやナイジェリアや英国のように、若干小さい国のためのものだ。

次の基本的な質問は、非国家的アクター、国際機関、国際組織が、現在、世界政治のゲームを変えているかどうかだ。国家の衰退が、リアリストのパラダイムが通用しなくなるほど進んでしまったのだろうか(5)。だが、9・11から現在までの経験ではそうではない。なるほど、アルカイダはみごとな国際組織だが、その繁栄は、国家が実際に支援しないにしても、公式に黙認するという多少重大な措置があってこそのものだということも事実だ。国家とその領土権および主権が依然として世界政治を支配し続けていることは、一部の者にとっては驚きかもしれないが、我々古典的リアリストにとっては全く驚くにあたらない。複雑な相互依存関係が発展しつつあり、洗練された結合が出現していると言われるが、それにも拘らず優れてリアリスト的目標を追求する伝統的な国家中心的行動が、現代の出来事の進路を説明している。国連、ＮＡＴＯ、そしてＧ８でさえも（協調的国際安全保障システムに戻ることを目論んでいる諸国にとっても）、長引く危機の中で、純粋に単独で影響力のある役割を演じたことはなかった。このような覇権体制においては、現存する国際機関も、集団防衛同盟でさえも、覇権国の政策に合法性を与えることしかできない。当面は、米国の軍事的手腕が世界政治の切り札だ。

国際秩序の母方についている限り、アルカイダのような国際組織が（不）安定な環境をつくることは、今後何十年間はないと思われる。インド―パキスタン間の不愉快な関係、東アジア海域全域に覇権を及ぼそうという中国の野望、そして一九九一年に失った権威ある地位を取り戻そうというロシアの決意と比べれば、国際テロなどは取るに足らない。（「諸文明」を含む）多様な国際主義ではなく、地政学が歴史上の出来事の本流を形成しているのだ。

9・11以降の出来事は、「正規の」軍事力の有効性について、何か有益な教訓をもたらしただろうか。「非対称的」脅威と戦争に関して熱い議論がなされてきたが、(6)ここ数ヵ月間に実際何が起きたのだろうか。米国の正規の通常兵力が、アフガニスタンのタリバンの三流、四流の軍事力を打ちのめし崩壊させた、というのがその答えだ。空からの攻撃の目標設定の背後にあった政治情報がしばしば不完全だったが、新しい組み合わせの共同作戦の中で米国の軍事力が素晴らしい活躍をしたという評価が、これによって大きく下がることはあり得ない。今回の敵はそれほど価値のある相手ではなかったというのは本当だが、それでも、米国の空からの攻撃は、最先端の覇権的軍事力の威力を見事に示した。

最近では一九七〇年代初頭と九〇年代にみられたが、世界政治における軍事力の脅威ないし行使の有効性が急激に失われているという認識が、周期的に流行する。この推論的認識が正しければよかったのだが、本当は、今日の国際秩序は最終的には、支配的軍事力の脅威によって（覇権的システムもしくは協調的システムにおいて）、または軍事力の均衡によって支えられている。確かに、アルカイダに対しては、情報機関と殺し屋部隊、さらに警察、金融機関の捜査官なども多くのことをしなければならない。しかし、各国がテロリストを庇護しないよう牽制する本質的な役割を担うのは、正規の軍事力なのだ。

アルカイダは西洋文明を倒そうとしているのではないし、9・11が、不満をもつイスラムの大衆を動員する可能性をもっているかどうかも決して確かではない。総じて、9・11に示された戦術的な巧妙さにもかかわらず、取り敢えず、アルカイダの戦略はひどい失敗だったと判断しなければならない。一方では、米国のプライドに劇的で強烈な一撃が加えられたが、他方では、慎重だが致命的な米国の対応が、覇権国の意味を、関心をもって見守る人たち全てに明らかにした。もし現代史の進路が、リアリストのパラダイムに明らかな異議を申し立てているとするなら、私にはその証拠が見えないと告白しなければならない。先に述べたように、現代の国際政治の文脈においては、大国も小国も全てが、古代ギリシャとローマの歴史に力強い前例のある台本に従っている。

私は、「9・11とその後の教訓」をいくつか提示することで、この章の結びとしたい。ただし実際は、教訓といっても歴史を専攻する学生にとっては、あまりにも明らかなことの再発見に近いだろう。

① 国際秩序には警官が必要である。国際世論、はなやかな国際会議、そして先祖返り的暴力志向からの価値転換と言われるもの、そのいずれもが、国際秩序を回復しなければならない時に、戦略上の取引に携わることはできない。

② 今日、警官として唯一考えられるのは覇権国アメリカだけである。アメリカ人は、バルカン諸国については多少関心があるが、アフリカについては全くない。ましてや、陸に閉ざされた中央アジアについては、ごく最近までほとんど聞いたこともなかった。要するに、国益を慎重に見定めランク付けすることに注意を向ける覇権国は、相当の殺戮と混乱を容認するだろう。とは言え、米国が行動しようと考えれば、国家や組織がどんなに力を合わせても、文字通り止めることは不可能だ。一九九三年から九四年にかけての、ソマリアでの米国の潰走は例外だ。現代の米国は覇権国として、その困難な責務に見合った権利を有すると信じている。最近の例でいえば、弾道弾迎撃ミサイル制限（ABM）条約体制から（合法的に）撤退するということを、世界的な不評にも拘らず、米国は一方的に決定した。なぜなら、アメリカ人は、秩序を守る警官として冒さねばならない、特別の危険を痛切に認識しているからだ。

③ 大国はその影響力の増大を求める。主なリアリ

スト分派のいくつかが、大国がなぜそうするのかについて、互いに両立するけれども、それぞれ独特の説明をしている。ここでは、9・11以来の出来事が、この三番目の教訓の権威が失われていないことを示しているとだけ言っておこう。先に見たように、ロシア、中国そして英国、更には、インドとイラン、ドイツでさえも、今日の情況下で政治的影響力を強めることを日和見主義的に狙っているのだ。過剰に煽りたてられた「テロとの戦争」に合わせた、世界政治の根本的再編成というジャーナリスティックな推論は、あまりにもナンセンスだ。国家、特に大国は、自国内のうるさいテロリストを追跡することには僅かな関心しかもっていない。その主たる関心は、国際関係を自国に有利なように形成することだ。

④　十字軍は儲かりもしないし実際的でもない。基本的に世俗的なことを理念化することが、米国の治政術のやり方だ。現在の米国の政策はテロとの戦争の遂行（これは、少なくとも、言語学的残虐行為）ではなく、むしろ、9・11の屈辱をうけて国の名誉を回復することだ。テロとの戦争などありえない。なぜなら、それは政治的要素をあまりにも多く含む概念であり、現実的な定義をしようとする努力は報われないだろう。どの国もどこかよその誰かを脅かすテロリストの追放に関心があるわけではないし、ましてや「自由の戦士」については言うまでもない。これは、リアリストなら誰でも知っていることだ。地政学的に政策を検討すれば、勢力を拡大し各地に広く散らばっているテロリストに対して戦線を拡大するといった冒険は、すぐに思い止まるだろう。もし、二一世紀にはテロの悪に対する米国主導の合同十字軍が見られると信じる者がいるなら、世界政治のリアリズムに関する基礎的な教科書を読むことを奨めたい。

⑤　今日、協調的治政術は不可能だ。私達、古典的リアリストは協調外交に異論をさしはさむつもりはないが、今日の世界で現実的だとは思わない。力、特に軍事力が、今日のように不平等に配分されている時代には、寡占的組織が、もちろんG8のことだが、ほぼ一致して機能することはありえない。今日の大国中の

大国は、米国の兵站業務上の中央アジアへのアクセスの場合がそうだったように、別のG8メンバーからの安全保障上の積極的な協力を時々は必要とするだろう。けれども、真の協調システムの非公式なルールに従うなら、単独行動主義を避け、他の協調国の権益を尊重する義務を負わねばならないのだから、政治文化的にも、現在の軍事的優位からしても、米国がG8協調体制を同等に構成する諸国の単なる一大国として機能することなどありえない。単に協調体制の先頭に立つというだけなら、それも不可能だ。良くも、時には悪くも、また必ずしも遠大な構想と目的に基づいているわけでもないが、米国は世界政治における覇権体制の要なのだ。

第21章　新しい世界配置図(1)

フレッド・ハリデイ

大きな国際的変動が起こった場合には、二つの、予想可能な、かつほとんど常に間違った反応がでるものである。一つは何もかも変わってしまったという反応で、もう一つは何も変わっていないという反応である。9・11の事件後も、その両方の反応をよく耳にする。ちょうど一〇年程前も、この二つの両極端の反応をよく耳にした。一〇年程前の地震、ベルリンの壁の崩壊、湾岸戦争、ユーゴスラビア崩壊の後も、同じような正反対の立場が明確に述べられた。

9・11が「すべてを変えた」というわけではない。約二〇〇の国々からなる世界地図も、経済力や軍事力の世界的形態も、民主主義国、半独裁主義国、専政君主国という国家配置図もほとんど同じである。世界にとっての最大脅威の多くと、国家統制の伝統的形態が及びにくい問題（環境、移民、薬物取引、エイズ）の多くも、9・11よりはるか前から存在している。9・11以前に戦争によって引き裂かれた四〇くらいの社会は、コロンビアからパレスチナまで、今もそのままである。もっと具体的に言うと、9・11以後に明るみに出た変化の中には、それ以前にすでに始まっていたものもある。ブッシュ政権による増大する単独行動主義的主張、西側およびイスラム社会から出てくる文化的軋轢についての言説、予想される景気後退を埋合わすためのOECD諸国による介入、人権に関する国際規約への公約からの広範な後退（国家だけでなく時事問題解説者によっても）などは、9・11以前にすでに始まっていたものである。

しかしこのように何も変わってはいないと考えてしまうと、米国「本土」への攻撃が私たちの住む世界を作り変え、今後も作り変えるだろうという、事の重大さを軽視することになる。これらの変化の中には、革命的あるいは絶対的というより、発展的であり改革的であるものもあるが、その変化の重要性は変わらない。次のように示唆する人も実際にいる。現代において世界を改造するために役立つことをやったということは、改革であり、少なくとも革命と同じだと。しかし、それはまだ初期段階にすぎず、9・11の事件が照らし出した紛争は、まだ始まっていなかったものであり、この先何年も続くのである。しかし要約すれば、少なくとも五つの主要な道程が、9・11以後の世界にはあると言えよう。9・11の事件が起こらなかったとして予想できた世界は、今や全く違った場所となってしまったのだ。

第一は、米国支配権の集中と主張が著しく増加してきたことである。米国は9・11以前も、サッカーという例外はあったが、あらゆる重大な指標において世界を支配する強大国であった。(2) しかしまだ、どのようにこの力を発揮するのかについては不確実だったが、クリントンが支持し彼の政府が執拗に追求した多国協調主義的アプローチと、ブッシュが支持する単独行動主義（孤立主義と同義ではない）的アプローチの間で、米国は揺れていた。ブッシュの単独行動主義の徴候は、政権誕生から数ヵ月で明らかになった。いくつか挙げるとすれば、京都議定書の拒絶、OECDの非課税地域規制の妨害、化学兵器禁止条約からの脱退、国家ミサイル防衛、国連の蔑視である。9・11は、ブッシュ政権に政策のいくつかの見直しと執行停止を迫った。しかし概して米政府の武力行使への傾倒を加速させ、さらに米国内の雰囲気をこの一連の行動を支持するものに変えた。二〇〇二年一月二九日の大統領一般教書や国防費五〇〇億ドルの増加が、このことを如実に物語っている。

しかし同様に重要なのは、9・11は世界の多くの国々に米国と足並みをそろえて行動するよう、仕向けたことである。ワシントンはこの危機に際し、支配権を現金化したので、他国は協力依頼があった時に、断りにくくなったのは明らかである。これが9・11のもたらした第二の大きな変化である。同盟国でも米国から大きく距離をとった国もあり、サウジアラビアが顕著であったが、外交上のバランスシートを全体的に見ると米国に有利なものとなった。ロシアは自国の利益を目論んで、ワシントンとの新しい戦略的政治的協力を強化しようとした。ブッシュはモスクワが望むものを与えず、中央アジアでの軍の長期駐留計画によってロシアに警告を発してきたが、現在は一定の理解を示すようになっている。しかし中国も反テロキャンペーンに合流したことは、中東諸国には驚きであった。なぜなら中東諸国は中国を、過去に植民地を所有したことのない唯一の安保理常任理事国として期待していたし、現在も期待しているからだ。

しかしこれに反して、9・11がもたらした第三の結果は、ある程度は潜在的に存在していたが9・11以前には顕在化していなかった同盟だ。すなわち軍事的・経済的ブロック同盟ではなく、別の同盟つまり反米感情という世界同盟である。国際関係の伝統的理論的基礎は「バランス・オブ・パワー（力の均衡）」である。これは力の均等な分配を意味するのではなく、自動修正機構を意味している。すなわち、どこかの国が強力になりすぎると、他の国々がそれに対抗する同盟関係を築くのである。この現象は、一八〇〇年代のナポレオンや一九四〇年代のヒトラーに対しても起こった。しかしこのような力の均衡は冷戦終結以後、作用しなかった。対抗する軍事ブロックや経済ブロックがなかったからである。むしろどの国も、NATOやWTOのような米国や米国が関係する国際機関に加わって、「優勢な側につくこと」を望んだのである。

しかし、国家が優勢な側についても、大衆の意見はそうならなかった。ヘゲモニーの支配が「弱い」力に焦点を当てるように、ヘゲモニーへの反発も「弱い」力に焦点を当てる。世界中の大衆感情レベルでは、イスラム圏だけでなく、一種の対抗する情動バランスが生まれたのである。したがって、米軍キャンペーンに南米の多くの国が反対し、東アジアや通常は反イスラムのインドにまで反対が広がった。グローバリゼーションとも少しは関連して、この感情は簡単には消え去らないであろう。今回の危機の最大でおそらくもっとも永続的な結果の一つは、この反米主義の高まりであろう。

第四の局面は、世界経済管理の局面である。9・11は、市場の重要な特定分野（航空、旅行、石油、保険）を弱体化させ、投資家や消費者の信頼を広範囲に失墜させることによって、すでに顕著になっている景気後退傾向を加速させた。エネルギー分野においては、石油の世界的な需要を押し下げた。石油産出量がおよそ日産七五〇〇万バレルであるのに対し、今やおよそ日に三〇〇万バレルが過剰となった。この結果、原油価格がどこまで下落するか予測できないほど下落しただけでなく、OPEC（石油輸出国機構）と主な反OPEC産油国（ロシア、メキシコ、ノルウェー）間で価格競争が起こっている。

消費者側である米国や他のOECD（経済協力開発機構）諸国では、湾岸地域への石油依存を減らそうという新たな関心が起こっている。というのは、湾岸地域は世界の三分の二の石油埋蔵量があるものの永続的不安定地域だと考えられているからだ。非湾岸産油国とくにロシアやカスピ海諸国やベネズエラが、この事態に拍車をかけている。ロシアは、ロシア圏外のカスピ海沿岸からトルコにパイプラインを通そうという西側建設計画に商業的・戦略的シェアを確保することを含め、望むものを手に入れたようである。カスピ海諸国、特にアゼルバイジャンやカザフスタンは米国に軍事面と石油面での協力を申し出ているが、その政権もそれほど長続きしそうにはない。ベネズエラについては、西半球において理想的な戦略的位置にあるが、アフガニスタン侵攻への批判を含め、チャベス大統領の独立外交政策は、ここのところ米国の怒りを買っていて、当面は米国の役に立たない。

とりわけ最も重要な経済変化は、9・11が、国家（とくに米国）を世界経済の管理者へと後退させてしまったことである。危機を脱するために先進国政府が業績不振分野に補助金を出し財政上の調整や低利子政策を約束するので、すでに綻びの出ている新自由主義的市場信仰は今やどんどん腐食している。一つの未決問題は、このこと全体がユーロの長期的運命にどのような影響を及ぼすかということである。通貨安定協定はすでに危機的だが、ジョージ・ブッシュはドルのライバル通貨に何が起こってもたいして心配しないようである。しかし国家が国内および国際規模の財政制度に介入するといったＯＥＣＤ全体の政策転換は重要問題である。

　変化の第五局面、地域の武力外交に関しては、最も影響を受けた地域は西アジアであった。米国側につくことによって、パキスタンは孤立と数億ドルの借金から抜け出すことができたように思われる。アフガン戦争が静まって、ムシャラフ大統領の軍事政権が持ち堪え、将来の見通しが明るくなれば、他国との関係も良くなるだろう。アフガニスタンが安定すれば、中央アジアからパキスタンの港へ南下する石油と天然ガスのパイプライン建設の見込みも出てくる。イランは短期間に利益を得た。というのは9・11以後の数週間で、英国やさらには米国との関係が改善し、ハラズィ外務大臣はニューヨークでコリン・パウエルと会談したからである。イランはアフガニスタンを支配したりお節介をしたりして手を焼きたくないと表明した。ほとんどがペルシャ語を話す北部同盟の勝利によって、イランは概してアフガニスタンや中央アジアへの新しい影響力を得た。このような短期的関係改善はそれほど長く続かず、二〇〇二年初めにイランの保守派と米国政府は新たな対決局面を迎えた。

　アラブ世界の状況はかなり異なっている。アルカイダに対する米国の軍事キャンペーンは、目に見えようが見えまいが、弱小国であるか国家としては存在しない国、すなわちイエメンとソマリアのような二ヵ国のアルカイダ・ネットワークへの作戦になるだろう。その点からすると、イラク政権も自国が米国の軍事行動の標的になっていることは承知している。というのもカブールにおける成功によって米国タカ派がこの問題について勢いづいているからである。ヨーロッパ諸国はワシントンを抑制しようとするが、イラクに対する軍事行動の可能性は、イランに対するブッシュの「悪の枢軸」演説に続いて、依然として残っている。湾岸アラブ諸国も、近年若者の間にアルカイダ支持が増えているので、心地よくない状況にある。とりわけ、サウジアラビアには強硬な反米感情をもつ人たちがいる。この人々は、失業が社会問題化しエリートが石油や投資収入をピンはねしているとして、国の支配者一族にますます批判的になっている。

サウジ政権は米国との協力関係を減らして、批判を押さえようとしてきたが、そうすることによって、生存の頼みの綱、米国を敵にまわしてしまった。ある程度まで時間は、これら産油国の慎重で優柔不断な支配者に追いついてきた。かくして遅蒔ながらワシントンは、サウジに要求していた軍事施設やテロリスト容疑者とその財源に関する追跡情報を手に入れつつあるようだ。が、サウジ王家を守るためにアメリカ人の生命を危険にさらすことは、どの大統領にとっても容易ではないことが分かるだろう。ワシントンの戦略家はすでに不測の事態に備えている。もしサウジアラビアが深刻な危機に陥れば、一九二〇年代の同時期に作られた二ヵ国、ユーゴスラビアやソビエト同様、解体する可能性がある。そうなると、サウジアラビアの国内政治に巻き込まれることなく、東側の石油と天然ガスに対する、西側と世界経済の利益を、どのように守るかが問題となる。まだその段階には至っていないが、いずれそうなるであろう。

最終的には、こうした変化、すなわち、いずれにせよ全体的に進行していた状況の背後にあったのはグローバリゼーションである。9・11はグローバリゼーションの幾つかの側面にたいして挑戦するものであり、とくに、文化と経済、旅行と移住の自由に対してわき上がる世界的楽天的考え方にたいして挑戦するものであるが、その一方で、9・11はまた、もっと冷静でそれ故おそらく持続可能なグローバリゼーションのモデルを議論する機会を提供したのであった。世界経済的マクロ経済的管理体制は、今や試練にさらされ、さらに大きな政治的支援を与えられることになろう。二〇〇一年一一月、ドーハでのWTO会議（そして反グローバル・デモ）でも明らかなように、世界貿易自由化と富の健全なる再配分の議論が、さらなる緊急課題となるかもしれない。

しかし、こうした政策問題は、価値についての選択や論争という、もう一つの文脈のなかでも起きている。これらのなかで最も明白なのは、文化の問題であり、文化と普遍的または相対的価値との関係である。9・11の事件はこの問題を解決せず、むしろ文化相対主義者つまり共同体主義者が相手に議論を挑むことになった。または一方では、西側や東側の公的議論が示すように、聖典の共同体的伝統的な唯一解釈があるという主張は疑問であるが、他方、道理のある犯罪行為に差違を実施すること、すなわち責任や国際的義務を文化的違いという言い方で否定することも少々むずかしい、という点である。

また9・11の余波に大きく関連して、誰が人権擁護や人権侵害の責任を負っているのかという点で重要な変化があった。長い間、その答えは国家だった。しかし、「非国家」すなわち家族・部族・民族であれ、被抑圧者の自称代表者であれ、「非国家」も人権に責任を負っているのである。たとえば、戦争法規の侵害、女性への暴力、人種差別などについての議論は、人権侵害について国家と社会の双方が果すべき責任を浮き彫りにした。

以上に述べた議論は、米国攻撃の以前も以後も、「人権」として分類されるものの範囲が広がっているので、ますます難しくなっている。すなわち、個人の政治的権利は社会的経済的権利と深く関わってきたし、それが民族・女性・難民・身体障害者のような集団の権利へと拡張しているからである。それに加えて、人権問題の範囲と行動は、以前は別個の問題と見なされたものも含むようになった。たとえば、一九四九年のジュネーブ協定は国家をも拘束するようになり、七七年の追加議定書は反政府集団を含め暴力の合法的使用をも認めるようになっている。［第二次世界大戦中のナチスに対する抵抗運動（レジスタンス）や戦後の民族自決をめざす解放闘争がゲリラ戦によっておこなわれたことから、一九七七年の「ジュネーブ諸条約（一九四九）の追加議定書」で、解放闘争が国際的武力紛争とされ、捕虜となったゲリラに対する人道的保護が国際法上みとめられることとなった］。

しかし、この一連の相互に関連する倫理的人権的問題が論証したのは、どんな政策もこれらの問題を無視できないが、人権という根拠で一つの単純な答えがあるとか、一つの明確な「倫理的」選択があると思ってしまうと、混乱が生じるということだった。人道主義的支援に携わる人たちは、配布しようとしている燃料や食料や薬の幾分かで、軍閥の長や起訴されている戦争犯罪者を買収しなければならないかもしれない。個人とくに女性の権利に関わる人たちは、宗教や共同体の「真正な」「伝統的」だと想定されている価値を覆さなければならないかもしれない。逆に、地域共同体と文化的差異を主張する更に強力で決定的な立場に立つことが、9・11によって高まった鋭い人権論議を望ましい結果に導く可能性もある。

9・11によって引き起こされたグローバリゼーションにたいする挑戦によって、多くが変わった。グローバリゼーションの基礎となる自由な楽天主義は、とくに旅行の安全性に関して、弱まってしまったと言えるだろう。しかし9・11はまた、グローバリゼーションへのより強力で弾力的方針を引き出す挑戦かもしれない。9・11は、自由なコスモポリタン的楽観主義に走っていた人たちや国際的制度を半無政府主義的急進的に批評する人たちに、世界的安全保障と有能で断固とした力によって維持される安全がなければ、グローバリゼーションはありえないということを思い出させた。ただし普遍的善としての軍事的安全保障への方針は、民主主義的・非宗教的価値への広範だが断固とした方針と結びつけられる必要がある。そのような方針こそ、安全保障に劣らず、テロリストの攻撃にたいする長期的抵抗の前提条件である。この冷静だが適切なメッセージは、二〇〇一年秋に高まった肯定的結果の一つと言えるかもしれない。

9・11の結果は、この危機を引き起こした要因によっておのずと決定される。その要因は政治であり、広範な三種類の政治である。第一は、米国政治そのものである。とくにブッシュ政権と米国は概して短期的に見ると、この危機によって逆に強化された。この力を何に使うか、またこの新たな有利さをどれくらい維持できるかはまだ分からない。第二は、中東とイスラム世界の政治である。この地震が、何を打破し何をそのままにするかは不確実であるが、振動は非常に大きい。最後の第三は、広範な背景、つまり米国の対テロ戦争を支持する同盟国とそれに反対し憤慨している世界ブロックである。これらはグローバリゼーションのアキレス腱であり、9・11以後につくられた協力と敵対の焦点でもある。これらの長期的形態は決して神によって定められたものではなく予想がつくものではない。

第三部　多様な世界

第22章　ジハード対マックワールドの時代の民主主義とテロリズム

ベンジャミン・R・バーバー

アメリカ本土に対する初めての大規模な攻撃は、恐らくそれを企てた犯人たちの期待以上の成功を収めたが、その精神的打撃から一週間後、ジョージ・ブッシュは正義の報復を掲げて、突如再発した狂信的テロリストとの戦闘に加わった。彼は上下両院合同議会で、「我々はテロリストを正義の下に裁く」、「でなければ、テロリストに正義を及ぼす」と重々しく述べた。正義という言葉は、確かに米国の反応という文脈では適切だった。しかし、それが今後とも適切であり続けるとすれば、その意味が正義の報復から正義の分配に拡大される場合に限られる。

片や非統合的民族主義および私がジハードと呼ぶ反動的原理主義勢力（イスラムかどうかは問わない）と、片や統合的近代化および拙著『ジハード対マックワールド』[1]でマックワールドと呼んだ容赦のない経済社会的グローバリゼーション（米国だけの責任ではない）との間の衝突が、これら一見対立する勢力の弁証法的相互依存関係によって残酷なまでにひどくなった。拙著で私は、グローバリゼーションと原理主義との関係を批判的に検討した際、それぞれの理由で自由に無関心にみえる運動同士の衝突に巻きこまれて、民主主義がひどい害を受けるかもしれないと警告した。米国がジハード（イスラム原理主義ではなく戦闘的原理主義を指す）に対する第一段階の軍事攻撃を成功裡に終了した今、テロではなく民主主義が目下継続中の戦争のもう一人の犠牲者となる可能性がある。

市民的、民主的制度のグローバル化のみが、近代性とそれを不満とし批判する人たちとの世界戦争からの出口となるだろう。民主主義はジハードにもマックワールドにも応える。諸々の価値観の凡庸化と均質化を、文化の多様性および精神的・道徳的真剣さへの侮辱と考える人々の、憤怒と精神的不安にも直接応える。また、統制を欠いた国際市場、および民主的国民国家の人間性尊重の制約から切り離され野生化した資本主義のせいで、貧困と絶望に陥った人々の苦情にも応える。民主主義の領域を国際市場に拡大することで、現代社会に参加し、その経済的恩恵、ならびにアカウンタビリティーや参加やガバナンスの機会に与る意志のある人々の要求に、応えることができる。文化の多様性を、そしてマックワールドの底の浅い文化的一元論の通説から遮断された礼拝と信仰の場を確保することで、世俗的物質主義を恐れ、文化的・宗教的特色の保存に全力を挙げて献身している人々にも応えることができる。ジハードとマックワールドとの残酷な戦いの勝利者は民主主義だけであり、その戦いの結果は、現代人が正義と信仰の双方を求める男女にとって安全な世界をつくれるかどうかにかかっている。

民主主義の最前線

民主主義が、マックワールドの不毛な文化的一元主義か、憤りに満ちたジハードの文化的原理主義かという、どちらも多様性と市民的自由に貢献しない、極端な選択を避ける得る道具だとすれば、米英および同盟諸国はテロそのものではなくアナーキズムと社会のカオスに対して、決定的な第二の市民的民主主義戦線を開かねばならない。アナーキズムとカオスとは経済学的還元主義とその均質的商業化を指すが、それが絶望と自暴自棄の空気を醸成し、テロリズムはその空気を非常にうまく利用したのだ。第二の民主主義戦線は正義の報いと世俗的利害の名においてだけでなく、正義の配分と宗教的多元主義の名の下に推し進められよう。

テロとの戦争の民主主義戦線は、テロリストに全滅作戦を思い止まらせるための戦いではない。彼らの行為は言語道断であり、その目的は合理化すべきもなく、交渉の余地もない。罪のない人々をハイジャックし民間航空機を凶器に変えたとき、真実への信仰の「殉教者」を自称する者たちは、他人に実際には大量殺戮と変わらない強制的犠牲を強いたのだ。テロリストは交渉条件を何も示していないし、それを相手から提示されることもあり得ない。ジハードがニヒリスティックになった場合、ジハードを法に照らして裁けば、根、幹、枝、全ての撲滅という形をとらざるを得ない。テロの根絶は専門的軍事的諜報活動と外交資源に依存するが、これによって米国および世界の多くの市民が脇に置かれ、参加できない戦いの不安な傍観者にさせられる。そしてその戦争では、恐怖に伴う吐き気が報復への食欲を削ぐだろう。しかし第二戦線は、国民国家の国内問題であろうと国際関係であろうと、民主主義と社会正義に関与する全ての市民を巻きこむ。それは不安な消極的傍観者を断固とした積極的参加者に変える。自爆テロ志願者を取り押さえようとした民間航空機の乗客が最近、学んだように、積極的参加は恐怖の完璧な解毒剤だ。

傷を負い激怒したアメリカ国民の要求であるから、また相手の全滅に心を奪われたテロリストはおだてや誘いにのらないだろうから、第一の軍事戦線は実施しなければならない。テロリストは取引ではなく、忘却を求めている。しかし、長期的に結果を決めるのは、狭義の軍事作戦ではなく、第二の市民戦線の成功だ。それはブッシュ大統領の言葉を借りれば正義のための戦争でもあるが、しかし分配の正義への新たな取り組みとして定義される戦争でもある。すなわち、南北間の責任の再検討、国際正義と礼譲を求められている国際資本の義務の再定義、国内市場から国際市場まで市場に従う民主的組織の配置転換、極めて世俗的な市場社会に占める信仰の位置づけと信仰への要求に関する新たな認識といった取り組みだ。別の言い方をすれば、ジハードに対する戦争はマックワールドにも留意しないかぎり成功しないだろう。

グローバリズムを民主化し、宗教とそれに付随する倫理的・精神的価値観を均質化し凡庸化するマックワールドの作用を緩和することでは、テロリストをなだめられないことは確かだ。テロリストたちはほとんど全く、グローバリゼーションの本来的欠陥を問題としてはいない。ジハード戦士は、イスラム教の信徒であろうと、キリスト教の信徒であろうと、血縁に基づく民族主義の信奉者であろうと、敵を容赦しない。彼らもまた容赦されるべきではない。ジハード戦士は近代性を嫌悪する。つまり、啓蒙思潮から生まれた世俗的、科学的、合理的、商業的文明を、その良い面（自由、民主主義、寛容、多様性）も悪い面（不平等、覇権、文化的帝国主義、物質主義）も共に忌み嫌う。現在生きている人々を全滅させ、過去の死人を蘇らせる以外、近代の敵に何ができようか。

したがって、テロリスト自身が民主的戦いの目標になるということはありえない。しかし、彼らは社会の暗黙の支持と悔いの残る黙認の海の中を泳ぎまわり、この憤怒にかき乱された海では、暴力と中傷の思想が浮上しやすいことが分かった。最初、アメリカ人は激怒し、次いで、イスラム諸都市のテロリストとはとても言えない一般の男女や子供が、罪のないアメリカ人の理不尽な殺害を見ているにも拘らず、ある種の邪悪な歓びを露わにした場面に深く困惑した。いったい誰が、あのような行為を賞賛できようか。しかし、第三世界のあまりにも多くの地域に、また第一世界の諸都市周辺に多く見られる第三世界には、絶望的憤怒を生む環境が存在しており、これがそれに値しない一種の擬似合法性をテロに与え助長する。

第二戦線が目指すのは、テロ自体ではなく、このそれを助長する環境だ。標的はテロリストではない。なぜなら、テロリストたち自身、近代化に肝をつぶし、それを犠牲にすることを恐れており、民主主義を奉じる人々に改善策をとる意志さえあれば、テロリストたちはそうした行動に弱いからだ。彼らが求めるのは正義であって、復讐ではない。問題は近代化ではなく、万人に対する公正よりも少数の人たちの利益に資する国際市場社会を追求してきた、ネオリベラル主義的思想だ。テロリストたちは特別にアメリカ人嫌いでさえもない。彼らはむしろ、アメリカ人が思慮深い単独行動主義と認識するものが実際は横柄な帝国主義ではないかと、アメリカ人がとっている冷ややかな超越的態度が実は利己的な孤立主義ではないかと、また米国がエジプト、サウジアラビア、パキスタンなどのイスラム諸国の独裁的支配者との現実主義的同盟と考えるものは、米国が信奉すると主張する民主主義原理への裏切りではないかと、疑っているのだ。

文明内部の戦争

サムエル・ハンチントンなど大袈裟な評者は、現在の世界の分裂を世界規模の文明の衝突だとし、民主主義とイスラムとの文化戦争について、更には恐らく「西洋とその他」との戦争についても警告する。しかし、これではオサマ・ビンラディンの預言者風のレトリックを真似することになる。彼は正にそういう戦争を呼びかけていた。しかしビンラディンのアルカイダと、彼が武器をとらせようとしている貧困に打ちひしがれた第三世界の人々との差は、急進的な聖戦士的原理主義者と子供を養い宗教的コミュニティーを育てることに気を配る普通の男女との差だ。原理主義者はあらゆる宗派にみられ、彼ら自身が標榜する宗教と矛盾した思想をもつ、小規模で加重刑に値する少数派だ。米国の原理主義聖職者、ジェリー・フォルウェルのニューヨークとワシントンへの攻撃に関するコメントは驚くべきもので、神の天罰が堕胎主義者、同性愛者、アメリカ市民自由連合（ACLU）に下ったというものだった。これはタリバンがイスラム教を規定しないのと同様、プロテスタンティズムを規定するものではない。

マックワールドに対する戦いは、文明の衝突ではなく、伝統的な民族的、宗教的分断を背景に登場してきた、単一世界文明に組み込まれた緊張の弁証法的表れだ。また実は、伝統的分断の多くが、マックワールドとその情報娯楽産業、そして技術革新がつくり出したものでもある。ビンラディンも、最新のメディアがなければ誰も知らない砂漠のネズミだったろう。テロリズムも、クレジットカード、国際金融システム、近代技術、インターネットなどに依存できなければ、地方の族長に石を投げる程度のものだったかもしれない。我々が直面しているのは文明間の戦争ではなく、文明内部の戦争であり、グローバリゼーションとネットワーク化の進む物質世界の将来に直面して、文化的、国家的自律の維持に不安を感じた各文化の動揺の表れだ。それはまた、近代化の明白な利点と、同じく明白な代価とを目の前にした各人の動揺でもある。

二〇〇一年九月一一日のはるか以前から、文明のグローバリゼーションの代価に反対するデモが、シアトル、プラハ、ストックホルム、ジェノバなどで行われてきた。フランスのシラク大統領がニューヨークとワシントンへの攻撃の数ヵ月前、何かが変でなければ一〇万人もが抗議デモを行うことはないと認めたにも拘らず、デモ参加者はアナーキストか無知の輩としてほとんど抹消されてしまった。メディアの注目は、彼らが演技を通じて光を当てようとしている深い問題よりも、演技そのものに集まった。

9・11以後、グローバリゼーションの反対者をテロリストといっしょくたにし、無責任な世界秩序の不安定化要因として見捨てた批評家までいた。しかし、その反対者たちはマックワールドの子供で、彼らの唱える異議はジハード的ではなしに全く民主的で、彼らの不満は世界秩序ではなくその欠如にある。デモ参加者の大半を占める若者は政治的には多少愚かで、分析はややナイーブで、有効な解決をもたらすまでには至らないだろうが、彼らには国の指導者が明らかに欠いている教養があり、現在のグローバリゼーションの設計がアナキーとニヒリズムと暴力を生んでいることを理解している。

彼らはまた、第三世界の人々が米国が苦しむのを喜ぶかのように見えても、その大多数は、好んで敵になっているわけではなく、その主目的は、自分たちもまた暴力に苦しんでいることを明白にするためだということを知っている。彼らに対する暴力がたとえテロリストの凶悪な計画と比べて見え難く、ひっそりと長期にわたって破壊を続けるものであったとしても、彼らも暴力で苦しんでいるのだ。彼らは米国の苦しみを過小評価したいのではなく、その恐怖を利用して彼ら自身の恐怖に注意を促したいのだ。

もし、こうした「マックワールドの敵」が、それほどまでに近代化の不公平な配分の犠牲になってこなかったならば、機会が与えられた場合、彼らのどれほど多くが近代化とその恩恵を楽しみたいと思うだろうか。狂信的な共産主義者はどれほどいるだろうか。また単なる本能的公正擁護者がどれほどいるだろうか。彼らは資本主義の生産性に憤慨しているのではなく、国際法規と民主的な法の支配を抜きにして、資本主義はきっと有益だという主張に憤慨しているのだから、結局、彼らの憤りの標的は民主主義ではなく偽善なのだ。

米国以南のアメリカ大陸や、ヨーロッパ、日本など第二、第三世界に住む人々には、グローバリゼーションが圧倒的な経済的巨獣、米国の帝国主義的戦略のように常に思える。アメリカ国内で我々が自由と繁栄の擁護だと理解しているものが、極めてしばしば彼らには国際的な搾取と抑圧の合理化にみえる。我々が国際秩序と呼ぶものが、彼らにとっては無秩序であることが非常によくある。我々のネオリベラルリズム的な、グローバル領域でのあらゆる政治的規制に対する反対、あらゆる法的・政治的監視制度やグローバリゼーションの民主化と経済的公正の制度化に対する反対が、彼らには彼らの福祉そして正義の要求への残忍な無関心と映る。西洋のマックワールドの受益者は市場主義を歓迎し、公的なもの全ての民営化と民間のもの全ての商業化にコミットし、ゆえに政府の国際経済への介入からの完全な解放（レッセフェール）を主張する。しかし、介入からの完全な解放、つまり民間による公共財の支配はアナキーの別名だ。そして、テロはアナキーが生む多くの伝染病の一つにすぎない。

9・11以前、民主的主権の手の届かない、非民主的国際的アナキーの経済的影響を被った人々に明らかだったのは、一方では第一世界の多くの人々が資本、労働力、商品の自由市場の恩恵を受けていながら、第三世界の一般大衆は同じ無秩序な市場にほぼ無防備のまま放置されてきたということだ。9・11以後我々に明らかになったのは、金融・貿易機関が恩恵をうけているると思っていた無規制無秩序状態が、同時にテロの依存する無秩序そのものだったということだ。多国籍企業だろうが個人の通貨投機家だろうが、市場や国際的金融機関は国民国家の監視を非常に嫌う。マックワールドは国家主権に打ち勝ち、その影響を世界に及ぼそうとしている。

ジハードもまた国家主権に戦いをしかけ、運輸、通信その他の近代技術を使って国境に穴をあけ、国家主権の監視を甲斐のないものにしようとする。それはちょうど雇用機会が国境を無視し、賃金競争によって行き着くところまで国から国へと血が出るように流動するのと同じだ。安全保障同様、雇用に関して国や地域が参照すべき国際的保健環境基準はない。そこで、忠誠を誓うべき国や責任を負うべき国民をもたないアナーキストのテロリストもまた、国境が彼らを拘束しないこと、国際世論が団結して彼らを疎外できないこと、国際警察や司法機関が彼らを阻止できないことを知って、全世界を自由に動きまわる。

さて次に、ジハードとマックワールドが共に国家主権を侵食することを議論したい。双方とも最高水準に達した民主的制度を解体するものであり、今や人々の忠誠心を集めるようになった国家単位以下の宗教的・民族的集団の方向にも、マックワールドのポップカルチャーと民間市場が国家主権の制約を受けずに活動する国際的方向にも、民主主義を拡大する術をみつけてはいない。

皮肉にも、二一世紀の人間関係を特徴づける実際的な相互依存関係を認め、利用しているのは、米国の指導者ではなくテロリストの方だ。しかし、テロリストの場合は邪悪で悪意に満ちた相互依存で、彼らはマックワールドの巨大な力を柔術のように逆用することを覚えたのだ。だが、相互依存関係が国際的には国家主権のアナキー的欠如を促すにも拘らず、米国は自国の国家主権の些細な妥協にも抵抗してきた。米国は近年、NATO司令官に対しても、国際刑事法廷などの国際機関、あるいは対人地雷禁止や（地球温暖化に対応して）化石燃料を規制する国際条約に関しても、主権の僅かな妥協にさえ猛烈な不満を訴えてきた。慎重に構築した連合国に囲まれ、対テロ軍事作戦を成功裡に進めている今日でも、米国は「同盟国」ではなく「連合国」を好むことが明らかになった。それは、米国が自由に標的を決め、思いどおりに戦略を立て、戦おうとしているからだ。米国は今も、相互依存の網にかかる危険のある「国家建設」その他の戦略を避けている。

しかし、テロは既に国家主権を笑い者にしてしまった。航空機のハイジャック、国際貿易センターのツインタワービルの悲惨な倒壊、国防総省への不埒な攻撃、そして米国の主権の全くの忘却とは何だったのか。テロとは相互依存関係の負の堕落形態であるが、相互依存関係の積極的で有益な形態の中にいると、それを認めたがらないことが我々にはよくある。まるで一九世紀でもあるかのように、今日でも米国は、アメリカ人を米国の運命の責任者にした過去の歓びに満ちた揺ぎない独立を守るか、あるいは外国人や国連や国際法廷などよそ者の国際機関を米国の運命の責任者とするか、どちらかしかないと確信している。

しかし実は、アメリカ人は二〇世紀の二回の世界大戦以前から真の独立を享受してはこなかった。エイズや西ナイルウィルスの出現以来、また地球温暖化や拡大一方のオゾンホール、アメリカ工業を破壊した雇用の「流動性」、そして「資本逃避」をあらゆる政府が監視する「最重要の」現実とした御し難い投機家の出現以来、それは一層確かとなった。相互依存関係は、既に多くの未知の仕方で、人知れず市民権の効力を傷つけてきた国内的現実だ。それは、抵抗することを市民が学ぶべきような、国外の敵対者ではない。

ジハード戦士が米国本土にテロをしかけたとき、彼らが頼ったのは、米国と世界との相互依存関係であり、経済・技術システムの全面的相互依存関係だった。彼らは米国の空輸システムをハイジャックし、飛行機を恐ろしいミサイルに変えただけではない。彼らはほぼ一週間、米国を閉鎖させた。世界貿易センターの米国資本主義の聖堂を破壊しただけでなく、資本主義に市場閉鎖を強い、大幅な景気後退に陥れた。株式市場の急落はその一つの主要指標にすぎない。こうした状況で、独立を主張できる国があるだろうか。

マックワールド以前の世界では、民主的主権国家に本物の独立があった。国家主権は、自治権を享受する人々による、自らの生活を自主的に支配したいという正当な要求を表すものだった。アンドリュー・ジャクソン大統領のプレモダン時代の米国では、地方にコミュニティーが個々に存在し、全国的な交通や通信システムはなく、システマチックなテロは単純に不可能だった。システムが存在しなかった。米国を屈服させる術はなかった。それは決定的な意味で、米国は存在しなかったからだ。少なくても利害を共有する相互に依存しあう諸地域の集合体としてはそうだった、南北戦争とそれに続く産業革命が終わるまでは。

今日では、非常に体系立った相互関係、高度に統合された国際ネットワーク、非常に精密に調整された完璧なコミュニケーション技術が、その複合システムとネットワークを使うのと同じくらい、それを麻痺させるのも容易にした。したがって、自称主権国民が今日直面しているのは、揺るぎ無き独立か不要な相互依存かといったおめでたい選択問題ではない。あるのは、一方では未だ構築途上で、主権をぼろぼろにしつつも、比較的合法的・民主的で有益な相互依存と、他方では犯罪者とアナーキストとテロリストの条件としての、根本的に非合法で非民主的な相互依存との間の既に目の前に存在し、民主化への政治的意志がなければそれに負けてしまう相互依存との間の、酔いの醒めるような選択問題のみだ。

つまり、我々は自分の相互依存条件を設定する際、マックワールドとジハード、すなわち、ハリウッドのカウボーイと国際的無法者を容認することもできるし、その条件を国際条約、新たな民主的国際機関、新たな創造的共有の意志に託すこともできる。暴力とアナキーに指図されるような相互関係を有することもできるし、我々自身の民主主義への抱負の上にそれを築くこともできる。我々は、どんな基盤にしても、他の人たちも納得し得る共通の基盤に立って、民主的で有益な相互依存関係を有することもできる。あるいは混乱に陥る寸前に、犯罪者やテロリストが我々を奈落に突き落とすのを阻止することも可能なのだ。

マックワールドの市場にしても民主主義の市民権にしても、近代化を擁護する者がその両方を手に入れるのは難しい。テロはグローバリゼーションの堕落形態で、独自の利害の追求という点では国際市場に劣らず精力的であり、投機家同様アナーキスト的無秩序に執着する。他方、市場参加者が「ビジネスのコスト」となるなら不平等と不公正に反対するように、テロリストも目的に適うとなれば暴力に反対する。アメリカ人が悲痛な損失を味わったときに貧しい人々が歓喜の群集と化したのは、この方程式の彼らなりの直感的読み方による。我々が悲しんで欲しいと期待することに彼らが大喜びしたのは、圧倒的偽善に対する彼らの受け取り方を示している。

ブッシュ大統領は議会演説で、「あなた方は我々の味方でないならばテロリストの味方だ」と述べた。アメリカ人は世界を善悪に二分する威力を評価するかもしれないが（たとえ、アメリカ人が敵の原理主義者を激しく非難する理由をなすマニ教的二元論の気味があるにしても）、米国の敵（および数ヵ国以上の友好国）はこの議論を傲慢でないにしても、誤解を導くとみる可能性が高い。なぜなら、米国が相互依存の現実を理解し、かつその民主的構築法を工夫して無秩序を抑制したいなら、米国に加わるか、さもなくば「その結果を思い知ることになる」などと他国に要求できないからだ。

世界が米国に加わるのではない。マックワールドは既にこの世界で機能しており、その世界が正に問題なのであり、解決の鍵以外の何物でもない。どんな条件であろうが米国が世界と対等の立場で交渉するなら、むしろ米国が世界に加わるべきだ。横柄さのせいにしても思慮深さのせいにしても、世界を米国に加わらせようという要求は結果が保証されていない。それは根拠とする相互依存関係そのものを拒否し、米国が享受してもいないし、することもできない絶対的自律を想定しているからだ。

米国とアナキー的国際資本主義

過去一〇年間、米国はマックワールドの影響を緩和するのではなく増幅する、単独行動主義と偽りの自律性という政治文化への傾斜を強めてきた。地球温暖化に関する京都議定書にしても、対人地雷全面禁止条約、包括的核実験禁止条約にしても、最近、米国が署名の意志を示した主要な国際条約はほとんどない。実に、プーチン大統領との一、二ヵ月間の外交交渉のあと、ミサイル防衛網を開発配備するために、ブッシュ大統領は弾道弾迎撃ミサイル制限（ABM）条約から簡単に離脱してしまった。米国の最重要権益を守る「必要」があるという名目で、米国に疑われ、妨害され、あるいは捨てられたことのない国際機関はほぼ一つもない。

単に、米国の対テロ軍事攻撃に同意する同盟国を集めるという差し迫った必要性から、米国政府は結局国連負担金を支払い、本来当然の純粋な人道援助に若干の資金提供を約束したにすぎない。米国の対外援助のGNP比は〇・一％以下と、先進諸国でいまだ最低だ。各国はその二倍の率を対外援助に当てており、国連の目標は〇・七％の達成だ。

IMF（国際通貨基金）やWTO（世界貿易機関、GATTを継承）などのブレトン・ウッズ機関は、戦後ヨーロッパで当初計画されたとおり、開発と民主化といった目標に専念していたら、より民主的なグローバル化を構築する上で本当の助けになっただろう。しかしそれらは、民主的政府に、銀行や企業や投資家の道具として、私的利害のための非民主的手段の役をあてがわれてきた（銀行や企業や投資家はまた、国際金融機関参加国の政府を厄介なまでに支配している）。国際領域におけるアナーキズムは、偶然の結果ではなく、弛むことなく育てられてきたのだ。

けれども、このグローバル・アナーキズムの堕落形態こそがテロリズムでなくて何であろうか。グローバル・アナーキズムは、その堕落ぶりにも拘らずグローバル・マーケットと同じく活発で自己正当的だ。テロリズムもまた、国家主権を求める横柄な素振りで得をする。国際的な行政、警察、司法制度の不在も利用する。更に、グローバル・アナーキズムを利用して国内的に無政府状態を醸成し、単独にしても他国と協調するにしても、国家の自らの運命を支配する能力を一段と弱める。一九世紀末期のアメリカ連邦政府は今日と比べて著しく弱体で、今日の国際的社会関係と比べて当時の米国は地方的だった。成長を続ける資本主義的大都市の悪徳資本家にとっても、西部大草原のならず者にとっても、無法状態は好都合だった。無法者は、上流階級にも庶民の間にもはびこった。

今日、国際領域はアナキーに駆りたてられているように見えるが、そのアナキーは、ワイルド・キャピタリズム（野性的資本主義）と銀行家の呼ぶ新興勢力が、我々の歓迎する高い生産性と我々の無視しようとしている不公正を共にその中で広げているアナキーと同じものだ。ワイルド・キャピタリズムは単独で存在するのではなく、それと一緒にワイルド・テロリズムという反動勢力が猛威をふるう。資本主義の近代的メッセージに対抗して、ジハード的原理主義が反近代的メッセージを広げ、恐怖を植えつけ混沌をつくりだし、資本主義と同じく民主主義をも屈服させようと望んでいる。

ジハードとマックワールドとの戦いは捕虜を出さない。どのような展開になろうとも、それは民主主義に貢献し得ない。民主主義計画は、我々が経済をグローバル化したように、民主主義をグローバル化することであり、極めて効率的に市場化されたグローバリズムを民主化することだ。問題は、もはや消費主義の魅惑やジハードの熱狂的な鬨の声に対抗するグローバル民主主義へのユートピア的願望などではなく、安全の確保だ。9・11を受けて、世界の統治が政治的現実主義のまじめな責務となった(2)。

しかし米国にとって、二〇〇年間享受してきた国家の独立と潔白という心強い神話を克服するのは容易ではないだろう。米国を世界的商人にしたのはマックワールドだが、その通貨で米国が取引を行う前に、米国は自身についての単純な物語を作り上げていた。丘の上の都市という清教徒的神話によって、また白紙状態の上に新しい人々が新しい歴史を刻むという啓蒙主義的なうぬぼれによって、「人類が新大陸で文字通り逆もどりして、あたかも世界がこれから始まるときのように最初からやり直すことができる」というトム・ペインの古風で革命的な考え方をアメリカ人は抱いたのだった。

ヨーロッパの残酷な苦しみや古い偏見や宗教上の迫

害などは置き去りにされた。二つの大洋に守られ、人気のない豊かな大陸でくつろいだ（インディアンは新世界の自然の一部だった）アメリカ人は、政府に関する新たな実験科学を考案し、諸々の権利で固めた憲法を打ち立て、生まれ変わった人々の潔白をもって新たな歴史を書いたのだった。奴隷制度、南北戦争、二回の世界大戦、そして海外の全体主義政権によっても、米国の結構な自己認識は変わらなかった。大洋が見ることのできない敵に一瞬にして渡られてしまう単なる小川に変わっても、衝突する世界からの圧力が複雑になりすぎて簡明さに従うことができなくなっても、米国はその技術をもってすれば、仮想の海を再構築し、外国の悪魔を防ぐ魔法のミサイル網を配備することができるという幻想を抱いたのだった。

米国は汚れた世界史のなかで、これまで本当に天国のような安全な場所だったのだろうか。また、あらゆる国の子供たちが潔白である以上に、潔白だったことがあるのだろうか。人間性はどこでも道徳に矛盾したもので、片方の耳に善の天子が優しくささやけば、もう片方の耳では悪魔のいとこが歓びの声を上げる。アメリカ人は悪魔を知っていても知らないかのように見える。アメリカ人以外の人にとっては、潔白を主張することは偽善を断言することだ。偽善は、米国を、自身を棚に上げて他を悪魔扱いする国とみるイスラム教徒その他にとって、最大の罪の一つだ。

仮に潔白の時代が米国に存在したことがあったとしても、テロによって閉じられてしまった。はたして独立神話は9・11を生き延びることができただろうか。独立宣言は新たな社会の到来を宣言し、米国の最初の世紀が終わるまでに国家建設の任務を達成した。現在求められている新たな世界の建設には新たな独立宣言が必要だが、それは民族や部族と呼ぼうが、国民や市場と呼ぼうが、もはやばらばらでは生き延びることができない人類の相互依存関係の認識に基づく宣言だ。汚染された大気や伝染病の伝播から国を守ってくれるほど広い海はないし、腐敗したイデオロギーや執念深い預言者から人々を守れるほど高い塀もないし、断固決心した殉教者に犠牲的任務を遂行させないほど厳密な安全対策もない。

いかなる国も、他国に同等の機会を与えない限り、静かな繁栄と豊かさは二度と味わえそうもない。苦痛もまた民主化されたのであり、苦痛を味わう可能性のもっとも高い人々は、その可能性のもっとも低い人々に、無理に痛みを分け与える手段を探す。公正が公平に行き渡らなければ、不公正が公平に行き渡ってしまう。皆が豊かさを共有できなければ、物資的にも精神的にも貧困が共通の運命となる。これは、相互依存関係の厳しい教訓だ。

ある意味で、相互依存関係を宣言することは単に既存の事実を認めることにすぎない。それは、テロリストたちが主権国家に強いようとした運命を進んで建設的に受け止めることだ。テロリストたちのメッセージは、「お前たちの息子は生きることを望み、我々の息子は死ぬ覚悟ができている」というものだ。これに対する民主的な応答は、「我々は、生活の恵みが誰の手にも行き渡り、死の誘惑が力をもたない世界を創造する」、というものでなければならない。

戦時における他国との連合の構築と協議というわずかな例外を除き、静かな孤立主義ないし攻撃的単独行動主義の二世紀を過ごしてきた米国は、創造的独立および国際的パートナーシップの構築という困難な仕事を経験していない。国際条約に問題を認め（地球温暖化に関する京都議定書、地雷禁止、国際刑事裁判所など）、打開策を交渉できないとき、単純に退場するのが米国の習慣となった。UNESCOや国連などの国際機関あるいはダーバン人種差別撤廃会議などの国際会議で、一致して反対されると、影響力を及ぼすことを視野に入れて参加するのではなく、米国は横柄に腹を立てて退場してしまう。

ABM条約の放棄を付帯条件とする米国のミサイル防衛は、一方的で傲慢な米国の単独行動の典型例だ。ミサイル防衛（実際には、反撃を恐れることなく国際的介入の継続を可能にするための戦術）は、技術的に実現不可能だ。更に重要なことは、テロリストを国内便から締め出すことができないときに、また個々の「スリーパー（潜伏戦闘員）」が国内から生物化学戦争をしかけるのを防止し得ないときに、多弾頭や多数の囮《おとり》弾頭をうまく迎撃しようとするのは、それがたとえ可能だとしても、的外れだ。ミサイル防衛は、自ら参加して改革すべき世界から、米国を再度孤立させてしまう。

ロナルド・レーガンは、外国からやってくる悪夢から米国を守るという空しい計画を想像したのだったが、その悪夢は朝の明るい光のなかをアメリカ海岸にやってきた。テロの複雑な世界的系譜に立ち向かう以外に、テロに対する防衛手段はない。人間の英知と行動に代わって技術で問題が防止できるという信念は、特にアメリカ的だ。スマート爆弾がスマート（賢明）な人々より優先され、「考える」ミサイルが政策決定者にとって代わる。電子的情報収集装置が文化と語学に精通した工作員にとって代わる。技術は消えゆく米国の独立の最後の砦であり、至高の自律性という消えゆく夢を失いたくないと切望する米国の手段だ。しかし、技術自体は、その基礎をなす科学同様、国際社会の産物であり、独立よりも、相互依存関係を象徴している。マックワールド自体が、世界的コミュニケーション網に依存しているのであり、そのことを教訓として教えている。

グローバル民主主義の欠如

米国がついに神話的独立から離れ、相互依存の現実世界を認めるとき、米国は自ら加担してつくり上げた皮肉に直面することになる。つまり、相互依存関係を民主主義と礼譲の道具にしたいと考える人々が利用できる国際機関は極めて少ない。マックワールドは至るところにあるが、市民ワールドはどこにもない。犯罪的テロリズムに代わる民主的手段を探すのに、ナイキ、マクドナルド、コーク、ＭＴＶ（ミュージックテレビジョン）は何の役にも立たない。それどころか、それらはテロとの間に憂鬱な弁証法的関係があって、不用意にテロの一因となっているのだ。

マックワールドが育てた一切を取り込むグローバリゼーションによって、実は極端な不均衡状態がつくられた。つまり、歴史的には市民的・民主的制度が自由市場の不可欠な背景をなしてきたにも拘らず、商品・労働力・通貨・情報のグローバリゼーションは、その市民的・民主的制度をグローバル化せずに行われた。簡単にいえば、資本主義は、それを（まさしく文字通り）飼い慣らし規制して、そのしばしば冷酷な仕打ちに人間の顔を与えてきた法規制度の「箱」から、取り出されてしまったのだ。資本主義をその「箱から」取り出すことがいかに悲惨なことかを理解するには、資本主義と自由市場の歴史が民主的制度との協働の歴史だったことを思い起こす必要がある。

　自由経済は民主的国家内部で、民主的国家に育てられ、受け入れられ、制御されてきた。民主主義は自由市場の前提条件だったのであり、今日エコノミストがいうように、その反対ではない。市場の自由は、一方では政治における自由と競争の精神を支えてきたが、逆に民主的制度に育てられてもきた。市民の協同関係とともに契約法規が、資本主義的ダーウィニズムを弱め、無秩序、矛盾、そして独占と競争排除に傾く資本主義の自己破壊的傾向を抑制してきた。今日、世界的にみると、民主主義と資本主義とが組み合わさった歴史上の均衡状態が失われている。我々が否応無しに市場をグローバル化したのは、市場は国境の隙間から血を流すことができ、主権の論理に制約されないからだ。しかし、民主主義のグローバリゼーションについては、我々はまだ始めてもいない。それは正しく、民主主義が政治的であり、主権に規定されるからであり、それは国民国家の箱の中に「閉じ込められて」いるからだ。

　その結果が世界的不均衡で、国家も市場も市場の利害だけに仕えており、正しく機能している民主的市民秩序だけでなく、正しく機能している経済秩序をも傷つけている。新たなグローバリゼーションの継続的拡大は、私的悪徳と公共財との不調和を深めるのみだ。マックワールドは、グローバル市場経済と共に、我々の悪徳の多くをグローバル化したが、我々の美徳はほとんど一つもグローバル化していない。犯罪やならず者の武器取引やドラッグをグローバル化し、「ポルノ観光」によってポルノや女性と子供の売買を可能にした。実に、もっとも言語道断なグローバリゼーションは、戦争、ポルノ、貧困、セックス観光などでの子供の搾取と虐待だ。この方面のグローバリゼーションは緩慢な苦痛と意識的にゆっくりとした暴力を伴うが、これがテロリストを生む非常に豊かな土壌をつくった。

もっとも効果的にグローバル化したのは、実にプロパガンダを伴ったテロリズムそのものであり、時には(皮肉にも)インターネットといった最新技術と世界的メディアを使って、技術と、世界性や近代性の臭いがするもの全てを共に敵とする思想を広めてきた。九月一一日から二〇〇一年末にそのやつれた顔を最後に垣間見せるまで、オサマ・ビンラディンは(アラビア語の新たな競争相手を含め)マックワールド放送界のレギュラー出演者だった。マックワールドの配線網がマックワールドの攻撃に使われたのだ。

このようにグローバリゼーションは民間部門では完成したが、市民的装いを全く欠いている。したがって、マックワールドは市民文化、宗教そして家族に関わる価値観と制度を支えることもできないし、それらが有する むきだしの市場取引を和らげ、馴らし、教化する潜在的影響力を享受することもできない。ローマ教皇ヨハネ・パウロ二世がアメリカ諸国歴訪の際の説教で、「グローバリゼーションが、単に強者に適すようにつくられた市場法則に支配されるなら、その結果は否定的なものとならざるを得ない」(3)と述べたのはもっともだ。教皇がこのように道徳を説くことが期待される。もっと驚かされるのは、世俗世界の、更に強力な、もう一人の教皇による似たようなメッセージだ。

あなた方は新金融秩序、国際破産法、透明性、等々に関する議論は耳にしても…ある人々の声は一言も耳にしないでしょう…二〇億人の人々が一日二ドル以下で暮らしています…我々は徐々に悪化する一方の世界に暮らしています。希望がないわけではありませんが、それには今こそ我々は何かをしなくてはなりません(4)。

この道徳家は実際家のジェームズ・ウォルフェンソ

ン世銀総裁であり、彼は海外投資家の利益を優先する世銀の伝統的なエネルギーおよび工業化プロジェクトを、直接的受益者の利益を目的とした環境および保健プロジェクトに置き換え始めた人物だ。

経済をその中に安全に入れることのできる、グローバルで民主的な箱をつくるための基礎単位として役立つ可能性のある国際機関は、もちろん存在する。第二次世界大戦後、破壊されたヨーロッパとアジア諸国の復興を監督するためにブレトン・ウッズで生まれた国際金融機関は、当初、戦勝連合諸国の監視下で、平和的、安定的、民主的再開発を達成するための規制機関として機能する予定だった。世銀とIMF（そしてGATTおよび一九九五年からそれを引き継いだWTO）は、表向きは民主主義的主権国家の道具として、公共部門の再建のために、民間部門の利害を指導・調整すべく創設された。しかし、時間が経つにつれ、本来その方向づけと監視が目的だったにも拘らず、逆に民間部門の利害の道具と化してしまった。

現在、透明性や説明責任や民主主義の名において、世銀やIMFの排除を求める人たちは、そういう規範がかつては戦後の金融秩序をめぐる優先課題だったと知って驚くかもしれない。金融秩序を代表する現在の世銀やIMFの、国際金融統制基盤としての潜在的役割を考慮すると、グローバルな民主化プロセスを開始する一つの方法は、世銀やIMFを民主化し直し、民主的国民の意志に従わせることだろう。

もちろん、グローバリゼーションは孤立して起きるのではない。その民主的統治に対する腐食効果、また普通ならば既に民主主義に仕えているべき国際金融機関を真に民主的に使うことができない我々の能力に対する腐食効果が、民営化という同種の思想によって増強されている。今や国際的な場でも、経済がグローバル化しつつある各国においても、民営化が流行している、マックワールドはこの民営化思想を伴っている。民営化思想はヨーロッパ人がしばしばネオリベラリズムと呼び、ジョージ・ソロスが市場原理主義（暗示的に聖戦原理主義とぴったり比較できる）というレッテルを貼ったもので、政府と市民の力という民主主義の文化を攻撃することで民主主義の命を奪うものだ。

従来の政府の事業は全て民間の方が上手にやることができ、市民の自由も増えると主張することで、国民国家内の民営化が市場の規制緩和の道を開き、今度はそれが経済のグローバル化を促す。それが市民を軟化させ政治制度の衰退を容認させる。そして、もっとよく、もっと「自由に」なると市民を説き伏せる。こうして、民主的集団としての市民の声は鎮められ、市民は自分を公民ではなく私的消費者と考えるようになる。しかし、消費者は市民の粗末な代替物であり、企業の最高経営責任者は政治家の粗末な代替物にすぎない。

二〇〇一年九月一一日の運命の朝、アメリカ人やドイツ人や自由なアフガン人で、ビル・ゲイツやマイケル・アイスナー［ディズニー・カンパニー会長］にテロ対策支援を要請した人はいなかった。久しく無視されてきた公共機関が、一夜にして再び公共財の擁護者としての民主的合法性と役割を獲得した。この更新された合法性を、私財ではなく公共財を目的とする国際機関にも当てはめることができるだろうか。もしそれが可能なら、新たな市民の相互依存形態が速やかに確立できる。民営化の思想は私的および公的選択をいつも混乱させてきた。消費者の選択は常に必ず私的、個人的選択だ。私的選択は、自律的であってもなくても、公的結果を目指すことはできない。民主的統治は単なる選択ではなく、公的選択に、私的選択と行為の社会的結果への対応に、関わっている。このことはグローバル領域では重要なことだ。なぜなら、社会的正義と公正を確立できるのは公的・民主的決定だけであり、民間市場では、資本主義ゆえにではなく私的ゆえに、それができないからだ。ルソーの言葉をかりれば、全体の意志に加わることを通じて、世界市民はグローバル消費者とグローバル企業の私的意志を統制することができる。

ルソーは公的自由と私的自由の重要な違いを理解している。その違いは、「人類はある種の奴隷制度に直面している。それは過去のものより巧妙な新しい奴隷制度で、膨大な人々にとって自由はいまだ意味のない言葉に止まっている」というローマ教皇ヨハネ・パウロ二世の嘆きの中心にまで至るかもしれない。ショッピングこそ自由の意味するものだと考えることは、教皇が警告した奴隷制を受け入れることだ(もちろん教皇は、まだ聖戦士ではないとしても、完璧に非現代的人物だが)。

政府が上手にできないことがたくさんあるが、規制、保護、ときとして助成、再配分など政府だけに可能なことも多い。それは政府が特別にうまく、あるいは市場「以上にうまく」できるからではなく、それが「我々」(国民)だけが責任をとれる公共のことがらだからだ。こうした公共財には、教育、文化、投獄、運輸、防衛、保健、そしてヒトゲノムも含まれる。対テロ戦争も含まれ、全ての国民(そして全ての人)にアクセスと機会を平等に与える公平で平等な国際秩序の構築も含まれる。簡単にいうと、ジハード(これ自体、我々との神聖な「戦い」だが)との戦いは、それがマックワールドに顕著な私的利害に対する、真の国際公共財のための戦いでもあるときにのみ、成功するだろう。

資本主義は特殊な生産システムだ。生産のために人の労働を組織するには、私欲に動機づけられた無数の個人的意志を動員する以上に優れた方法はない。しかし、それは分配では惨めな失敗を喫する。分配は当然、公共機関の目的であり、私的生産の結果として生じる個人間の争いと不平等を克服するための共通の基盤と方法の探究が動機となっている。国内的には、ほとんどの国民国家が公平な妥協点を見出してきた。つまり、それが民主的資本主義の意味だ。国際的には、あるのは極度の非対称性だけであり、それがあのアナーキズムの最初で最後の原因だ。そして、そのアナーキズムのなかで、テロが蔓延し、希望を失った若い男女に、テロリストは死についての意地悪な議論をしかけるのだ。

ジハードとマックワールドとの戦争には勝者はいない。ジハードだけでなく、マックワールドにも反対する民主主義の戦いだけが、地球のための正義を勝ちとれる。公正で、多様な民主的世界は、商業と消費主義を本来の場所にもどし、宗教が入る場所を用意するだろう。それは、ジハードと戦うのではなく、宗教行為が消費行為と同様に安全で、文化的価値の擁護が自由と拮抗するのではなく、自由の定義の一部を成すような世界を創造することによって、ジハードのテロ行為と戦うだろう。

テロはジハードとマックワールドの寄食的弁証法を養分とする。民主的な世界秩序の中では、戦闘的ジハードは必要ないだろう。なぜなら、信仰が重要な位置を占めるからであり、文化の多様性が世界のあらゆるテレビ局やショッピングモールでマックワールドに対立するだろうから、マックワールドにも利点はないだろう。ジハードとマックワールドが第一優先部門でなくなったとき、テロは、人生を十分に愛することを学び、宗教と死の求愛とを混同することのない男女の希望と抱負にとっては、完全に消滅しないにしても（テロは人の魂の暗部の小さな不毛な裂け目に住まう）、関係のないものとなるだろう。

第23章　正義の戦争をどう戦うか

ジーン・ベスキー・エルシュテイン

ジョージ・W・ブッシュ大統領からごく普通の男女に至るまで、9・11以降のアメリカ人は、正義の言葉を呼び覚ましてきた。これが、9・11に、罪のない男女子供になされた卑劣な行為に対する、アメリカ人の集団的反応の特徴だ。正義の言葉を呼び覚ますとき、アメリカ人は「正義の戦争」と呼ばれる複雑な伝統に入り込む。正義の戦争の伝統は、通常四世紀の聖アウグスティヌスの傑作『神の国』[1]まで遡ることができる。この偉大な作品のなかでアウグスティヌスは、反暴力という否定すべからざるキリスト教の教えに取り組んでいる。彼の結論は、侵略と勢力拡大のための戦争は決して受け入れられないし、暴力は決して規範的な善ではないが、悲しいかな力に頼ることが必要となる場合もあり得る、というものだ。

では、力に頼ることは何によって正当化されるのだろうか。アウグスティヌスにとって第一の正当性は、罪のない人々――自分自身を守れない人々――を危害から守ることだ。強制力を伴う行動をとらなければ人々に危害が及ぶという、有無を言わさぬ証拠があれば、隣人愛が武器をとることを要請するかもしれない。しかし、自己防衛には注意を要する。アウグスティヌスによれば、キリスト教徒は個人としては、危害を加えるよりは、それに苦しむ方がよい。だが、他人を優先して、自己防衛をしないことが許されるのだろうか。いや、そんなことは決してない。

時代を超えて洗練されてきたアウグスティヌスの内省の結論は、正義の戦争にコミットしている人々に課される第一のルールは、非戦闘員の除外ないしいわゆる区別の原則だ。これはつまり、非戦闘員は暴力の〝意図的〟攻撃目標となってはならないことを意味する。更には、非戦闘員に対する入念に計画された正当な理由のないテロ行為は、違法行為つまり戦争行為であり、対処する必要があるという意味も含まれる。その対処には処罰も含まれるが、それは自国市民に危害を加えた戦闘員の母国の非戦闘員にひどい危害を加えるためではなく、それ以上の危害を防ぎ、すでに加えられた危害の責任者を罰するためだ。そうすることによって、道徳的責任と正義の世界が再確認される。

政府の果たす役割

国家が9・11のようなひどい傷をうけたとき、対処しないのは無責任の極地、義務の放棄、重要な政治的使命からの逃避だ。キリスト教の伝統は、神が政府を設けると教えている。これは、政府や公務員が全て信心深いということではなく、彼らは神聖な根拠をもつ厳粛な責任を課されているということだ。政府がこのように神によって定められていることを認めながら、その重要な職務についている人々を軽蔑するのは極端な背信行為だ。〝政治的〟倫理とは責任の倫理であり、正義の戦争の伝統は、その責任の果たし方を教えている。この伝統的考え方は、「何でもあり」のマキャベリ流〝現実的政治（パワーポリティクス）〟の倫理を拒否すると同時に、強制の形を取ったとしても責任ある限定的方法での武力行使を国に委ねる行為であれば、そのような行為を否定するような倫理をも拒否する。

9・11の出来事の直後、私はある友人にこう言った。「今こそ、政府が何のためにあるのかを思い出す時だ」と。政治も含め、人間が大切にしているどんな善も、市民の平和と安全の手段なしに栄えることはできない。暗闇に潜み秘密裏に陰謀を企てる者、人目を憚って活動をする者、悪事の責任を拒否する者が、直接的な暴力事件以上の危害をもたらす。私たちが引きこもってしまうと、彼らは善をむりやり隠してしまう。私がここで善というのは何か。それは単純だがしかし根源的なもの、すなわち、母親や父親が子供を育てたり、男女が仕事に行ったり、大都市の市民が通りを歩いたり地下鉄で移動したり、普通の人がカリフォルニアの孫を訪ねるために飛行機の切符を買ったり、ビジネスマンやビジネスウーマンが別の都市の同僚と取引をするために旅行したり、信者が恐怖を感じることなく教会やシナゴーグやモスクに出かけたり、といったことだ。

この平凡な考えこそ、この基本的な市民の平和こそ重要な善だ。それは神の国の平和ではない。神の国の平和は終末のために用意されている。それまでは、悲劇的な紛争と相対的な正義の世界に私たちは生きている。そこでは、善は最善ではないかもしれないが、人間がこれまでに企てた、あるいは今企てることができる最悪のことよりもはるかにましだ。キング牧師が述べたように、「ライオンは子羊を与えられるとおとなしく横になるとすれば、子羊は頻繁に取り替えられねばならない」のだ。

ケネス・アンダーソンが、『タイム』誌の文芸増刊号に寄せたエッセイで我々に思い出させてくれたように、刀を鋤に、槍を刈り込み鎌に打ち直した、「国家が国家に対して刀を振り上げることなく、もう戦争を学ぶことのない」世界のビジョンは、一定の条件と結びついている。[2] なぜなら、預言者の告げるところによると、終末論的平和の条件は、主の家が至る所に建設され、すべての民が「主の山に登り……律法はシオンから出、主の言葉はエルサレムから出る」からだ［イザヤ書二章三節］。控えめに言えば、私たちはまだそこまで到達していない。それどころか、生活様式が多元化した現代では、そこに向かうべきかどうかさえ明らかではない。

しかしながら、恐ろしい暴力が妨害し破壊しようとしている平凡な市民の平和は、終末論的な平和を暗示している。またそれは大切にすべき善であり、決して軽んじられてはならない。その善の維持こそ、我々が公務員に託す任務だ。もし生命を脅かす攻撃の恐怖のなかで日々生活するならば、我々が正当にも大切にしているその他の善をも保つことが難しくなる。人間は軟弱な生き物だ。もし飛行機がビルに突っ込み、街が犠牲者のずたずたの遺体の混じった瓦礫の山になってしまったら、奥深い社会性を含め、私たちの存在の豊かさを示すことはできない。あれほど恐ろしい思いをして学んだように、私たちはこの市民の平和を当然のごとく考えることはできない。また、市民の平和にとって重要な規範や規則を尊重し、促進する責任から逃げることもできない。聖アウグスティヌスは、裁判官という悲劇的職業も含めて、世俗的な職業を拒否すべきではないと教えている。それがなぜ悲劇的かといえば、罪の無い者にではなく有る者に罰が与えられているかどうか、決して誰も確信が持てないからだ。しかし私たちは、裁判官その他の人々に依存して、責任の世界、つまりアウグスティヌスの言葉を借りれば、「魚のように互いに貪り食いあう」ことが許されない世界を支えている。

戦争における拘束

公務員は国民を守る義務を負う。あのニューヨークの非凡な消防士が、「それが私の仕事です」と淡々と言ったように。これが彼らの正当な職務権限であり、正義の戦争の伝統のもう一つの極めて重大な一面であって、自由な、ご都合主義的、個人主義的暴力の制限を目的とする。したがって、正義の戦争はたとえ限定的武力行使を容認していたとしても、暴力について何でもありのやり方に異議を申し立てる。不正に対し正義に則って対処するというのは難しい要求だ。なぜならそれは、意図的に「敵」の非戦闘員を殺すよりも、自国の戦闘員の生命を危険にさらすほうがよいということを意味するからだ。しばしば非戦闘員と戦闘員を区別することは難しい。しかし、やってみなくてはならない。正義の戦争の伝統に内在する拘束は、武力行使の制限の概念を記号化する。

こうした規則や条項の多くは、ジュネーブ協定を含むいくつかの国際合意に組み込まれてきた。紛争の期間中と終了後に私たちは、戦闘員の振る舞いによって、戦争当事国の戦争行為を評価する。戦闘員が強姦や略奪をしたか。交戦規定に慎重に従っていたか、それとも野放しだったか。戦時下の非戦闘員は常に危険にさらされているという認識のもとに、非戦闘員の犠牲を抑える最大限の努力がなされたか。これらの問題に冷笑的に、あるいはナイーブに応えることは、問題の厳粛さにそぐわない。湾岸戦争のとき、神学者オリバー・オドノバンが英国の『ザ・タブレット』誌で述べたように、ちょっと自問してみてほしい。一九四四年当時のベルリン市民であるのと、湾岸戦争時のバグダッド市民であるのとどちらがよかったかと。近代兵器の性格と、民間人のみならず重要な文化の中心や礼拝場を避けるという米国の攻撃目標戦略を考えあわせれば、その答えは明らかだ。

ベトナム戦争と米軍の再編以来、士官学校と兵士の訓練において、正義の戦争の伝統に由来する倫理規定を強調する努力がなされてきた。米国では、軍隊ほど武力行使の倫理的拘束に注意を払っている組織はない。兵士とか戦闘員とかの名にほとんど値しない犯罪者によって約三〇〇〇人の一般市民が殺されたからといって、私たちはそれと同数の人を殺したり、殺すと脅したりさえしない。私たちはテロリストを放つより、兵士を戦闘に投入する。兵士はテロリストとは異なり、悪行を計画し、援助し、煽動し、実行した責任を負う者を探り出し処罰する。正当な処罰は復讐とは違う。復讐はあらゆる制約を拒否するが、正当な処罰は拘束に従う。

ブッシュ政権が描いた方針は複雑で抑制的だった。米国は報復行動を急がなかった。慎重な計画を立て、軍事、外交、経済、サイバネティックス、修辞法における多面的な戦略を迅速かつ巧妙につくりだした。テロリストの通信文は解読され、資金の流れは断ち切られた。表立った組織による支援は止められた。アラブ世界の多くのマスコミにみられた狂信的な反米、反ユダヤ的な単調な論調は、微妙なニュアンスのメッセージで反論された。そのメッセージとは、アメリカ人は確かに自己批判的で、しばしば自虐的になるほどだというもので、これが米国とその政策を同時に守った。これは、傷つき目覚めた超大国がすることとしては異例のことだった。大統領とその側近が抑制の必要性に気づいていたということは、作戦の名前を変えたことによっても明らかだ。この作戦は最初、軍によって「無限の正義作戦」と名づけられたが、ユートピア的な目標を示唆しない、より控えめな名前、「不朽の自由作戦」に換えられた。

また、米国側の抑制は次のような目下の主張によっても明らかだ。すなわち、米国は敵の国民や国家や宗教や生活様式の全てを標的としているのではなく、むしろ彼ら自身の宗教の名を汚し、自国民を危険にさらす者たちを標的とし、赤ん坊、車椅子の人たち、父母、兄弟姉妹、伯父伯母、祖父母、友人、恋人など、いつもの生活をしようとしていた人々の死を目的とする思想を実行する者たちを標的とする。これら罪のない人々がなぜ死なくてはならないのか。それは単に彼らが異教徒、つまりアメリカ人だからだ。テロリズムの目的は恐怖を与えることだ。テロリストは要求など出さなかった。「交渉等を要求しなかった。単に殺しただけだ。それが交渉しない理由であり、交渉するものなどないのだ。従って話し合いは終わり、責任ある行動が始まる。

これは米国の歴史における異例の事態だ。9・11に、米国は今までの歴史の中で、一日としてはもっとも多くの死者を出した。血まみれた南北戦争におけるアンティータムの戦いの一日の死者数を簡単に上回ってしまった。アメリカ人は今度の、別の種類の戦争に対して用意ができているという。しかし、「無実の男女子供」が犠牲者となるときでも、このような武力行使が受け入れられるかどうかという質問がなされれば、対テロ活動を支持する人々の数は揺らぎ始める。私がすでに示唆したとおり、非戦闘員を危険にさらさない戦争などない。しかしアメリカ人は、あらゆることをして、この被害を抑制することを支持している。米国がベトナム戦争に疲れ果てた理由の一つは、ゲリラ戦は、非戦闘員と戦闘員を区別することができず、ソンミ村の虐殺のような忌まわしいことが起きなくても、すべてのベトナム人を「敵」と見なすような、不可能な立場に米軍兵士をおくことになると理解したからだ。しかしそれは、今回の場合はあてはまらない。

国家の名誉と責任

かくして米国は応戦したのであり、今後も応戦するであろう。移動の自由の偉大なシンボルである航空機を致命的な爆弾に変え、非戦闘員を他の非戦闘員の攻撃に使うような者の行動を世界は阻止しなくてはならない。これは死活問題だ。そのためには、テロリストの資金を断ち切ること、通信を解読すること、ネットワークを断つこと、そして最終的にはテロリストそのものを阻止し処罰することが必要だ。そして、こうした方法は正義の戦争の拘束と矛盾しない。アメリカ人非戦闘員を危険にさらし、大量殺人に何の良心の呵責も覚えない者を罰するために、米国は自国戦闘員を危険にさらす準備がある。それが正義の戦士の義務であり、それは国民そして国家の名誉だ。

ナチの恐怖の暗い時代に、勇気あるドイツの若い神学者ディートリッヒ・ボンヘッファーは、平和主義を志向していたにも拘らず、蛇の頭を切り落とすためヒトラー暗殺の陰謀に加わった。自分の主義を貫くのは誰か、と彼は問うた。ドイツ人のあいだに現れた悪が、「我々の倫理観すべてを破壊してしまった」とボンヘッファーは述べた。彼が特に厳しく批判したのは、「公の議論を逃れ、個人的〝高潔〟という避難場所に逃げ込んだ」人々だった。「しかし、逃げ込んだ人々はすべからく、周囲の不正に対して目と口を閉ざさなくてはならない。自己欺瞞という代償を払うことによってのみ、責任ある行為から生まれる汚染から逃れて、高潔を保つことができるのだ」(3)。神への服従と責任ある行動。ボンヘッファーの教えるところによれば、これを気にかける人が、将来の世代がどのように生きるべきかを問えるのだ。

恐怖に覆われて暮らす人々に何が起こるかを私たちは知っている。それは気持ちのよいものではない。自己防衛の欲求からの暴言と厳しい孤立を招く。それはまた厳しい対抗手段を促す。なぜなら、この点でトマス・ホッブズは正しかったのだが、絶えず暴力的な死の恐怖があるところでは、私たちは人間らしく生きていけないからだ。9・11の恐怖の二週間後、私は、二人の子供の母親である私の娘と、生物化学兵器による攻撃に備えた計画をたてる必要性を議論していた。子供や孫を誰が連れてくるのか。どこで落ち合うのか。

ガスマスクは買ったほうがいいのか。こうしたことを、二人の五歳児と七歳児と話し合うべきなのか。ジョアンとクリストファーとボビーは、すでにビルに突っ込んでいく飛行機の絵を描いて、「おばあちゃんの飛行機がハイジャックされたらどうなるの」と聞いている。正しい答えは子供には話せないと知りながら、私たちは彼らを安心させる。もちろん、私たちは皆、いつかは死なくてはならない。しかし私たちは生きるよう要求されている。その要求が、死を賭した行動を〝求める〟ときがある。

オサマ・ビンラディンは、アメリカ人は負けるだろう、なぜならアメリカ人は生きることを願い、アルカイダの若いメンバーは死ぬことを願っているからだ、と主張してきた。ラディンは、彼らが死を恐れないというのではなく、むしろ死にたがっていると言った。死が彼らを求めたのだ。生に求められている者は、死ぬことを恐れないが、私たちが平凡さや、品位と尊厳のある日常生活を大事にするよう求められていることを知っている。それが、私たちの戦う理由だ。それは米国の誇大妄想または正道を逸脱した国家主義、狭量なプライドなどとは何の関係もない。それは侵略への正しい対応と責任に関っている。その責任は、力で優位に立つ偉大な国が、そしてそれにも拘らず脆い国が、まずその国民に対して、また全人類を平和にする方法の可能性に対して感じなければならないものだ。そのためには、マイケル・イグナティエフが『ニューヨークレビュー・オブ・ブックス』のエッセイの中で名づけた、「終末論的なニヒリスト」は打ち負かされねばならない。(4)

今は悲観的になっている時ではなく、次のことを認識して決意し決断するときだ。つまり、今、社会は政治経済的に崩壊し、それが終末論的なニヒリズムの温床になっているが、米国が先導しなければ誰も、その崩壊した社会基盤の建設を手助けする役割を果たさないだろう。それが帝国の使命であり、今やアメリカ人がその使命と対決すべきときだ。9・11の衝撃をうけ、アメリカ人はこのことを冷静に認識したが、もう後戻りはできない。責任ある指導者や国は全て、米国の力に不平を言う多くの指導者でさえ、米国が後戻りすることを望んでいない。アメリカ人はもはやのんきではいられない。それが9・11の残した厳然たる教訓だ。

第24章　テロリズムか、それとも異文化間の対話か

ビーク・パレーク

9・11に起こったようなテロリストの攻撃にどう対処すればいいのか。その問いにはいくつかの答えがあろうが、その中で次のふたつが最も有力である。第一の主張は、この邪悪な攻撃の犯人は冷酷で非人間的怪物であり、西側とりわけ米国に対する盲目的な憎悪に突き動かされているというものである。彼らは非国家組織の一員なので、厳密に言えば米国と戦争中とは言えないが、実際はほぼ間違いなく米国と戦争状態にある。米国は自らを守り自らの力で彼らの攻撃を止めさせるために手を尽くす義務がある。米国は彼らに道理を説くことはできない。なぜなら彼らは理性的存在ではなく、米国に最大の危害を加えようと決意したニヒリストだからだ。彼らが理解する言葉は暴力という言葉だけである。彼らは米国に恨みをもち、平和的に訴えただけでは改善できなかったと自己正当化するのはもちろんである。が、これは見かけ倒しの主張である。それが許されると、あらゆる不正な行為がテロのライセンスとなり、それが混沌のレシピとなる。さらにテロリストが手にしている不正義の膨大なリストは全く疑わしいものである。なぜならこれらのいわゆる不正義は社会が上手く管理されていないことの帰結であって、米国に責任があるわけではないからである。たとえ米国に何か責任があっても、今これに取り組んだり議論したりすると、テロを合法化すると一般には考えられる。

第二の主張は、テロリストの行動は処罰され先制攻撃されるに値するが、背景や原因も見る必要があるというものである。テロは歴史的倫理的真空状態に発生するわけではない。テロ実行者も私たちと同じ人間であり、善悪を併せもつ存在であり、なにも喜んで命を

投げ捨て妻を未亡人にし子供を孤児にするわけではない。彼らがテロ行動に命を賭けるのは、屈辱をうけ踏みつけられ不当に扱われたと感じるからであり、恨みを晴らす別の方法がみあたらないからである。彼らの非難すべき行為にだけ注目するのではなく、むしろ根深い原因に焦点を当てなくてはならない。テロリストを理性の枠外に置くのではなく、彼らとの対話に務め、恨みを理解し、彼らが誠実かどうかを確認し、これに米国の責任がないかを自問すべきである。米国に責任があると思えばやり方を改め、そうでないなら秩序回復するように説得すべきである。そのような対話をすることはテロリストの劇的な行為を背景に考えると容易ではないが、極めて重要なことである。我々は死体の山や必死に生きようとした人々のもがきを見たし、また悲痛な最期のメッセージも聞いた。そのすべてがどうしても我々の心を押しつぶし錯乱させてしまう。だからこそとても重要なのは、私たちの正義の感覚が鮮烈で恐ろしい映像の中に囚われたとしても心のバランスと見通しを失ってしまわないことである。

このふたつの返答のうちで、ひとつめのものは理解可能だが、本質的に間違っている。それはテロ実行者と彼らの行為を生んだより広い背景を何ら理解せず、あまりに自分勝手に彼らを非人間的な怪物と片付けてしまう。テロ実行者が怪物だとすれば、彼らに対処する唯一の方法は、彼らをテロで殺し、彼らとその支持者が二度とこのような大胆な行為を繰り返さないように厳しく処罰することだと主張するのはたやすい。この考え方は我々をテロリストのレベルにまで貶め、彼らを非難する米国の道徳的権威を弱めることになる。なぜなら我々の目的が究極的に優れたものであっても、我々のとる方法は彼らと同じであるからだ。もしテロが非難すべきものであるならば、テロリストに対するテロもまた同様である。

人間が辛酸をなめて残忍な仕打ちを受けて命を捨てる決意をしたときには、恐れさせ思いとどまらせることのできることなど何ひとつない。我々が彼らに何をしようと、そのことは単に彼らの意見を確認させ、死の決意を固めさせるだけになるからである。潜在的テロリストを脅し恐れさせる方策には限界があり、方策が尽きてしまえば、我々はお手上げである。対照的に、テロリストの方法は無限である。飛行機ハイジャックが困難になれば爆弾を仕掛けることに替わる。それが阻止されれば自爆行為が一般的になり、女による自爆になりさらに程なくして子供による自爆に拡大していく。そしてそれすら実行不可能となると、生物兵器や従来には想像できなかったテロの形がこの地上に現れる。自由社会はその本来の性質上、多くの点において攻撃には脆い。自由社会に住む人たちが自らを守る力には必然的に限界があるが、テロリストが利用できる様々な機会にはそのような限界はない。

ニューヨークとワシントンに巨大な損害を与えるには死を覚悟したわずか二〇人のテロリストだけしか必要なかった。想像に難くないのは、政治に対して押し黙って不満をもっている数百万の人々のなかから（その階層からテロリストは出ているが）将来も同じ数字を生み出し続けるということである。テロリストが必要としているのは財政的保障や訓練等だけではなく、支持もしくは黙認する民衆、正当化のイデオロギー、広く民衆に受け止められている不平不満である。なぜならその不平不満こそ支持の原動力だからである。彼らのネットワークを解体するだけでは決して十分ではない。我々に必要なのは、彼らの文化的政治的なルーツに取り組み、普通の人々の心と頭を掴む戦いに勝利することである。だからこそ西側の指導者たちは繰り返し、ときには本当はそう思っていなくても、イスラム教は平和の宗教であり、自殺や無実の人を殺すことを認めず、彼らの戦いがイスラム教徒やイスラム教と敵対するものではない等と主張する。テロは軍事的政治的問題であり、軍事的手段のみで取り組むことはできない。

米国政府が9・11の事件に対してとった最初の対処は分別のあるものでこの第二のタイプになる。攻撃を非難し犯人を裁判にかけると誓う傍ら、政府広報担当者は犯罪の本質的な原因に注目する必要性を理解していた。ところが米国政府は次第に第一の対応の方に逸れ始め、今ではそれに完全に傾倒してしまっている。

いくつかの要因が働いて、こうした方針変更をきたしたようである。たとえばタリバン政権が比較的容易に倒せそうだということ、イスラエル政府が頑なに政治的譲歩をしないこと、アメリカ国内の選挙を考慮したこと、イラン、イラク、北朝鮮などの国々に鬱憤を晴らしたいという誘惑、軍事力を行使したいという興奮、アメリカ人の愛国主義と国家的結束感が信じ難いほど高まったことによって引き起こされた高揚した存在感。説明がどんなものであれ、潜在的テロリストを捕獲し抹殺し別のテロを抑止することが現在の恐らく唯一の目的である。

アフガニスタンで捕えられた囚人たちは酷い扱いをされているだけでなく屈辱を与えられているが、ひとつは復讐の感情からであり、ひとつは彼らの同調者の心に恐怖を植え付けるためである。千人以上の外国人がほとんど何の説明も受けずに逮捕され、また多数の人たちが誰一人として起訴されずに今だ身柄を拘束されている。通常の法的手続きは軍事法廷に有利になるように留保されている。なぜなら軍事法廷は、開示されず異議を申し立てることのできない証拠に基づいて被疑者の刑を執行する権力をもっているからである。

潜在的テロリストに資金提供していると疑われる国はすべて、軍事的経済的制裁を受けるべき対象であると宣言され、恐ろしい結果を招くぞと脅迫される。全世界が敵と味方の二つに分けられる。敵すなわち「悪の枢軸国」は強力な重圧下に置かれ、味方の国は「強く反対しても米国は自分勝手にやりますよ」と告げられる。米国は、誰がテロリスト予備軍で誰がそうでないかを決めるただ一人の裁判官であり、また唯一の死刑執行人でもある。「政治的圧力」に対するこの独占的依存を歓迎して、チャールズ・クラウサマーはワシントンポスト紙に次のように書いている。「『米国の力への深い尊敬』を勝ち取るため、米国は『恐怖の心理学』を創らなくてはならない」。

このような状況では予想通り米国政府のレトリックと行動はテロリストと哀れなほどに際立った類似性を見せ始める。テロリストは米国を悪魔の文明と呼び、米国も同じことを言う。テロリストは「永遠なる道徳的真理」のために戦っていると言い、米国も「世界のすべての人にとって正義であり不変である」価値のために戦っていると言う。テロリストは、米国と同盟している国はすべて当然なる標的であると言い、米国も同じことを言う。テロリストは、米国の経済的軍事的権力の中心地でさえ手を下せると証明することで、地球的恐怖をつくることを目指し、米国も同じことを目指す。どちらもそれぞれの企てには神の御加護があると言い張り、どちらも文明の衝突、長期の過酷な戦争、どちらかが倒れるまでの戦いだと言う。どちらも単独行動することを望み、怒りと憎しみに駆られ、自分たちの生活様式が絶対的に優れていると主張する。

いままで述べたこれらのことは既にどれも第一の懲戒的方法を採用しテロを軍事的問題としてのみ見ることがいかに誤りであるかを示している。米国は結局、敵の鏡像になり、アメリカ的生活様式の高潔さを根本的に腐敗させてしまう。それは合法的道徳的な領域を切り落とし、法の支配を犯し、諜報機関が国際規範を逸脱することを公認し、弱小国家の国民生活に干渉し、自国民の精神を軍国化し、危険な情熱を掻き立てることへとつながっていく。前述したように、そのような方法では目的を達成することはできず、暴力の連鎖をエスカレートするだけに終わる。テロ支援国家の相当広範なリストを考えると、米国はまた多様な前線で戦争に引きずり込まれ、敵をつくり、広範な人々の憎しみを引き起こすなどの危険を犯す。これは紛れもなく米国が避けなくてはならないことであり、またテロリストたちが強く望んでいることでもある。世界のイスラム教徒は二〇二四年までには世界人口の四分の一になり、米国はこの巨大な数の人たちを無視することはできない。米国はとりわけ、彼らのもっている膨大で死活的に重要な天然ガス・石油使用権を絶対に入手する必要があるからだ。

対話の実例

私が提案する、テロに対抗する唯一の効果的な方法は、上述した第二のアプローチを採ることである。潜在的テロリストと資金提供者と支持者は明らかに抑止されなくてはならないが、それはあらゆる合法的手段によってである。すなわち、慎重に集められた情報、経済制裁、国内の治安、そして必要とあれば法に則った軍事力の行使といった手段である。同時にまた我々アメリカはテロが生まれる深い根源に注目しなくてはならない。そうしなければ真面目な人々に激怒と憎悪をつのらせ、道徳的感覚を鈍らせ、無実の人の命を奪うことに何の問題も感じなくさせてしまう。米国は彼らを安心させるために、こう言う必要がある。「不正義については、あなた方が心配しているのと同じほど米国も心配している。あなた方は米国がこの問題に取り組むと期待して良い。あなた方は法律に拠らずに自分で相手を処罰する必要はない。米国は共通の理想をもった仲間である」と。国際的テロ行為は必ずしも貧困や地球的不平等によってだけ引き起こされるわけではない。貧しく抑圧された人々は敵が自国内にいることを知っている。そして彼らは西側の繁栄に魅力を感じても、憤慨したり嫌悪感を抱いたりせず、その代わりに合法的もしくは非合法的な移民によってその繁栄の一部分になろうとするからだ。

彼らが明らかに望んでいるのは、誰しも望んでいるように、西側が単に人道的理由だけではなく自国の長期的利益のために、資源と影響力を、貧困根絶と地球的な不平等を縮小するために使ってくれることで、決して彼らが西側の都市を爆撃することではない。西側が彼らの怒りや憎しみをかき立てるのは、彼らの意見によれば、西側が国内の不正システムを支持したり更なる不正と屈辱を彼らに与えたりして彼らの苦境に少なくとも何らかの責任を負っている時だけである。もし米国がテロの根源の解決に取り組むつもりならば、彼らの世界観に立ち入り、彼らの悲しみを理解し、どうして米国に責任があると思っているのかを探る必要がある。

したがって西側と非西側の対話が必要だが、とりわけ不正義を最も鋭く感じ最近のほとんどのテロリストを輩出しているイスラム社会との対話が必要である。対話のポイントは、相互理解を深めること、共感と想像力を広げること、議論だけでなく思いやりを交流させること、自己批判的な眼をもつこと、相互信頼を構築すること、そして論争的問題と一般的世界情勢の両方に公正で偏見のない見方に到達することである。もしそれが単に宣伝になってしまったり、相手を傷つけるのではと発言を躊躇したり、政治的中立を決め込んで正直になれなくなると、対話は目的を達することができない。対話はそれぞれの側が見たとおりの真実を語り、活気のある率直で批判的なものであるべきだが、この対話に唯一代わるものは暴力と流血しかないので、失敗が決して許されないことを常に念頭においておかねばならない。対話がいき渡り、政策決定者や評論家や一般市民の意識を形成するためには、対話は真面目な学術的議論から国際会議、国連、西側やイスラム社会の大衆メディアまで、あらゆるレベルでなされるべきである。

対話は多岐多様なレベルで行われるべきである。実体的な経済的政治的その他の問題や、紛争と暴力の直接的原因について語られるのは当然である。そのような問題にはすべて歴史的原因があり歴史的記憶に深く刻み込まれているので、対話は歴史的要因を避けられず、合意された歴史認識に到達することも必要である。また利害、アイデンティティー、他者との関係を、人は自国文化の視点で定義するものなので、対話は強い文化的構成要素ももつことになる。イスラム社会の意味と価値の幅広いシステム、すなわち文化を理解しなければ、なぜイスラム社会が特定の問題に敏感で独特の方法で定義するのかを理解することはできない。同様に西側文明の内部構造、発展力、緊張を理解することなしに、イスラム社会は西側を理解できない。西側とイスラム社会との対話は、実体的問題と歴史解釈と文化的背景の間を縦横に行き来するので、必然的に複雑で厄介なものとなる。

最近流行の論調に反して、文化や文明の衝突は起こり得ない。文化が言葉を発し戦うのではなく、人が文化の内側や周辺から発言し戦う。さらに言えば、文化は丸ごと均質ではなく、異なった思想動向・思想傾向がある。したがって文化や文明は衝突したりせず、特定の傾向や解釈が衝突するだけである。イスラム教と西側間にはもともと衝突はない。イスラム教の流れには西側の流れと見事に適合するものもあり、その解釈においてもイスラム文明と西側文明は共通点が多い。それは何を中心的価値とみなすか、どのように解釈するかにかかっている。

イスラム文明は不変の本質をもった均質の実体ではない。様々な西側があるように様々なイスラム教がある。インドのイスラム教はサウジと異なり、そのどちらもインドネシア、アフガニスタン、イラン、チュニジア、ボスニアのイスラム教とは異なる。そして其々が内部で異議を唱え合っている。アヤトラ・ホメイニ師によるイスラム教の政治的軍事的解釈は何人かの伝統主義的導師によって激しく攻撃されている。ホメイニの考えはイスラム教を本質的に歪めていると考え、宗教と国家の厳格な分離を主張し、その主張のために自宅軟禁状態に置かれていた人もいた。西側は様々な源流をもつときには矛盾した世界観や価値観の複合体である。そして様々な西側社会がそれを様々に解釈・結合させるので、ふたつとして同じ西側社会・文化・キリスト教の形態は存在しない。

すべての社会は内部が多様なので、均質化、一般化、誰かを唯一の権威化したりすべきではない。さらには、すべての社会は善悪両面の特性をもっており、これは西側社会にもイスラム社会にも当てはまる。そしてどの社会も悪魔のように扱われ「悪」と宣告されるべきではない。そうならないために社会は自らに批判的で独善や精神的傲慢という致命的悪を避けるべきである。自国民との批判的な対話をもてず不一致を許容できない社会は、他者と有意義な対話をすることは不可能である。他者との対話が重要だという対話の基本条件を参加者が理解し尊重する時にのみ対話は意味あるものになるのである。

イスラムと西側の声

これまで私は西側社会とりわけ米国とイスラム社会の対話について論じてきた[1]。対話が行われるとすればどのように進むのだろうか。どちらも違った発言をし、互いの相違点を強調することは明らかである。深刻な不一致の核心に到達するために、私は対話を単純化・二極分化させ、双方の知識階級や政治家の発言に基づいて、お互いが考え相手に言いたいと思われるようなことをスケッチする。まず私は、イスラムの指導者なら話すであろう冒頭陳述のようなもので始めることにする。

あなたがたアメリカは世界を支配しようという傲慢な野望に突き動かされている。米国は米国以外の世界すべて併せたよりも巨大な軍事力をもち、人類史上比肩できない優越を手にし、その力で他の社会を米国の言いなりの道具に変えることを望んでいる。米国は国益のために弱小国家を利用し、利用価値がなくなると混乱状態に放置する。米国は人権と民主主義を語るが、進歩的勢力が世界中の諸地域に現れると必ず米国はその政権を転覆させた。イランのムサデク政権・コンゴのルムンバ政権・チリのアジェンデ政権はその一例であり、グアテマラ、ナイジェリア、アンゴラ、アルゼンチンにいるテロリストたちを訓練し援助してきたときも、ドゥ、スハルト、ピノチェトら「リベリア、インドネシア、チリの独裁者。いずれもクーデタで政権を取った」の大量殺人遂行者を支援してきた時も、グレナダを侵略したときもそうだった。

米国はベトナムでの敗北に復讐し、ソ連を不安定化させることを決意し、アフガニスタンで強力な宗教的情熱を焚きつけ、ムジャヒディンとイスラムテロリストに武器を与え訓練した。米国はこのことでアフガニスタンとパキスタンに生じる長期間の危険な状態について何も考えなかった。イランを封じ込めるために米国はイラン—イラク間に野蛮な戦争をするようにけしかけた。そしてこの戦争中クウェートがイラクの石油を盗掘したことで、イラクはクウェートを懲らしめようと米国の支持を当てにしたが、そのとき米国はイラクにどちらともとれるメッセージを送った。イラクが愚かにもクウェートに侵略したとき、米国はイラクを激しく攻撃し、イラクに不可能な条件を押し付け、今も懲罰的制裁を続けている。

米国のイスラエル―パレスチナ紛争に対する対応は偏見に満ちたもので、パレスチナ人に不可能な譲歩を要求しアリエル・シャロンの好戦的態度を支持している。この人物は自国の進歩的勢力から罵倒された卑劣な過去をもつ男なのである。米国はイスラエルの頼りになる同盟国だが、真の友人ではない。イスラエルは小さな国であり、アラブ諸国がやがては強大になり繁栄するようになると、現在のイスラエルが続けている屈辱と不正義に復讐することを米国はよく知っている。イスラエルは米国の不確実な善意に頼り続け、生活様式を軍事化し、偉大で感動的理想を歪めるより他には選択肢がない。もし米国が真の友人であるなら、イスラエルの長期的な利益を考えて耳の痛い事実をイスラエルに話すだろう。米国がそうしないのは、ひとつは誤ったイスラエル・ロビー活動家のひどい圧力のせいであり、ひとつには米国がその有能な国を言いなりにさせ、イスラエルにその地域での汚れた仕事をさせ、その隣国との争いを利用して隣国に武器を売り米国の影響力を増大させたいからである。

あなたがたアメリカは自分の生活様式が最高で、「丘の上の町」を代表し、世界の残りを自分のイメージ通りにつくる天賦の権利をもっていると確信している。米国は世界を自己中心的で自分だけが満足した人々が住む消費者天国に変えようと決意した。そこに住む人たちはコカコーラ、ハンバーガー、ハリウッド映画、やりたいようにやる自由を好み、深い道徳的精神的目標に導かれて行動することは決してない人たちである。豊かな生活には様々なやりかたがあることを米国は理解していない。一方が他方より優れたところがあるということはあっても、絶対的に一番良いということはない。米国の生活様式には明らかに良い点、例えば広範囲の自由、個人の自主性、活力に満ちた市民社会、物質的快適さ、大きな自信、平等の精神があるが、また限界もある。攻撃性・自己中心性・政治的手続きへの企業による圧力、メディアによる世論操作、人間関係の欠如、人間の意志の限界への無知・競争できない人への冷酷さなどを生み出す。

他の社会が米国から学ぶものは多いが、米国もまた他から多くを学べる。多文化世界の豊かな多様性を大切にして育んでいくのではなく、米国は米国の生活様式を露骨に世界共通のものにし、米国を拒む人々を「中世」とか「悪」とまで言って退ける。そんな目標を心に抱いて米国はグローバリゼーション、規制緩和、国内市場の開放、公共部門の解体、構造改革計画を推し進め、その結果米国のほとんど規制されない多国籍企業が全世界を自由に闊歩する。米国の直接的圧力が及ばぬときは、ＩＭＦや世界銀行を使ってこの目標を成し遂げる。まるでこれら国際的機関が米財務省の支店にすぎないかのようである。

あなたがたアメリカは他の国々に国際法や条約を尊重するように勧めながら、自分自身はそれを蔑ろにしている。米国は気候変動に関する京都議定書、国際刑事裁判所、対人地雷と生物兵器禁止条約の批准を拒否し、国連の分担金も払わない。米国はロシアとの弾道弾迎撃ミサイル制限条約を一方的に破棄することを決め、合意された議定書が自分の意に添わないといって人種差別に関するダーバン会議を退席した。米国は道徳的無頼漢になり、他国が国連分担金を厭わずに払っていることで恩恵を受けながら、自国の目先の利益が損なわれるときには払うことを拒否する。注意しないと米国は都合の良いときだけしか世界と関わらない傲慢な「いじめっ子」という烙印を押される危険を犯している。米国の強大な力が米国を世界の指導者にし、世のため人のためになる巨大な可能性を米国に与えている。しかし悲しいかな、米国は自己陶酔する民族国家のように振舞い、世界的指導者という美名のもと自分の偏狭な利益を追求することを主張しているのだ。

あなたがたアメリカは強力なマニ教徒のような攻撃性を示す。米国にとって世界は「善玉」と「悪玉」でできている。米国と行動を共にする者は善玉を代表し、残りは悪なので打ち負かされなくてはならない。米国は実在もしくは想像上の敵国をつくりあげ、絶えず敵を求め、他者と戦争状態にある時だけ心が平和である。四〇年間米国は冷戦を戦い、多くの大破壊を引き起こした。それが終わると、米国はイスラム原理主義という新たな敵を見つけ出した。米国は今イスラム教のテロに新たな敵を見つけ、それとの戦争はあなたの言葉によれば「長期間、忙殺させる」ものである。これで米国の軍需産業は景気づき、来る議会選挙と大統領選挙で共和党が勝利するのを助け、右翼の社会的経済的計画を促進させ、数ヵ国との長年の懸案を解決させることになろう。皮肉屋なら、オサマ・ビンラディンの血も凍るレトリックが米国の生活全体に道徳的意味と目的を与えるために必要だったと考えるかもしれない。アメリカ文明が何故そんなに戦争依存の軍国主義者になってしまったのか、なぜ米国が友人をも含めて世界の国々をそんなに恐れさせるのか、そろそろ自問するときである。

確かにイスラム教徒は時代遅れで、分裂し、混乱したままで、このために原理主義やテロまでも生み出したのかもしれないが、その責任は植民地支配国にあり、最近では米国の責任である。あなたがたアメリカはイスラム社会の専制的で封建的な政権を支持し、その政権が民主運動を圧殺するときには熱心に援助するか少なくとも黙認する。米国が民主運動を真剣に懸命に支持したという例をひとつでも思いつくだろうか。分断され悪政に苦しめられ抑圧されたイスラムの民衆が新しく解釈し直された宗教に顔を向けるのは、共同体意識を育てるため、道徳的人材を集めるため、腐敗と闘うため、他のイスラム社会との統一をはかるため、自尊心を取り戻すため、よい社会の展望を実現するためである。米国が恐怖心を感じるのは、宗教が米国の世俗的世界観に適合せず、アメリカ的ゲームのルールを拒否し、大義を掲げてイスラムの民衆を突き動かし米国の利益を脅かすからである。それゆえ米国は弾圧的軍隊への援助を増加させ、さらにイスラムの民衆を遠ざけ辛い思いをさせる。彼らは生来あるいは習慣として反西洋・反米というわけではなく、米国の行動によってそうさせられているのだ。民衆が原理主義に引き寄せられるのは、原理主義が反米を強調し米国に立ち向うことを約束するからである。テロはその約束を果たす唯一の手段である。(2)

それは弱者に与えられた唯一の力の形態であり、弱者の誇りを主張し、怒りや不正に注目させる唯一の手段である。弱者がアメリカの生活様式に「嫉妬している」とか米国の繁栄や力に「憤慨している」と思うなら、それは間違っている。弱者はアメリカの生活様式に追従したいとは思っていないのだから嫉妬することもない。弱者は米国の力や富が欲しいわけではない。なぜなら弱者の目標や理想は米国とは異なっているからである。弱者はただ米国が背後からいなくなって自分たちの生活様式を自由につくれるようにすることだけが望みなのである。何百万のイスラム教徒は米国へのテロ攻撃に強く反対している。なぜならテロ攻撃はイスラム教の基本原理に反し、イスラム教の名を汚し、西側のイスラム教徒の生命を危うくし、報復を招くからである。しかし彼らはまた、これら邪悪な行為を呼び起こした怒りや不満も理解し、テロ実行者の犠牲と献身に感謝し、その犯人を無条件で非難することは実際できないのだ。もし米国がこれまでのやり方を改め、長く蓄積された不満を除くためにはどんな方法が一番いいかをともに考えていくことに同意するならば、彼らはそのようなテロ攻撃を終わらせるために米国に喜んで援助するだろう。

私はイスラムの広報官が西側との対話で述べるであろう率直な冒頭陳述のようなものを大まかに述べてきた。西側も同じように確固たる声明を出したいだろう。それは次のような形になるだろうか。

あなたがたイスラム教徒はイスラム教が平和宗教であると主張しているが誤解を招くものである。イスラム教は絶対主義者的宗教で、他のすべてより自らが優位していると主張し、世界を自分の生活様式に転換させようという覇権的野望をもっている。コーランが唯一本物で完全な神の啓示であり、ムハンマドが最期の預言者であると主張する。イスラム教は、何世紀も軽蔑してきたヒンズー教を含むいわゆる偶像崇拝の宗教をさげすみ、イスラム教の見解では宗教ではないとする儒教のようなものもさげすんでいる。もちろんユダヤ教やキリスト教に対しては確かに敬意を払うが、あくまでイスラム教の原初的な下書きとして敬意を示すだけで、モーゼやキリストに対しては幾分見下した見解をもっている。だからこそイスラム教はキリスト教やユダヤ教内で改宗活動を広げていくが、キリスト教徒やユダヤ教徒には決して完全な平等は認めず、イスラム教が政権についている国では彼らを迫害している。確かにイスラム教は最近になって他宗教との対話に着手しているが、この中にさほど多くを読み取るべきでない。なぜなら対話の主導権はイスラムではなく相手側からきているからである。対話はわずかな知識人に限られ、相互協力の範囲も限定され、イスラム教に絶対的優位性があるという信仰に挑戦することは許されない。イスラム教は対話を歓迎したが、それはキリスト教やユダヤ教という二大宗教を中性化し、イスラム教への改宗活動をどこででも自由に行えるようにするためであった。

あなたがたイスラム教はイスラム教の絶対的優位性を主張することでは満足しない。イスラム教はまた覇権主義的な政治的野心によって駆りたてられている。イスラム教は「輝かしい」軍事的政治的拡張期に絶えず立ち戻る。イスラム教が大部分のヨーロッパ、アジア、その他の地域、そしてオスマン帝国などを支配していた時代に。イスラム教はヨーロッパがイスラム教を打ち負かし周辺化したことに憤慨し、いま西側に替わって地球規模の大国になることを望んでいる。だからこそイスラム教はウンマー［イスラム共同体］を結合させ、天然ガスや石油という天然資源を開発し、これらを使って西側に挑戦し経済力を築き、核兵器や他の破壊兵器をつくる高度技術を獲得しようとしている。イスラム教は帝国主義的計画をもち、西側帝国主義とアメリカ帝国主義への攻撃は、帝国主義をなくすという誠実な要求から生まれるのではなく、自分の帝国を作るという大きな戦略の一部である。

あなたがたイスラム教は偉大なイスラム文明と、それが西側文明より優越していることを語るが、これほど真実からかけ離れたものはない。今日のイスラム社会は誇りとすべきものをほとんどもっていない。どれもすべて腐敗し専制的で堕落し物質主義的で暴力的で自国の少数民族や女性や異教徒を弾圧している。イスラム教は、これは真にイスラム教的ではなく、イスラム教の真理を西側の世俗的消費崇拝に売り渡してしまったからだと主張するが、この主張はナンセンスである。何が真にイスラム的な社会であるかについて、イスラム教徒の二人として意見が一致するものはいない。ウンマーのみが統治の合法的単位になるという人もいるし、現存の民族国家を正当化する人もいる。イスラム教は財産の共有権が必要だと言う人もあれば、一方ではそれに同意しない人もいる。イスラム法学者による統治が必要だと言う人もいれば、適度に世俗的な国家を求める人もいる。実際のところコーランの一般的であいまいな表現は様々な流儀で解釈できるので、真にイスラム教的国家という概念そのものがかなり疑わしいものである。さらに言うと、自称「真の」イスラム国家が出現したといわれる場合も、結局はもっと悪いものであった。タリバン政権はビンラディンを含んだ多くのイスラム原理主義者によって支持されたが、その政権は最も圧制的で野蛮であり、純潔はベールの強制で保護されると主張しているのに女性を強姦し、シーア派を迫害し、政治権力を乱用し、公共財産を奪い、他の宗教の信奉者に嫌がらせをし、貴重な仏像を破壊した。

あなたがたイスラム教の現在の苦境は西側の責任だと非難するが、これ以上間違った誤解はない。多くの非イスラム社会は開発に何ら困難はなかった。イスラム教がこれほどまで遅れてしまった理由は何もない。イスラム教の多くは広大な天然資源の上に位置しているので、それを自国の近代化だけでなく天然資源の少ない他のイスラム共同体を近代化するために使うこともできたはずである。西側は確かにイスラム教の独裁的支配者を幾人も支持した。がしかし、イスラム教国を含めてすべての国家は自国の利益を追求するものであり、西側が利他主義的であることを期待するのは間違っている。さらに言うと、イスラム教指導者が民主主義的政策の周辺に自国民を組織化することは過去も現在も開かれている。イスラム教はそうしなかったのか、あるいはやったとしてもある意味で民衆の希望と響き合うような方法ではできなかった。イスラム教が自分で自分のために闘わずに、大皿盛りの民主主義システムを与えてくれなかったとして、西側を非難するのはあまりに無責任である。イスラム教は、西側のサンタクロースが新しい考えや制度という贈り物を持って来てくれるようにと、受け身的にお祈りする子供としてではなく、自らの運命の主導権を握る大人として考え振舞ってもよいときではなかろうか。

あなたがたイスラム教は原理主義やテロは認めず、テロに関わった者は偉大な宗教をハイジャックした狂人だと主張する。これは観念的政治的言い逃れである。それでは次のような疑問の説明にはならない。何故イスラム教がハイジャックされたのか、何故なんの抵抗もなかったのか、何故これがある特定のイスラム教国で起こったのか、何故イスラム教の別の強力な見解がイスラム教指導者によって開発検討されなかったのかといった疑問である。イスラム教の腐敗と乱用の責任は公平に正しく見ればイスラムの政治的・宗教的・知的指導者の肩にかかっている。指導者たちはイスラム教に対してもっと批判的な眼をもち、イスラム教のどんな傾向が原理主義者やテロリストの解釈を受け入れる余地があり、克服され再解釈される必要があるのかを問う必要がある。どうすればイスラム教が近代科学、自由、民主主義的価値を含めた近代性、批判的に質問する精神、自主的な思考を受け入れることができるのか探求しなくてはならない。

今述べた考え方は今日の西側における生活全体の切り離せない一部であり、またそれについては語られるべきことがたくさんある。イスラム教はそれらとの批判的な対話をする必要がある。価値あるものを採用し中身がなく誤解を招くようなものは拒否するのだ。イスラム教の保守的指導者の発言とは反対に、何百万人ものイスラム教徒は、もし選択する機会を与えられたら、多くの西側的価値と習慣、たとえば伝統的なものに異議を唱える自由、職業を選ぶ自由、自分の人生を自ら営む自由、圧制や不正に抗議する自由、生活の喜びを普通に楽しむ自由、西洋文学を読む自由、西側の映画を見る自由といったものを選ぶだろう。イスラム教があれこれの選択の現実性を認め、イスラム教の伝統と宗教に対する単純で反近代的な解釈に代わる実行可能な代替案を与える時がそろそろきている。

以上、私は大まかな概略を述べてきた。要領良くまとまったものではないが、この枠組みの中で西側社会とイスラム社会の間で真に必要とされる対話を始めることができるであろう。私がまとめた双方の意見はそれぞれのスポークスマンが公的私的に発言したことに基づいており、必然的に党派的であったり、極論であったり、議論を呼ぶものであったり、心外なものであったり、ときには相手を非常に不愉快にさせるものであった。これらの見解は広く認められ、互いが相手を認識し相手を批判する言わず語りの背景を形成しているので、それをはっきりと述べ合い対決させ、注意深く検討する必要がある。一方が他方に指摘したポイントの中には相手側に激しく拒否されるものもあり、またある論点は無知・故意・正直な誤解に基づいているが、相手側の少なくとも思慮深い人々によっては受け入れられるものもある。西側社会もイスラム社会の大部分も一枚岩ではない。それぞれが内部に批判者をもっているので、したがって彼らに依拠し、相互批判を丁重に取り扱い、また彼らもそれによって自分たちの社会を新鮮な注意深い眼で観察するのに役立てることが可能である。

対話は様々のレベルで行われ、ひとつのレベルで得られた合意は他のレベルでの合意も容易にする。対話は、イスラエル－パレスチナ紛争、イラク制裁、サウジアラビア政権への米国の支援、アフガニスタンの再建、地球的規模の不平等と貧困といった特定の政治的問題や紛争について行われる。ここでの目標は、双方が相手側の関心事や制約をより深く理解し、互いの妥協点に到達する努力をすることを保証していくことである。対話はまた例えば西側が過去に行ったイラン、イラク、エジプト、レバノン、アフガニスタン、パキスタンへの「干渉の歴史」の解釈や後遺症についてであり、我々がここで希望するのは、双方の側が互いをよりよく知ることを通して、歴史の重荷を取り除き、新鮮で寛大な見通しある未来に直面することを学ぶことである。

文化レベルでの対話は最も挑戦的であるが、それを避けては通れない。論争的問題は単独で取り組めるものもあれば、そうでないものもあり、論争的問題でさえ良い異文化理解に組み込まれなければ永続的解決は得られないだろう。我々がここで望むのは、西側社会とイスラム社会が（他の社会も同様だが）自己陶酔と他者を悪魔呼ばわりするような相関関係にある悪を回避し、お互いの長所と欠点を理解しあい、時を超えた共通の地球的展望を進展させることである。その展望の中でこそ、互いの深い違いが認識され、かつ制御不能に陥らない展望が生まれるのである。[3]

第25章　共通の価値観を再考する（1）

シセラ・ボク

I

一八四〇年にジョン・スチュアート・ミルは、「開明の時代」を賞賛する人々と、進歩に伴う、不平等、独立性の喪失、苦しみといった面だけを強調する人々との対照性を指摘した。（2）ミルの主張によると、この論争はほとんどの社会哲学論争がそうであるように、どちら側も「肯定していることにおいては正しく、否定していることにおいては間違っていた」。反対の見方を認めないために、どちら側も不必要な硬直状態に陥った。したがって、「相反する思考様式」の重要性を認識することが重大だったのであり、「相互牽制機能が政体に必要なのと同様、思索にはこの相反する思考様式がお互いに必要であることが、いつか分かるだろう」。

二〇〇一年九月一一日の世界貿易センターとペンタゴンへのテロ攻撃のニュースは、恐怖、怒り、嘆きのみならず、喝采や他人の不幸に対する喜びなどの反応を引き起こし、ミルが論じたよりもっと大きな思考様式の対立に一般の目を向けた。問題となったのは、罪のない人間の命を奪うという基本的な道徳的禁止事項の侵害であり、それが主要宗教全てに共通した理解であるにも拘らず、攻撃実行犯やその指導者たちは神の定めに依ったと主張したことだった。あの攻撃の規模と衝撃は前例のないものだったが、道徳的禁止事項の侵害自体は人間の歴史上、決して目新しいことではない。飛行機が目標に衝突した瞬間にも、アフリカ、中東、アジアなど各地の紛争では、様々な宗教や信条の名の下にテロリストによる殺戮作戦が続いていた。

9・11をうけて、各社会が共通の脅威に対処しようとしているときにも、共通の価値観を語ることが可能だろうか。基本的倫理観に関して如何なる合意が成立すれば、国家、言語、その他の境界に遮られることのない挑戦や挑戦者を、集団的に支え促すことができるのだろうか。「相反する思考様式」についての詳細な研究は、ミルが政体における相互牽制力に喩えたような思索に求められる抑制を本当にもたらすのだろうか。また、どんな対抗勢力が現実的にそうした努力を支えることができるのだろうか。二〇〇〇年のミレニアム祭の前、人類の展望と共通の価値観の役割に関して、対照的な二つの意見がメディアを賑わした。つまり、民主主義の拡大、健康や福祉のための技術の有望性などについての熱を帯びた主張が、拡大しつつあるエイズその他の疾病の被害、水や石油などの資源の枯渇、これまで以上に進む種の絶滅、テロや内戦の拡大、大量破壊兵器の拡散などの厳しい予測と競い合った。

そのように相反する予測を唱える人たちは、彼らの出した結論に合意し合うよりも、過去の科学的成果や現在の貧困レベルに関する事実の方が合意しやすいだろう。例えば、大多数の人々の現在の所得、識字能力、平均寿命のレベルが、前世紀の変わり目に比べてはるかに高いことに、ほとんどの人が同意するだろう。一九〇〇年、乳児の死亡がすべての社会で、豊かな家庭も貧しい家庭も共に破壊していたし、出生時の平均余命は現在のほぼ半分だった。同様に、一日の生活費が一ドル以下の人々の割合は、一九八七年の二八％から、九九年の二三％へと減っている。しかし一方で、一日一ドル相当で生活しなくてはならない人々の実数は、七〇年以来二倍近くになった。一日ほぼ一ドル相当で生活せねばならず、十分な水や食料もない人々が今日一二億人もいるが、二〇世紀初頭には、そもそもそれほどの人口が地球上に存在しなかった。

二一世紀の予測は、それが生活の向上した人ないし悲惨な生活をしている人の増減をどのくらい重視するかに応じて、ミルが指摘したように、否定したり取り繕ったり無視したり、あるいは重要でないとして除外したりする事柄によって歪められるだろう。その他多くの論争についても同じことが言える。もし反対の立場に立つ人が、諸々の価値観の重要性と役割を認めず、それを当然のこととして無視したり、人類の将来を決める発展と退廃の一般的仕組みにとって重要でないとみなすならば、この予測の歪みはさらに大きくなる可能性がある。しかし、9月11日の攻撃に対して表明された基本的価値観は、将来に関する最も広くみられる主張に、冷静な再考を促すことに大きく貢献したようだ。

II

二〇〇〇年九月、世界のリーダーたちはミレニアムサミットのためにニューヨークの国連本部に集合した。大統領や首相その他、一五〇ヵ国以上の代表者たちは、一連の幅広い共通の価値観を唱導する高邁な国連ミレニアム宣言に署名して締めくくりとした。この共通の価値観には、自由、平等、団結、寛容、自然の尊重、そして責任の分担などが含まれていたが、これらはすなわち、歴史のいかなる時点においても、全ての社会はもちろんほとんどの社会と言いかえてみても、明らかに一度も共有されたことのない理想だった。

ミレニアム宣言の署名国の中には、世界で最も抑圧的で攻撃的な政権も含まれていた。しかし、彼らもまた宣言に述べられた華々しい一連の価値観を支持し、暴力、テロ、犯罪と戦うことに賛成した。同様に、女性差別の最もひどい国の代表たちも、男子も女子も全ての子供たちに対して教育へのアクセスを確保し（二〇一五年までに）初等教育の全課程を終了させるとの決意を他国と共に表明した。[3]

ミレニアム宣言が、翌年の9・11の攻撃以降ほど空しく響いたことはない。あの攻撃は、テロの拒否も含めて、華々しく宣言された価値観が共通のものからはほど遠い、という悲惨な証拠となった。次のように結論せざるを得ないと思われる。すなわち、ミレニアム宣言に数え上げられたような一連の価値観が、世界共通だという見方は単なる誤りであり、それは、普遍的だと思いたい事柄と、あまりにも明白な事柄とを多くの人が取り違えていることを示している。

このような共通の価値観に関するレトリックに真向

うから立ち向かう懐疑主義が確かに必要だが、しかし無差別的な懐疑主義はそれ自体に危険が伴う。それは、共通の価値観に関する誇張された主張に幻滅した人々を、実は社会はどんな価値観も全く共有していないのだという反対の想像に向かわせ、憂鬱な予測を運命論的に受け入れさせる可能性がある。この点に関しても、9・11の攻撃の余波が教訓的だった。たしかに、彼らは決して満場一致の非難を受けたわけではなく、歓喜した人々もいたし、慎重に是認した人々もいた。しかし、罪のない人々の命の尊重という、最も基本的道徳的要求に背いた行為に対して広く示された嫌悪と同じく、非常に多くの国から寄せられた犠牲者に対する同情も印象的だった。

こうした道徳的要求とは何だろうか。道徳的要求は様々な社会に共通だという見方は、テロの余波のなかで再考されなくてはならないのだろうか。拙著『共通の価値観』(Common Values) のなかで私が指摘したのは、諸々の社会が価値観を全く共有しないという主張が間違いであることを示す、歴史学や人類学の研究が蓄積されつつあるということだった。どんなコミュニティーも、何が正しく公正かという規準とそれを維持する基本的手続きと共に、暴力、偽り、詐欺などに対する内部的抑制と、相互扶助や相互依存関係がなければ、長くは存在できない。このような基本的価値観は、個人、社会、家族、コミュニティー、国全体、世界など生活のあらゆるレベルにおいて、十分というには程遠いにしても、人間の共存に欠くことができない。

チャールズ・ダーウィンが『人間の由来』で指摘しているように、人間は、互いに世話し合い助け合う性質を、多くの動物種と共有している。そして「殺人、強盗、裏切りなどが当たり前ならば、部族は一つにまとまらないだろう。したがって、そういう犯罪が部族内部で起きた場合には『永久に汚名をきせられる』が、「部族を超えるとそのような感情をよび起こさない」とダーウィンは付け加えている。[4] ダーウィンが言及したようなもっとも基本的な拘束は、一定のコミュニティーの内部ではあまねく不可欠だという意味で共有されているものの、別の意味では、すなわち部外者、見知らぬ者、敵などにも適用されるべきものとしては、確かに共有されていない。それどころか、一つのコミュニティーの内部においてさえ、そうした拘束が全員に共有されているとは限らない。

確かに、そういう価値観は、部外者や敵には全く適用されないことが多いにしても、あらゆる社会で内部的に侵害されてきたこともまた間違いない。しかしどんなコミュニティーでも、どんなに小さく、組織化されていなくても、部外者に対してどんなに敵対的であっても、また例えば何が育児で何が拷問かという理解がどれほど不明瞭でも、コミュニティーが生き延びるためには、少なくとも基本的なしつけの方法と、暴力、偽り、裏切りに対する内的抑制が必要だ。

その数は限られるにしても、共通の価値観の存在を無視することの危険性は、様々な形をとって現れる。膨大な理想に対する空しい願いと、基本的人権を守る努力とを区別しないで、価値観に関する全ての議論を単なるレトリックにすぎないと退けるのは簡単だ。しかしそういう態度が、残虐行為に直面したときに消極性を助長する。なぜなら、そういう態度が共通の価値観についての意味ある議論を退け、文化や言語の境界を越えた相互理解をも不可能にするからだ。そして、共通の価値観の存在を拒否する多くの人が、誤った予測を何の疑問もなく受け入れることとなり、それによって、最も基本的な共通の価値観の明らかな侵害に対してすら、思慮を欠いた対応をする羽目となる。

ひとたび価値観が広く共有されていると考えることができれば、狭い範囲を超えていかにその価値観を広げていくかについての対話と討論の土台ができる。こうした共通の価値観はまた、現在の社会慣例を批判するための基準と広く理解可能な言葉を提供する。それはまた、社会の内部においては、根本的な尊敬の形式という点で、特定のグループを除外することに反対する議論を強化できる。社会的な境界を越えては、共通の価値観を真剣に受け止めることで、そうした共通の価値観がどこにでも通用するという議論を支援することができる。また、この共通する価値観を通じて、拷問や奴隷制度やテロや人身御供などの政治的ないし宗教的慣習、そしてそのような慣習を支える教義に関して、異文化間の相互批判を完全に正当化する議論を支援することができる。

III

『極限の時代』（*The Age of Extremes*）で、エリック・ホブスボームは次のように主張している。二〇世紀は「疑いもなく史上もっとも殺人的な世紀であった。一九二〇年代のわずかな期間を除いて一時も止むことなく世紀を満たした戦争の規模、頻度、長さにおいても。また、史上最大の飢餓から組織的な大量虐殺に至るまで、戦争がもたらした比類なき大惨事においても」と。対照的に、（ミルが「我らが開明の時代」を賞賛していると指摘した思索家のように）ホブスボームは一九世紀を次のように呼んでいる。「ほとんど中断されることなく続いた物質的、知性的、道徳的進歩の世紀。すなわち文明生活の条件が改善された」世紀だった[5]と。一方、フレデリック・ダグラス、アブラハム・リンカーン、スーザン・B・アンソニー、ジョセフ・コンラッドなど、その時代の奴隷制度、戦争、大量虐殺などの悪の証人となった人たちはみな、ホブスボームの一九世紀の性格づけに間違いなく驚くだろう。

一九世紀は、それを全くよい面だけから振り返るには、かなりの修正が必要になる。同様に、二〇世紀に特有と考えられた悪の説明にも、人間の生存と繁栄に必要な、顕著で革新的な拮抗勢力に関する認識を曖昧にしてしまう可能性がある。二〇世紀には暴力と憎しみが隆盛を極めると共に、これらの脅威に対抗する動きも起きた。ちょうど兵器と工業における技術進歩が脅威を増したのと同じく、技術は脅威と戦うための非暴力的手段の助けとなった。非政府グループはインターネットを使って、地雷の禁止、子供の誘拐や奴隷制の復活との戦い、その他のために努力を結集している。紛争解決、制度の再建や改革の促進、人権擁護の方法などの研究が進んでいる。

過去一〇年間を見ても、世界中のコミュニティーを破壊する種々の暴力に取り組む共同の努力に大きく寄与できる、新たな方策が生まれてきている。我々は現在、ルワンダや旧ユーゴの国際刑事法廷、一九七四年に始まった真実委員会、そして特にデズモンド・ツツ大司教の下で行われた南アフリカの真実和解委員会などの経験を利用することができる。我々はいかに基本的な価値観が妨げられ蝕まれるか、そしていかに暴力が人間の心を支配するかを認識しつつある。教化されて暴力の許容範囲が次第に大きくなること、犠牲者に対する冷酷さ、そして時に見られる純粋な殺人の喜びに関して、新しい情報が毎年、神経学、遺伝学、霊長類学、公衆衛生学、精神医学、政治学など多岐にわたる分野からもたらされている。

このような対抗勢力は、指導力や調査研究や外交に関する新しい制度や運動や資源を生み出しているが、二〇世紀の歴史を総括した著者たちは、それを余りにもしばしば無視している。例えばジョナサン・グラバーの『人間性――二〇世紀の道徳史』(*Humanity: A Moral History of Twentieth Century*) は、主として二〇世紀の戦慄的なできごと、つまり戦争や大量虐殺や全体主義などを詳説している。[6] そういう本は重要であるが、我々はあえて無視したい。事態をよく見ようともしない安易な楽観主義から一歩退き、ともすると我々が顔をそむけてしまいがちな、言語に絶する犯罪や絶望的な人間の苦しみを、読者に思い出させる点で、著者たちの一面的姿勢は理解できないわけではないが、しかしそういう本は、他の本と一緒に読まれるべきだ。そして、ミルが述べたところの相反する思考様式を十分承知し、ミルが必要と考えたバランスのとれた見方をしなくてはならない。

『二〇世紀』(*The Twentieth Century*) のなかでJ・M・ロバーツは、自分の属する世紀についてバランスのとれた見方をすることの難しさ、また未来の予測をすることの難しさを指摘した。ロバーツは二〇世紀の悪のことも、その悪に対抗する勢力のことも無視しなかった。結局ロバーツは、「流血という二〇世紀の中心的事実」よりも、今世紀における人間の特別な意識的変化と彼がみなしたものの方が重要だと考えた。つまりそれは、苦しみや不幸があらかじめ定められた運命だともはや信じない人々の数が増えているという事実だった。ロバーツは、いくつかの要因に言及しているが、それは例えば、世界の富のこれまでにない革命的な増大、各人に開かれた大きな選択の可能性、経験の共有を新たな段階に引き上げた情報の奔流などだ。また彼は、「たとえまだ、その多くが単に潜在的可能性に止まっているとしても」、これらの要因が人類の半分を占める女性にもたらした大きな変化についても述べている。(7)

Ⅳ

およそ二〇〇〇年前、息子の死に取り乱し、これからどうして生きていけばよいかをたずねた母親を慰めるため、ローマの哲学者であり政治家だったセネカが手紙を書いている。(8) セネカは、もう一度人生に取り組むか、それとも諦めるかという彼女の選択を、シチリア島のシラクーザのような都市に旅するかどうかという選択にたとえている。シラクーザが、穏やかな冬や大きな港や多くの美しい景観によって旅人を驚嘆させていたとき、その住民は蒸し暑い不健康な夏に耐え、「プラトンを知った後でさえ、自由、正義、法の破壊者であり権力に貪欲」だった、かの暴君ディオニュシオスの下で苦しんでいた。

勇敢にも何もかも試さずにはおれない人をご覧になれるでしょうが、あなた自身、大事業の傍観者にも参加者にもなれるでしょう…。しかしまた、多くの病気、肉体的精神的苦悩、戦争、強盗、毒、船の難破、天候や身体の異常、最愛の人の死による不時の悲しみなどがあるでしょう。そして、それらがたやすいものか、厳しい苦痛をもたらすものか誰にも分かりません。さあ、自分でよく考えて、どちらを選ぶか決めてください。この世界のすばらしさに出会うには、この世界の危険を通りぬけなければなりません。

セネカがマーシアに、もしこの世界に取り組むことを選ぶなら手にできるだろうと言ったように、「重大な事業」の傍観者にも参加者にもなれる機会が、まだ我々にもある。我々は今も、非常に美しく驚嘆すべき世界であると同時にひどい悪と危険に満ちた世界でもあるという、対照的な世界に住んでいる。事実、セネカの時代にコミュニティーを破壊した多くの病気は克服された。しかし、これまでのどんな伝染病より速やかに世界中に伝播するエイズのような別の病気が現れた。同様に、多くの暴君は打ち負かされ、史上もっとも多くの人々に自治が実現可能となったが、同時に、人々のもっとも基本的な自由と公正を否定する政権が、これまで以上の強力な手段を意のままにして、国境をはるかに越えて人々の自由、さらには生存さえ脅かすことができるようになった。

セネカの時代だけでなく我々の時代においても困難なことは、しばしば目にとまる悪だけを見るのではなく、人間の生存と繁栄のための顕著で革新的な対抗勢力をも見ることだろう。こうした対抗勢力が勝つという保証はない。しかし、それらを無視するということは、未来のできごとに関する、不必要で元気を奪う運命論を招くことであり、危機に際しては、参加者ではなく、傍観者、単なる観客という立場を選択することだ。

初期の報告は、9・11の攻撃が、集団生活だけでなく個人生活の優先順位をも変えたことを示唆している。つまり、生存と繁栄という目的に最も直接関係のある価値観の再考を促したのだ。それは、自己防衛および直接の犠牲者に手を差しのべるという初期の本能的反応を超えて遠くまで及んだ。多くの人が旅行計画ばかりでなく、仕事、家庭、コミュニティーとの関わり方も検討し直した。心理学者ハワード・ガードナーは、以前よりずっと多くのアメリカの大学生が、現在、公共部門や教育に従事することを考えていると指摘した(9)。国際的な議論では、侵略に対する自己防衛という直接的な対応だけでなく、世界的な貧困、疾病、人道的緊急事態などの生命を脅かす情況に取り組む努力も、新たな意味の緊急課題だと、多くの人が主張している。将来的な問題は、そうした対応がどれほど長く続くか、どれほど遠くまで届くかということであろう。ジョセフ・スティグリッツが述べているように。

9・11は結果として、テロに対する世界的同盟を生み出した。今必要なことは、単なる悪に対する同盟ではなく、なにか積極的なことに対する同盟、すなわち貧困を減らしよりよい環境を築く同盟、一層の社会的公正が確保された国際社会を構築するための同盟である。(10)

第26章　宗教・文明・モダニティを語る

クリス・ブラウン

「9・11事件がひとつの政治的表明だった」という文脈において、宗教・文明・モダニティを語る、いくつかの物語を探求することがこの章の目的である。まず第一に非常に役に立つのは、この事件の最前線に立っている当事者に事態がどのように見えているのかを感得することであろう[1]。彼ら当事者は自分の行動をどう述べているのか。自分の行動や敵を理解するために、どんな物語を語るのか。

宗教戦争か

オサマ・ビンラディンとアルカイダは自らとその敵を明確に宗教的文脈においている。彼らはイスラム教を代表して神の敵と戦い、預言者の時代以来続いている闘いを戦っていると理解している。ビンラディンの様々なビデオはこの闘いに言及して撮られている。米国は「現代のホバル」（メッカのカーバ神殿にある石の偶像。それはイスラム教の勝利よりも重要）であり、文字通り「悪魔的」であり、米国は実際に悪魔と同盟を組んでいるとビンラディンは言う[2]。米国は現代の偶像崇拝の中心地であるだけでなく、悪魔と同盟関係に入って、神の過去の敵とさえも提携していると言う。過去の敵とは、十字軍、シオニズム、帝国主義者である。彼ら帝国主義者は一六八三年（偶然にも九月一一日と一二日）にウィーン包囲を逃れ、（神の敵がこの目的のために始めた）第一次世界大戦後にカリフの地位を破壊したと言う。

もちろんビンラディンの側にとって、この見地は、若干の政治的日和見主義を含む。というのは、ビンラディンの真の焦点と思われるサウジアラビア・湾岸地域と比較すれば、たとえば彼は最近パレスチナを強調しているが、それは圧倒的大多数のイスラム教徒が最も反対している米国外交政策の側面すなわちイスラエルへの支援に注目を集めたいからである。しかし、自分たちアルカイダが神の名において敵に対して行動しているという自覚は本物であり、かつ部分的には彼らの無慈悲さと残酷さを説明している。つまりこの中東地域では、キリスト教であろうがユダヤ教であろうが、普通の人間だったら禁じられていることを踏みにじって行ってもよいとする神聖な使命感に匹敵するものは、これ以外に何もないからである。「皆殺しにしろ、そして罪なき無垢な人間だけを神をして選ばせしめよ」。ギリシャ正教会主教はアルビジョワ十字軍のあいだ、そう意見を述べてきたと伝えられている。

ビンラディンの神学はもちろん正統派ではない。イスラム教についての彼独特の見解は少数派で、大多数の「責任ある」「尊敬すべき」イスラム教の宗教指導者からは非難されている。しかし同時に、ふつうのイスラム教徒にアピールし、パレスチナ紛争や湾岸戦争に何ら利害関係をもっていない人々にすらもアピールしていることは明らかである。イスラム教指導者の大多数が9・11のテロを非難したが、その彼らですら米国の力がアフガニスタンの「イスラム教徒」に対して使われているのを見るのは気分が良いものではない。そしてイスラム教の言葉で米国を非難しているのは興味深いことである。北ナイジェリアのイスラム教徒は、宗教的用語で自分が何者かを語るのであって、民族的・文化的用語によってではない。だから自分の息子をオサマと名づける。同じように米国のアフガニスタン攻撃を批判している批評家（イスラム教徒）は、宗教的用語で批判を行う。たとえ米国が行った攻撃がアフガニスタンの北部同盟（明らかなイスラム教徒）の支援で行われたものであっても、宗教的用語で米国批判を行うのである。相互に殺し合うイスラム教徒もいるが、そのイスラム教徒と手を結ぶアメリカ人もまたいるのである。

予想どおり、西側指導者は宗教的用語で現在の紛争を特徴づけないようにと苦労している。イスラム教指導者からの要求はほとんど無かったにも拘らず、ブッシュ大統領とブレア首相はあらゆるチャンスを捕まえて、協力的なイスラム教徒を9・11追悼集会のような様々な国家的行事に巻き込んできた（間違いなくツインタワーでは多くのイスラム教徒も死んでいた）。そこでブッシュとブレアは、アフガニスタンや他の地域で同盟行動をとりたいがために、イスラム教徒の賛同を得ようと懸命になったのであるが、一部の西側の指導者は断固とした不承認で迎えられた。というのは彼らはイスラム教のメッセージを毛嫌いしてきたからだ。イタリア首相シルビオ・ベルルスコーニが叱責を受けたのは、西側の方がイスラム教より優越しているという類の発言をしたからだった。

そうした西側の優越感は、多くの恐らくほとんどのイスラム教徒が考えている立場の単なる鏡像である。ジョージ・W・ブッシュは同盟軍による攻撃を「十字軍」と呼び、たちまち面目を失った。たとえブッシュがその言葉を心情的な作戦の総称以外に使うつもりがあったとは考えられないにしても、明らかにこれは世間知らずだった。しかしブッシュは「元来の十字軍は、地中海東岸レバント地方にイスラム教徒が侵略したことに応えて部分的に開始された。多くのイスラム教指導者が当時は十字軍戦士と同盟した。が、十字軍戦士はその敵イスラムよりも暴力的ではなかったのだ」と自己弁護した。彼はこのように言って、自分の失言を取り繕おうとしたのだ。

これらの論評でもわかるように、現在の紛争を宗教的次元で扱う西側のやり方は（おそらく政治的には理解できないわけではないが）人の神経を逆撫でするようなダブルスタンダードに基づいてきた。トニー・ブレアやジョージ・W・ブッシュのようなキリスト教徒は明らかに信仰に誠実だろうが、宗教的確信がアイロニーを帯びた世界に住んでいるので、明確にキリスト教のことばで自身の深い信仰を表明することができない。なぜなら決してアイロニーを帯びない明確な信仰をもつパキスタンやアラブ世界の連立パートナーを失ってしまうことを恐れているからである。キリスト教徒は、彼らの感性がたとえどんなに非理性的だとしても尊敬されなければならないと考えている。ただし、この場合の「尊敬」というのは、非理性的なものへの事実上の迎合を意味する。このような考え方の裏に潜むものは、イスラム教徒の信仰・態度・行動を西側世界で一般的なイスラムへの強い批判の類に晒すと、イスラム教徒が袋だたきにあって身の置き場がなくなるだろうというものである。

この種の逆人種差別の典型例は、英国のジャーナリスト、ロバート・フィスクのものである。彼は、西側人だというだけでアフガン難民に殴打されたとき、後でこう説明した。「自分は彼らの立場がよくわかる。彼らは今も屈辱と暴力を受け、かつてもその屈辱と暴力に支配されてきたのだ」と。(3) 9・11直後にイスラム教徒に反感を向けたニューヨーク市民（その数は驚くほど少ないのだが）の行動にフィスクが等しく寛大であったかどうかは疑わしい。これで明らかにわかることとは、個人としてのイスラム教徒は自らの行動に対して、ニューヨーク市民とは違い、道徳的に責任をとることはできない、ということである。イスラム教徒の残酷さ・野蛮さは「他に原因がある。つまり我々が生み出したものだ」とフィスクが述べているのは、イスラム教徒が道徳的に振る舞うことができるという能力を、彼が問わず語りに否定しているということである。この点については後でさらに議論を展開するつもりである。当面は、もし宗教用語で定義するのをやめるとすれば、西側指導者は現在の危機を宗教以外のどんな文脈で理解してきたのか、という問題に答えることである。

文明の衝突などない

「現在の危機を宗教以外のどんな文脈で理解してきたのか」。このレトリカルな質問に、ブッシュ大統領が簡潔に答えたのは、9・11後の上下両院議会での演説の中でであった。「これは世界戦争だ。文明世界の戦争だ」。テロに対する戦争は、一方の側は文明間の戦争であり、他方はテロを採用する人々であり、誰でもテロリストになりうるし、原因は何でもある、という根拠で組み立てられている。

このようにテロリストのイデオロギーの特殊な内容は全く問題にされないし、アルカイダのとる姿勢のとくに宗教的内容は無視され、要するに「すべての世界宗教が文明の一部である」という一般的な主張が繰り返されるだけなのである。しかし当の文明をアルカイダが攻撃してきたにもかかわらず、トニー・ブレアは上記の立場を支持するためにしばしばコーランの助けを借りたのだった。一〇月二日にブレアは労働党大会でそれを次のように述べた。「ユダヤ教徒、イスラム教徒、キリスト教徒はすべてアブラハムの子である」。だとすれば、ヒンズー教徒や仏教徒をこの特別大きなテントに引っ張ってくるために、アブラハム以外の別の祖先、恐らくノアが必要になってくるだろう。

注目に値するのは、この戦争のどちらの側にとっても、サムエル・ハンチントンの「文明の衝突」は起こらないということだ。たとえ『サンデータイムズ』がこのタイトルのオリジナル記事を再録する際に、それを「予測不可能な予測」（二〇〇一年一〇月一四日）として評していたとしても「文明の衝突」は起こらない(4)。

テロに対する同盟とアルカイダ・ネットワークの両者とも、相手を文明社会と見なしてはいない。同盟側からすれば、ハンチントンによって認められた様々な文明は、すべて同じ側すなわち野蛮人・テロリスト勢力と戦う勢力である。アルカイダ側からすれば、戦争は神の信奉者と神の敵との間のものであり、敵にはいわゆるイスラム教徒も含まれる。彼らは米国と提携し、さらにもっと悪いことに、米国や英国がアラビアの神聖な土地を汚染するのを許してきたからである。

ハンチントンの「文明の衝突」の原概念である「多元論（複数文明論）」は、この戦争当事者の物語のなかには欠落している。だから「衝突」に対するハンチントンの解決策「差異の多元的認識」は、アフガニスタンや他の諸地域で現在戦争に従事している双方の戦闘員たちの心には響かない。なぜなら敵対者は人権のような普遍的概念を無視している世界秩序のなかで生きている。人権を尊重する国や社会では合法性というものをお互いに認識し合うということになっているが、今回はブッシュ側もアルカイダ側もともにそういう認識がないからである。テロリストも悪魔主義者米国も、文明の対話への合法的な当事者としては認められないのである。

ハンチントンは、最近は「イスラム戦争の時代」であるとしているが、この見解がさらに的を射たものになるのは、ハンチントンが言うように、ほとんどのイスラム教徒の戦争が過去において両側のイスラム教徒を巻き込んできたし、今後もまた多くのイスラム教徒の戦争がイスラム教徒だけを巻き込むと考えられる限りにおいてである。(5) 今回の戦争当事者によって採用されている宗教と文明の物語は、新聞の見出しが同じだからといって両当事者が相互に理解し合えるわけではない。なぜなら宗教と文明が相手方には理解できないように提示されているからである。

しかしながらある物語では、むしろ驚くほど両者が関係を深めている。それはモダニティの物語という点である。ブレアやブッシュといった西側指導者のスピーチを支持することは、彼らが現代社会を代表していると明確に確信すること、言い換えれば、アルカイダがある意味で歴史の初期の時代への逆行であり、中世の神学と社会の先祖返り的な概念をもったものだと確信することである。前述したトニー・ブレアの労働党でのスピーチはこの点で典型的で、テロに対する戦争において、第一に、アフガニスタンのタリバン支配への批判、第二に、グローバリゼーションの本質に関する熟考、第三に、現代の国際社会がこの重大事に声をそろえて行動することが重要だとするお説教を、自分のスピーチと結びつけようとするものであった。少なくともこの点でこれらの指導者は西側社会をより広く代表し、米国のアフガニスタン攻撃の批判家でさえもタリバンのいわゆる原始主義を非難した。

現代的であることと原始的であることとの差異は、同じように「責任ある、尊敬すべきイスラム教指導者」にとっても重要である。もちろん彼らはビンラディンと距離を置きたいと望んでいるが、ビンラディンが公言してはばからない信仰から距離を置くことはない。イスラム指導者が評するところによれば、ビンラディンとその信奉者たちは誤ったイスラム教の理解に導かれ行動している。そのような行動は現代的世界ではふさわしくない。現代的世界では、たとえばジハード（聖戦）の概念は、肉体的な戦闘としてよりむしろ精神的用語としてもっとも良く理解されていると言う。「責任あるイスラム教指導者」はこれを基礎として更に一層の政治的観点を発展させることができるだろう。すなわち、イスラエルと「腐敗したイスラム教指導者」への西側支援がなければ、ジハードのような原始的な考えは大多数のアラブ人やイスラム教徒にはアピールしないだろう。しかしながら「腐敗したイスラム教指導者」への支援という点は、イスラエルへの支援とは異なって、アラブ世界に公然とは知られていないし、アルカイダを繁栄させているのは、このイスラム世界のもっとももな不満に、西側、特に米国がは全く無関心だからである。

この話は、もちろん、ロバート・フィスクがアフガニスタンにおける暴力の犠牲者になった話とも関連している。彼が言うには、殴るという行為は酷《ひど》いが、その原因はアメリカ人にあるというのだ。実際もし自分がアフガニスタン人で米国が行った爆撃の犠牲者だったら、自分は同じことをしただろうと彼は言う。しかし9・11の事件に同じやり方で対応することは現代人には耐えがたいことである。なぜなら現代人は自分の行動に道徳的に責任をもつべきものであり、挑発されるがまま行動して良いとは言えない。原始人にはそんなことはよく分からないかもしれないが。この物語でわかる政策への忠告は明らかである。いま原始人は予測不可能で暴力的ではあるが、もし我々現代人が彼らにもっと親切に行動すれば、彼ら原始人も我々現代人のようになるだろうという希望がある。そうなれば原始人はもはやロバート・フィスクを殴ったり、もっとほかの残虐行為を行ったりしてもよいというフリーパスはもたなくなるだろう。

おそらく驚かれるかもしれないが、その循環を完成させるために、モダニティと原始主義の対比に基づいた物語を利用することができる。ただしその物語は、アルカイダ、タリバン、他のいわゆる「原理主義的」

イスラム教グループ、たとえばパレスチナのハマスなどの言葉によってではない。この場合、もちろん、原始主義という語はプラスの意の用語として読み取られている。これらのグループが前面に出す宗教的メッセージの一部は、一種の清められた・妥協しないイスラム教を表している。そういうイスラム教は、予言者ムハンマドの信仰と元来の信者社会との関係をもう一度打ち立てようと意図されている限りにおいては、原始的・先祖返り的なものとして容易に特徴づけることができる。少なくとも哲学者・歴史学者・社会学者であったイブン-ハルドゥーン（一三三二～一四〇六）の時代以来、都会生活と結びついた腐敗堕落を焼き尽くすという原始的遊牧民的考えは、イスラム社会を記述する社会学の常套句だった。そしてビンラディンが、アフガニスタン山中で、伝統的な服を着て、ライフルを手にして、そしてしばしば馬の背にあって、一人で登場するのは、このイメージを高める役割をするのである。おそらくは意識的にそうするのである。

モダニティの物語

ここまでくるといくつかの疑問が湧いてくる。あまりにもできすぎた説明を勘ぐるのは一般によいことである。したがって、ビンラディンが自分を原始人として描いているホームビデオ・コレクションは、モダニティと原始主義の物語について疑問を差し挟むのに適しているようにみえる。ビデオの中でビンラディンは、自分を畏れなき指導者であり、かつサウジアラビア王サウド家や悪魔のようなアメリカ人支持者の堕落を圧倒する、清廉潔白な運動の指導者として描く。しかしオサマ・ビンラディン自身はサウジアラビア社会の裕福な階層の出身であり、ビンラディンの最も活動的な支持者の多くが専門的知識人階級からでている。

考えてみれば、それは何ら異常ではない。一九一七年のレーニンとレーニン信奉者を考えてみるがよい。現実の労働者はほんのわずかしかそこにはいなかった。しかし革命にとって平凡なことが、汚れなき宗教の指導者と思われる人物にとってはあまり居心地が良くないのである。

ビデオ技術とインターネットの広範な利用、アラビア語テレビ局アルジャジーラとの洗練された関係、これらが提示するのは明らかに原始的でないPR感覚である。面白いのは、タリバン指導者でかなり原始的な人物オマル師がそのような現代的な発明を避けていることである。またオマール師は肖像に対する伝統的イスラム教の禁止を遵守して、写真を撮られることを拒絶してきた。もしビンラディンがシーア派の先例を引用する用意があれば、アヤトラ・ホメイニの肖像画を指し示し、多くの旗やTシャツに自分の顔を載せてもよいとする根拠にもできるだろう。しかしそれにしてもビンラディンのPR感覚については、なにか怪しげに現代的なものがある。

いったんこの怪しさ・疑いがその鎖を放たれると、現代人と原始人の物語は崩壊する。もしアルカイダがほんとうに原始的なら、我々はアルカイダの話など聞かないだろう。でなければアルカイダは今のように世界にひろく知られるようになってはいなかった。それどころかオサマ・ビンラディンはトニー・ブレアと同じほど現代的な人物で、ただし異なるモダニティを表している。これが重要なポイントで、この中東地域の一般的な考え方に反して現代的でありつづける方法はいろいろあるが、それが唯一の方法というわけではない。少なくともリベラルでポストキリスト教的・人道主義的な西側に信奉されているやり方ではないのである。西側世界観は実際に過去半世紀を支配し、西側世界観がなにか特別な見解であるとは考えられなくなるほどまで広がっているからである。

すなわち、①資本主義経済の文脈において科学的知識と合理性を生産に適用すること、②人生の究極目的である全ての価値を同じ合理性に従属させること（これが自己認識のアイロニー的次元を深い信仰宗教と社会的信念に導き入れる）、③民主主義の代表的形態が政治権力の唯一合法的基礎であると考えること、④かつては金持ちで権力ある白人男性にしか与えられなかった特権が、もし誰にでも入手可能になった場合に人権的であると考える考え方が広まっていること、これら四つの実際にはかなり本質的に異なる一組の思想と提案を、分離可能とするのではなく一つのパッケージとして考えることが、西側世界の中におけるモダニティの概念に意味を与えているのである。とくにグローバリゼーションの出発点において、つまり初期グローバル社会の中においては特にそうなのである。

しかしながら過去二世紀のおおまかな思想史の知識と政治史の実際的知識で明らかになったのは、そのパッケージのさまざまな要素が実際には分離可能であるので単独になるのを認めるか、あるいは今の社会とは違っているが等しく「モダンな」社会価値を創造するように様々な方法で再構築するのを認めるか、のいずれかである。

一九世紀後半の強制的な現代化推進者と、二〇世紀前半のファシスト運動は、さまざまな方法で産業社会をつくることを望んだ。彼らは、アイロニーの奪われた、議員制度もない、人権の伸長もない産業社会をつくることを望んだ。このような産業社会の中で現代の「原理主義」運動が続いているのである。

そうした原理主義が必要としている世界は、現代的テクノロジーをもつ世界、技術に限定された科学的合理性をもつ世界である。その世界は、ITやマスメディアや「インフォテインメント」［小学生向けの教育効果と娯楽性を合わせもつTV番組・映画・本など］をもつ世界だが、その内容は厳格に調整されている。またその世界は、信者社会が政治的力を発揮するが、信者でない人は公民権が奪われる。またその世界は、女が男の支配下にあり、逸脱した性が非合法化される世界だが、これはあらゆる種類の原理主義の一貫したテーマである。

手短に言えば、原理主義が必要とする世界はアイロニーが奪われた世界であり、個人が自分の信念信仰に距離をおくことのない世界である。また原理主義者にはそんな原理主義的世界がモダニティという物質的満足をなぜ取り込んではいけないのか理由がわからない。なぜなら原理主義者がぜいたくに暮らすのは異常でないどころか（米国のキリスト教テレビ伝道者の生活様式から周知のことだが)、ニュース報道で不動産業者が言っているように、カンダハールのオマール師の住まいは非常に設備が整っていたそうである。

フランシス・フクヤマとクリストファー・ヒッチンズのような多様な書き手が示唆しているように、アルカイダと彼らの同類「イスラム教ファシスト」も豊かなのだろうか。[6] 今まで述べてきたことは、その集団をモダニティというもうひとつの権威主義的概念と結びつけることになる。ただしそれが十分に合理的なのは、「キリスト教ファシスト」「ユダヤ教ファシスト」「ヒンズー教ファシスト」という運動が同じように世界中のあちこちに存在している、ということが理解されるかぎりにおいてである。同じく注目に値するのは、これら現代的集団の特殊な信仰が異文化間同盟を形成するのは、昔は可能だったが今ははるかに困難であることである。

イスラム教ファシストはこれら集団の中でも最も顕著で、おそらく最も無慈悲で不愉快な連中である。これは宗教としてのイスラム教に特有だからというのではなく、特別の状態がいわゆるイスラム教世界に見られるからである。とくに国民の大多数にイスラム教徒の国家や社会が、説得力のある非原理主義的なモダニティのモデルを提供できなかったからである。キリスト教原理主義・ユダヤ教原理主義がそうならないのは、西側社会が、若者が主流であろうと反権力であろうと、若者に満足な捌け口を供給しているという事実があるからである。ただし非原理主義的なカウンターカルチャー以外の捌け口である。[7]

ポストキリスト教的西側では、モハメド・アタのような人物は、一般に結局は商業的銀行に落ち着くか、グリーンピースで働いているかである。ヒンズー教原理主義者はインド政府に入って、気づくと自分が国家権力にとどまるためには妥協し曖昧な態度をとる義務を負わされている。国家には法律に対する義務と立憲主義が深く関わっているからである。イスラム教運動の社会では、そんなポストが与えられることはないのである。

したがって結論として、急進的なイスラム教勢力は敗北する運命にあるのか。もしそうでなければ、敗北をもたらすために何が行えるのか。もし彼ら急進的イスラム教勢力が本当に原始的ならば、歴史の潮流が結局は彼らを行き詰まらせてしまうと考えることができる。そしてかなりの西側思想がこの仮説を採るものと思われる。しかしもし彼ら急進的なイスラム教勢力がもうひとつ別なモダニティを示すなら、そのときはそのような事態にはならない。ファシズムとナチズムは自己矛盾の崩壊はきたさなかったが、より優越した力には屈服した。もし大義があればその闘いは英雄的だと後に書き記されることになるだろう。すべてが失われた時にも戦い続けるというアルカイダの意志は、このような観点で見ることができる。したがって、イスラム教ファシズムと闘おうとする者は、自らが信じているもののために戦う準備をしなければならない。そして軍隊を知的に使うことが必然的にその戦いの構成要素となるであろう。

しかしながら最も重要なのは、軍隊をそのように使っても、推進せんとするモダニティの概念の価値を裏切るものになってはならないということである。部分的にはこれはできる限り、戦争法規に従うことであり根拠のない暴力を是認しないということである。しかしまた必要なのは、アイロニーの感覚を保持することであり、アイロニーの感覚こそが究極的には「我々の」モダニティと「彼らの」モダニティとを区別するものである。思想の自由と人権に関する価値観に対してアイロニーをもって関わるということは、これらの価値観を心の底から大切にしているということである。同時に、絶対的な善悪の感覚を当てにはできないということである。自分がひょっとして間違っているかもしれないと考えながら熱烈に何かを信じること、それは自分自身と自分の信念との間にある程度の距離を置き、客観視できるということだが、それは恐ろしく難しいことだがまた人を解放するものでもある。こんな風に世界のなかで生きていく能力こそが、原理主義者には欠けている点なのである。

したがって重要なのは、現在の戦いの最中にあるすべての様々な英雄を認めることである。ニューヨーク消防士とニューヨーク警察官とニューヨーク市長ルディ・ジュリアーニ（「爆心地」の英雄たち）は確実であり、トニー・ブレアもおそらくそうであり、それだけでなく距離の感覚を守った人々もそうである。アフガニスタン攻撃を批判した人たちもそうである。米国の暴虐行為を謝罪しているフィスクのような人たち、すなわち一般的な米国嫌悪の人たちは別にして、もっと思慮深い批判家たちはそうである。彼ら批判家はアルカイダの危険性について幻想はもたず、そのネットワークと戦う軍隊の能力に対しても正当な疑問をもっている。

もっと論争的に言うならば、9・11について我々が考えている独善的傾向に風穴をあけたユーモア作家や風刺作家たちも英雄として認識されるべきである。ここにある『オニオン』（サイト www.theonion.com でのオンライン「米国最良の情報源」を参照）のすばらしい大見出しと記事が正しい姿勢を規定している。二〇〇一年九月二六日付の9・11以後の初記事には、「米国はいかなる戦争相手をも打ち負かすことを約束する」という決意表明が載っていただけでなく、記事の末尾には「ハイジャック犯たちは地獄に堕ちてびっくり。『これでわれわれは永遠の楽園を望んでいたのに』と自爆者が言った。また慈悲深い神は怒って『殺すなかれ』という規則を明確化した」という記述がある。

そんな矛盾した言葉こそ、文字通り、我々が手にすべく戦うものであり、それで明らかになるユーモア感覚は、いわばビンラディンのぞっとするような楽しみ（9・11のハイジャック犯の多くは自分たちの任務が自爆だと知らなかったという事実がビデオに撮られている）とはっきりしたコントラストをなしている。そのオンラインが示しているのは、一歩退いて自分もたまには不合理なこともあると認識する能力であり、この距離感が人間の基礎的価値を支えている。そしてモダニティの物語を区別するこの距離感こそが、原理主義者の選択肢から人間を解放し、その自由を保障し維持することになるのである。

第27章　必要のない苦しみ

アンドリュー・リンクレイター

9・11の暴力行為そしてアルカイダとタリバンに対する戦争は、現代社会が人間の様々な苦しみにどう対処すべきかという、根本的問題を提起した点で特別な出来事だ。現代社会の直面する課題は、善良な一般市民をテロ攻撃から守る努力が、全ての人々を不要な苦しみから解放するという道徳的理想を損なうことのないようにすること、また、防御不能な暴力を根絶するという「文明化のプロセス」が、逆に多くの人間に本来は回避しうる苦痛や危害を及ぼす「非文明化のプロセス」を引き起こすという、逆説的な結果を生むことのないようにすることだ。(1)

アルカイダとタリバンと戦うための幅広い同盟が組織されたときから、こうした道徳上の懸念が公の議論を支配してきた。国際救援組織は、この戦争がアフガニスタンの人々に更なる不幸をもたらす危険性があると警告した。また戦争の間、一般市民に不要な苦しみを与えないようにする道徳上の義務を強調する意見も強かった。軍事衝突と、それに伴ってなされた文明世界とテロの悪との戦いという言い方が、イスラムの悪しき代表者たちを逆に鼓舞するのではないかと心配された。テロ容疑者の逮捕、その取り扱い、今後の裁判に関して、市民的自由と法治が脅かされるのではないかと懸念された。人権侵害を行っている政府との連携は、人道的価値観の主たる擁護者を自任する西側の主張に大きな疑問を投げかけた。強大国が国際的不平等と極端な貧困をなくそうとしないかぎり、テロとの戦争は合法性を欠くという議論も多かった。また、テロとの世界的戦争は、パレスチナ人に正義を確保する大胆な試みなしには成功しない、と多くの人々が主張した。

世界は二〇世紀になって、本来避けうる苦しみを人類全体の道徳的問題だとした点で重要な進歩をとげたものの、9・11の出来事は、この世界に大きな疑問を投げかけた。国際戦争法規や国際刑法の発達、国際的人権擁護体制、そして（より議論のあるところだが）最近の人道的介入規範は、不要な苦しみを全ての国が取り組むべき中心課題とした点で進歩の証だ。9・11が提起した重大な、そして多分中心的な問題は、予防可能な苦しみから多くの人が解放されている世界というビジョンが、たやすく回復できないほどの打撃を受けたかどうかだ。

9・11以後出てきた四つの議論が、この問題の答えに示唆を与えている。つまりそれは、悪に対する文明の戦争の物語、自由主義国家の国際的責務の議論、多文化主義と宗教的寛容の考え方、そして世界の改革を推進する大国の責務の物語であり、こうした議論の相互作用が、現代の世界秩序における「文明化」のプロセスと「非文明化」のプロセスとの関係を明らかにするうえで重要となる。

悪に対する文明の戦争

コフィ・アナン国連事務総長はあの惨事を、「人類全体に対する攻撃であり、その背後勢力の打倒は全人類の関心事だ」と述べた。[2] また、テロリストの攻撃を「人類に対する犯罪」と呼び、人類全体が凶暴な暴力行為を行った犯人たちの逮捕と処罰に共通の利害を有する、という重要な法的解釈を強調した人々もいた。しかし、こうした意見から政策上、非常に異なる結論を導くことができる。まず第一の議論の要点は、9・11の攻撃直後にエドワード・ラトワックがテレビインタビューで行った、注目すべき主張に見てとれる。つまり、米国はタリバンが女性の人権を侵害し、仏教遺跡を破壊するのを困惑して見ていたが、9・11が全てを変えてしまい、あの残虐行為の責任者を引き渡さなかったことによって、タリバンは「殲滅されるべき権利」を獲得したのだと彼は述べた。

こうした言いまわしはほとんど驚くに当たらない。また、どんな米国大統領でも、タリバン攻撃への世論の圧力に抵抗できたとは考えがたい。しかし、先述の意見はディック・チェイニーが「汚い戦争」と呼んだ、目的が不明確で期限のない戦争を正当化した。そして、米政権のタカ派色の強いメンバーの目的の中には、サダム・フセインとの戦争に決着をつけたいという欲求も含まれていた。米国が、何十万人もの民間犠牲者と、人権の完全無視につながる恐ろしい暴力行為を始めるのではないかという危惧が、テロ攻撃のあった週に表明された(3)。実際、戦争の最初の段階では、より賢明な助言が広く見られ、不安定な「非文明化のプロセス」に反対する三つの議論が現れた。

自由主義国家と人道主義的責務

その一つめの議論は単純なもので、あのテロ攻撃は戦争行為というより犯罪行為として描写できたのではないかというものだった。この論を擁護して、ジェフリー・ロバートソンは改訂「ロカビー方式」［一九八八年、パンナム機がスコットランドのロカビー上空で爆破された事件。リビア人容疑者の裁判は、オランダに設けられた英国の臨時基地でスコットランド法により行われた］を要求したが、それは、イスラム教徒の判事を含めた、非西洋人の目からしても合法的な法廷で、テロ容疑者を裁くというものだった(4)。その要点は、悪に対する戦争の議論は、国際刑法の強化という、二極化時代以後の大きな流れに逆行する、というものだ。国際法に対する米国の一貫性を欠く態度が更に明らかになれば、特にイスラム世界では、反西洋感情が高まると考えられた。

非文明化のプロセスについて言えば、この国際法を尊重せよとの弁は、自由主義国家に、戦時における非自由主義社会への責務を、思い出させた。すなわち、アフガニスタンを再び軍閥の餌食にしないという長期的な義務と共に、一般市民の不要な苦しみを防ぐ法的道徳的責務と、戦争捕虜を保護する義務が強調された。国際的な法律家が軍の標的決定に関わっているという報告は、現代の戦争は道徳的制約を以前よりも尊重して行われなくてはならない（または、そう信じられなくてはならない）ことを示唆していると思われる。民間犠牲者の容認レベルが科学的に決められたことは一度もないにしても、そのレベルが戦争目的と釣り合っていないかぎり、民間人の犠牲は道徳的に弁護不可能だというのが、正義の戦争に関する伝統的議論だ。一般西洋人は情報が豊かになっているので、その釣り合いに関する公式発表を以前よりも信じたがらないし、一般市民にとって不要な苦しみだと思えることに彼らは以前よりも我慢ができなくなっている。そう考えるのには理由がある。

誤爆をしたりクラスター爆弾に頼っても米英の戦争支持率は変わらなかったと、皮肉屋は抗議するかもしれないし、西洋諸国の大衆は、自国の兵士を危険に近づけないことには関心を寄せても、「遠くの見知らぬ人」の窮状にはさほど関心がないとも考えられる。これは事実かもしれないが、皮肉屋の抗議はいきすぎだ。記憶に新しい「コソボ紛争」では、戦争は警戒と不安の中で進められた。それは、大衆の戦争支持は極めて移ろいやすく、「どちら側」の犠牲者にしても、それが受け入れがたいレベルに達したときには弱まりかねないと知っていたからだ。

アルカイダとタリバンに対する戦争が人道援助を突然中止させたこと、また長い旱魃を経てきた弱者が必要物資を受け取れるようにと、多くの人道援助団体が戦争の中止を求めたことを覚えておくことは重要だ。難民問題が危機をさらに深刻にした。米国と同盟国は、タリバンが支配している限り、人道援助は、危険にさらされている人々のところに届かないだろうと答えたが、多くのアフガニスタン人を危険にさらす、このような決定は、タリバン後のアフガニスタンに対する同盟国の長期的責務に疑問を投げかけた。

タリバンを打倒するために北部同盟と提携するという決定は、過去に人権侵害と国際麻薬取引に関わった北部同盟の、アフガニスタンの統治者としての適性に関する深い懸念に繋がった。マザリシャリフの崩壊を受けての緊急の問題は、勝者がタリバンの捕虜を殺害するかどうかだった。勝者が戦争捕虜――米政権が言うところの不法戦闘員――を保護する法的道徳的義務を怠ってきたか否かという問題は、まだ満足の行く答えを得ていない。[5] 自由主義世界が、人道主義的な戦争法規に拘束されずに、非自由主義社会との戦争を遂行したいのではないか、という疑いが依然として強い。しかしながら、タリバン後のアフガニスタンの政治経済的復興支援の複雑な責務を、もっとも単純明解に国連に負わせるという議論が支持をうけたように、幅広い連立政権の必要性を説く声は、タリバンとの戦争中に支持を広げた。しかし、自由主義世界がアフガニスタンの長期にわたる復興を快く支援する気持ちがあるかどうかは、これから厳しく検証されねばならない。

宗教的寛容と多文化主義

二つめの議論は、悪との戦いに関する公式の主張が、異国人を嫌う人種差別主義的感情を煽ったり、合法化するようにみえたことから生じた。関連要因としては、文明の衝突に関するハンチントンの説が、イスラム世界でかなりの支持を得ているらしいと判明したこともある。いわゆる「文明の衝突」の非文明化効果とイスラム教徒に対する暴力の明らかな増大をうけて、この二つめの議論は宗教的寛容と多文化主義の思想を擁護している。

あのテロ攻撃の三週間後に行われた労働党大会のスピーチで、トニー・ブレアは、テロリズムとイスラムとを区別する必要性を強調した。そしてこのテーマは、その後、いわゆる「宣伝戦争」での勝利を願って書かれた中東各紙の一連の記事で大きく取り上げられた。ブレアは、「国家間ならびに宗教間の相互理解の促進」の必要性を説き、「西洋は自分たちがイスラムについて無知であったという事実と向き合わねばならない。ユダヤ人も、イスラム教徒もキリスト教徒もみなアブラハムの子孫だ」と述べた。「イスラム教の真の信奉者はこの戦いにおける我々の兄弟姉妹であり」、「略奪や殺戮を行った一二世紀のあの十字軍が福音の教えを代表しなかったのと同様、ビンラディンも今やコーランの正しい教えに忠実ではない」と彼は主張し、国際テロに対する世界的な宗教同盟を要請した。[6] 新聞記事や公式発言で、ブレアはイスラム教の平和的性格に言及し、罪のない一般市民に対する暴力の禁止はキリスト教の伝統と共通する道徳的基盤を成していると述べた。

確かに、そうした発言の背景には、多様で不安定な軍事同盟の維持という任務があったが、その役割が単に戦略的なものだと考えるのは誤りだろう。しかしながら、ブレアがテロに対する文明同盟を要請した結果、興味深い意見が現われた。サルマン・ラシュディーはこのテーマを歪曲し、9・11の攻撃は「被害妄想的イスラム教」と分かちがたく結びついており、それは「世界的に急速に広まってきたイスラム教の一種」が、「現代と和解する」ことに失敗した残念な結果だとした。ラシュディーは、「イスラム世界の改革」論に触れ、現代主義的イスラム教徒たちは、彼らの宗教を「ハイジャック」した狂信者たちに抵抗する義務があると述べた(7)。

宗教的寛容を求める訴えは、興味深い方法でなされてきている。特に英国では、宗教学校の将来についての議論や、移民の忠誠心試験、神に対する不敬に関する法律、宗教的憎悪の煽動に関する立法などで明らかなとおりだ(8)。イスラム教のいくつかの宗派と世俗的現代性との間の長期的関係が世界的に議論されてきたが、その議論の輪郭と思われるものが、確かにここ英国の小世界でも見て取れる。

世界秩序の再構築

最後の三つめの議論には、次の三つの起源がある。つまり、9・11の暴力を祝うパレスチナ人についての報道、イスラム世界にはビンラディンに対する一定の明確な支持があること、そして西側社会の多くの人々が、テロリストの攻撃を単に「暴力と蛮行」に身を捧げた狂信者たちによるものだとする考えに必ずしも賛成していないことだ(9)。この最後に挙げた狂信者によるという考え方には、9・11の攻撃は非難すべきであると共に、(特にそれらが自爆攻撃だという理由で)不可解だということも含まれる。悪という言葉づかいには、犠牲者たちの行為の中に、あるいはもっと広く彼らの社会の中に、あの暴力行為を説明できるような、または生み出すような要因は何一つ見い出せない、という意味が明らかに含まれている。

しかし実は、米国に対するビンラディンの憎しみの理由は周知のことであるし、彼の支持者の動機は理解できないことではない[10]。特に米国で議論を呼んだ問題は、悪という用語が示すように、米国は世界政治における自身の役割を見直す必要はないと合理的に結論づけられるかどうかだった。これに対して、「米国にいる我々は9・11の出来事に関して全く非が無いと考える」のは間違いだと、チャルマーズ・ジョンソンは果敢に議論した。そして更に、「自爆暗殺者たちは…わが国の政治家やニュースメディアの主張とは異なり、『米国を攻撃』したではなく、米国の外交政策を攻撃したのだ」と主張した。ジョンソンにとっては、9・11は「ブローバック」の一つで、米国は、急進的な第三世界諸国に対する帝国主義的政策の報いを受けたのであり、とりわけ国家によるテロを支援したことが決定的だったというのである[11]。

国家の内省を求める声は非常に反愛国的とみなされ、報復を声高に要求する社会では、広い支持を得られなかった。しかし、この内政を求める声は、悪および狂信という用語が米国民をなだめる役割を果たし、緊急の課題から国民の目をそらすことになったのではないかという、難しい問題を提起することに貢献した。というのは、ポスト帝国主義の外交政策がテロリズムの根本原因の少なくともいくつかにどう取り組むかこそが緊急の課題だと、その声は主張していたからだ。ただし、世界の貧困層にも合法と映る世界秩序の構築に努める「大きな責任」が大国にはあるという考えは、支持されなかったわけではない。

「飢えた人々、悲惨な人々、財産を失った人々、無知の人々、北アフリカの砂漠からガザのスラム、アフガニスタンの山中に至るまで貧しさとみじめさの中で暮している人々、彼らもまた我々の大義だ」とブレアは労働党大会で述べた[12]。ブレアはまた軍事行動を世界の変革に結びつける必要性も説いた。ブッシュ大統領としては、イスラエルの安全と両立するパレスチナ国家の樹立が米国の長期的外交政策だと述べたが、宥和政策だとしてシャロン首相の非難を招いたにすぎず、イスラエルとパレスチナの争いは激化した。

イスラエルとパレスチナを新たに仲介しようとする努力の可能性を軽視するのは馬鹿げていようが、しかし、大きな世界的変革の可能性は全く見込みがないだろう。驚くことでもないが、ブレアが党大会のスピーチで京都議定書の重要性に触れたことに対し米政権は反応しなかったし、新自由主義的経済的原理主義との決別は起こりそうもない。また、ブッシュ政権が必要ならば「単独行動をとる」と繰り返し言っていることを考えると、多国間協調主義への米国の公約も果たされる保証がない。ブレアは労働党大会のスピーチで、9・11の不幸にもかかわらず現代は「進歩主義政治にとって特筆すべき時代である」と述べたが、楽観する理由はほとんどない。安全への脅威に取り組む戦いの中では、他者への思いやりは機能しないようだ。

西洋の反乱の重要性

また我々は、テロとの戦いの合法的な努力が、その他の重要な価値、すなわち、次のような個人の義務をどのくらい危険にさらしてきたかを問う必要がある。すなわち、戦時における暴力や不必要な苦しみから個人を守る義務や、自国政府による人権侵害から個人を守る義務、出自が社会の内部か外部かによって身分を貶められることから個人を守る義務、そして、貧困と不利益に対する一般の無関心から生じる有害な結果から個人を守る義務などだ。

我々は次の六つのことを問わねばならない。一つめは、9・11を犯罪行為ではなく戦争だとする議論が、文化の違いを超えた正義の思想を支える世界の法秩序を、どのくらい台無しにしてしまったか。二つめは、多数の一般市民を危険な状態におき、人道援助を危険にさらそうとすることが、反西洋感情をどのくらい増幅させたか。三つめは、独裁的政権との同盟が、人権の守護者だという西洋の主張をどのくらい傷つけたか。四つめは、その同盟はイスラム教を卑しめてはいないという主張や、「偏執狂的イスラム教」の提唱者が言うのとは違って、大多数のイスラム教徒は西側の自由主義者との共通点が遙かに多いという主張がどれくらい広がるか。五つめは、世界的な不平等を減らし、環境への害をなくすために何ができるか。そして最後に、豊かな西洋は、パレスチナ人の貧困と苦境に無関心だという非難から免れることができるか、という問いだ。民主主義社会の人々が、自らの生き方を守ろうとする際に、アルカイダとタリバンに対する戦いのなかで危険にさらされている。

「現実的政治」の支持者は、そうした道徳的責任を西洋諸国に期待するのは馬鹿げていると言うかもしれない。彼らの最優先事項は、恐ろしく不安定な状態に置かれている自国民の安全を確保することだ。この点では、国際テロに対する幅広い同盟を構築し、情報面での新たな形態の協力を推進し、テロとの目に見えない戦争の一環としてテロ容疑組織の財産を凍結して、各国はそれぞれ最優先の責務を果たしてきた。そしてここに、無差別暴力から生ずる不要な苦しみを世界的問題にする点では、実質的進歩の証が見て取れる。こうした見方からすると、市民的自由や人権そして国際的戦争法規に焦点をあてる人々は、焦点を見失っているのであり、自由民主主義は、これまでとは違った処方箋、受け入れたくないが避けることのできない妥協を含む処方箋を必要とする新たな脅威と戦っていると言いたいのであろう。

我々はここまで、9・11以降の様々な議論が、道徳的課題や公の論争を従来の安全保障問題に限定させようとする動きにいかに抵抗してきたかを見てきた。我々はまた、これらの議論が、人類の安全を高め戦時にも人間の品位に関する自由主義的原則を満たすべしとの理念を広げるのに、いかに役立ってきたかをみてきた。これが様々な論議が最終的にぶつかり合う論点だ。

もし我々が、9・11の暴力を（イスラム教徒集団の中でも、特にタリバンとアルカイダが支持を得ている現象と同様に）、未完の「西洋への反乱」の最新の暴力的現われとみるならば、人間的品位に対する要請はきわめて重要だ。全人類が、現在、主権国家システムの中に閉じ込められているということは、覚えておく価値がある。植民地解放の時代以来、新興国は国家主権を最も声高に叫んできたし、内政不干渉を最も熱心に支持する国のいくつかは第三世界に属している。しかし、西洋の近代化の恩恵からの疎外感が、新興諸国の人々の間に久しく広がっており、西洋の文化的支配に対する深い恨みと西洋文化の社会的政治的価値への反感も同じく重要だった。この西洋の価値観に対する敵愾心が、特にイスラムの社会を中心に、近年高まってきたようだ。それゆえ、9・11の突発的残虐行為のような西洋への反乱が続発する。

国際テロに勝ち進むことが、別の価値ある目標を危険にさらすことになるか否かを問うことは、テロと戦う手段が、力と富の世界的不平等や、西洋の世俗的価値観が容赦なく侵入してくることに対する、非西洋諸国の不満の種を増やすことになるのかどうかと問うことでもある。それはまた、非文明化のプロセスが、国際関係における合法性の問題を深刻化させ、不満を抱くイスラム組織とその他の世界の人々との間のギャップを広げるかどうかと問うことでもある。

非西洋諸国の大半の人々の目にも道理にかなった新しい世界統治形態を、西洋諸国が築けるかどうかという問題が、9・11によって舞台中央に戻ってきたことは間違いない。それゆえ、悪に対する戦争という用語を批判する人たちが、一般市民の不要な苦しみを防ぐ必要性を強調するとき、彼らは自由主義世界と非自由主義世界との今後の関係に決定的影響を与える一つの問題に注意を喚起しているのだ。彼らが西洋社会とイスラム社会のより深い相互理解の必要性を強調するとき、また、より徹底した「文明間の対話」を求めるとき、彼らは、大きな文化的相違と空前の国際的不平等の世界を認識し、もっと公正な世界秩序という好ましいビジョンの中心問題に光をあてている。またパレスチナ人に公正を確保する施策を要求する時、彼らは西洋社会への未完の反乱の元をなす、大きな問題の一つを解決することに、深くコミットする必要性を強調しているのだ。

結論

いつの時代でも、文明化と非文明化のプロセスの力関係を見る必要があることを、ノルベルト・エリアス［ドイツの著名な社会学者］が強調したことが、この考察を書くきっかけとなった。彼の洞察は9・11の出来事に特別の意味を持つ。それは国際テロとの戦いが続く限り価値あるものであり続けるだろうし、ソマリアやスーダンやイラクに対して武力が行使されるなら、ますます重要なものになるだろう。

9・11以降、軍国主義的論調が支配的ではあったが、それが議論を独占したわけではない。対抗する議論が非文明化プロセスへの懸念を喚起してきた。世界的な政治経済秩序の再構築という理念と同時に、テロとの戦いで道徳的に妥協する危険性が——不都合な国際法の条項を無視するという形であれ、個人の自由を浸食するという形であれ、通常の法的手順を回避するという形であれ——最近繰り返し強調されてきた。

トニー・ブレアは労働党大会のスピーチで、国際テロとの戦いで、国際社会は力と同じく慈悲を示すことが必要だと述べた。不要な苦しみが人類全体の道徳的問題となるような世界秩序の理念を再確認する、重要な思潮がある。これは、反自由主義に対する戦争においても人道的価値という点で妥協しないということであり、不要な人間の苦しみの根絶に向かって発展するという世界共通の理念を、特に危機に際して、守るということだ。

第28章　統治をめぐって
——9・11後の課題(1)

サスキア・サッセン

9・11以後世界各地を旅してみて、北の世界でも南の世界でも、米国以外の多くの場所で、一つのテーマがますます声高に議論されているのに気づいた。それは、あの攻撃を批判しつつ、我々米国民と恐怖を分かち合い、世界のどこであれあのような暴力は二度と見たくないと望む人々による議論であり、そのテーマとは要するに、米国への攻撃および組織的テロリズムに対する戦争によって、我々アメリカ人が、今も世界各地で行われているその他の全ての戦いから目をそらしたり、ますます多くの人々が飲み込まれてゆく怒りや絶望を忘れたりしてはならないということだ。

このテーマは、米国では政府をはじめてとして歓迎しないか、でなければ古いスローガンを繰り返すチャンスだと見られている。しかし、米国の外で見聞することに注意を払い、それを「脱中心的（decentred）」見方として位置づけるべきだ。それは必ずしも対立的な見方というのではなく、米国の苦しみや利害を中心とする見方とは違う見方を意味する。我々は社会学者として、たとえ政治的にはふさわしくないときにも、こういう見方をしなくてはならない。私はグローバリゼーションに関する研究の中で、グローバリゼーションに関する知識の生産を脱中心化することが、分析を深める上で極めて重要だと気がついた。

9・11以降も引き続き歩み続けるには、単にテロ組織のネットワークを排除し人道的支援を行う以上のことが要求されるだろう、たとえそうした介入が極めて重要だとしても。我々は今、世界や各国の指導者、超国家的システム、NGO、地球規模の市民社会、企業経済関係者などが対処すべき一連の大きな問題を抱えている。これらの問題の多くは各国特有で、必然的に国内のダイナミクスと努力の問題だ。それ以外の問題は世界的統治制度の一層の発展と関係がある。こうした問題の大部分は9・11以前からあったもので、しばしば長期的な傾向や状況に関連しているが、9・11により事態が切迫するなかで、その位置づけが変わった。米国本土へのテロ攻撃が不可解だったことが、テロの潜在的原因としての南側諸国の悲惨さを解読する発端となった。しかしそれでもなお、米国の政府と企業が、その悲惨さについて何らかの責任を認めるまでには程遠い

ここで私は、直面する課題に関する以上のような大きな構図の中に登場してきた、統治に関する二つの困難な課題に目を向け、その性格を詳細に分析し、統治に関する特定の欠陥を明らかにしてみたい。その二つの課題の一つは債務の罠であり、これに嵌まる国が増加している。その結果、特に人の不法移動が急増している。第二の課題は移民であり、これは一連の新しい矛盾の中に現れた一つのプロセスといえる。このどちらの課題も、我々に統治の概念の刷新を迫り、次のことを示している。つまり、世界の相互関係が一層緊密になるにつれ、多国間協調主義と国際主義がますます必要になるということ、そしてそれらは複合的な、高度に専門化した超国家的統治体制から成るものでなくてはならず、単に制度を繋ぎ合わせるだけでは不十分だということだ。ここでは政府の役割に限定して論を進めるが、市民社会および超国家的制度との新しい協力態勢と切り離せないことは言うまでもない。

私は、社会正義や人道主義的関心といった大きな問題としてではなく、北側諸国とその利己主義の観点から、上記二つの問題を検討してみたい。社会正義や人道主義的関心は極めて重要だが、功利主義的議論の方が、多くの人にとってより説得力があるかもしれない。債務と移民の問題を扱うのは北側諸国の利己主義のためであり、単に南側諸国に関する社会的正義を論じようとするものではないという議論は行いづらい。事実そういった議論はあまり展開されてこなかったし、それをここで成功させると主張するつもりもない(2)。以下に述べるのは、そういった議論に関連するいくつかの

要素にすぎない(3)。

視点の取り方が分析の違いを生むということを強調しておきたい。もし私が南側諸国の観点から考えを述べるとしたら、問題が完全に同じではなくなるかもしれない。と同時に、9・11とその意味についてのより大きな議論の一部として、これらの特定の問題を検討することは、議論を米国の経験した苦しみと損害だけに集中しないという意味で、議論を脱中心化する一つの方法でもある。ここから帰結する政治的立場は、北側諸国と南側諸国相互の利益を強調するもの、したがって多国間協調主義と国際主義の望ましさを強調するものだ。

相互依存性

9・11によって顕在化した多くの問題の中に次のような事実がある。つまり、グローバリゼーションは、単にその「立案者」が意図したようには、資本、モノ、情報、ビジネスマンなどの地球規模の流れを促進しなかったが、一方で別の様々な紛糾を促進した。多くの例があるが、劇的な事例をいくつか順不同で挙げてみよう。世界貿易、旅行、移民などによって、豊かな国に住む我々が忘れていた、南側諸国の多くに見られる病気や害虫が北側諸国に入ってきた。例えば、結核は米国で、腸チフスは英国で再流行し、脳炎を媒介するナイル蚊が北側諸国に初めて姿を見せた。その他の事例も増加している。

南側政府は、貧しくなるとますます北側諸国にいる移民からの送金に頼るようになり、その結果、他国への移住や人の不法移動の管理に興味を失ってしまう。経済的競争力への圧力から、貧しい国の政府は保健、教育、社会分野の予算を削減し、その結果発展を更に遅らせ、移民と不法移動を助長してしまう。強国は国内テロからも、国際テロからも完全に逃れることはできない。つまり、相互依存関係は多岐にわたり、それは更に増え続け、そして南側諸国の社会経済的荒廃を北側諸国に近づけている。

テロは特殊な要素を必要とする明白かつ極端な行為

であり、したがって社会経済的荒廃以上のものによって育まれる。9・11の地球規模で組織、連携されたテロは、今日世界各地に見られる地域的に限定された、より一般的なテロの大部分より更に極端な行為だった。テロに加味された特殊な要素は様々な形をとって現れる。更に、9・11のテロ、過去の北アイルランドのIRA（アイルランド共和国軍）の活動、現在進行中のイスラエルにおけるハマスやジハードの行動のような今日の主要なテロの場合とは違って、テロが常に意図的であるとは限らない。

この文脈に照らすと、社会経済的荒廃をテロの原因とすることはできないが、極端な反応の発生源として見ることはできる。極端な反応とは人の不法移動や若者をテロリストにすることなどだが、どちらも組織的に行われる場合もあり、そうでない場合もある。また極端な反応の別の例としては、ボスニア紛争後に軍隊化したギャング集団が知られている。この若者たちには仕事も希望もなく、一番わくわくする選択肢は戦争を続けることだった。これはまた、米国の荒廃した都市部スラム街のギャングにも当てはまる場合がある（全てのギャングには当てはまらない。というのは、多くの都市部スラム街のギャングが現実的に社会秩序に貢献し、荒廃した地区での生活を送りやすくしているということが知られているからだ）。

南側諸国では、貧困と不平等の増大、そして開発資源が乏しくなる一方の政府が抱える圧倒的な債務は全て、怒りと絶望に覆われたより大きな構図の一部を成す。歴史を一つの目安とすれば、たとえ怒りと絶望が何十億人もの人々を巻き込んだとしても、テロに訴える者の数はとるに足りないだろう。しかし、負債と失業の増大や伝統的な経済部門の衰退は、様々な極端な反応を助長している。その一つの例が、爆発的な人の不法移動で、その大半は豊かな国に向かっている。

専門化された新たな多国間協調主義の必要性

過去一〇年間我々は、市場の対処できる社会的領域がますます増えると信じてきたが、今や市場が全てに対処できるわけではないということを認めなくてはならない。例えば、マネーロンダリングやブラックネットや脱税が、全て金融市場の自由化とグローバリゼーションから利益を得ているという以前からの認識に、今回、テロ組織のネットワークによる金融システムの利用が加わった。こうしたシステムの悪用は自由化と民間統治の限界を示し、国際金融システムその他の国際的領域に対する政府の再介入が求められている。

しかしながら、この政府の再介入は、以前の国家中心的で、概して国単位のものとはたいへん性格が異なる。今日では、多国間協調主義および国際主義的措置が必要とされている。その好い例が、米国、英国、EUが最近発表した、テロリストの金融取引に対する法的規制措置だ。彼らは、世界的なマネーロンダリング対策機関の金融活動作業部会（FATF）を使って、その三一の加盟国に、加盟国と非加盟国を共に拘束する新しい一連の規則をつくる努力に参加するよう求めるだろう。(4) 各国政府はテロリストの資産を凍結するために法的権力を行使するように要求されているが、その対象には単に主流の銀行だけでなく、中世ヨーロッパの金貸業のイスラム版ともいえるハワラシステムのようなマネーサービス業も含まれている。

我々の課題の一つは、相互に結びついていることを必ずしも常に認識しているとは限らない暴力（更に言えば、暴力の形態としても認識しているとは限らない暴力）が、実際は相互に連結していることを認識することだ。例えば、南側諸国の債務の罠の問題は、北側諸国の多くの人々が認識しているよりずっと重大だ。債務の額に焦点が当てられがちだが、それは二〇〇〇年に約六八兆ドル（国際資本市場の主要金融取引手段である金融派生商品の国際取引高）と見積もられている世界資本市場全体の実にほんの僅かでしかない。しかし、豊かな国がこれを心配しなくてはならない功利主義的理由が少なくとも二つある。

一つは、これらの債務は、単にある企業というのではなく、国の政府に関係するものであるから、多岐にわたって、しばしばミクロ的に、世界秩序を不安定化する。すなわち、南側諸国における貧困と病気を増加させ、その結果、不法移動から生態系の更なる悪化まで引き起こす。二つ目は、債務の罠はますます多くの国を巻き込み、今や発展がもっとも期待される中所得国にまで及んでいる。アルゼンチン政府の債務不履行は（これは歴史上最大のものだが）、桁外れの不安定さと苦痛をもたらした、たぶんもっとも劇的な事例だろう。こういう様々の否定的な動きが一つになって、巨大企業であれ、投資家であれ、旅行者であれ、北側諸国の人々が利益を「安全」に追求できる部分を、世界から更に減らし続けている。

一般的にいって、次のようなことが明らかになってきた。つまり我々が、指導者の言うところの「先例のない平和と繁栄の一〇年間」を享受している間にも、南側ではますます多くの国々が加速度的な債務と失業の増大、および保健・社会サービスとインフラの衰退を味わってきた。ここで議論すべき顕著な問題が二つある。一つは、南側諸国に広がる悲惨な状態が北側諸国に直接影響することはほとんどないので、狭義の功利的論理からすれば、北側諸国にとってあまり懸念すべきことではないと思われるとしても、それは世界秩序を不安定化し、今後の活動の可能性を小さくするということ。もう一つは、悲惨な状態の拡大は、南側諸国の少数派の人々や組織による極端な行為の原因となり、北側諸国がその大部分を開発したグローバリゼーションのインフラによって、北側諸国に直接間接に衝撃を与えるかもしれないということだ。

過去数年間のうちに、この直接的影響がもっともはっきり現れたのは、おそらく大部分が北側諸国に向かう爆発的な人の不法移動だ。入手可能な最近のデータを用いて国連が推計したところによると、一九九八年に四〇〇〇万人が移動し、犯罪組織は七〇億ドルの利益を得たという[5]。北側諸国が、南側諸国政府に対し、経済を外国企業に開放するよう圧力を強めたために、経済の一部が非常に豊かになったとしても、国としてはどんどん貧しくなった。こうした国々の政府や国民の多くは、北側諸国にいる移民からの海外送金にますます頼るようになり、過去数年間の年間送金額は毎年七〇〇億ドルに上ると推定されている。これはまた、これらの政府が移民や不法移動の管理にほとんど関心がなかったということも意味している。更に経済競争力への圧力から、貧しい国の政府は保健、教育、社会部門の予算を削減せざるを得ず、これが発展を阻害し、移民や不法移動を助長する結果となっている。

債務の罠——絶望の温床

国際通貨基金（IMF）は、四一ヵ国が重債務国であり、そうした状況を是正することは不可能だと公式に認めている。しかも、その数は増え続けている。それはもはや債務返済の問題ではなく、根本的な構造的問題であり、これらの国が生き延びるための改革が求められている。貧困国の債務サイクルが変化し、債務免除では状況を十分に是正できなくなっている。脱出方法の一つ、というよりおそらく唯一の方法は、豊かな国の政府が、今よりはるかに積極的かつ革新的な役割を果たすことだ。

莫大な制度的、財政的資源をつぎこんだ試みの失敗を認めることは常に難しい。しかし、南側諸国政府の債務に関して、これまで行われてきたことでは問題が解決できないことを今や我々は知っている。たとえ債務を完全に帳消しにしたとしても、これらの国を持続可能な発展路線に乗せることにはならないだろう。貧困国の債務を全て免除するというジュビリー２０００の運動が成功したとしても、必ずしも基本的な構造上の罠を解決したことにはならないだろう。国際資本市場における大規模な変化と、グローバリゼーションに関連したいわゆる経済の「自由化」とが結合した結果、構造的に新しい状態が生まれたという証拠が今や十分にある。一九九七年と九八年の金融危機が示したように、中所得国もまた安全ではない。

もし、国際資本市場のカギとなる特性によって、韓国、ブラジル、メキシコなど豊かな部類の経済が深刻な影響を受けたとしたら、貧困国に対する影響の大きさは容易に想像できるだろう。米英を含む全ての国が実はある種の構造調整政策を実施し、社会分野への財政支出を引き下げたが、この政策の貧困国への影響は破壊的なものとなっている。グローバリゼーションに伴う新しい状況に適応するために、国家に課された一連の新しい政策には次のようなものがある。つまり、構造調整計画（ＳＡＰ）、外国企業への経済の開放、様々な公的補助の廃止、そしてその結果ほとんど不可避に思われる金融危機に対して広く行われたＩＭＦの機械的解決策だ。メキシコや韓国であれ、米国や英国であれ、関係のあるほとんどの国において、こうした状況が、特定の経済部門と国民に膨大な負担を招いたことは今や明らかだ。貧困国に至ってはこのコストは圧倒的であり、政府の負債を根本的に減らすどころか、債務増大現象に陥れてしまった。

一九九〇年代に我々は、多くの国が新しく重債務国となるのを見てきた。更にまた、八〇年代に重債務国となった国のほとんどが負債を克服できていない。この二〇年以上にわたり多くの改革が行われてきたが、最も重要なものとしてＩＭＦと世界銀行が、それぞれ構造調整計画と構造調整融資を通じて行ってきた改革がある。構造調整計画（ＳＡＰ）は、長期的成長と健全な政府の政策を確保する有望な方法であるという理由で、ＩＭＦと世界銀行の新しい規範となった。この試みの目的の大半は、今も昔も、国家の経済「競争力」を高めることだ。そして、それは結構なことのように思われる。しかし、こうした計画が典型的に意味しているのは、様々な社会政策が既に十分に行き渡らなくなっている国における、社会政策予算の更なる大幅削減だ。

負債やその利払いの実際の構造と、その債務国経済への適合具合からすると、これらの国のほとんどが、現在の状況下では負債を全額支払うことはできそうもない。いくつかの推計によると、一九八二年から九八年にかけて債務国は元本の四倍を返済したのに債務残高は四倍に増加した(6)。多くの重債務貧困国（ＨＩＰＣ）では、ＧＮＰに対する債務返済比率は維持可能限界を超えている。これらの国の多くは、財政収入の五〇％以上、あるいは輸出収入の二〇〜二五％を債務返済に充てている。アフリカの債務返済額は九八年には五〇億ドルに達し、それは九八年にアフリカ諸国が、一ドルの援助に対して債務返済として一・四ドル支払ったことを意味する。

しばしば見過ごされたり、あまり知られていないことだが、これらの債務返済比率の多くは、一九八〇年代のラテンアメリカの債務危機において収拾不可能とみられたレベルよりはるかに悪い。アフリカではGNPに対する比率が一二三％と特に高く、これに対してラテンアメリカ四二％、アジア二八％となっている。IMFは重債務貧困国に対して、輸出収入の二〇～二五％を債務返還に充てるよう要求しているが、これとは対照的に、五三年連合国側はドイツの戦争債務を八〇％免除し、輸出収入の三～五％を債務返還に充てるよう求めただけだった。また、共産主義が崩壊したあとの中央ヨーロッパに求めた条件もこれと同じだった。

こうした債務が女性や子供、特に教育と健康に関する政府のプログラム――明らかによりよい将来のために必要な投資だが――に有害な影響を及ぼしていることを示す調査結果が多数ある。さらに、政府の債務に対処するために国際機関が実施する緊縮政策や調整政策には失業の増加が典型的に伴うが、これが女性に悪い影響を及ぼすことも分かっている。女性自身の失業および、より一般的には男性家族の失業によっても、家族の生存を確保する道を探さねばならず、女性に更に圧力が加わる。自家消費用の食料生産、インフォーマルな仕事、移住、そして売春など全て女性の生き残り手段として増えてきた。

これらの国を債務の罠から助け出すために何ができるだろう。貧困国は基本的ニーズの充足と開発のために物資を輸入する必要がある。ほとんどの国が、石油、食料、工業製品は輸入に大きく依存している。貿易赤字を避け得る国はほとんどない。九三ヵ国の低所得国または中所得国のうち、二〇〇〇年に貿易黒字を計上したのは一一ヵ国だけだった。これらの国は、アフリカ地域内および外部への輸出を支援するアフリカ貿易保険機関が最近新たに設立されたことからも分かるように、輸出の増加を望んでいる。そのような専門化した、的を絞った努力は期待がもてる。

これらの諸国は、輸入のために融資が要る。ほとんどの輸出業者、特に北側諸国の業者は、ドルをはじめとして価値の高い通貨での支払いしか受け付けない。これがその国の通貨の価値を更に下げる。一旦債務をかかえると、利払いその他の債務返済額が急増し、その国の通貨の価値は更に下がる。これらの国にとって、主要外国通貨で借り入れをすることは債務の罠に嵌まることだ。彼らの立場は豊かな国とはたいへん異なっている。例えば米国は、三千億ドルの貿易赤字があるが、有利なレートで融資を受けるのになんら問題はない。一方、外国の貸し手は、低開発国の通貨建ての貸し付けを好まない。さらに、貸し手は貧困国からはより高い利子を要求するだろう。これが債務を再生産し続ける債務の罠を生み出す。

我々は豊かな投資家を救うための最後の手段としての貸し手が必要なのではない。南側諸国を助けるための手始めの手段としての、できたら自国通貨で、あるいは妥当な融資を通じて、必要な開発関連の輸入を賄うための貸し手が必要なのだ。そうすれば、貧しい政府が民間の貸し手に依存しなくてもよくなるというのが、ここでの論理だ。なぜなら民間の貸し手は、主要通貨を要求し、割増料金までも請求し、彼らの弱い通貨を決して受け付けないのが普通だからだ。貧困国の政府債務を、恐らく次第に増えている中所得国の政府債務もそうだが、国際資本市場から引き揚げ、国家間システムの中に置く必要がある。一九四〇年代にIMFが設立されたとき、ケインズは早くもこのことを主張していた。そしてIMFは最近やっと、豊かな国の投資家を救済するのではなく、危機が発生する前に早期融資を行う計画を携えて、この方向に歩み出した。

移民——持続不可能な矛盾

移民の問題は、過去一〇年間に、また場合によっては9・11以降に、有力となった多数のダイナミクスの交差点に位置する。なかでも最も顕著なのがこれまで述べてきた状況であり、それは移住と人の移動の誘引として機能しているとみられ、移民や移動の多くは北側諸国に向かっている。二番目の状況は、大半の北側諸国で予想されている人口不足だ。三番目は、ますます厳しくなっている北側諸国の移民に関する規制であり、北側諸国の直面する相互依存関係の進展および市民的自由の強化を背景にして、9・11以降、更に新しい規制を加えなければならなくなっている。

こうした一連の問題から識別しておきたいことは、こうした別々の状況の間に存在するいくつかの深刻な緊張関係だ。まず注目したいのは、大半の北側諸国が急激な人口減少に直面し、専門家によれば移民を増やす必要があるにも拘らず、一方では移民政策を更に厳しくしていることだ。第二には、新規の移住や難民の流れを助長すると共にそれを新たに生み出す傾向のある、世界的な軍事的、経済的、政治的相互依存関係の拡大に注目したい。

豊かな国は、移民や難民の希望者を締め出そうとすればするほど、人口の減少と高齢化に直面する。主要な研究（オーストリア人口統計学研究所、二〇〇一）によれば、二一世紀の終わりには、西ヨーロッパの人口は今より七五〇〇万人減少し（現在の出生および移民パターンの場合）、史上初めて人口のほぼ五〇%が六〇歳以上となる。増大する高齢者人口を支え、魅力のない仕事をしてくれる新規の若い労働力をどこで調達するのだろう。魅力のない仕事は増えていき、その中には老人の在宅介護や施設介護の仕事も含まれるだろう。高齢者と経済活動の輸出が現在一つの選択肢として検討されている。しかし輸出できる高齢者の数にも低賃金の仕事にも限度がある。そうなると、移民が解決手段の一つのようにもみえる。

しかし、北側諸国が現在進めている方法は、その準備をしようというものではない。北側諸国は移民希望者を締め出すために壁をつくり、それによって違法移動を助長している。難民が増加している時期に、国連高等難民弁務官はこれまで以上の資金不足に悩まされている。これもまた人々の不法移動を助長するだろう。不法移動のための何らかのインフラが発達すれば、単に人だけでなく武器や麻薬などあらゆる種類の不法取引がたやすく拡大し多様化するだろう。9・11の余波によって、特に米国とヨーロッパのいくつかの国で、移住と在留移民を管理しようという意向が強くなっている。市民的自由の削減は、将来の人口転換に対応するための、より多くの移民を受け入れる方法を研究する必要性を高めはしないだろう。

経済的、政治軍事的グローバリゼーションは、移民政策に一連の追加的要素をもたらす。その追加的要素はグローバリゼーションの相互作用効果を強め、増やし、多様化する。移民の流れがこうした大きなダイナミクスに一部根ざしていることを認めるなら、移民の流れの支配と規制が何を意味するのか、我々は抜本的に考え直す必要に迫られるだろう。貿易に関しては、そういった抜本的な政策見直しは、ガット（GATT）ウルグアイ・ラウンドや世界貿易機関（WTO）の創設によって行われてきた。同様の政策見直しが、軍事作戦においても明白になりつつある。軍事作戦では、国際協力、国連の同意、多国間協調介入の比重がますます大きくなっているからだ。また電気通信政策その他、世界的に互換性のある基準が必要となる領域でも、政策見直しが行われている。しかし移民政策の方は、改革がほとんどなされてこなかったというのが実情だ。その理由の説明としては、しばしば問題の複雑さと扱いにくさが引き合いに出されてきた。

ここで、次のことを強調しておきたい。つまり、大改革のなされた政策領域は非常に複雑な領域でもあるということ、政策の再構築は一〇年前には予想できなかったことだということ、そして多分これが一番大切であろうが、それぞれの領域における現場の実際的な変化（例えばグローバリゼーション）が政策転換を強いたということだ。そういう所から移民の現実をみると、相互依存の世界的な進展のもたらした変化が、遅かれ早かれ移民の扱いに関する抜本的な見直しを迫るだろう。世界中の非常に多くの学者や研究者が提供してきた、移民に関する証拠を真摯に受け止めることが実際に役に立つだろう。なぜならそれは、移民の流れが、規模的、時間的、場所的に限定されており、他の状況に条件づけられていることを示す傾向にあるからだ。移民は、貧困から富への大量侵入や見境のない流

れではない。(7)

移民の流れを管理する能力を高めるために、我々には地域に焦点を合わせた多国間のアプローチが必要で、これには移民を送り出す国と受け入れる国双方の政府だけでなく、様々な非政府関係者の参加を伴うだろう。これは、移民の流れを、相互に連結し合った世界が機能する方法の一部として、認識することを意味する。この問題を解決するには、関係国全てが、移民受け入れ国における現在の移民政策概念を超えていかなくてはならない。また、関与の回避と無関心さで悪名高い、移民を送り出す国の政府も、この努力に加わらなくてはならない。

人々が自分の国に住み続けることを可能とする、効果的な社会経済的発展という重要な目標とは別に、移民に関する特殊な問題がある。例えば、豊かな国にとって移民の誘因となり得る特有の功利的理由は、まさに顕著になりつつある人口と労働力の不均衡に関係している。我々は、ハイテク、金融、法律の専門家などの、世界的な労働市場の出現に気づいている。そのために我々は、多国間システムを設置し、こうした労働者を保護し保証する制度を設けてきた（例えば、北米自由貿易協定〈ＮＡＦＴＡ〉やガットで）。そして、低賃金労働者の世界的労働市場も出現してきており（例えばメイド、子守り、看護婦、など）、彼らも専門的労働者同様の制度的な保護と保証に値することが、今こそ認識されなくてはならない。

結　論

9・11の出来事は、新たな一連の拘束と好機をもたらした。政府はかつて撤退した領域に再び入っていかねばならなくなった。グローバル経済にとって重要だと考えられた、例えば海外出張ができるといった、諸々の開放のあり方が今や新しい規制の対象となっている。一〇年間の自由化のあと、政府が自国領土の支配権を国の手に取り戻そうとしているのを我々は目の当たりにしている。しかしまた、新しいタイプの政府間の連携も目の当たりにしており、特に米国主導のテロとの戦争と、それに伴って、司法、警察、監視分野で連携活動が行われている。

民営化と市場原理の時代にあって、我々は政府の統治がもう少し強められなくてはならないという事態に直面している。しかし、防壁に囲まれた国といった古い統治形態に戻ることはできない。真の多国間協調主義と国際主義に則り、いくつかの根本的改革が行われるだろう。私がここで簡単に検討した二つの事例から、特定の国家間の、専門的な多国間協力の必要性が指摘できよう。

世界は今日、統治をめぐる新たな課題に直面している。相互の結びつきが深まり、新たな不均衡が生まれると同時に、古い不均衡に新しい意味が加わってきた。南側諸国で増加する債務、貧困、病気が、豊かな国の奥深くまで達し始めている。こうした状況の多くは、専門的、集中的な多国間の努力を通じて取り組む必要がある。各国政府は、非政府関係者や超国家的組織と共に関与しなくてはならないだろう。

第29章　世界的規模のテロ戦争における愛国心と市民権を検証する

リチャード・フォーク

重複する出自、加速する民族移動、コンピュータでの日常的業務、政治的ヒエラルキーにおける国家とナショナリズムと主権の役割に関する社会的混乱――このような世界において――愛国心と市民権の要請がますます話題となり議論になってきつつある。愛国心と市民権をめぐるこのような特徴は、米国ではますます強くなっている。というのは、「米国の孤立主義と世界的規模の介入の同居」が世界における米国の立場を明確にしているからである。アメリカの桂冠詩人、故ロバート・ピンスキーは書いている。「国とは、国が見たいと欲するものである」。それは、社会が深く傷つき脅かされていると感じ、国家の視野がさらに狭くなる場合、特に真実であるようにみえる[1]。

世界貿易センターとペンタゴン攻撃の朝から、アメリカ人とその指導者は可能な限り効果的に対応しようという決意で一致団結していた。ジョージ・W・ブッシュ大統領は、九月二〇日、上下両院合同会議での演説でこの決意を表明した。

> 今夜我々は危険を悟った国となり、自由を守る使命を受けた国となった。我々の悲しみは怒りに変わり、怒りは決意に変わった。我々は敵を正義のもとに連れ出すか、正義を敵のもとへ突きつけるか、どちらにせよ正義は行われるだろう。

この呼びかけは直ちに戦争という言葉と戦争の緊急性で強化されたが、加えられた損害の重大性と、米国が大規模テロには脆弱だと露呈してしまったことを考慮すると、それはもっともらしく聞こえ、不可避であるようにすらみえた。加害者の明白な意図は、すべてのアメリカ人、ユダヤ人、「十字軍」、国連の信頼欠如への無慈悲な戦争をしかけることであった。9・11攻撃のこのような状況下で、アルカイダは大被害を起こす可能性と臆面もない大虐殺の意志を示したので、米国は戦闘状態モードで対応する以外選択の余地がなかったが、敵の特別な性格を、非国家的・多国籍ネットワークとして、また戦争年代記に載っていない完全に新奇な敵として、位置づけることが米国の希望でもあった。

さらに米軍の対応が直ちにアフガニスタンに的を絞ると予想されたのは、アルカイダ・ネットワークがアフガニスタンに司令部を置き、過激派タリバン政権と緊密な協力関係にあったからだった。こうした背景で、米国では先例のない旗振り的愛国主義の誇示と祝典が起こった。これは、政治的道徳的想像における、邪悪な「奴ら」と米国との結合だった。オサマ・ビンラディンと、人類に大犯罪をおかしたり、何らかの形で支持した者どもの悪魔化だった。

この愛国的熱情は、ビンラディンの米国への攻撃がイスラム世界の多くの場所とくにアラブ世界で複雑な心境で迎えられた、という認識への対応として理解される必要がある。集まった議員と著名人に向けて発せられた同じ演説の中で、ブッシュ大統領は普通のアメリカ人を困惑させる質問を発した。「なぜ奴らは我々を憎むのか」と。そして答えた。「奴らは憎んでいるのだ。奴らがまさにこの議場で見るものを、民主的に選ばれた政府を。奴らの指導者は選挙なしだ。奴らは我々の自由を憎んでいるのだ」。そうした利己的な説明で、米国は、9・11の挑戦を勧善懲悪の地政学的メロドラマだと理解しようとした。米国の主流メディアは、戦争に向けての動きを鼓舞し、異議を唱えるどんな表現も懐疑的な声も閉め出し、この道徳的比喩表現を強化した。アメリカ的生活・価値基準・制度へのこの無条件の祝福は、アラブ世界に広まっている反米の不平にいささかも耳を傾けようとせず、一切の自己批判も抜きだから、他者だけでなくアメリカ人にも危険な意味をもつ意味をもつ

これらの意味は、再び、ブッシュ大統領が9・11へ

の米国の対応を述べた二大演説で国を結集したやり方によって鮮明に示された。私はここで、彼の認識様式を示す三つの不穏当な表現に注目したい。上下両院合同会議での戦争目的の冒頭演説で、ブッシュは激しい覇権主義的言葉で世界中への挑戦を主張した。「あらゆる国家は、全ての地域で、今こそ決断をしなければならない。我々と共にあるのか、またはテロリストと共にあるのか」と。そのようなアプローチは、テロに対する狭義の見解としては理解できるものの、武力の使用に道徳的法律的制限があるのを忘れているように見え、また他国の主権や安全保障の重要性にも、世界安全保障という観点にも全く関心がないようにみえる。テロ対応に関する米国の公式発表には、そのような制限の重要性や妥当性を認める言葉もなく、他者の観点を考慮する言葉さえない。

この単独行動主義的基調は、一方で包括的国際反テロ連合を建設する努力によって偽装されてはいるが、ブッシュの一般教書（二〇〇二年一月二九日）において、北朝鮮、イラン、イラクに好戦的警告を向け、「悪の枢軸」と名指しすることによって、一層不穏な要素を増すことになった。このレトリックは、第二次世界大戦のファシスト連合＝枢軸国と、ロナルド・レーガンがソ連を「悪の帝国」と名指した両方を思い起こさせる。そのような脅しは、米国に脅しを与えているわけでも、アルカイダ・ネットワークと関連があるという重大で明瞭な根拠もない政府に向けられた。

そしてついには愛国的情動が喚起され、「アメリカ市民とくにイスラム世界からの在留移民の自由を抑圧する国家安全保障政策」を批判する自由すらなくなった。その抑圧への批判に対して、司法長官ジョン・アシュクロフトは悪意に満ちた調子で「私のメッセージは次のとおりだ、おまえ達の批判はテロリストを助けるだけだ。米国の敵に武器を与えるだけだ」と反論した。同じような反撃が容赦なく政府高官によって表明され続けた。たとえば二〇歳のアメリカ人ジョン・ウォーカー・リンドは過激なイスラム教に転向し、9・11以後米国の軍事的同盟者になった北部同盟との戦いで、タリバン側に加わったとして起訴されている。政府高官から送り出された基本的メッセージは、メディア（特にテレビ）によって忠実に伝達され、ホワイトハウスによって立案された軍国主義的方針にアメリカ人は疑念を抱いたり反対したりする合法的余地は全くなくなっている。

愛国主義と市民権とナショナリズム

愛国主義の基本的なエネルギーはもちろん感情的なものであり、祖国愛、すなわち同胞によって結合された政治共同体の肯定的確認として理解されている。彼らは記憶と出自のみならず、全体の幸福とくに祖国の安全と生存のために犠牲を厭わない意志を共有するものとされる。近代においては主権国家がこうした感情を収束する主な中心となっており、統治が進んでいる大国では特にそうである。国家はまた国民国家と称して、国籍を与えたり、パスポートを発行したりしつつ、多民族国家の問題を解決しようとしている。しかし事実は、集団の出自的心理的土台が国境と合致しないので、分離主義者は民族自決を求めて闘争し、マイノリティーの権利保護を要求するという最も激しい形態の、さまざまな緊迫関係をつくりだす。

市民権が意味するのは、政治共同体内での完全な差別のない一員ということであり、市民にとって最も重要なのは独立した主権国家だということである。市民権の考え方は、次第に他の政治共同体に拡大適応されるようになり、ヨーロッパ市民の概念や、さらには世界市民の概念にも適用されるようになった。グローバリゼーションと地域政治共同体ＥＵの出現は衝撃をもたらし、多重国籍と排他的でない市民権という感覚を確立した。他方、戦争は、単純な排他主義の時代への逆行である。それは客観性のない情熱的結束という部族的感覚である。戦争は、愛国心とナショナリズムを強める特別体制をつくり、市民の義務を最大限にし、とくに若い男には徴兵義務が生じる。若い市民の生命と運命にのしかかる、この深刻な戦時要請は、命をかけて戦うに値する大義があると熱烈に信じさせることである。

それはまた強力な、しばしば好戦的な共存を確立した。それは、イデオロギーとしてのナショナリズムと、信条としての愛国主義との共存、すなわちこの共存が不在である場合は特に注目すべきであり、それは事実、一九九〇年代の人道主義的平和維持活動に関して見られ、国連保護下のソマリアでは特に顕著だった。そこでは米兵一八人が殺され、即座に政治的には容認できないと見なされた。愛国心は国土の安全保障が対象になる時にのみ動員できるので、そうでなければ時代錯誤的な国家統制像に留まる。それは、グローバリゼーションによってつくり出された根本的変化に対応できないような世界秩序のビジョンだ。

米国は典型的成功をおさめた主権国家である。国内に桁外れの民族的・宗教的・文化的相違点はあるが、豊かで、力があり、圧倒的大多数の市民の全面的支持を得ている。建国神話や歴史的経験は、ほとんどの市民に、国への誇りと愛をもたせる。アメリカ南北戦争やベトナムでの敗北は、一九三〇年代の大恐慌に劣らず、国家の団結を試されたが、結果として、統一体としての国家の回復力を立証した。米国の共和制は、愛国主義を、市民の自由と権利の確認と結びつけている。だから、国家政策に反対する権利もその中に含み、自己賛美的アメリカ叙事詩物語の一部として、国が戦争に関与するのを良しとしないことを前提としている。しかし、いったん関与すると、善なる米軍と悪なる敵軍との戦争として見る傾向があり、したがって、その状況下での歩み寄りを「悪魔との契約」だとして同意することを渋る。第一次・第二次世界大戦も、冷戦と湾岸戦争も、地球規模のテロに対する現戦争も、上記と同様に考えられている。

勝利は全体主義的用語で語られる。すなわち、相手に無条件降伏が要求され、最小の犠牲で素早い勝利をかちとるために戦争での違法行動は大部分、無視される。軍事的効果が優先され、一貫して折衝、外交、国際法と国連の尊重は軽視される。そして何が行われても米国の大義を押し進めることが全体として世界の利益につながるとの、宗教的と言っていいほどの確信がある。アメリカの歴史には、この「自分だけが道徳的に例外的だ」という利己的感覚を弱めた例がなく、ロナルド・レーガンやジョージ・W・ブッシュのような有能な「語り手」は、「このアメリカ人の純真さという無限の貯水池に、どうしたら入り込めるか」「法的・道徳的には疑わしくても、どうしたら政策を信頼しきって疑わない愛国的反応を呼び起こせるか」をよく知っている。

そのような背景だけではまだ全てを物語ったことにはならない。米国は、軍事力・科学技術革新・経済繁栄・外交的役割・文化的活力などに基づき、この数十年余、紛れもない世界の指導者となった。同時に、「グローバリゼーション」という名の複雑な発達は、米国を含め、すべての国を脱地域化させてしまった。そのような脱地域化は、ネットワーク化した組織に大きな歴史的重みを与え、紛争の性質を変え、米国では官僚的に「非対称戦争」と呼ばれている新現象を生み出した。これは、「強者の脆弱さを突いた、弱者による戦争」と考えると理解しやすいが、9・11は、このような戦争の典型であり、過激派ネットワークによって行われた、強敵に被害を与えるための自殺作戦だった。もちろん、それへの反撃は非対称の力学を逆転させるもので、科学技術的に強力で確立した国は、自国民の人的損害なしに地球上のあらゆる場所で大破壊と荒廃を加える。この新しい現実にもかかわらず、9・11以後の米国に出現した部族的愛国心型は、現実世界を解釈する米国の無能さを示したと同時に、領土的世界秩序という旧式な姿勢と認識に根ざす、国家主義的雰囲気を形成した。

また、アメリカ型愛国主義の影響についての懸念を明確にする上で、考慮しなければならない規範的特質がある。それが、アメリカ人にとって全面的危機であるこの特別な瞬間を規定するからである。まず第一に、米国には過去一世紀、できる限り戦争行為や戦争に頼ることを制限しようという長い闘いがあった。また、二つの世界大戦の大殺戮は、国際関係を調整するうえで戦争の役割を最小限にする世界秩序の考え方を促進した。自衛と国連安保理の承認のみに戦争を限定することで、地政学上の戦争目的を無効とした。しかし国連の役割が発足当初から妨げられたのは、常任理事国に与えられた拒否権と、国連が独立した資格を（それは国家主権の理念に挑戦するものだが）委任されていないことによるものだった。

大戦争は避けられたものの、それは国連憲章などの抑止的法規による結果ではなく、むしろ政治的指導者の慎重さの結果であり、とくに核兵器による抑止力というアプローチに関連していた。冷戦による東西分裂の両側における核兵器の存在は、妥協と膠着状態のほうが、朝鮮戦争やベトナム戦争のように勝利のため全力で突き進むより、魅力的であることを意味した。朝鮮戦争やベトナム戦争の結果は、「正義の戦争のみを戦え、そして勝つために全力をあげろ」という米国の標準的戦争アプローチと一致しなかった。これらの戦争の場合、決して正当で必要なものとして「売り出された」ものではなく、米国の人的損害も決して価値あるものには見えなかった。また結論のない終わり方も人々を幻滅させ、若いアメリカ人の死を無駄死だと確信させた。

ソ連崩壊後、アメリカ建国初期の戦争姿勢が徐々に再び姿を現わし、独善的明確さをもった世界的テロ戦争へと拡大していった。一九九〇年代、米国外交政策に復活した道徳主義は、湾岸戦争では「侵略には防衛と戦略的対応を」と説明され、ソマリアやボスニアや特にコソボ戦争では「人道主義的外交」という「道徳的な言葉で」説明された。米国世界第一主義の象徴的かつ実質的中心への9・11攻撃は、犯人の大虐殺思潮と相まって、完全勝利への専心という米国の対応を呼び起こした。オサマ・ビンラディンやアルカイダの観念的見解を思い留まらせることができず（ソ連や九〇年代のイラクも同じだったが）、将来も米国とアメリカ人が自殺戦士の大きな組織によって意のままに攻撃されるかもしれない、という恐れによって、そのような対応は、信頼性を増した。今後は、過去の戦争以上に、戦場もなく、定まった敵地もなく、したがって、何のための戦争なのかの合意に達するのはさらに難しくなろう。

アフガニスタン戦争は、タリバン軍への北部同盟の作戦や、トラボラ洞窟施設その他のアルカイダ基地を破壊することに関わる「戦場」があるという点で、従来の戦争に似ていた。それでも結果は不確実で、アルカイダは明らかにアフガニスタンで敗退はしたが、しかし指導者も戦闘員もほとんど捕まりも死にもせず、いずれまた戦うために逃れ得たのだろうと思われる。さらに、その背景には、テロの性格について解決できない議論がある。たとえば民族主義者が自決権を求めて戦う場合、とくに標的となった国家自身が市民社会への暴力に依存している場合は、それを国家に抵抗する暴力とみなしていいのか、という議論である。ブッシュ政権による戦争拡大への反対意見には、このテロの範囲と性格の問題があるが、しかし、もう一つの問題は、「悪の枢軸」演説にあったような、予防戦争・先制攻撃を有効だとするためには、当該の政府・テロ集団・大量破壊兵器と米国による軍事介入の間に十分な関連があるのかどうかを立証しなければならない、という問題である。

事実、アルカイダの世界的テロネットワークはどこにでも存在しうるが、どこにもないとも言える。実戦部隊は米国の真ん中で眠れる支部として滞在できるからだ。こんな状況で、アメリカ人は国内で団結し、戦争の全面勝利を追求しなければならないのである。愛国的熱意が熱狂に力を与え、戦う人の犠牲を理解し承認し有効とし、そして戦争に勝利するために必要な資源の動員を市民に迫るのである。

だとすれば9・11対応の設定の中で、なぜ愛国心の役割について懸念すべきなのか。本当のところは、この懸念が起こるのは、アメリカ国旗を振りまわすことが対テロ戦争に歯止めをつけることを難しくしているからであり、そしてこの制限こそが実際的理由としても規範的理由としても必要だからである。米国の指導者自身が、この愛国的感情の津波に本当に飲み込まれてしまったようにみえる。この感情は、脅威の必要性以上の大きな戦争に指導者を導いている。米国の指導者は国家目標や防衛対応を正確に位置づけることを拒絶した。これが、イラクなど実際は9・11攻撃で起きたのではない問題にまで手を伸ばす、不確かで危険な性格の外交・国内政策の採用につながっている。

再公式化された愛国心

社会は外部の敵に脅かされる危機の時代に、部族的・超国家主義的無条件支持を表明して、愛国的感情を表す強い傾向がある。この傾向が強まったのは、9・11が米国の脆弱さを突然暴露し、また同じことが起こるかもしれないという懸念のためであった。数週間後にやってきた炭疽菌の恐怖は、この感情的結束をさらに固めさせた。追加攻撃が遠からず起こりそうだという兆候を考慮し用心を怠らないようにと政府から市民に向けた周期的なメッセージで、結束はさらに強められた。この点で、愛国的雰囲気は、炭疽菌攻撃で生じた極端な状況と、戦争政策に大衆の熱狂を動員する完璧に仕組まれたキャンペーンとの結果であった。そしてその戦争政策はホワイトハウスと主流メディアによって見事に連携調整されたものだった。

もし米国が本当に強い敵に対して生存をかけて戦う包囲された国であったら、そのようなナショナリズムと愛国主義との融合は当然であるばかりか、おそらくたいへん機能的価値があるだろう。人は、重要な歴史的例として、圧倒的強敵と自決権のために戦ったベトナム人とパレスチナ人のことを考える。しかし米国（間接的には他の世界各国）が直面している9・11以後の現実は、決定的に異なっている。一つには、アルカイダ急進主義と関連する脅威の一部は、米国の行動に関する不満から起こっており、その不満はアラブ世界の至るところで広く共鳴を広げている。とくにパレスチナ人の苦痛に対する米国の責任、また余り明白に表明されてはいないが特に重要なのはアルジャジーラ・テレビ報道が提供する認識、さらに執拗な爆撃と厳しい制裁措置が一〇年以上もイラク人民に課せられている状況である。オサマ・ビンラディンはそのような不満をとくに最近のインタビューで指摘した。ただし彼自身の米国に対する不満は主に、サウド家のサウジアラビア支配への敵意、とくに一九九〇年の湾岸危機の際にサウジアラビアが最も神聖なイスラム教聖地に近接して米軍派遣大隊の駐留を承認したことへの敵意から出ているように見える。

米国政府は集団の団結と同一性を絶対化する部族的態度で戦争に動員するので、自身の行為を反省することができず、他者の不満が正当であり国際法と国際的モラルにも合致しているにもかかわらず、それに対処するための一歩を踏み出そうとしない。さらに悪いことに、政府はテロについて大げさな言い回しを使って厳しい弾圧政策を行う陰で、核兵器を使用する誘惑に駆られている。アルカイダ・ネットワークによる脅威への防衛に限定する代わりに、ブッシュ政権は選択的定義だったはずの戦争を、「テロ」一般との戦争へと一般化した。正当化されうる米国の防衛的立場は、この時点で、民族自決権を求める未完の闘争に向けられた内政干渉に変質する。

米国とアルカイダの両者のみならず、問題の国家イスラエルやインドによって、一般市民への暴力が実際に非常な残忍さで行われている時に、ブッシュが一般教書で言ったように、ハマス、ヒズボラ、イスラム聖戦機構、ジャイシー・モハムド［カシミール地方の分離独立をめざす闘争集団］を「テロリスト地下集団」に加えることは、テロを非国家的活動だけに独占的に結びつけることである。これらの紛争で米国が果たすべき役割は、平和と和解をもたらす正当な解決に向けて働くことであって、9・11への対応と国家によるテロを援助する政策とを混同することではない。

この「テロ」とは何かの拡大解釈は、国境内の少数派民族主義に対処しようという他の政府にとって、逆に青信号として作用する。米国の攻撃の余波で、中国がこの時期、反抗的な新橿ウィグル地区の強圧的統制をしているように、ソ連もチェチェンへの弾圧政策を促進している。最悪なことに、アリエル・シャロンはパレスチナ領土でワシントンの支援を受け続け、極度に暴力的占領を強めた。したがって愛国心についての要点は、世界の主導者が、継続中の戦争を長引かせたり結果的に不正と苦痛を増したりしないようにする特別の責任があるということである。その大国が自衛だけでなく常に他国のゲームのルールを決めているからだ。

ナショナリズム的愛国主義は、合法的防衛的対応を、拡大主義的・覇権的な恐ろしい形に変質させ得る。事実、ブッシュ大統領は、朝鮮やイランやイラクを「悪の枢軸」として名指し、もしワシントンで歓迎されない動き、とくに大量破壊兵器をもつなら、軍事攻撃や強制外交の標的になると明言した。しかし、これらの政府は9・11に関与したとして告訴さえされていないし、米国へ何の脅威も与えてはいない。むしろ逆に米国によって核兵器の使用もありうる脅威を与えられている。同盟国の支援も求めず国連も経由せずに、予防戦争の特権を主張することは、地球上のあらゆる国の主権を脅かし世界中の全人民に深刻な戦争の脅威があると思わせる、傲慢な役割を担うことである。

そうした政策は、9・11以前のブッシュ政権による外交政策の文脈でも理解されなければならない。特徴的なのは、自意識過剰な単独行動主義（例えば京都議定書、弾道弾迎撃ミサイル制限条約、生物兵器禁止協定の議定書などの拒否）、親密な同盟国すべてが反対してもミサイル防衛を進めて宇宙軍事化をしようとするなどの行為である。戦争の目的を定義する際にNATOさえ無視することは、現在では予測不能な方法で欧・米関係に挑戦することになるに違いない。

繰り返し述べてきた、この私の懸念の全てがナショナリズム的愛国心の大波のせいであると言うつもりはないが、少なくとも米国では、またある程度はヨーロッパで、ナショナリズム的愛国心が、そのお膳立てをしたのである。二大政党制が極端になって、民主党指導部が主に対立する共和党と同じように戦争の太鼓を打ち鳴らし愛国心を誇示したがっている。市民は半ば怯え、団結の呼びかけが「良心の抑制と政府批判の保留」を意味していると半ば確信している。グアンタナモ基地で米国政府によって行われている、タリバンやアルカイダの捕虜囚人に対する痛ましい処遇と、捕虜に対するジュネーブ協定適用の受諾拒否さえ、隅の方でちょっと批判が起こっただけだった。この場合、自滅的傲慢さは囚人たちの扱いに関連して明らかである。なぜなら、利己主義的理念による米国の広範囲にわたる干渉政策の結果、捕虜になった米兵が同じ仕打ちを受ける可能性が極めて高い。したがって、ジュネーブ協定尊重の姿勢を示すことから最も利益を得るのはアメリカ人なのだ。捕虜を「違法の戦闘員」だと米国が勝手に決められるなら、どうして他国も同じことを、あるいは更に悪いことをできないのだろうか？

ナショナリズム的愛国心は自己批判への免疫を国家に与える強力で危険なワクチンである。しかしグローバル化した世界で愛国的にならない道がある。それは愛国心を人間への責任と調和させること、コスモポリタン的愛国心である。[2] そのような姿勢は、経済的・社会的・文化的生活の脱領土化の最中に形成され始め、ヨーロッパ世論に影響を与えている。[3] コスモポリタン的愛国心は、民衆や国家が自決権を求め侵略者に対決する基本的権利を承認する。同時に、その愛国的見地は、内部からだけでなく外部からも批判を受け入れ、「力の支配」より「法の支配」で生きようとする。

アメリカ市民はこの間、自国の安全だけでなく世界とくにアラブとイスラム世界の平和と正義に貢献するような、9・11対応をするよう試されている。そのような貢献が関係しているのは、貧者が経済成長とグローバル化傾向から利益を得られるように何かを行うことであり、何十年間もパレスチナ人とイスラエル人の生活に暗い影を投げかけてきた悲劇的交戦を終わらせる外交的手腕を使うことであり、もっと有効で信頼される国際組織とくに国連のため働くことであり、人権尊重の深化と国際的「法の支配」を支持することである。

コスモポリタン的愛国心は、人間への愛を祖国への愛と結びつけるが、民族的同一性や類縁性の放棄を意味しない。それは、ナショナリズムの対立物ではなく、我々の時空認識が変化する程度に応じて、むしろ活性化するのである。ナショナリズム的愛国心は、「自律的主権国家によって決然と定義された世界秩序」を前提としている。この場合、それぞれの国は、自国の生存と繁栄を、自立自衛への上首尾な遂行に無条件的に依存している。この依存は、自国の「生存と安全保障のため」としてモラルと法を全く無視し、むしろそれを自国の勝手な行動にとっての邪魔ものとみなす。とくに敵意とトラウマのもとでは、敵を「悪」と見なし、自らの現実を「善」と見なす傾向がある。

ナショナリズム的愛国心は力による越権行為の危険に気づかないが、一方、コスモポリタン的愛国心は、地域の安全保障を戦力による安全保障の代わりにしようと努める。米国とアメリカ市民は、他国の現実から考えられないほど力強く豊かなので、今はコスモポリタン的考え方に抵抗し、それを自立自衛という基本的課題から注意をそらす余計なものとみなしているようだ。9・11後にナショナリズム的安全保障観を復活させる際の障害物だというのである。

米国がコスモポリタン的愛国心で導かれていれば、9・11の悲劇を二一世紀はじめの歴史の素晴らしい瞬間へと変えることができたかもしれない。今そのような眺望は、一九三〇年代に人間が月に降り立つことがはるかに遠く見えたに違いないのと同じく、はるかに遠い。しかし国家と戦争の旧世界秩序がネットワークとデジタルの力で変えられつつあるのだから、我々は同じように政治を「不可能性を探求する技術」として考え直さなければならない。

第30章　平和、詩、そしてペンタゴン用語

パトリシア・J・ウィリアムズ

チヌア・アチュベ［アフリカに小説というジャンルを確立した、現代アフリカ文学の父とも言うべき大作家］が指摘したように、大いなる絶望の時代には物事はばらばらに壊れてしまう。世界貿易センターとペンタゴンへの攻撃で始まった米国の悪夢の後には、混乱と恐怖の地震のような衝撃が次から次へと続いた。それから六ヵ月の間に（この文章を書くまでに）、さらに別の飛行機が今度はニューヨーク市の住宅街に墜落した。また炭疽菌汚染で、三つの政府部門全てが、期間の差はあるもののそれぞれ閉鎖された。タブロイド新聞から『ニューヨークタイムズ』紙に至るまで、主要メディアが職場から職員をたびたび避難させたし、米国郵政公社はすっかり混乱した。数百件の炭疽菌を使ったいたずらで警察の能力は限界に達し、兵士が全ての公共の建物を警戒している。

九月のあの朝から何週間かのうちに、約四千人のアメリカ人が、飛行機の中で、崩壊するビルの中で、炭疽菌の毒素で、亡くなった。数万人が職を失った。一八歳から三三歳までのおよそ五千人のアラブ人住民がＦＢＩの尋問をうけた。そして二千万人の在留外国人が、突然、極めて幅広い内容の新たな戒厳令にさらされている。世界最大のエネルギー取引業者の一つエンロンが腐敗の重圧で倒産し、世界経済をかなり悪化させた。ブッシュ大統領が新規予算案で軍事費を大幅に増やしたために、国中の議員が教育、福祉、児童保護、保健などの予算を急遽、大幅に削減しなくてはならなかった。大統領のアドバイスに従って、くらくらする目眩を抑えながら頑張って立ち上がり以前のように買い物にいこうとするのだが、私たちに分かっているのは、これらの出来事がもたらす経済的、感情的荒廃は、

ようやく始まったばかりなのだということだ。

私たちは決して安易に、あるいは程良く嘆くことのできる国民ではなかった。すなわち、まくしたてがなりたてるCNNやFOXテレビを消し、電話線を外し、友人に囲まれて、この重大な悲劇を甘受することなどできなかった。しかし、確かに団結はしたが人生でもっとも恐ろしく凍てついた瞬間だったあの日のまま、黙って無批判に時間を止めて立ち尽くすのではなく、何ものにも邪魔されず堂々と前進するために何かそのようなことをしなければならない。

法外な破壊から落ち着きを取り戻し、悪夢が現実の大災害となるにつれ、あのような大きな喪失に必ず伴う長い試練に、アメリカ社会は立ち向かい始めた。私たちは、団結を守るという試練、全くの混乱の最初に訪れる試練に直面している。恐怖と無秩序のなかで、威厳と礼節を維持するという試練に直面している。とりわけ、私たちの憲法や憲法修正第一－一〇条に定められた権利と自由を守るという試練に直面している。

非常事態に合致した特別な行政措置の必要性に異議を申し立てる米国民はほとんどいない。しかし、ブッシュ政権がテロ後に定めた法律・政令・政策の多くが、当然のことながら論争を呼んでいる。つまり、国際条約や国際協定の無視、戦争および犠牲者に関する厳しい報道統制、秘密裡に行われた市民のコンピュータの監視と調査、広く行われた民族人種プロフィールの作成、市民権をもたない外国人の無期限の拘留、テロリストの証拠提供者に対するアメリカ市民権の迅速な発行、そして通常の証拠法が適用されず控訴の権利もなく、しかも死刑を宣告できる秘密軍事法廷などがある。軍事法廷を、少なくとも最低限の手続き基準に適合せることをブッシュ政権が検討しているというリーク情報もあるが、この文を書いている時点では、そのような修正は公式には行われていない。

こうした措置の大部分が迅速に実施に移されたため、議会その他、公の議論の機会がほとんどなかった。この迅速さは、大部分、戦争の緊急性によることを認めねばならない。しかし、程度は違うとしても、この迅速さは非常に高い支持率を享受する政権ならではの産物だという点も重要だ。いずれにしても大統領は、議会からの修正と司法による牽制を制限し、行政の力をこれまでになく拡大するのに成功した。

戦争に対する戦争

全体的にみて、私たちは米国史上最も劇的な憲法上の危機に直面している。第一に、国家安全保障はかなりの拘束を要求するが、一律の情報統制は、多様かつ自説を守る報道の自由が、権力の専制傾向を緩和するという、憲法の期待に矛盾する。私たちの名の下に行われている戦場で何が行われているかを、うすうすでも知る必要が私たちにはある。さらに国内戦線では、この数週間に時々みられたように、平和的な反対でさえ、危険ないし反愛国的だと不用意に分類されてしまうならば、憲法修正第一条で擁護されている言論の自由が侵される。戦争が特定の組織や領土や資源に対して行われるのではなく、手におえない恐ろしい感情主義、つまり「テロ」に対する戦争として計画されたという事実によって、この懸念は強まる。更に、テロに対する戦争は精神的な戦争であり、その定義があまりにも広いため、私たちを脅かす者はだれもが敵となり得る。事実、今米国の公の議論で顕著なのは、恐怖ではなく、事実を語ることがいかに難しいかということだ。

また私が懸念するのは、私たちがこうした敵を「邪悪な者たち」や「悪いやつら」と呼び続けていることだ。それはまるで、我が指導者たちが小さな子供に話しかけているような奇妙な言葉だ。これによって、アルカイダはほとんど聖書の物語の中におかれ、天罰を下され追放されるばかりになっている。こういう概念の中では、邪悪な者たちに裁判のような現世的な裁きを与えることは、それこそ文字通り悪魔の「機嫌を伺う」ことになる。こういった特有の意味を埋め込まれた用語は、確かに、大きな危機の際にアメリカ国民を奮起させてきた。しかし、民主的な世俗的政府が、現実の政敵、特に国家をもたない独自の宗教的狂信者の敵と闘う上で有益な長期的概念とはならない。

実際、私たちの恐怖を鎮めようとして最近設置された機関の名称、本土安全保障局はまさに不気味な曖昧さをもっている。「本土」という言葉は日常会話に入り込み、驚くべき速さで増殖している。それは単に、警察と諜報機能を合わせた奇妙な組織名というだけではない。それはまた、「紫の山の荘厳さとすべての実りある平原」[『美しきアメリカ』の歌詞]に関する注釈であり、『美しきアメリカ』は、突然ドイツ語からの下手な翻訳ように聞こえだす。「祖国」や「帝国」などのレッテルは、言外に忠誠心を伴う。こういった古びた妙な言葉は、親しさと同時に抽象的な響きをもつが、いったいどのような構図を意図したのだろう。コンピュータの戦略ゲームのように、味方の陣地を仕切ろうというのだろうか。ブッシュ政権に神秘的な響きをもたせようというのだろうか。敵の国籍を奪い、家屋略奪、家宅侵入、家庭内暴力といった国内犯罪と敵の立場を融合させようというのだろうか。ディズニー・ランドやレゴ・ランドやネバー・ネバー・ランドの不気味な模倣なのだろうか。

「本土安全保障局」には、ひとつの策略があるに違いない。それは結局彼らが「心理作戦」と呼び続けてきたものの新しい機関にすぎない。心理作戦は明らかに、マディソン・アベニュー（広告業界）と専断不公正な裁判所との交雑物のようなものだ。宣伝作戦の計算された企みには、大げさな賞賛、売り込み、集団催眠、偽情報などが含まれる。また、かつてマヌエル・ノリエガを、恐怖に震える恭順な肉塊に変えるのに使われた、一種の戦略も含まれる。噂によれば、米軍はノリエガの隠れている建物に向かって眠りを妨げるハードロックを容赦なく鳴り響かせたらしいが、その結果ノリエガはついに降参して出てきたのだろう。これは暗示と偽装の戦略であり、ニューエイジの紛争では全ての陣営で（アルカイダすらも含め）必ず使われている。

ナショナルパブリックラジオの放送で、ジェラルド・ポスト博士（CIAアドバイザー、「政治心理学」教授）は、一九九三年の最初の世界貿易センタービル爆破事件の被告の一人から見つかった、アルカイダのハンドブックについて、次のように述べていた。そのハンドブックには、「スパイが『溶け込むこと』、つまりきれいにひげを剃り、コーヒーを飲みながら余計なおしゃべりをせず、きちんと駐車違反の罰金を払う」、といったアドバイスが書かれていたというのである。多分ポスト教授の意図したことではなかったのだろうが、その放送を聞いて、私は非常に不安を感じた。なぜなら、彼のアドバイスの要点は、誰も信用できないので、平均的すぎて怪しい隣人の行動を、逐一、FBIに連絡するように、ということだと思えたからである。私はその疑念に誘惑を感じた（それは、ここ何年も気に障っていた、やけに身ぎれいな六、七人の同僚のことが、ただちに頭に浮かんだからだ）が、同時にまた（いつも駐車違反の罰金をきちんと払う、きびきびしたコーヒー飲みの私としては）深い恐怖も感じたのだった。

安全に越したことはないか

一定の社会的パニックという特徴を伴う戦いでは、人権を贅沢として放棄することのないよう十分注意する必要がある。戦争用語には常にある種の催眠効果がある。私の友人はそれを「ペンタゴンの詩」と呼んでいるが、その中では、戦争が平和を意味し、平和論が戦争を招く。この対象指示の逆転した体系の中では、キリスト教の図像の中の血がしたたり落ちる心臓が鼓動するのは、法典の中ではなく、幼稚で不実な自己欺瞞からおずおずと同情するような臆病者の胸の中だ。かくして、もし文字通り受けとるなら、アメリカンドリームの死に等しい言い回しを至る所で耳にする。すなわち、「憲法は米国の集団自殺協定ではない」のだから、諸々の権利を放棄しなければならないというのだ。

しかし、なぜ私が現状を恐れているのかの理由が納得できれば、私たちが、純粋な効率主義によって表現の自由を抑圧されてきたのみならず、さらに恐ろしい世界の入り口で放置され、そこに入る準備をさせられていることが理解できるだろう。それは、ハイテク全体主義の「快適さ」と便利さが魅惑的にきらめいているが、両手をあげ一切の権利を放棄することによってのみ、アメリカ人を続けていられる世界だ。指紋がチェックされ、疑わしい行動をしていないかどうか、アメリカ人としてのアイデンティティーを常に調査される世界だ。

こうして私は憲法の危機の、第二の側面に思い当たる。それは、不条理な捜索や逮捕をされない権利の侵害を、大多数のアメリカ人が是認しているように見えることだ。新しい本土安全保障局の設立と、いわゆる愛国法の文言は、諜報機能と警察の機能を初めて合体させた。これが何を意味するかは、諜報をより端的にスパイ行為と言い替えてみれば明らかだ。今や警察は、単に市民権を持たない外国人だけではなく、「不安定をもたらす」私たち一般市民をもスパイすることができ、ほとんど司法の制約なしに一方的に情報を集めることができる。

ヘンリー・キッシンジャーの下で国家安全保障会議に携わった国防専門家、モートン・ハルペリンは、『ニューヨーカー』誌で次のように懸念している。もし政府の情報機関が、「あなたが外国政府にコントロールされていると考えたら、秘密裏に盗聴や家宅捜査をしたり、秘密裏に家宅侵入してコンピュータのハードディスクをコピーしたりできる。そして、それを決してあなたには言わない」と。キッシンジャーに自分の電話も盗聴されたハルペリンは、更に次のように言う。「歴史的に米国政府は、政策に反対する者は外国政府の命令でそうしているのだとしばしば考えて、反対者たちに対して対敵諜報活動を始めたものだ[1]」と。この国内におけるスパイ活動の拡大は、すでに起こったことの懲罰と、これから起こるであろうことの予防との違いを際立たせる。おおざっぱに言って、ＦＢＩのような機関はすでに罪を犯した者の逮捕に関与してきたが、一方ＣＩＡのような機関は未来の出来事を予測し操作すること、すなわち事前抑制に携わってきた。しかし、この後者こそ憲法が市民を守るために一般的に禁止している活動だ。

憲法に関する三つめの、最も悲惨な側面は、軍事法廷を開くというブッシュ大統領令の公布だ。この軍事法廷では、長期在留外国人でさえ、正当な法手続に関する権利が拒否されるだろう。新しい大統領令は定刻で走る列車のように直截だ。大統領は、テロの容疑をかけられた市民権のない外国人を、一般法廷ではなく、公的な起訴手続も、適切な弁護人も、通常の証拠法も、明確な証明も必要としない閉ざされた軍事法廷で裁かせるだろう。裁判官が誰か明らかにされないままに裁判が行われ、身元不明の証人の告発に基づいて判決が下されるだろう。また有罪判決を受けたものが誰であれ、軍事法廷が処刑する権限をもち、被告には控訴の権利も与えられないだろう。しかも恐ろしいことには、ナショナルパブリックラジオ、『ワシントンポスト』紙、ABCニュースによる世論調査によると、およそ六五%のアメリカ人が、そういう措置を全面的に支持している。

「米国に対して戦争犯罪を犯す外国のテロリストは、私の判断では、米国憲法の保護をうける資格もないし、またそれに値しない」と、軍事法廷を擁護してジョン・アシュクロフト司法長官は述べたが[2]、その言い方にはいくつか気になる点がある。まだ「テロリスト」として有罪宣告されていないのだから、予断として容疑者の特徴づけをするアシュクロフトの議論は、循環論法に陥っており注意を要する。つまり、判決の前に有罪を想定しているのだ。有罪が証明されるまでは無実だという私たちのシステムは、絶対確実なものとはとても言えないが、怒り狂って迅速な復讐を求める要求に対する本質的・基本的防壁にはなっている。早まった復讐は、たとえ自己防衛の名においても、注意を欠いた致命的な間違いだ。

また、米国の検察の最高責任者、ジョン・アシュクロフト司法長官が、戦争犯罪者は憲法に定められた基本的保護に「値しない」と宣言したのも気にかかる。私たちが適正な手続きに従うのは、犯罪容疑者が報酬としての権利を受け取るに「価する」からではない。権利というものは、そのように「稼ぐ」ものではない。権利を権利たらしめているのは、民衆による公平で堅固な合意の重要さが、私たちが誰かの（特に恐れる人たちの）生命や自由を奪う前に、儀式化されているからだ。私たちは、大きな悲劇の痛みで盲目となり、暴徒となったり、怒りにまかせた判断をし、無知な推論に陥ることのないように、このプロセスを儀式化するのだ。いづれにしても、ブッシュの新しい大統領令は、米国憲法を無視しているだけでなく、他のほとんどの民主主義国家の法律をも無視するものだ。それは、ほとんどの軍事法廷で受け入れられてきた伝統を超えてしまっている。（以上のことを急いで述べておきたいのは、ブッシュ政権が、同じような反テロ対策の立法化をイギリス、ロシア、そしてあのやっかいな組織、EUでも推進しようとしているからだ）。

あの大統領令が公布されてから時間が経つにつれ、軍事法廷を弁護する受けのいい議論が現れてきた。私たちは大統領を信頼しなければならないし、政府を信用しなければならない。私たちは、新しい大量破壊兵器を使用できる新しいタイプの敵と対峙する、新しい世界にいるのだと。これら全てを勘案すると、憎むべき犯罪に関わったと疑われたアメリカ市民は、市民権の保護に「値しない」と、この政権が判断するのではないかと心配せざるを得ない。噴霧化した炭疽菌胞子を、多くの上院議員に送ったテロリストは、FBIによれば、おそらく孤独なアメリカ人微生物学者だろうということだ。FBIによる尋問のために何千人もの微生物学者を一斉検挙する事態に至ってはいないが、政府が彼らを法廷に召喚するのではないかと私は心配している。なぜなら、もしこれが国境のない戦争だとしたら、非公開裁判のうろたえた論理が、国内で弱まるどころか、必ず広まっていくからだ。もしあの大統領令の論拠が、大量殺戮の犯人は即座に処刑されなくてはならないと言うものなら、タバコ産業には、密かに震えている経営者がいるだろうと言った友人がいる。出産の選択権について研究している別の友人は、もっときっぱりと、それこそがまさに人工中絶を行う医者を襲い殺害する人々の使う論拠だと言う。

「無罪よりも有罪を推定することが必要な状況がある」と、あるチャタヌーガ市民が『ニューヨークタイムズ』紙に語った。(3) 保守的なトークショーの司会者、マイク・レーガン（ドナルド・レーガン元大統領の息子）は、そのようなどこまでも推定の有罪へと視聴者を導いていく。たとえば、あなたは隣の住人が子供と遊ぶところを見て、その人を世界で一番いい人間だと思うかもしれない。しかし実は、「彼はあなた方を吹き飛ばしたいと思っている、スパイ組織の一員かも知れない…。近づくな」と警告するわけだ。[4] 私たちは多分、J・エドガー・フーバー［元FBI長官］が、同じような考え方によって、キング牧師などその時代の「危険な要注意人物」に対する妨害を正当化したことを忘れているのだ。

そうした偏執病が発生したことに加え、適切な弁護人を得る権利の重要性もないがしろにされている。司法長官アシュクロフトが述べた政策には、テロ容疑者と弁護士との会話を、連邦当局者が盗聴することを許可する内容も含まれている。そしてブッシュ大統領の軍事法廷では、被告が弁護人を選ぶ権利を認めないだろう。軍事法廷はまた、迅速・公開・公平な裁判に対する権利にも反している。一千人以上の移住者が逮捕され拘束されているが、そのうちおよそ八〇〇人は氏名も、拘束されている場所も、罪状も明らかにされていない。国家安全保障研究センターのケイト・マーチン所長によれば、これは「ラテン・アメリカの『失踪』のやり方に酷似している」[5]［チリその他で行われた、政府による反政府活動家などの誘拐殺人。単に「失踪」として片づけられた］。

最後に、憲法で保障された、自分の有罪化に反対する権利に対して、不気味なほど大きな中傷の声が大衆の中にある。この権利は基本的に、容疑者の証言を物理的に強要するために、文字通り、手を捻ったり、足を引っ張ることの禁止を意味する。言いまわしが微妙すぎると言えようが、要するに拷問を制限するものだ。

まだその公式の認可が直接の議題とはなっていないが、拷問自体は、突然驚くほどの合法性を獲得した。ラジオ番組に電話を寄せる人々は、いつも「全てのルールに従う贅沢」が許されるとは限らないと言い、また最近の出来事からして、見えない場所で行われるちょっとした手荒いまねの必要性を、人々は「より理解している」と言っている。国際拷問禁止条約が満場一致で採択されたにも拘らず、権威筋（例えば司法省の職員だったロバート・リットのような）からは、拷問は「公認」されてはいないが、そのとき拷問する者が「その結果に責任を負う」限り、多分「緊急」の場合には使うことができるだろう、という声が聞こえてくる。ハーバード法科大学のアラン・ダーショウィッツ教授は、「拷問令状」の使用について、時間に迫られている場合に限り許可されると主張している。

なかでも一番心配なことは、テロに関する情報が得られるなら、アメリカ人の四五％が拷問に反対しないというCNNの調査結果だ。この数値はまた、こういうアメリカ人の多くが、影響を受けるのは市民権のないわずかの外国人だけで、その本当の対象はオサマ・ビンラディンだと感じているらしいことを示している。「政府はこうするより仕方なかった。なぜって、たった一人のために法律をつくるわけにはいかないから」と、ある友人は言う。

しかし、米国には二千万人もの市民権をもたない在留外国人がいる。ブッシュ大統領の命令によって、こうした人々はすべて現在、事実上の戒厳令下で暮らしている。しかし、これは少々、度の過ぎたやり方だと私は思う。もっとも、議論のためとはいえ、私の意見は目下米国では少数派だということを認める。むしろ私としては次のような自分の懸念を突き詰めて考えてみたい。すなわち、「在留外国人」と「市民」の間の実質的な差はとても小さく、息の根を止めろ、人権なんかくそくらえ、という怒りの下では、その差があっと言う間に融けて無くなってしまうということだ。

仮想現実

オサマ・ビンラディンが、市民権をもたない在留外国人から憲法による保障を剥奪することの象徴であるのなら、私の感覚ではO・J・シンプソンが、ある一定の市民から同じように、憲法による保障を剥奪するのを正当化する象徴として再び現れてくる。「ジョニー・コクラン［O・J・シンプソンの弁護人で、人種問題のからむ裁判では全米一の弁護士と折り紙付きの人物だった」にオサマの弁護をしてほしくない」とよく聞く。「そうなったら、オサマは結局フロリダでO・Jとゴルフを楽しむことになっちまう」と。

シンプソン事件は、まったく異常な、大衆の目をそらすパンとサーカス(娯楽)の提供だったが、同時に残念ながら、刑事裁判制度がいかに政治化されて広く一般に理解されているかを象徴することになった。「OJ」事件が表しているのは、一般市民の間違った使い方、検察の無力さ、特に被告弁護人だが一般的には法廷弁護士の略奪的性格、裁判官の臆病さ、黒人陪審員の偏見などだ。この事件は、テレビの報道番組の煽情的可能性を示す実例だ。そしてその副産物として、英語は新たに、「人種カードを使う」という醜い語句を獲得した。以来、そのカードは人種や市民権に関する建設的な議論を全て粉砕している。

問題は、シンプソン事件の演出が深刻な誤解を招くもので、オサマ・ビンラディンを裁判にかけるべきか、それとも単に「排除」すべきかという文脈の中で再浮上してくるのは危険だということだ。

少し遡るが、シンプソンがロン・ゴールドマンとニコル・ブラウン・シンプソンの殺人罪を逃れたとき、大きな疑問だったのは、様々な人種からなる陪審が(興味深いことに、皆いつも、陪審員が「全員黒人」だったと思っている)、全世界が彼を絞首刑にしたいと思っているとき、どうして無罪にしたのかということだ。ほとんどの人が、陪審員が愚かだったからだと非難した。しかし私は、多くのメディアがアラン・ダーショウィッツやジョニー・コクランの演技をどれほど嘆いたとしても、シンプソンは被告弁護人が陪審員を混乱させたから無罪になったのではなく、検察側の主な証人、マーク・ファーマン捜査官が証言台で嘘をつき、それにとびつかれ、結局偽証罪で有罪となったからだと思う。もし、検察側の主たる証人の信憑性があれほど乏しければ、有罪判決を得られるケースは実際ほとんどないだろう。

さらに、ロサンジェルスに住む人々、言い換えれば陪審員要員は、たぶん米国の他の地域住民より、ロサンジェルス警察のひどいでっち上げの歴史、特に人種がらみのものをよく知っているだろう。今や悪名高いロサンジェルス警察の「無法地帯対策課」の腐敗の摘発は、まさにこの懸念に端を発している。過去数年間、ロサンジェルスでは何百もの刑事事件を放棄せざるを得なかったが、それは、警察官が有罪の実績を上げたいと望むあまり、適切な証拠を隠したり、司法取引を意図する密告者に頼りすぎたり、嘘をついたり、でっち上げをしたり、被告人（大抵はマイノリティ）を襲ったりさえしたからだ。

今日まで、シンプソン事件の陪審員要員の態度と、無法地帯対策課のスキャンダルの関係に気づいた人はほとんどいなかった。私は、この種のいわゆる「陪審の無効化」が、さらに陪審制度に根拠のある疑問を呈するものかどうか、ここで結論を出したいとは思わない。私がここで指摘したい唯一のポイントは、証拠基準の引き下げや利己的な証人の使用その他、有罪を得るために手順を省略するという堕落が、単に個々の事件のみならず、それに全てがかかっている公正に対する市民の信頼と認識を汚したということだ。

このことを踏まえて軍事法廷の件に戻ると、今まさに、これ以上のＯＪ的裁判を「避ける」「解決法」という名目で、そうした信頼を損なう「娑婆の正義」が提案されている。つまり、未公開の場所での無期限の拘留、意見の一致しない有罪判決、上訴請求権なしの処刑、アメリカ市民権の取得を早めるという約束で買収された正体不明の情報提供者、民族人種プロフィールの過度の重視、などなど。そこには、「卑しい地区」に住む者と「アラブ地区」に住む者の運命の、不安定な合流点がある。市民権の有無に拘らず、「怪しい」とか「よそもの」などと烙印を押された人々は、ＣＮＮの世論調査が「彼らがやった」と言ったから警官隊を送るのではなく、起訴がちゃんと証拠に基づいているのか、世界のジョニー・コクランに確認してほしいと当然ながら思っているし、当然その資格もある。

私は時々、被告弁護人の役割が私たちの文化の中で、たいへん理解しにくくなってきたのではないかと思う。それはあまりにも古めかしい役割だが、ほとんど被告人の外延となること、文字通り「代弁者」となることだ。検察と同じくらい法律を熟知し、少なくとも理論的には対等に被告側を代表できる弁護士をもつというのは民主化の証だ。しかしだからといって、政府が雇ったといわれるハリウッドの勤勉な宣伝マンたちのように、名士の地位、途方もない富、そして一人ではなく弁護士のチームが、誰も抵抗できないような筋書きを時々つくり上げることができる、という事実に対する私たちの気持は全く変らないというのも真実だ。

例外があるということはすわなち規則がある証拠だという点についてはどうだろう。O・J・シンプソンが、容疑者とされる多数の市民を代表していると考えるのは誤りだ（なぜなら一般市民は、圧倒的に貧しく、既に迅速すぎる有罪判決をうけており、弁護人チームを雇うどころかほとんど一人の弁護士を雇うこともできない）。それと同じく、オサマ・ビンラディンが米国在住の外国人二千万人を代表していると考えるのも誤りだ。彼らは軍事法廷に呼び出されても、まず第一に、自分の弁護人を選ぶ権利さえないだろう。

この新しい戦争の利害関係を十分認めながらも、私はこの法律抜きの正義という考え方が、抑圧されたコミュニティーで長年にわたり行われてきたものと同じではないかと心配する。それは冷笑、暴動、流血を招く習慣だ。いつも緊急に必要だという理由で用いられる拷問の便利さが、私たち市民を災難に陥れる。それは、酒場の乱闘に加わったと誤解され、二人のニューヨーク警察官に殴られ、箒の柄で陵辱されたハイチからの移民アブナー・ルイマから、アルゼンチンのジャコボ・ティメルマン、ソ連のアレクサンドル・ソルジェニーツィンにまで及ぶ。これらは全て物理的暴力と精神的操作の犠牲者で、話すことを拒み、または尋問者が聞きたいことを言わなかった人たち、何かを知っていると「思われた」人たちだった。そういう時代や場所は、深く荒廃した。知らない人は全てを疑う。死は決して単なる偶然ではないからだ。人類の大惨事もこれまた全て謎であり、その謎が幽霊や化け物、「ブローバック」、そして終いには新しい恐怖をつくり上げる。

この種の「予防的」手段の問題点は、我々が読心術師ではないということだ。最近、自白剤の使用を示唆した人たちがいるが、自白剤を用いても話そうとしない人の最終的な考えを知ることはできない。拷問や「強引に引き出された」自白は、全てを知る権利への、また「明白」に見えることを確信するための投資であり、その確信が全体主義の本質だ。「私には何も隠すことはない。なぜ彼らは隠すのか」という独断的宣言で拷問を正当化する人々は、永続的に容疑者プロフィールの対象にされたことのない階層と大部分重なっている。こうした人々は、単にその外見だけを理由にして、迫害されたり、名誉を傷つけられたり、一般化されたり、恐れられたりしたことが一度もないのだ。

人間の心は際限なく創意に富んでいるので、人々は実際の敵を恐れると同じくらい、敵を自分で創り出す。偏見と予断が創り出す、例のお馴染みの物語を私たちはよく知っている。それは、家の女主人が置き間違えただけなのに、何かを盗んだと責められる女中についての話だ。トラウマと悲劇と恐怖に煽られて、私たちの偏執狂的な創造性は現在暴走している。本物の敵を告発する代わりに敵のイメージに合致する人々を恐怖して迫害する、といった愚をおかさないよう、私たちは共に深呼吸をして行動しなくてはいけない。なぜなら敵は有能で、そういった偏見に対抗できたし今後もできるからだ。

二次的被害

恐れる理由のある敵以上に、新しい敵を創り出すこの傾向を、私は懸念している。また一方では、大きな悲嘆の衝撃で、全ての境界が共通の痛みと人間存在の根底の下に消失し、世界と合体したと私たちが感じてしまうことを懸念する。しかし心的外傷性の被害はまた、時として、出会う人は誰でも傷つけたくなることも意味する。屈託のない人は誰であれ粉砕したい。笑う人は誰であれ耳障りだ。健康に恵まれた配偶者や子供をもつ人は誰であれ敵であり、それに値せず、取るに足らず、黙らせる必要がある。そして反対する者は誰であれ……。

何年か前に検察官として仕事をしたとき、私は被害者のもつこの傾向にはっきりと気づいていた。神だろうが手近の誰だろうが、それに怒りをぶつけるものが絶対的に必要だった。なぜならそれが、感情が圧倒されたとき、大きな悲しみが促すことだからだ。あなた方は言葉を失い、そして表現できない地獄を再度刻み込みたいと願う。世界が自分と同じように苦しまないのは不公平だと。

まさにこのような理由から私たちは、立証責任、証拠規準、証人への反対尋問といった裁判の決まりを常に有してきた。未亡人や孤児や無実の罪を着せられた人々の、激しい悲嘆の声―この力によって、多数のリンチ集団が集まり、いくつもの警察隊が正規の手順を踏まなかったのであり、神聖な十字軍が何回も派遣されたのだ。悲しみにうちひしがれ盲目になっているとき、「究極の正義」や「不朽の自由」の名のもとに、倫理的思考という重労働を一時中断するのは簡単だ。「お前がやらなければ、お前の兄弟がやる」というのが、歴史始まって以来の血讐の原動力だ。「我々の味方でなければ、我々の敵だ」は、この種の怒りの危険な現代版だ。

「テロリストを暗殺する力を政府に与えよ」という声がトークショーに届き、「長たらしい公開裁判の騒ぎなど省いてしまえ」と編集者への投書はいう。

アメリカ人が直面している最も大切な人権活動は、国をあげて死刑を再考することだろうと、かつて私は思っていた。私たちがこんなに喜んで人身保護令状の権利まで放棄してしまうとは想像もできなかった。説明責任のない未公開「情報」によって誰かを殺す力を解き放つようなことを、私たちアメリカ人がしないようにと心から願わずにはいられない。

マーチン・ルーサー・キング博士のメッセージが、しばしば単純に理解された素朴なバラ色の世界より、はるかに複雑だったことを思い出すのはよいことだ。彼は平等な保護を、私たちが好まない人にさえ与えよと主張した。彼は私たちが恐れる理由のある人にさえ、法の正当な手続きを与えよと主張した。そして私たちが嫌悪する人物の人間性をも尊重することを求めた。私たちは以前、世界中で、恐るべき戦争犯罪に直面した。第二次世界大戦は、私たちが忘れてはならない教訓となったし、ニュルンベルグは我々のモデルとすべきものだ。米国は国際刑事裁判所に反対しているが、再考する必要がある。私たちの最も重要な仕事は、悲嘆にくれたときにも、常に理性を保つことだ。私たちのテロに対する最も有効な抵抗は、私たちが際限のない敵討ちと復讐の繰り返しに陥らずに済むのに極めて適したこうした原則を思い起こすことだ。ミルトンの地獄の会議同様、次のように悩む人々と共に。

あれほど賢い彼が、自制心を失ったり不用意に災されたりして一時に怒りを爆発させ、こちらの願いどおりに憤然としてわれわれを亡ぼしてくれるであろうか、——われわれを生かしておいたのも永劫無限に罰するためであったにもかかわらずだ！［平井正穂訳『ミルトン　失楽園』筑摩書房による］。

第31章　国際政治の継続性

ケニス・N・ウォルツ

九月一一日の朝、テロリストたちは世界資本主義のシンボル、世界貿易センターのツインタワービルを崩壊させ、次いでアメリカの軍事力の象徴、国防総省の一角を攻撃した。このテロはオサマ・ビンラディンが計画し、アルカイダのメンバーによって実行されたことは明白で、世界から厳しい非難を受けた。しかし、その米国の政策や国際政治への影響がどれほど深刻で、長期的なものか、判断に迷うところだ。

その初期の影響をもっとも大きく受けたのが、米国の政策と政治だった。ブッシュ新政権は、強硬な単独行動主義から多国間主義へとすぐさま急いで方向転換した。ただし、この新しい多国間主義は、単に緊急の差し迫ったに状況に応えるために採用されたにすぎない。米国はテロリストを追跡し逮捕するために、諸外国の警察や情報機関の助けを必要としたのだ。最近出版されたジョセフ・S・ナイの『アメリカンパワーのパラドックス』（邦題『アメリカへの警告』日本経済新聞社）のサブタイトル、「なぜ世界の超大国は単独でやれないのか」は、米軍の対応によってきっぱりと否定された。と言うのは無作法にも米国は、アフガニスタンでの軍事作戦を英軍が分担しようというブレア首相の申し出を断わり、それを単独で組織し実行したからだ。

ブッシュ政権の多国間主義への衝動が極めて限定的だという証拠は他にもたくさんある。〝テロとの戦争〟を宣言することによって、ブッシュはテロリストに兵士の地位を与えてしまい、ほとんど不用意に、米軍に〝イズム（主義）〟を軍事的に打ち負かすという不可能な任務を課してしまった。しかしそれにも拘らずブッシュ大統領は、キューバのグアンタナモ基地に捕えられている捕虜は犯罪者であり、兵士ではない、よってジュネーブ条約によっては保護されないと主張している。米国がこのように(同様に米兵を兵士と呼ぶことを拒否する国で捕われる危険性のある、米兵の身の安全など考えもせずに)自分勝手に国際ルールをつくろうというのは、単独行動主義の極端な一例だ。新たな問題によって、旧来の習性が変わることはなかった。

もう二つだけ例を挙げてみたい。NATO諸国の外相たちはロシアをNATOの協議に直接参加させることを約束した。ロバートソンNATO事務総長は、テロや地域の安定問題に関して、拒否権を含めて他の加盟国と同等の地位をロシアに与えることを提案した[1]。しかし米国のアフガニスタンでの軍事作戦が見事に成功したあと、NATOが一九十一になるという話は聞かなくなってしまった。二〇〇一年一〇月のAPEC上海会議で、世界の首脳たちが唐王朝の上着を着て結束を固めていたとき、ブッシュ大統領は、弾道弾迎撃ミサイル制限(ABM)条約の解釈と修正に関して、ロシアとの合意点を見出すだろうという印象を与えた。ところがブッシュは条約を破棄し、離脱すると通告した。

ブッシュ政権のいう他国との協議が当初意味したところは、米国の意図を告げ、彼らがどう思おうとそれを実行するということだった。特殊な例外を除いて、そうした慣例に変わりはない。しかし、比較的顕著な変化もある。外交的に目立つことと政策への影響力とがどれほど関連しているかは疑問だが、9・11はパウエル国務長官をほとんど目にも入らない存在から目立つ存在に押し上げた。ブッシュ大統領はアフガニスタンの国家建設を阻害する軍事作戦を行っておきながら、今は国家建設を米国のアフガン政策としている。しかし、ブッシュ大統領が戦争に対して見せたような熱意を国家建設に見せるかどうかは疑わしい。

テロとの戦争でパキスタンは、制裁措置を課されたのけ者から、お気に入りのパートナーに変わった。しかし冷戦の間、パキスタンはソ連の脅威の消長に応じて、米国の寵愛を得たり失ったりしてきた。パキスタンの人たちはこのパターンが今後も続くのではないかといぶかっているが、誰もがそう思うに違いない。テロとの戦いという名目で、アメリカ市民および米国在留外国人双方の自由が奪われている。この状態が続くのではないかと懸念される。

テロとの戦争は、ブッシュ政権にやりたいことは何としてもやる口実を与えた。ブッシュ政権は、議会に要請していた国家ミサイル防衛予算を全額獲得した。テロリストの行為が、ミサイル削減に関する超党派の合意を粉砕してしまったのだ。米政権は、内外いずれからも厳しい批判を受けることなく、ＡＢＭ条約を廃棄した。また、テロリストが招集しうる弱小兵力との防衛戦のために、軍費予算のとてつもない増額を獲得した。しかし、テロリストはたいへんに厄介なものであるにしても、社会の構造や国家の安全保障に脅威をもたらすことはほとんどない。

テロリストは短期的には米国の政策と行動を変化させたが、その変化は従来の政策が設定した方向に進んでいる。国際政治の構造や各国の行動はもっと顕著に変化したのだろうか。『ニューヨークタイムズ』紙によると、「世界は変わった。技術の発達が、かつては国家の政府だけが手にしえた破壊力を小集団にも与えてしまった」[2]。弱者が強者になったということだろうが、しかし本当にそうだろうか。確かにテロリストは、標的を上手に選ぶことで、わずかの資金でとてつもない被害をしばしば与えることができた。外交史家のジョン・ルイス・ギャディスは、本土が危機に瀕した今、国家安全保障が真に〝国民的〟になったと主張し、これを〝戦略思考革命〟と呼んでいる[3]。しかしテロリストの攻撃は戦略革命をもたらしたのだろうか。それとも、国際政治の基本的状況はほぼそのままに残っているのだろうか。一八一二年の米英戦争当時の米国も含めて、歴史を通じて、ほとんどの国家がしばしば本土の危機に瀕してきた。

三つの基本的事実がソ連消滅以後の国際政治を特徴づけてきた。第一は、勢力の著しい不均衡だ。ローマ帝国以来、これほどまでに全世界を支配した国はない。一九九七年の米国の軍事支出は、次に続く五ヵ国の軍事費の合計を上回っており、二〇〇〇年までには次に続く八ヵ国の合計をも上回るという。ほとんどの国の防衛費が横ばいか減少している中で、米国の防衛費は加速度的に増加している。経済的にも、技術的にも、軍事的にも、米国ははるかに抜きん出ている。単独国家であろうと、国家連合であろうと、今後一世代のうちに米国に挑戦できる望みはないだろう。ソ連を撃破してから、米国は執念深い勝者となった。米国は西ヨーロッパの外交軍事政策にも幅をきかせ、旧ソ連の三国をNATOに加えたうえ、参加国がさらに増えると発表した。NATOの古いメンバーは、NATOを拡大する熱意も、その費用を負担する気も示さなかったのに、怠惰にも強大化する米国に黙従した。

テロリストとの戦争によって、今や米国はロシアの南部国境付近に基地を建設し、ロシアのみならず中国に対する包囲網も拡充可能になった。ドナルド・ラムズフェルド国防長官は、テロとの戦争の遂行上、必要なら米国はさらに一五ヵ国に軍を投入すると発表した。二〇〇二年一月二九日、ブッシュ大統領は一般教書演説において、次に米国の激怒を感じるだろう三ヵ国（イラク、イラン、北朝鮮）を名指したうえ、「テロを前に怖気づく」国にはどこにでも介入すると脅した。更にダメを押して、「誤解してはならない。自分でやらないなら米国がやる」と付け加えた。(4) 今はアフガニスタンとフィリピンだが、明日はどこになるか分からない。

テロリズムが国際政治の第一の基本的事実、つまり勢力の著しい不均衡を変えることはない。9・11の影響は、かえって米国に力を強めさせ、国際的な軍事プレゼンスを拡大させたことだ。

第二番目の国際政治における基本的事実は核兵器の存在であり、そのほとんどを米国が所有しているが、次第に各国に広がっているという事実だ。もう一度言うが、テロは既存の傾向を助長しているのだ。ロシアと核兵器の削減に合意しておきながら、米国は二〇〇二年一月、核弾頭を解体せずに保管すると発表した。9・11によって、国家ミサイル防衛がもっとも可能性のある攻撃形態ではないと分かったにも拘らず、ブッシュ政権はテロをABM条約放棄の口実に使った。

ミサイル防衛について言えることは、それは機能しないということだ（もし機能するなら、攻防の競争はあまりにもお馴染みの結果に終わるだろう）。ミサイル防衛は簡単に破られる。核ビジネスでは、攻撃兵器の方が防御兵器よりはるかに安価だ。他の国でも核弾頭を増やすことは可能だ。囮《おとり》やチャフ［レーダー妨害用の金属片］をばらまいて防衛システムを混乱させることも可能だ。飛行機、船、巡航ミサイル、低下飛翔経路ミサイルなど多様な方法で弾頭を射ちこみ、防御システムの裏をかくことができる。ミサイル防衛はこれまでのもっとも複雑なシステムで、最初の実際的テスト、つまり敵の攻撃というテストに合格するには、システムがほぼ完璧に作動しなくてはならない。だが、いくつかの弾頭は通り抜けてしまうかもしれないし、攻撃する方もされる方もその結果を知ることになる。そんなシステムに頼る大統領は一人もいないだろうし、攻撃を引き起こすような行動は誰もが避けるだろう。防衛システムがあろうが無かろうが、米国の政策を制約する条件に変わりはない。

核防衛に関する最悪の事実は、たとえそれが篩《ふるい》のように穴だらけの代物であっても、他国にも米国にも被害を及ぼすということだ。米国の諜報機関の報告書によると、米国の核防衛システムが中国を刺激して、その核兵器を一〇倍に増やし、ミサイルに多弾頭を搭載させることになるかもしれない。(5) となればインドとパキスタンが追従するだろう。その結果は、プーチン大統領が恐れているような、「我々の国境地帯における加熱した制御不能の軍拡競争」かもしれない。(6) 既に中国の経済的、軍事的能力に不安を感じている日本は、予想される米国の防衛システムに対抗して中国が行動すると、更に不安をつのらせるだろう。ブッシュ新政権が、核兵器をたとえわずかであっても制限する合意の枠組みを引き裂き、かつそれに代わるものを何も提示しないために、他の国々は懸命に自国の防衛に努めている。

北朝鮮、イラク、イランなどの諸国は、米国を思い止まらせるのは抑止力だけだということを知っている。彼らにとって、米国を思い止まらせることが期待できる方法は唯一大量破壊兵器だけだ。在来兵器に頼っていてはその望みはない。冷戦下では、ソ連の通常兵力に対抗するのに米国は核兵器を用いた。今では、他の国も核兵器を使って我々の核兵器に対抗するかもしれない。核兵器についても、他の兵器と同じく、米国の単独行動主義が顕著にみられる。ブッシュ政権は米国が自ら推進してきた協定（包括的核実験禁止条約）の批准と、既に批准したＡＢＭ条約の遵守とを拒否している。

テロリストは、国際政治における第二の非情な事実、つまり核兵器が核保有国間の軍事関係を支配しているという事実を変えはしない。更に、米国の政策が核兵器の縦の拡散を刺激し、核保有国を次々と増やしている。

国際政治における第三の基本的事実は、世界を悩ます危機の広まりであり、またそのほとんどに米国が直接、間接に関与しているということだ。アルゼンチンは経済的にも政治的にも混乱しており、チェチェン問題はロシアという政体の膿んだ傷口だ。重装備の北朝鮮と韓国両国は依然としてにらみ合ったままだし、台湾問題は地域の全ての国に影響を与えている。インドネシアの分裂は、万が一それが起これば、東南アジアの安定を脅かすだろう。インドとパキスタンのカシミールをめぐる長い紛争は、パレスチナとイスラエルの終わりのない紛争と同じく、テロとの戦争によって悪化している。もし米国がその他の諸国に対する軍事介入ないし攻撃を決定すれば、既に存在する数多くの危機を更に増やすことになるだろう。

テロリストがこの国際政治における第三の基本的事実、危機の継続と蓄積、を変えることはない。実際、テロリストを追跡し、彼らを匿う国を攻撃すると脅すことで、米国は危機を更に追加することになるだろう。

テロ活動の増加は、国際政治の継続性の分断というよりも、過去二〇年間に起きた変化に対する反応だと言える。ソ連の衰退と消滅までは、弱小国や不満を募らせた人々は、超大国同士をうまく競争させることが期待できた。しかし今は、弱小国や不満を募らせた人々が超大国を頼ることはできない。当然ながら彼らは、米国を自分の苦しみの元凶あるいは象徴として責め立てる。9・11のテロ攻撃は、米国の肥大した軍隊を更に大きくし、今までその触手の届かなかった地域にまで影響力を拡大させた。

幸か不幸か、テロリストは国際政治の継続性に貢献し、既存の傾向を助長している。どうしてテロの可能性が、国際政治の基本的事実を変えないのかと不思議に思うかもしれない。独裁主義国家であろうと民主主義国家であろうと、伝統的国家であろうと近代的国家であろうと、宗教的国家であろうと世俗的国家であろうと、あらゆる国家がテロの標的になることを恐れている。政府というものは安定を重んじ、ほとんどが自分らの政権の継続を重んじる。テロは国家の安定と支配者の精神的安寧の脅威だ。だから、ブッシュ大統領はいとも簡単に幅広い連合を組織できたのだ。

しかし、テロは弱者が使う武器なので、テロリストが国家の安全を深刻に脅かすことはない。したがって、各国が世界の勢力バランスを変えるほどの結束を迫られているわけではない。テロリストの攻撃は、国際政治の主要な二つの基礎を変えることはないし、危機が繰り返す状態を変えることもない。それゆえ反テロ連合は、広範囲ではあるが、浅い結びつきといえる。

監訳者あとがき

本書は、ケン・ブース（英国ウェールズ大学国際政治学部教授、国際政治学部長、元英国国際学会長）がティム・ダン（同大学上級講師）と共同で編集した「9・11」に関する論考集（*Worlds in Collision: Terror and the Future of Global Order*, New York: Palgrave Macmillan, 2002）を翻訳したものです。

ここには英米を中心とした世界の著名な国際政治に関する研究者が一堂に会しています。出身地は別にして、現在勤務している大学・研究所をもとに分類すれば、国別の内訳は次の通りです。英国一三、米国一五、オーストラリア二、インド一、シンガポール一。米国がやや多すぎる気もしますが、激震地が米国だから当然といえば当然かも知れません。

また「9・11」の報復地として選ばれたのがアフガニスタンであったことからすると、アジアからの寄稿があったのも当然です。それどころかインドやシンガポールだけでは、少なすぎるとも言えます。オーストラリアをアジアに含めても、アジアが「9・11」をどう見ているのかを知るには、まだまだバランスに欠けていると言えるかもしれません。

内容的にも、この中には多様な意見が収録されています。たとえば、イスラム原理主義による政治支配を「イスラム-ファシズム」と名づけ、アフガニスタンへの報復攻撃を正しいものとし明確に米国政府の肩をもつフランシス・フクヤマのような論考「歴史と9・11」（第2章）や「米国が先導しなければ世界の秩序維持はありえない。それが帝国の使命だ。」とするジーン・ベスキー・エルシュテインのような論考「正義の戦争をどう戦うか」（第23章）が一方ではあります。

私自身は、日本軍によるパールハーバー攻撃のあと多くの日系人が米国政府によって強制収容所に入れられた歴史があるだけに、フランシス・フクヤマのような日系人学者が9・11以後の米国政治に対してこのような姿勢をとっていることに極めて大きな失望感を覚えるのですが、しかし多様な世界を「衝突」させ、それを「超える」道筋を探ろうというのが本書のねらいなのですから、このような論考の収録も甘受せざるを得ません。

それはともかく他方では、中南米やアジアで、多くの独裁政権を支持したり選挙で選ばれた政権を直接または間接的に転覆する活動を通じて、目をそむけんばかりの虐殺行為を繰り返してきた米国こそ世界最大のテロ国家だとする主張するチョムスキーの論考「誰がグローバル・テロリストか」（第11章）や、「私たちは米国史上かつてない憲法上の危機に直面している」として密告社会・監視国家・拷問容認ムードへと変貌していく米国を鋭く告発しているパトリシア・J・ウィリアムズのような論考「平和、詩、そしてペンタゴン用語」（第30章）も含まれています。

このような論述は逆に米国政府の政策を支持するひとにとっては不愉快きわまりないものかも知れません。しかし、読者にとっては不快な人物も登場させ、相手の主張を知った上で「衝突を超える世界」の構築をめざすのが、むしろ、本書の主題ではないかと思うのです。原書の題名は文字通り訳せば「衝突する世界」になるのでしょうが、訳書ではそれを敢えて「衝突を超えて」とした理由がここにあります。

さて、本書の中間にはテロ資金の流れと国際金融機関の関係を詳細に調べたものやテロ組織を追及する諜報組織と諜報システムなどを克明に記したもの（この中にはCIAとビンラディンの裏の関係も示唆されていて興味深い）など事実のみを追ったものもありますが、他の多くは、アブドラヒ・A・アンナーイムの論考「イスラムのジハードと米国のジハードに反対し、国際的合法性を維持する」（第14章）やベンジャミン・R・バーバーの論考「ジハード対マックワールドの時代の民主主義とテロリズム」（第22章）に代表されるように、イスラム流ジハードと米国流ジハードの双方に反対しつつ、米国の行動によって国際法がどんどん変質・破壊されていくことを憂える論考に満ちています。

それにもかかわらず、本書「監訳者あとがき」を書いている現在、米軍によるイラクの首都バクダッドへの「侵攻」が続いています。この本が出版される頃にはバクダッドは陥落しているかも知れません。私見によれば、これは現行の国際法からは明らかに「侵略」ですし、本書収録の論考からみても、それが研究者の一般的・多数派的意見です。中道的見解で一貫している編集者のブースとダンですら、第1章「衝突しあう世界」（本書全体の総括的論文）で、本書の出版当時にはまだ始まっていなかったイラク攻撃について次のように書いています。

米国主導の対イラク戦争は米国が率いる同盟の重要な試金石になるだろう。とりわけアラブ世界においてはそうだ。その戦争が始まり、そして成功したとして、どうなるのだろう。その結果は、米国の軍事力の更なる世界的拡大なのではないだろうか。そして米国は過去の極めて多くの大帝国のように自滅することになるのだろうか。「悪の枢軸」とは、いま直面している現実的危険というより、大帝国の傾向を帯びた、現行の境界線を越えようとする地理的野心の合理化ではないのだろうか。

英米の多くの研究者の平均的意見がこのようなものだとするなら、にもかかわらず、なぜ事態はイラク侵攻という事態に進行してしまうのでしょうか。それを解明しているのが本書のジェイムズ・デルデリアンの論考「脅迫——9・11の前と後」（第9章）ではないかと思います。彼は「近い将来、軍—産—メディア—娯楽ネットワークが演じる高潔な戦争が我々の日々のパンと夜毎のサーカスとなるだろう」と述べています。私にメディアを読み解く新しい「読み書き能力」（メディア・リテラシー）の重要性を改めて認識させてくれました。

確かに、イラクでクラスター爆弾など大量破壊兵器が使われ多くの市民が犠牲になっているときも、日本のメディアは「アカデミー賞の授賞式」や「野茂やイチローやゴジラのプレー」を流し続け、視聴者はそれに釘付けになっています。イラク情勢がテレビに出ることがあっても、今度は、もたらされる情報は自分が軍事指揮官になったかのような解説か戦後の「復興」の話ばかりで、問題の背後をえぐる解説や分析は皆無に等しいのです。もともと破壊しなければ「復興」も必要なかったはずなのですから。

考えてみれば、湾岸戦争のときに使われた劣化ウラン弾や経済制裁による医療機器・薬品不足で既に多くの老人・子どもの命が奪われていますが、今度のイラクの爆撃で電力や水道の供給が停止され、その結果として病院での治療が不可能になったり、汚水の中での食事を強制された結果、市民に病気が蔓延していくことになれば、これは大量破壊兵器「生物化学兵器」を使った攻撃と同じ結果になります。そんなことも私が見ているテレビでは全くといってよいほど指摘がないのも不思議です。

そのことで注意したいのが私たち研究者の果たす役割です。ポール・ロジャースは第19章「政治的暴力と世界秩序」で、いま問われているのは「テロの兆候に対処すると称して予防戦争・先制攻撃・政府転覆にすすむか」それとも「テロの根源を解明し、すなわち、米国が中東や第三世界でとってきた政策を再検討し、それに対処するか」であるとしながら、論文の末尾で研究者・活動家などの役割を次のように指摘しています。これは「テロの根源」を「債務」と「移民」の視点から鋭くえぐったサスキア・サッセンの論考「統治をめぐって——9・11後の課題」（第28章）と併せて、私に強く迫るものがありました。

上記の問題は本質的には選択の問題であり、今後の一〇年間が国際的不安定と政治的暴力の程度を決定する際に最重要な時期だったと分かることになるだろう。９・11当初の影響は古いパラダイムの焼き入れを提案するものだったが、更に分析を進め、そのアプローチの無益さを実証できるチャンスはあるのである。学者・活動家・政治家その他、多くのいずれであれ、そのような立場に立つ人の責任は重い。

こんな解説を長々と書くよりも本当は本書を読んでいただくのが一番よいのでしょうが、本書の翻訳プロジェクトにかかわったメンバーから、「各章の題名だけでは何が書いてあるかよく分からない。かといって最初から順番に全てを読む気力もない。だから簡単なものでよいから何か手引きが欲しい。」という要望が出されていたので、以上のような解説を試みた次第です。各省の全てについて詳しく言及しているゆとりはありませんでしたが、このようなささやかなものでも、本書の読者にとって「では、ここから読んでみようか」というヒントになれば幸いです。

ところで国際政治の専門家でもない私が、「監訳者」として何故この翻訳にかかわるようになったか。そのことを少し書かせてもらいます。そのことが本書でリチャード・フォークが「国家主義的（ナショナリズム）愛国心ではなく世界市民的（コスモポリタン）愛国心を」（第29章「世界的規模のテロ戦争における愛国心と市民権を検証する」）と呼びかけていることに何らかの関係があると考えるからです。

私は一九八六年に岐阜大学に赴任して以来、教養部に長くいて英語教育に携わっていました。が、文部省の命令で教養部が廃止されてからは教育学部に移籍し、生涯教育講座で「国際理解教育」「多文化コミュニケーション」という科目を担当してきました（現在は更に英語教育講座に移籍し「教科教育法」「国際教育論」などを講じています）。

生涯教育講座に移籍するまでは英語教育の教材としてキング牧師、マルコムX、チャップリン、アメリカ公民権運動、ベトナム戦争、アメリカ先住民、アンネの日記、ホロコーストなど多様な文献資料を扱ってきていましたから、「国際理解教育」「多文化コミュニケーション」を担当するようになっても特に違和感はありませんでした。むしろ今まで集中的に論じてみたい・取り組んでみたいテーマが与えられたことに喜びを感じていました。

他方、岐阜大学に赴任した一九八六年からJAASET（Japan Association of Applied Semiotics for English Teaching）という研究団体を立ち上げ、主として中学校や高校の英語教師と指導法や教材についての研究も積み重ねてきました。『Applied Semiotics』という二四ページ建ての機関誌を毎月一回、全国の会員に発行しています。最近では単に教授法や教材について論じるだけでなく、ZNetというインターネット・マガジンに載せられているチョムスキーのエッセイやインタビュー記事も翻訳して紹介するようになってきました。

チョムスキーといえば言語学の巨人ですが、生成文法の研究は翻訳されて日本に広く紹介されている反面、彼がアメリカ政府の外交政策に鋭い分析を加えていることは、今までは全くといってよいほど紹介されていませんでした。したがって英語教育に携わる人間として元々、チョムスキーには関心がありましたが、「国際理解教育」「多文化コミュニケーション」を担当するようになるまでは、彼の他の側面に対する関心は、それほど深いとはいえませんでした。

しかし、ユネスコの「国際教育勧告」「国際教育指針」では「平和・人権・環境」が大きな柱になっているので、「多文化共生」を焦点にすえて「国際理解教育」の講義を組み立てようと考えるようになっていたのですが、その頃からコソボ紛争が激しくなり、チョムスキーがこの問題についてどのような発言をしているのか急に気になりはじめました。そこでZNetに載っている彼の発言を読んでみたのですが、マスコミで普通に述べられていることと余りにも違っていて大きな衝撃を受けました。

そこで早速、チョムスキーのコソボ紛争に関する講演を大学の研究紀要に翻訳と解説・注釈を載せる作業を開始しました。その後すぐ「東ティモールの独立問題」がマスコミに浮上してきたので、またもやチョムスキーが何を言っているのか気になって調べてみました。そしてインドネシア軍がこれまでナチスも顔負けの虐殺行為を繰り返してきたこと、独立の是非を問う住民投票の直前までアメリカがインドネシア軍と合同の軍事演習をしていたことを知り、再び大きな衝撃を受けました。そして自分の無知を恥じると同時に「これを翻訳して皆に知ってほしい」の一念で、やはり彼の講演を翻訳し解説・注釈を付けて大学の研究紀要に載せました。

こうしてチョムスキーの翻訳を通じて私のアメリカ理解は急速に深化しました。その矢先に起きたのが9・11事件でした。連日のように情勢が変化しました。その情勢変化をどう理解してよいのか、そのヒントを求めて、チョムスキーのエッセイやインタビューがZNetに掲載されるたびに読みあさりました。同時にJAASETの会員に呼びかけてプロジェクト・ティームをつくり、チョムスキーの見解を翻訳して寺島研究室HP「別館」=「平和研究・翻訳博物館」に掲載する作業を続けてきました。そうした中で出会ったのが塚田幸三さんです。というのは国際理解教育学会機関誌『国際理解教育』第8巻で塚田さんのチョムスキー翻訳『〝ならず者国家〟と新しい戦争』（荒竹出版、二〇〇二）の書評を求められたからです。

この書評を通じて塚田さんとの交流が始まり、本書を翻訳する仕事が舞い込んできました。アメリカおよびイギリスを中心とする世界の錚々たる国際政治学者が三〇人近くも投稿している論文集ですから、最初は自分の任ではないと強くお断りしたのですが、塚田さんから「難解なチョムスキーの翻訳をやってきたJAASET会員の参加があれば、本書の翻訳はそれほど困難な仕事ではないのではないか。新しいプロジェクト・ティームをつくり、その助けを借りれば、短期間に翻訳可能ではないか。」との強いお誘いがあり、迷って家人に相談したところ、家人からも「会員の英語教師としての力量を高めるためにも挑戦してみる価値があるのではないか。またアメリ力による新しい軍事攻撃が予想されているだけに、この翻訳を通じて9・11をきちんと総括しておくことは急務ではないか。」との励ましがあり、やっと重い腰を上げる決心がついたのでした。

早速、会員に呼びかけてみたところ一〇人近くの会員が応募してくれて何とかプロジェクト・ティームが発足しました。しかし作業は難航しました。というのは、チョムスキーの英文は一見すると難解に見えますが翻訳に取り組んでいるうちに予備知識が蓄積されて、後にいけばいくほど翻訳は容易になります。ところが本書の場合、三二人の主張は軍事・外交・財政など取り上げている内容も論点も各自すべて違いますし文体も全く違います。ですから、誰かの論考を訳せばそのことが予備知識となって次の論考の翻訳に役立つという具合には作業が進まないのです。それでもこうして何とか出版に漕ぎつけることができたのは、プロジェクト・ティームの皆さんが参加し援助してくれたおかげだと思っています。

この翻訳作業を通じて何よりも先ず勉強し得をしたのが監訳者自身ではなかったかと思います。国際政治に関する予備知識は、チョムスキーの翻訳作業を通じて一定程度は既に蓄積しているつもりでしたが、翻訳している最中にも次々と疑問が生じて、そのたびに文献を読み直したりインターネットで検索して事実を突き詰めたりという作業が続きました。そして今までに知らなかった事実が次々に明らかになっていくという喜びも味わうことができました。これはプロジェクト・ティームに参加した皆さんにも共通の認識ではなかったかと思います。しかし最善を尽くしたつもりですが国際政治学の専門家ではないので誤訳も多く残されているのではないかと危惧しています。

それはともかく、本書の翻訳で一番の収穫は、英米のかなり多くの知識人が現在の米国政府の政策に疑問を感じていることを具体的に知ることができたという点でした。一般のメディアを通じて知る限りでは、9・11以後アメリカ国内の世論は愛国主義一色になり、ノーム・チョムスキーやエドワード・サイードなど一部の知識人を除けば、他の多くは政府寄りになるか沈黙を余儀なくされているとの印象を受けていました。しかし、研究者的な観点で客観的中立な立場を貫こうとしている編集者ケン・ブース、ティム・ダンの姿勢もあるのかも知れませんが、本書に寄稿している多くの知識人が米国政府の単独行動主義的姿勢に強い疑念を表明していて、何となく安堵感を覚えさせられました。

正直に言うと、本書の翻訳に取り組むまでは、中立的立場で右から左までを単に一列に並べた本ならば、わざわざ翻訳して出版する労苦をとりたくないという思いが私にはありました。というのは、私は個人的には、そんな「中立的立場」では現在の危機的状況を切り拓き世界に平和を取り戻すことはできないと考えていたからです。しかし、本書を読んでみて、政府寄りの学者の考え方だけでなく、一般のメディアに登場しない知識人でもこんなことを考えているのだということを知ったことは大きな収穫でしたし、それをもっと多くの人に知って欲しいと思うようになりました。本書を翻訳し広めることの意義はこの点にあるのだと改めて確信することができたように思います。

この「あとがき」を書いている今も米国主導によるイラク攻撃が続いていますが、同時に、米国政府が行動に踏み切る以前から世界中で反戦運動が起きています。チョムスキーも別のところで指摘しているように、米国の国内でも、ベトナム戦争の時にすら起きなかったような大規模な反戦運動の広がりが見られます。これは本書にみられたような一般のメディアに登場しなかった声なき声が、いま形になって表われているような気がします。しかしイラク以後、世界がどのような方向に向かっていくのかは予断を許しません。それを決めるのは世界の世論と米国政府の姿勢だと思います。その米国政府の姿勢を9・11に即して検証し新しい世界世論を形成するための一助として本書が役立つことを切に願っています。

翻訳作業は、以下に別記したプロジェクト・ティームの皆さんの下訳を、塚田幸三と寺島美紀子が改訳をして、それを寺島隆吉が見直したうえで、さらに三者で検討し合うというかたちをとりました。もちろん分担の作業上、下訳ではなく三者が最初から翻訳に取り組んだ章もあります。

岩井志ず子（元私立高校教諭）、岩間龍男（岐阜県立高校教諭）、粕谷裕介（京都外国語大学学生）、菅野登雄（元東京都立高校教諭）、谷口雅英（岐阜県立高校教諭）、寺田義弘（茨城県立高校教諭）、南野利枝（モンタナ州立大学大学院学生、元私立専門学校副校長）、野澤裕子（Nozawa English Workshop代表、元私立高校教諭）、福田祐三郎（元日立高等専門学校助教授）、山田昇司（岐阜県立高校教諭）〔五十音順〕。

しかし、いずれにしても既に述べたように、プロジェクト・ティームの皆さんの援助がなければ本書が日の目を見ることはありませんでした。この紙面を借りて再度、感謝の意を述べさせていただきたいと思います。ただし誤訳があれば、それはすべて監訳者の責任です。その点もあらかじめ御了解いただければ幸いです。

最後になりましたが、日本経済評論社編集部の宮野芳一さんには実務的な面で非常にお世話になっただけでなく、翻訳や校正の遅れなどの面で精神的も本当に御迷惑をおかけしました。紙面を借りて改めてお詫びとお礼を申し上げたいと思います。宮野さんのお力添えで、やっと本書を出版できるようになった喜びを、いま噛みしめています。

二〇〇三年四月七日

寺島　隆吉

3. Ibid.
4. 'President Bush's State of the Union Address to Congress and the Nation', *New York Times*, January 30, 2002, p. A22.
5. Steven Lee Myers, 'Study Said to Find US Missile Defense Might Incite China', *New York Times*, August 10, 2000, p. A1.
6. Patrick E. Tyler, 'Putin Says Russia Would Add Arms to Counter Shield', *New York Times*, June 19, 2001, p. A1.

America (West Harford, CN : Kumarian Books, 1996) ; Stephen Castles and Mark J. Miller, *The Age of Migration : International Population Movements in the Modern World* (2nd edn) (New York : Macmillan, 1998) ; Max Castro, *Free Markets, Open Societies, Closed Borders ?* (Berkeley, CA : University of California Press, 2000).

第29章

1. Robert Pinsky, *An Explanation of America* (Princeton, NJ : Princeton University Press, 1979), p. 8.
2. Martha Nussbaum et al., *For Love of the Country : Debating the Limits of Patriotism* (Boston, MA : Beacon Press, 1996) ; Bart von Steenbergen, *The Conditions of Citizenship* (London : Sage, 1994).
3. Elizabeth Pond, *The Rebirth of Europe* (Washington, DC : Brookings Institution, 1999) ; Dusan Sidjanski, *The Federal Future of Europe : From the European Community to the European Union* (Ann Arbor, MI : University of Michigan Press, 2000).

第30章

1. Jeffrey Toobin, 'Crackdown', *The New Yorker*, November 5, 2001, p. 60.
2. *New York Times*, November 15, 2001, p. A1.
3. *New York Times*, November 18, 2001.
4. The Mike Reagan Show, WBRO (Providence, RI), November 14, 2001.
5. *New York Times*, October 30, 2001, p. B1.

第31章

1. Patrick E. Tyler, 'Gingerly, NATO Plans Broader Role for Moscow', *New York Times*, December 7, 2001, p. A11 ; Michael Wines, 'NATO Plan Offers Russia Equal Voice on Some Policies', *New York Times*, November 23, 2001, p. A1.
2. Alexander Stille, 'What is America's Place in the World Now ?', *New York Times*, January 12, 2002, p. B7.

第28章

1. 本章は，Social Science Research Council (US), September 11 website, <http : // www. ssrc. org/ sept11/> 用に準備した論考に基づいている．
2. 但し重要な議論が2つある．共に賛同するが，本章では扱っていない．まず道徳的議論があり，これはより道徳的な政策決定の有用性を示していると読めるだろう（例えば，Joseph H. Carens, ‘Membership and Morality : Admission to Citizenship in Liberal Democratic States, in Roger W. Brubaker (ed.) *Immigration and the Politics of Citizenship* (New York : University Press of America, 1989), pp. 31-9 参照)．更に，債務帳消しを訴えるジュビリー2000運動にもこの要素がいくつか窺える．こうした論理は，本章で私が示そうとしたものとは違うと考える．もう一つは，移民の先進諸国にとっての利点を示す文献が多くあること（例えば，Alejandro Portes and Rubén G. Rumbaut, *Immigrant America : A Portrait* (Berkeley, CA : University of California Press, 2000) 参照). 私はこうした議論と，本章で私が行った，国境を越える移民を管理し，南側諸国の債務の増大に対処するための，多国間あるいは国際的な専門的仕組みを開発することの有用性に関する幅広い議論とを区別している．
3. このいくつかの要素について，拙著 *Guests and Aliens* (New York : New Press, 1999) で紙幅を割いて検討している．
4. 国連は1999年に，テロに対する資金援助を抑制あるいは有罪とすること，および関連情報の共有を目的とする条約を採択した．9月11日以後，この条約に新たな重要性が加わった．
5. これには，売春婦の収入からの送金や南側諸国の周旋組織への支払いが含まれている．
6. Susan George によれば，南側諸国はマーシャルプランの6倍相当の額を北側に返金している．Asoka Bandarage, *Women. Population and Crisis* (London : Zed Books, 1997) 参照．また，Eric Toussaint, ‘Poor Countries Pay More Under Debt Reduction Scheme ?’, <www. twnside. org. sg/ souths/ twn/ title/ 1921-cn. htm> も参照のこと．
7. 次を参照のこと : John Isbister, *The Immigration Debate : Remaking*

Guardian, September 22, 2001.

3. Andrew Marshall, 'The End of Innocence', *Independent*, September 15, 2001.
4. Geoffrey Robertson, 'Lynch Mob Justice or a Proper Trial', *Guardian*, October 5, 2001.
5. Adam Roberts, 'Even Our Enemies Have Rights. Britain Must Stand Up For Them', *Independent on Sunday*, January 20, 2002.
6. ブレア首相の労働党大会での演説：*Guardian*, October 3, 2001 .
7. Salman Rushdie, 'A War that Presents Us All with a Crisis of Faith', *Guardian*, November 3, 2001.
8. Colin Brown, 'New Move to Abolish the Laws of Blasphemy' *Independent on Sunday*, October 21, 2001 ; Francis Beckett, 'Holier than Thou', *Guardian*, November 13, 2001 ; Lucy Ward, 'Religious Hatred Move Dropped', *Guardian*, December I5, 2001.
9. ブレア首相の労働党大会での演説.
10. Robert Fisk が *Independent*, September 15, 2001でビンラディンのプロフィールについて論じているように，ビンラディンは様々なインタビューで，中東の腐敗政権に対する米国の支援，パレスチナ人が公正な扱いを受けていないこと，チェチェンやカシミールや「国連保護下」のボスニアでのイスラム教徒に対する暴力，そしてとりわけ米軍のサウジアラビア駐留に関して言及している．東チモールのイスラム教国インドネシアからの解放に国連が関与したことが，国連に対する彼の不満の原因だったと言われている．米国に対する「防衛的聖戦」に従事する彼のイスラム・インターナショナル構想は，こうしたことを基礎にしていると思われる．
11. Chalmers Johnson, 'Blowback', *The Nation*, September 15, 2001.
12. ブレア首相の労働党大会での演説．また，Kofi Annan, 'United We Stand Against Terror' および Michael Ignatieff, 'What Will Victory Look Like ?, *Guardian*, September 19, 2001 も参照のこと．

第26章

1. Toni Erskine, Fred Halliday, Andrew Mason, Michael Yahudaの各氏が有益なコメントを寄せてくれたことに感謝を申し上げたい．ただし，責任は全て私にあることは言うまでもない．
2. Michael Scott Duranの 'Somebody Else's Civil War in James F. Hoge Jnr and Gideon Rose (eds) *How Did This Happen ? : Terrorism and the New War* (New York : Public Affairs, 2001) は，アルカイダのイスラム理解に関する優れた手引きである．
3. Robert Fisk, 'My Beating by Refugees is a Symbol of the Hatred and Fury of this Filthy War' *Independent*, December 10, 2001.
4. Samuel Huntington, 'The Clash of Civilizations', *Foreign Affairs*, vol. 72 (1993), pp. 22-49 ; *The Clash of Civilizations and the Remaking of World Order* (New York : Simon and Schuster, 1996).
5. Samuel Huntington, 'The Age of Muslim Wars' *Newsweek*, Special Davos Edition, December 2001—February 2002, pp. 6-13.
6. Francis Fukuyama, 'The Real Enemy' *Newsweek*, Special Davos Edition, December 2001—February 2002, pp. 58-63 ; Christopher Hitchens, 'The Fascist Sympathies of the Soft Left', *Spectator*, September 29, 2001, pp. 10-11.
7. しかし，イスラエルのユダヤ教原理主義者は対抗相手のイスラム教徒と同程度に暴力的なことが判明している．

第27章

1. 社会学者Norbert Eliasは，「文明化の過程は非文明化の過程と同時に進行してゆく。問題はそのどちらの方向がどの程度支配的かということだ」と論じている．J. Fletcher, *Violence and Civilization : An Introduction to the Work of Norbert Elias* (Cambridge : Polity Press, 1997), p. 83 参照．つまり，文明化の過程は，主として，暴力の抑制とそれらを各人がどう内部化するかに関係し，非文明化の過程は，主として，これらの抑制を解くことに関係している．
2. Kofi Annan, 'United We Stand Against Terror, Divided We Fail',

世俗主義が，テロの育つ条件をつくるだけでなく矯正の名による暴力を招きもする，と考える人々に窓を開いた．その結果，我々は歴史の転換期に，精神的衝撃が新たな行動様式の可能性を開く時代にいるのだ．」Benjamin Barber, *The Nation*, January, 21, 2002. この聡明で勇気ある見解は共感と注目に値する．

第25章

1. 本章は部分的に3冊の拙著によっている：*A Strategy for Peace : Human Values and the Threat of War* (London : Vintage Books, 1989), *Mayhem : Violence as Public Entertainment* (Boulder, CO : Perseus Books, 1998) および *Common Values* (Columbia, MO : University of Missouri Press, 2002).
2. John Stuart Mill, 'Coleridge' (1840) in Marshall Cohen (ed.) *The Philosophy of John Stuart Mill* (New York : The Modern Library, 1961), p. 62.
3. Barbara Crossette, 'UN Meeting Ends with Declaration of Common Values', *New York Times*, September 9, 2000, pp. A1, A4.
4. Charles Darwin, *The Descent of Man* (1859) (Princeton, NJ : Princeton University Press, 1981), p. 101.
5. Eric Hobsbawm, *The Age of Extremes : A History of the World, 1914-1991* (New York : Pantheon Books, 1994), p. 13.
6. Jonathan Glover, *Humanity : A Moral History of the Twentieth Century* (London : Jonathan Cape, 1999).
7. J. M. Roberts, *The Twentieth Century : The History of the World, 1901-2000* (New York : Viking Press, 1999), pp. 839-40.
8. Seneca, 'To Marcia on Consolation', *Moral Essays II*, John W. Basore 訳 (Cambridge, MA : Loeb Classical Library, 1932), pp. 59-63.
9. Howard Gardner, 'In the World of Work's Realignment, "good" careers move to the forefront', *Boston Globe*, February 24, 2002, p. E1.
10. Joseph E. Stiglitz, 'Globalism's Discontents', *The American Prospect*, Winter 2002, Special Supplement, p. A21.

第22章

1. Benjamin R. Barber, *Jihad vs. McWorld* (New York : Ballentine Books, 1996).
2. 新民主的現実主義については，Benjamin R. Barber, ‘Terrorism and the New Democratic Realism’, *The Nation*, January 4, 2002 参照．
3. 教皇ジョン・ポールの説教．出所 : *New York Times*, January 24, 1999.
4. James D. Wolfensohn 世界銀行総裁．出所 : Jim Hoagland, ‘Richer and Poorer’, *Washington Post* National Weekly Edition, May 3, 1999, p. 5.

第23章

1. St Augustine, *The City of God* (Penguin : London, 1985).
2. Kenneth Anderson, ‘What Kind of War Is It ?’, *Times Literary Supplement*. 出所 : Crimes of War Project ウェブサイト <http : // www. crimesofwar. org/ index. html>.
3. Dietrich Bonhoeffer, *Letters and Papers from Prison* (Macmillan Collier Books : New York, 1998), p. 5.
4. Michael Ignatieff, ‘It’s War—But it Doesn’t Have to be Dirty’, *Guardian*, October 1, 2001.

第24章

1. さらに詳しい議論については，拙著 *Rethinking Multiculturalism* (Basingstoke : Palgrave, and Harvard University Press, 2000) 参照．
2. 「世界がこれほど完全に独占され，権力がテクノクラート組織とグローバリゼーションのドグマによってこれほど驚くまでに確固たるときに，テロ以外に情勢を逆転させる術があるのだろうか．このシステムは，強いカードを全て自らのものとし，他の人たちにゲームのルールの変更を強いたのだ」Jean Baudrillard, *Le Monde*, November 2, 2001.
3. 「…自主独立と安全なアメリカの時代の扉を閉ざすことによって，無政府主義的テロリズムは，社会的不正，規制をうけない野生的資本主義，そして宗教と市民社会にいかほどの余地も残さない攻撃的統領やラムズフェルド国防長官などがいる．<www. geocities. com/newamericancentury/>.

8. Charles Krauthammer, 'The Bush Doctrine : ABM, Kyoto and the New American Unilateralism', *Weekly Standard*, June 4, 2001, Washington, DC.
9. FBIの対テロ部門アシスタント・ディレクターの見方．Walter Pincus, 'Al Qaeda to Survive bin Laden', *Washington Post*, December 19, 2001 参照.
10. Walden Bello, 'Endless War', *Focus on the Global South*, Manila, September 2001. この論文その他が，<www. focusweb. org>で参照できる．

第20章

1. JDAMs (Joint Direct Attack Munitions) は，正確に航行するための衛星誘導装置と尾翼を装備した1トン型爆弾.
2. Robert B. Strassler (ed.) *The Landmark Thucydides : A Comprehensive Guide to The Peloponnesian War* (New York : Free Press, 1996), 特にp. 43.
3. Jack Donnelly, *Realism and International Relations* (Cambridge : Cambridge University Press, 2000) 参照.
4. John J. Mearsheimer, *The Tragedy of Great Power Politics* (New York : W. W. Norton, 2001).
5. Martin van Creveld, *The Rise and Decline of the State* (Cambridge : Cambridge University Press, 1999).
6. Colin S. Gray, 'Thinking Asymmetrically in Times of Terror', *Parameters*, vol. XXXII, no. I (Spring 2002).

第21章

1. 本論の前のバージョンは，Mark Leonard (ed.) *Re-Ordering the World* (Foreign Policy Centre, 2002) 所収.
2. Fred Halliday, *The World at 2000* (Basingstoke : Palgrave, 2000), chapter 6.

5. ムシャラフ将軍のパキスタン国民向けテレビ演説のハイライト (BBC News Online, January 12, 2002, 18. 25 GMT).
6. アタル・ビハリ・バジパイ首相は，2001年および2002年の年頭に当たって，パキスタンとのカシミール紛争に解決策を見出すうえで，「普通のやり方」を脱して「南アジア地域全体の平和と繁栄のための将来設計」を行いたいという望みを公言し，新聞掲載の論文でもそれを繰り返した．Atal Behari Vajpayee, 'My Musings from Kumarakom-I : Time to Resolve Problems from the Past', *The Hindu*, January 2, 2001および 'We Shall Triumph Against Terrorism', *The Hindu*, January 1, 2002 参照.
7. ジョージ・W・ブッシュ（ジュニア）大統領の，2002年1月29日の一般教書演説.

第19章

1. 出所 : Sean Anderson and Stephen Sloan, *Historical Dictionary of Terrorism* (Metuchen, NJ, and London : The Scarecrow Press, 1995). ここにはテロリズムの概念化と定義に関する有益な議論が収められている.
2. Ibid.
3. David Rind, 'Drying Out the Tropics', *New Scientist*. May 6, 1995.
4. 民兵組織による経済的ターゲットの活用の分析としては，Paul Rogers, 'Political Violence and Economic Targeting — Aspects of the Provisional IRA Strategy, 1992-97', *Civil Wars*, vol. 3, no. 4 (2000), pp. 1-30 参照.
5. Edwin Brooks, 'The Implications of Ecological Limits to Growth in Terms of Expectations and Aspirations in Developed and Less Developed Countries', in Anthony Vann and Paul Rogers (eds) *Human Ecology and World Development* (London and New York : Plenum Press, 1976).
6. 1993年2月の上院公聴会でのJames Wolsey の陳述.
7. Project on the New American Century 参照. これは米国の活発な外交政策を促進しようとする利益団体で，後援者にはチェイニー 副大

9. Surin Pitswuan, 'Islam in Southeast Asia : A Personal Viewpoint', *The Nation*, September 22, 2001.
10. Thomas Homer-Dixon, 'The Rise of Complex Terrorism', *Foreign Policy*, January 2002.
11. Irman Lanti, 個人情報, January 31, 2002.
12. 'Shanghai Forum Ready to Fight Terrorism, Separatism and Extremism', *Pravda* (online English edition), May 15, 2001, <http : // english. pravda. ru/ world/ 2001/ 06/ 15/ 7789. html>.
13. 'The Home Front : Security and Liberty', Editorial, *New York Times*, September 23, 2001, p. 16.
14. *The Straits Times*, November 5, 2001.
15. David Ignatius, 'Pervasive Sensors Can Net Bin Laden', *International Herald Tribune*, November 12, 2001, p. 8.
16. Ibid.

第18章

1. 米国務省テロ対策コーディネーター，マイケル・A・シーハン大使の2000年7月12日の下院国際関係委員会での証言.
2. 東洋各地で醸成された反西洋感情の鋭い分析として，Ian Buruma and Avishai Margalit, 'Occidentalism', *New York Review of Books*, January 17, 2002 参照.
3. 米国のアフガニスタンのイスラム武装勢力との連携を包括的に論じたものとして，John K. Cooley, *Unholy Wars : Afghanistan. America and International Terrorism* (2nd edn) (New Delhi : Penguin Books, 2001) 参照.
4. これはイスラム武装勢力を表すようになった言葉．ジハードという言葉はしばしば大まかに「聖戦」と訳されるが，より正確には「正義の戦い」と訳され，イスラム教の信仰者は全てそれぞれの生活においてそれに従事することが求められている．ジハードは，1980年代のアフガニスタンではソ連の占領に反対するスローガンとなったが，今では西洋の支配に対する戦争およびイスラム世界自体を純化する運動だとイスラム過激派グループは説明している.

照.

9. Amartya Sen, *Development as Freedom* (New York : Anchor Books, 1999), pp. 189-203 .

10. William Maley, *The Foreign Policy of the Taliban* (New York : Council on Foreign Relations, 2000), pp. 18-21 ; Rosemarie Skaine, *The Women of Afghanistan under the Taliban* (London : McFarland & Co., 2002) 参照.

11. Astri Suhrke, Arne Strand and Kristian Berg Harpviken, *Peace-building Strategies for Afghanistan. Part I : Lessons from Past Experiences in Afghanistan* (Bergen : Chr. Michelson Institute, 14 January 2002), p. 22.

12. William Maley, 'Talibanisation and Pakistan', in Denise Groves (ed.) *Talibanisation : Extremism and Regional Instability in South and Central Asia* (Berlin : Conflict Prevention Network, Stiftung Wissenschaft und Politik, 2001), pp. 53-74.

第17章

1. Samuel P. Huntington, 'The Age of Muslim Wars', *Newsweek*, Special Davos Edition, December 2001 — February 2002, p. 13.

2. Amitav Acharya, 'Clash of Civilizations ? No, of National Interests and Principles', *International Herald Tribune*, January 10, 2002, p. 6.

3. Robyn Lim, 'Calmer Seas in Asia', *Wall Street Journal*, December 19, 2001.

4. Neil MacFarquhar, 'In Cairo, Father Defends Son as Too "Decent" to be Hijacker', *International Herald Tribune*, September 20, 2001, p. 3.

5. Ellen Amster, 'The Attacks Were a Bid for Power in the Arab World', *International Herald Tribune*, September 18, 2001, p. 10.

6. Anwar Ibrahim, 'Growth of Democracy is the Answer to Terrorism', *International Herald Tribune*, October 11, 2001.

7. Farish Noor, 'Who Elected You, Mr Osama?', *Malaysiakini. com*, October 10, 2001, <http : // www. worldpress. org/ asia/ 1201malaysiakini. com>, p. 4.

8. Shaha Aliriza and Laila Hamad, 'A Time to Help Mideast Democrats', *International Herald Tribune*, October 20 — 21, 2001, p. 6.

7. Bernard Wasserstein, *Divided Jerusalem : The Struggle for the Holy City* (London : Profile Books, 2001), pp. 347-9.
8. Akiva Eldar, 'The Peace that Nearly Was at Taba', *Ha'aretz*, February 15, 2002.

第16章

1. William Maley, Introduction : Interpreting the Taliban, in William Maley (ed.) *Fundamentalism Reborn ? Afghanistan and the Taliban* (New York : New York University Press, 1998), pp. 1-28 ; Ahmed Rashid, *Taliban : Militant Islam, Oil and Fundamentalism in Central Asia* (New Haven : Yale University Press, 2000) 参照.
2. William Maley, *The Afghanistan Wars* (London and New York : Palgrave, 2002), chapter 8 参照.
3. Marina Ottaway and Anatol Lieven, *Rebuilding Afghanistan : Fantasy versus Reality* (Washington, DC : Policy Brief, Carnegie Endowment for International Peace, January 2002).
4. Jeff Fischer, *Post-Confrict Peace Operations and Governance in Afghanistan : A Strategy for Peace and Political Intervention* (Washington, DC : International Foundation for Election Systems, 2001) 参照.
5. Caroline A. Hartzell, 'Explaining the Stability of Negotiated Settlements to Intrastate Wars', *Journal of Confrict Resolution*, vol. 43, no. 1 (1999), pp. 3-22 参照.
6. *Afghanistan : Preliminary Needs Assessment for Recovery and Reconstruction* (Manila, New York and Washington, DC : Asian Development Bank, UNDP and World Bank, January 2002), p. 47.
7. William Maley, 'Reconstructing Afghanistan : Opportunities and Challenges', in Geoff Harris (ed.) *Recovery from Armed Conflict in Developing Countries : An Economic and Political Analysis* (London and New York : Routledge, 1999), pp. 225-7, at pp. 234-6.
8. Barnett R. Rubin, 'The Political Economy of War and Peace in Afghanistan', *World Development*, vol. 28, no. 10 (2000), pp. 1789-803 参

2. Al-Kaya al-Harasiy, *Ahkam al-Qur'an* (コーランの教え) (Beirut : al-Muktabah al-ilmiya, 1983), vol. 1, pp. 78-89.
3. Samuel P. Huntington, *The Clash of Civilizations and the Remaking of World Order* (New York : Simon and Schuster, 1996).
4. Wilfred Madelung, *The Succession of Muhammad : A Study of the Early Caliphate* (Cambridge : Cambridge University Press, 1997), chapter 4.
5. Abdullahi Ahmed An-Na'im, 'Islamic Ambivalence to Political Violence : Islamic Law and International Terrorism', *German Yearbook of International Law*, vol. 31 (1988), pp. 307-36.
6. Muhammad Hamidullah, *The Muslim Conduct of State* (Lahore : Sh. M. Ashraf, 1966), pp. 305-9.
7. Abdullahi Ahmed An-Na'im, *Toward an Islamic Reformation* (Syracuse, NY : Syracuse University Press, 1990).
8. Khaled Abou El Fadl, *Rebellion and Violence in Islamic Law* (Cambridge : Cambridge University Press, 2001), pp. 337-42.
9. Aryeh Neier, 'The Military Tribunals on Trial', *New York Review of Books*, vol. XLIX, no. 2 (February 14, 2001), pp. 11-15.

第15章

1. The United States Institute of Peace の支援に感謝します.

2. Lawrence Freedman and Efraim Karsh, *The Gulf Confict, 1990-1991 : Diplomacy and War in the New World Order* (London : Faber and Faber, 1993), pp. 101-2.
3. Avi Shlaim, *The Iron Wall : Israel and the Arab World* (New York : W. W. Norton, 2000).
4. Avi Shlaim, *War and Peace in the Middle East : A Concise History* (New York : Penguin Books, 1995), pp. 120-2.
5. Benjamin Netanyahu, *Fighting Terrorism* (New York : Farrar Strauss Giroux, 1995), pp. 102-5.
6. Robert Malley and Hussein Agha, 'Camp David : The Tragedy of Errors', *New York Review of Books*, August 9, 2001.

International Peace ; Walter A. McDougall, 'Cold War II', *Orbis*, December 2001.

15. Kennedy, 'The Eagle has Landed'.
16. Royal United Services Institute の Dan Plesch が述べたように,「現在の米国の軍事支出の増大を,第一次世界大戦において最初の部隊が機関銃でなで斬りにされてしまった時に,騎兵隊をさらに招集する決定を下したことと比較すべきだ」(出所 : *Observer*, February 10, 2002).
17. Irene Khan, 'Curtailing Freedom', *The World Today*, vol. 58, no. 2 (February 2002), pp. 7-8 参照.
18. 出所 : *Observer*, February 10, 2002.
19. Aryeh Neier, 'The Military Tribunals on Trial', *New York Review of Books*, February 14, 2002, pp. 11-15 参照.
20. Brian Knowlton, 'On US Campuses, Intolerance Grows', *International Herald Tribune*, February 12, 2002 参照.
21. Hans von Sponeck and Dennis Halliday, 'The Hostage Nation', *Guardian*, November 29, 2001 ; Evan Thomas, 'Chemistry in the War Cabinet', *Newsweek*, January 28, 2002 参照.
22. Julian Borger and Ewen MacAskill, 'US Targets Saddam', *Guardian*, February 14, 2002.
23. Paul Rogers, 'Right for America, Right for the World', *The World Today*, vol. 58, no. 2 (February 2), pp. 13-15 参照.
24. 出所 : *Observer*, February 10, 2002.
25. 特に,Chris Patten の,米国の単独行動「本能」と彼が呼ぶものへの非難参照(*Financial Times*, February 15, 2002).

第14章

1. 本章は,2002年1月10-12日にジュネーブで行われた,International Council on Human Rights Policy 主催の国際会議「International Meeting on Global Trends and Human Rights—Before and After September 11」に提出した論文に基づいている.

(Summer 2002) を参照のこと．書籍としては次の2冊がもっとも早く出版されている：Fred Halliday, *Two Hours that Shook the World* (London : Saqi Books, 2001) ; Strobe Talbott and Nayan Chanda (eds) *The Age of Terror and the World After September 11th* (Oxford : Perseus Books, 2002).

3. Adam Garfinkle, 'September 11 : Before and After', *Foreign Policy Research Institute*, vol. 9, no. 8.
4. 9月11日の歴史的重要性についての懐疑的見解としては，Chris Brown, 'The "Fall of The Towers" and International Order', *International Relations*, vol. 16, no. 2 (Summer 2002) 参照.
5. Peter Beaumont and Ed Vulliamy, 'Focus—American Power : Armed to the Teeth' *Observer*, February 10, 2002.
6. *Financial Times* series, February 18-22, 2002 参照.
7. Paul Kennedy, 'The Eagle has Landed', *Financial Times*, February 2-3, 2002.
8. Margaret Thatcher, 'Go Ahead and Make the World a Safer Place', *International Herald Tribune*, February 12, 2002.
9. この点について私は次の論文で議論している：'Whatever Happened to American Decline? International Relations and the New United States Hegemony', *New Political Economy*, vol. 6, no. 3 (2001), pp. 311-40 ; 'September 11th—Or Will the Twenty First Century be American Too?', *International Studies Perspective*, no. 3 (2002), pp. 53-70.
10. 'Muslims are Strongly at Odds with the US, Survey Shows', *Financial Times*, February 27, 2002.
11. *Financial Times*, September 12, 2001 参照.
12. 'Three Central Asian Nations Seem Open to US Military', *Wall Street Journal Europe*, September 21-22, 2001.
13. Richard Butler, 'Russia and the US Can Both Win the New Oil Game', *International Herald Tribune*, January 21-22, 2001.
14. 次を参照のこと：Anatol Lieven, 'Fighting Terrorism : Lessons from the Cold War', *Policy Brief*, no. 7 (Ocotober 2001), Carnegie Endowment for

ない，と主張できるかもしれない。しかし，このようなイスラエルの政策の擁護論は，現在のアリエル・シャロン首相の行動によって，ある程度，少なくとも彼が政権の座を占めてきた間は力が削がれた．シャロンが国防大臣を務めていた1982年，レバノンの難民キャンプで起きたイスラエルの同盟諸国によるパレスチナ人大虐殺の責任を問う委員会は，彼に「間接的責任」を課した．2001年にシャロンが政権の座について以来イスラエルは，テロ活動を計画あるいは実施したという理由で多くのパレスチナ市民を暗殺してきた．シャロン首相は最近，イスラエルが1982年にヤセル・アラファトを「始末」しなかったことを悔やむ発言をしている (*New York Times*, February 1, 2002, p. A1).

10. *New York Times*, January 14, 2002, p. A8.
11. 引用箇所を含めて簡潔に論じたものとして：Margaret E. Keck and Kathryn Sikkink, *Activists Beyond Borders : Advocacy Networks in International Politics* (Ithaca, NY : Cornell University Press, 1998).
12. 帝国主義の「白人の責任」と現在の「国家建設」の努力は，ともに西欧文化の優越性を想定している点で類似していることが指摘されている：'Kipling Knew what the US may now Learn', *New York Times*, January 26, 2002, p. A17.
13. Robert C. Ritchie, *Captain Kidd and the War Against the Pirates* (Cambridge, MA : Harvard University Press, 1986), chapter 2.
14. Janice E. Thomson, *Mercenaries., Pirates and Sovereigns* (Princeton, NJ : Princeton University Press, 1994), pp. 117-18. これは価値ある研究で，ここでの議論は多くをこれに依存している．
15. Ritchie, *Captain Kidd*, p. 123 参照．

第13章

1. Ashton B. Carter, 'The Architecture of Government in the Face of Terrorism, in *International Security*, vol. 26, no. 3 (Winter 2001/ 02), p. 5.
2. 9/11の国際政治に及ぼす影響を幅広く検討したものとしては，特に 'September 11 — and After', *International Relations*, vol. 16, no. 2

19. *Foreign Affairs*, January/ February 2002 ; Tania Branigan, *Guardian*, October 31, 2001.
20. 例えば，George, *Western State Terrorism* 参照．
21. *Foreign Relations of the United States*, 1961-63, vol. XII, American Republics, pp. 13f., 33.

第12章

1. Tim Dunne，Peter J. Katzenstein，Nannerl O. Keohane ，Joseph S. Nye が本章の草稿にコメントしてくれたことに謝意を表したい．
2. その他にテロ関連の8つの国連条約が別の国際機関に寄託されている。そのうちの1つはプラスチック爆弾に関するもので，他の7つは航空機内および船内での暴力，あるいは航空機，船，ないし石油プラットフォームに対する攻撃に関するもの．国連のウェブサイトは7つの地域条約もリストアップしている：<http : // untreaty/ un. org/ English/ Terrorism. asp> (visited January 17, 2002).
3. Alex P. Schmid, 'The Response Problem as a Definition Problem', in Alex P. Schmid and Ronald D. Crelinsten (eds) *Western Responses to Terrorism* (London : Frank Cass, 1993), p. 8.
4. Joseph S. Nye Jnr, *The Paradox of American Power : Why the World's Only Superpower Can't Go It Alone* (New York : Oxford University Press, 2002).
5. 2001年9月20日のジョージ・W・ブッシュ大統領の議会演説．*New York Times*, September 21, 2001, p. B4.
6. Inis L. Claude, *The Changing United Nations* (New York : Random House, 1967).
7. *Financial Times*, January 15, 2002, p. 5 参照．
8. Brookings Institution の Stephen Cohen 出所 : *Financial Times*, January 14, 2002, p. 3.
9. テロは，ファタハとハマスを含めパレスチナ武装勢力の戦略に本質的なものだがイスラエルにとってはそうではない，つまりイスラエルは時にテロに訴えることがあってもテロに依存してきたわけでは

Department, Current Policy No. 820, April 14, 1986).

7. *New York Times.*, October 17, 18, 1985 ; Amnon Kapeliouk, *Yediot Ahronot*, November 15, 1985 ; *Los Angeles Times*, October 3, 1985 ; Geoffrey Jansen, *Middle East International*, October 11, 1985 ; Bernard Gwertzman, *New York Times*, October 2, 7, 1985.
8. Nora Boustany, *Washington Post Weekly*, March 14, 1988 ; Bob Woodward, *Veil* (New York : Simon & Schuster, 1987), p. 396f.
9. *Guardian*, March 6, 1985. 詳細および出所につては拙論，'Middle East Terrorism and the American Ideological System', in *Pirates and Emperors* (New York : Claremont, 1986 ; Montreal : Black Rose, 1988), reprinted in Edward Said and Christopher Hitchens (eds) *Blaming the Victims* (London : Verso, 1988) 参照.
10. 詳細は拙著，*Culture of Terrorism* (Boston, MA : South End Press, 1988), p. 77f 参照.
11. Abraham Sofaer, *The United States and the World Court* (State Department, Current Policy No. 769, December 1985).
12. Juan Hernandez Pico, *Envio* (Managua : Universidad Centroamericana, March 1994).
13. *Envio*, October 2001. その影響の深い分析としては，Thomas Walker and Ariel Armony (eds) *Repression, Resistance, and Democratic Transition in Central America* (Wilmington, NC : Scholarly Resources, 2000) 参照.
14. *Envio*, October 2001 ; Panamanian journalist Ricardo Stevens, NACLA *Report on the Americas*, November/December 2001.
15. Patrick Tyler and Elisabeth Bumiller, *New York Times*, October 12, 2001, p. 1 ; Michael Gordon, *New York Times*, October 28, 2001, p. 1.
16. *Jerusalem Post*, August 16, 1981.
17. 広範な検討としては拙著，*Necessary Illusions ; Deterring Democracy* (London : Verso, 1991) (Nicaragua) ; *Year 501* (Boston, MA : South End Press, 1993) (Indonesia) 参照.
18. Elisabeth Bumiller and Elizabeth Becker, *New York Times*, October 17, 2001.

International Law (Berlin : Walter de Gruyter, 2000) 参照.

4. さらに詳細な分析としては，Michael Byers, 'Terrorism, the Use of Force and International Law after 11 September', *International & Comparative Law Quarterly*, vol. 51 (2002) 参照.
5. 安全保障理事会決議の原文は，<http : // www. un. org/ documents/> 参照.
6. さらに詳細な分析としては，Christine Gray, *International Law and the Use of Force* (Oxford : Oxford University Press, 2000), pp. 111-15 参照.
7. <http : // www. un. int/ usa/ s-2001-946. htm> 参照.
8. 一般的には，William Schabas, *An Introduction to the International Criminal Court* (Cambridge : Cambridge University Press, 2001) 参照.

第11章

1. *New York Times*, October 18, 1985.
2. *US Army Operational Concept for Terrorism Counteraction* (TRADOC Pamphlet No. 525-37, 1984).
3. General Assembly Resolution 40/ 61, December 9, 1985 ; Resolution 42/ 159, December 7, 1987.
4. 拙著および拙論参照 : *Necessary Illusions* (Boston, MA : South End Press, 1989), chapter 4 ; 'International Terrorism : Image and Reality' in Alex George (ed.) *Western State Terrorism* (Cambridge : Polity Press/ Blackwell, 1991).
5. George Shultz, 'Terrorism : The Challenge to the Democracies' (State Department, Current Policy No. 589, June 24, 1984) ; 'Terrorism and the Modern World' (State Department, Current Policy No. 629, October 25, 1984). コントラ支援予算の一層の獲得を目指した大規模作戦の前段をなす，1986年と1983年のシュルツの議会証言につては，Jack Spence 'The US Media : Covering (Over) Nicaragua' および Eldon Kenworthy 'Selling the Policy' in Thomas Walker (ed.) *Reagan versus the Sandinistas* (Boulder, CO, and London : Westview Press, 1987) 参照.
6. George Shultz, 'Moral Principles and Strategic Interests' (State

号が入っていると言った．それはあたかも，電話もなく，旅行者もおらず，インターネットもなく，定期郵便や速達郵便あるいは電子メールのない，伝書鳩の時代に我々が住んでいるかのようだ．」<http : // wwrv. washingtonpost. com/ wp-dyn/ articles/ A5371-2002Jan31. html> 参照．

24. *Washington Post*, September 26, 2001 (<http : // www. variety. com/ index. asp?layout=story&articleid=VR1117854476&categoryid=10&query=H%27wood+enlists+in+war>) 参照．
25. 断り書き：私がメディアに情報を提供した．<http : // www. msnbc. com/ news/ 642434. asp> 参照．
26. 拙著，'Virtuous War Goes to Hollywood', *Virtuous War : Mapping the Military-Industrial-Media-Entertainment Network* (Boulder, CO, and Oxford : Westview Press/ Perseus, 2001), pp. 153-78 参照．
27. <http : // www. variety. com/ index. asp ? layout=story& articleid= VR1117853841 & categoryid=10 & query=Institute+for+Creative+Technology> 参照．
28. 拙著，*Virtuous War*, pp. 123-51 参照．
29. < http : // www. defenselink. mil/ news/ Dec2001/ b12132001_bt630-01. html> 参照．
30. Paul Virilio, *The Information Bomb*, Chris Turner 訳 (London and New York : Verso, 2000), p. 132.
31. C. Wright Mills, *The Power Elite* (New York : Oxford University Press, 1957), pp. 314-15.

第10章

1. 次のサイトで国際条約の原文のほとんどを読むことができる：<http : // untreaty. un. org/> ; <http : // fletcher. tufts. edu/ multilaterals. html>.
2. George Shultz, 'Low-Intensity Warfare : The Challenge of Ambiguity', Address to the National Defense University, Washington, DC, January 15, 1986, reproduced in (1986) 25 *International Legal Materials* 204 at 206.
3. 国際法の地政学的歴史に関しては，Wilhelm Grewe, *The Epochs of*

よるもの.

14. <http : // www. media-alliance. org/ mediafile/ 20-5/ dossier/ herold 12-6. html> 参照．アフガニスタンの民間犠牲者の算定の難しさについては，<http : // www. washingtonpost. com/ ac2/ wp-dyn ? pagename= article &node=& contentId=A59457-2002 Jan 3> および <http : // www. arizonarepublic. com/ news/ articles/ 0125attacks-civilian25. html> 参照．最近，Project on Defense Alternatives が主にメディア情報を使って，アフガニスタンの民間犠牲者数を1,000人から1,300人と算定している：'Uncertain Toll in the Fog of War : Civilian Deaths in Afghanistan', *New York Times*, February 10, 2002, p. A1.
15. Jean Baudrillard, *Simulacra and Simulation*, Sheila Glaser 訳 (Ann Arbor, MI : University of Michigan Press, 1994), p. 159.
16. *ABC Sunday News*, September 30, 2001.
17. <http : // www. defenselink. mil/ news/ Sep2001/ t09252001_t0925sd. html> 参照.
18. <http : // www. washingtonpost. com/ wp-srv/ nation/ specials/ attacked/ transcripts/ bushtext_092601. html> 参照.
19. *New York Times*, September 22, 2001 (<http : // query. nytimes. com/ search/ abstract?res=FA091FF6355F0C718EDDA00894D9404482>) 参照.
20. <http : // www. whitehouse. gov/ news/ releases/ 2001/ 10/ 20011007-8. html> 参照.
21. <http : // www. cnn. com/ 2002/ US/ 01/ 31/ gen. binladen. interview/ index. html> 参照.
22. <http : // www. eff. org/ Privacy/ Surveillance/ Terrorism_militias/ 20011025_hr3162_usa_patriot_bill. html> 参照.
23. ビデオテープにとられたアラビア語の衛星放送局アル・ジャジーラとのインタビューで（これは放送されなかったが，1月31日にCNNテレビで部分的に見ることができた），ビンラディンは情報技術に強い関心を示すと共に，彼の声明を放送しないようにという，米国の放送局に対するホワイトハウスの「要請」を嘲笑した：「彼らは滑稽なことを主張した．オサマのメッセージにはテロリストへの暗

第8章

1. 本章は2002年3月に執筆した.
2. 2002年1月29日の一般教書演説.

第9章

1. 本章は次の諸サイトへの投稿論文に基づく：<www. infopeace. org>；<http：// www. ssrc. org/ sept11/ essays/ der_derian. htm>；<http：// muse. jhu. edu/ journals/ theory_&_event/>.
2. '*in terrorem*, as a warning, in order to terrify or deter others' (*Oxford English Dictionary*).
3. Walter Benjamin, *A Lyric Poet in the Era of High Capitalism* (London : Verso, 1997).
4. テロリズムの問題を究明する際の観念論的，認識論的，存在論的障害に関する議論については，次の拙論を参照のこと：'The Terrorist Discourse : Signs, States, and Systems of Global Political Violence', *Antidiplomacy : Spies, Terror, Speed, and War* (Cambridge, MA, and Oxford : Blackwell, 1992), pp. 92-126 .
5. Michael Ignatieff, 'It's War-But it Doesn't Have to be Dirty', *Guardian*, October 1, 2001.
6. George Will, 'On the Health of the State', *Newsweek*, October 1, 2001, p. 70.
7. Edward Rothstein, 'Attacks on US Challenge the Perspectives of Postmodern True Believers', *New York Times*, September 22, 2001, p. A17.
8. Mark Edington, *New York Times*, March 2, 1993.
9. *Newsweek*, March 8, 1993, p. 22.
10. *Sunday Times*, February 28, 1993, p. 10.
11. <http：// www. fbi. gov/ mostwant/ terrorists/ fugitives. htm> 参照.
12. <http：// abcnews. go. com/ sections/ us/ DailyNews./ STRIKE_Casualties. html> および *New York Times*, February 9, 2002, p. A7 参照.
13. 湾岸戦争の場合には，作戦行動中に死亡した米軍兵士148人のうち35人が米軍の攻撃の犠牲となり，そのうち11人は米軍の誤爆で死亡した．また，米軍要員467人が負傷し，うち72人は味方の攻撃に

3. この問題に関しては，特にプライバシーの保護など重要な規範的側面があるが，本章では割愛した。
4. W. Wechsler, 'Strangling the Hydra : Targeting Al Qaeda's Finances', in James F. Hoge Jnr and Gideon Rose (eds) *How Did This Happen ? Terrorism and the New War* (New York : Public Affairs Publishing, 2001), pp. 130-5.
5. *Targeted Financial Sanctions : A Manual for Design and Implementation* (Contributions from the Interlaken Process), The Swiss Confederation, in cooperation with the United Nations Secretariat and the Watson Institute for International Studies, Brown University, 2001,<http : www// watsoninstitute. org>
6. Ibid., pp. 28-9.
7. 'Complex Finances Defy Global Policing', *Financial Times* (US edition), February 21, 2002, p. 5.

第7章

1. この問題は先に，*Prospect*, December 2001, pp. 38-41 でも議論した (<www. prospect-magazine. co. uk>).
2. Mao Tse-tung, *On Guerrilla Warfare* (New York : Praeger, 1961).
3. *Economist*, February 2, 2002, p. 52.
4. Lawrence Freedman, 'The Revolution in Strategic Affairs', *Adelphi Paper 318*, London : IISS (1998).
5. Samuel P. Huntington, *The Clash of Civilizations and the Remaking of World Order* (New York : Simon and Schuster, 1996).
6. Bertrand Badie, *The Imported State : The Westernization of Political Order* (Stanford, CA : Stanford University Press, 2000).
7. James Mayall, *World Politics : Progress and Its Limits* (Cambridge : Polity Press, 2000) ; Nicholas J. Wheeler, *Saving Strangers. : Humanitarian Intervention in International Society* (Oxford, Oxford University Press, 2000).

13. 出所 : Karen De Young and Michael Dobbs, 'Bin Laden : Architect of New Global Terrorism', *Washington Post*, September 16, 2001, p. A08.
14. Dan Eggen and Bob Woodward, 'FBI Probe of Al Qaeda Implies Wide Presence', *Washington Post*, December 30, 2001, p. A01.
15. この点に関する優れた論文としては，Fouad Ajami, 'The Sentry's Solitude', *Foreign Affairs*, vol. 80, no. 6 (November/ December 2001), pp. 2-16 参照.

第5章

1. Roberta Wohlstetter, *Pearl Harbor : Warning and Decision* (Stanford, CA : Stanford University Press, 1962), p. 397.
2. Yossef Bodansky, *Bin Laden : The Man Who Declared War on America* (Rocklin, CA : Forum, 1999), pp. 197-8, 308, 312 ; Peter L. Bergen, *Holy War, Inc : Inside the Secret World of Osama bin Laden* (London : Weidenfield and Nicolson, 2001), pp. 131, 177, 252.
3. Bodansky, *Bin Laden*, pp. 288-9.
4. Ian O. Lesser et al., *Countering the New Terrorism* (Santa Monica, CA : RAND Corporation, 1999), chapter 3.
5. Matthew L. Wald, 'Warnings : Earlier Hijackings Offered Signals That Were Missed', *New York Times*, October 3, 2001.

第6章

1. 本章の分析は，その多くをブラウン大学ワトソン国際問題研究所の過去3年間に及ぶ Targeted Financial Sanctions Project の研究成果に負っている．本章の不備に関する責任は全て私にあるが，同僚とのやりとりから非常に多くを得ており，他の研究チームメンバーの名を記して，彼らの多大な 貢献に謝意を表したい : Sue Eckert, Aaron Halegua, Peter Romaniuk.
2. S. J. Kobrin, 'Beyond Symmetry : State Sovereignty in a Networked Global Economy', in J. Dunning (ed.) *Governments, Globalization and International Business* (Oxford : Oxford University Press, 1997), p. 20.

keythemepages. asp> 参照.

3. Laurie Mylroie, *The War Against America* (London : HarperCollins, 2002).
4. David Rose, 'A Blind Spot Called Iraq', *Obserer*, January 13, 2002, p. 16.
5. 私は多少躊躇しながら「ハイジャック犯」という言葉を，飛行機を乗っ取り世界貿易センタービル，国防総省の建物そしてペンシルベニアの大地に激突させた人々を指すのに使っている．この言葉は通常，交渉の道具として飛行機を乗っ取る人を指すので問題があるが，この章の目的からすれば，この「ハイジャック犯」という言葉によって，飛行機を乗っ取った人々とテロ攻撃を計画した人々を区別することができる．この用語は，私が彼らの行動の性格を非政治化したいと考えていることを意味するものではない．
6. Dan Eggen and Serge Kovaleski, 'Bin Laden Aide Implicated', *Washington Post*, October 7, 2001, p. A01.
7. オサマ・ビンラディンとアルカイダに関する議論としては，Simon Reeve, *The New Jackals : Ramzi Yousef, Osama bin Laden and the Future of Terrorism* (London : Andre Deutsch, 1999) および Peter Bergen, *Holy War. Inc. Inside the Secret World of Osama bin Laden* (London : Weidenfeld & Nicolson, 2001) 参照．また，Stephen Engelberg, 'One Man and a Global Web of Violence', *New York Times*, January 14, 2001, <http : // www. Nytimes. com/ 2001/ 01/ 14/ world/ 14JIHA. html> も参照のこと．
8. 'Text : Bin Laden Discusses Attack on Tape', *Washington Post*, December13, 2001, <http : // www. washintonpost. com/ wp-srv/ nation/ specials/ attacked/ t..../ binladentext _121301. htm> 参照．
9. 出所 : Dan Eggen, George Lardner Jnr and Susan Schmidt, 'Some Hijackers' Identities Unknown', *Washington Post*, September 20, 2001, p. A01.
10. 'Text : Bin Laden Discusses Attack on Tape' 参照．
11. Amy Goldstein, 'Hijackers Led by Core Group', *Washington Post*, September 30, 2001, p. A01.
12. 'Text : Bin Laden Discusses Attack on Tape' 参照．

3. Magnus Ranstorp, 'Interpreting the Broader Context and Meaning of Bin-Laden's *Fatwa*', *Studies in Conflict and Terrorism*, vol. 21 (1998).
4. Michael R. Gordon, and General Bernard E. Trainor, *The Generals' War* (Boston, MA : Little, Brown and Co., 1995).
5. Benjamin Lambeth, *Nato's Air War for Kosovo* (Santa Monica, CA : RAND Corporation, 2001) ; 'The Split-screen war : Kosovo and Changing Concepts of the Use of Force', in Albrecht Schnabel and Ramesh Thakur (eds), *Kosovo and the Challenge of Humanitarian Intervention : Selective Indignation, Collective Action, and International Citizenship* (New York : United Nations University Press 2000).
6. Robert Kagan and William Kristol, 'A Winning Strategy : How the Bush Administration Changed Course and Won the War in Afghanistan', *Weekly Standard*, vol. 7, no. 11 (November 26, 2001).
7. *New York Times*, November 13, 2001.
8. インタビュー : *Face the Nation*, November 18, 2001.
9. ブッシュ大統領の2001年12月11日のサウスカロイナ州チャールストン要塞での言葉.
10. 出所 : Winston S. Churchill, *The Second World War*, Vol. 3. *The Grand Alliance. 1948-1953* (Boston : Houghton Mifflin ; London : Cassell). チャーチルは，米国の戦争に対する意欲を誤算する傾向および「彼らは遠くでぶらぶらしているだけで，決して真剣に取り組むことはないだろうし，決して流血に耐えなれないだろう」と考える人々に対して，同様の指摘をしていた.

第4章

1. 民族対立の合理主義的解釈の弱点をめぐる優れた議論としては，Stuart Kaufman, *Modern Hatreds : The Symbolic Politics of Ethnic War* (Ithaca, NY : Cornell University Press, 2001) 参照.
2. 英国政府が提示した証拠については, United Kingdom, Foreign and Commonwealth Office, *Responsibility for the Terrorist Atrocities in the United States, 11 September 2001*, <http : // www. fco. gov. uk/ news/

Press, 1998), p. 335 に引用されている.

40. この言葉は David Held の‘Violence, Law and Justice’による.
41. Charles Krauthammer, ‘America Rules OK’. *Guardian.*, December 17, 2001.
42. Faisal Bodie, ‘Bombing for God’, *Guardian*, August 28, 2001.
43. Jason Cowley, ‘Forward, to the Union of Humanity’, *New Statesman*, October 15, 2001.
44. ブレア首相の演説は : <http : // politics. guardian. co. uk/ labour2001/ story/ 0, 14144, 562006, 00. html>.
45. Stanley Hoffmann, *Duties Beyond Borders : On the Limits and Possibilities of Ethical International Politics* (Syracuse, NY : Syracuse University Press, 1981), p. 197 参照.
46. Glyn Richards, *The Philosophy of Gandhi* (Richmond : Curzon Press, 1991), pp. 31-2.

第2章

1. 初出 : ‘Their Target : The Modern World’, December 2001-February 2002, *Newsweek* Special Davos Edition. © 2002 Newsweek Inc. 許可を得て再録.
2. Francis Fukuyama, *The End of History and the Last Man* (London : Penguin, 1993) 参照.
3. Samuel P. Huntington, *The Clash of Civilizations and the Remaking of World Order* (London : Simon and Schuster, 1998).
4. Lee Kuan Yew, *From the Third World to First : The Singapore Story* (New York : HarperCollins, 2000).

第3章

1. 2001年9月20日に行われたジョージ・W・ブッシュ大統領の上下両院合同会議およびアメリカ国民向け演説.
2. Bruce Hoffman, *Inside Terrorism* (New York : Columbia University Press, 1998)

26. 'Get Ready for War, Bush tells America', *Observer*, September 16, 2001.
27. Richard Falk, 'Defining a Just War', *The Nation*, October 29, 2001, p. 1 of 6 (web edition).
28. Barry Bearak, Eric Schmitt and Craig S. Smith, 'Uncertain Toll in the Fog of War : Civilian Deaths in Afghanistan', *New York Times*, February 10, 2002.
29. 'Founding Statement of al-Qa'ida' in Halliday *Two Hours*, pp. 218-19.
30. 例えばStephen Krasner を参照のこと : Michael Cox, Tim Dunne and Ken Booth (eds) *Empires, Systems and States : Great Transformations in International Politics* (Cambridge : Cambridge University Press, 2002) 所収.
31. David Held, 'Violence, Law and Justice in a Global Age', September 14, 2001, <http : // www. opendemocracy. net/ document_store/ Doc648-5. pdf>.
32. Thomas Homer-Dixon, 'The Rise of Complex Terrorism', *Foreign Policy* (web edition), pp. 3-4. 破壊能力の変化と攻撃を受ける可能性に関する議論の多くは次による : <http : // www. foreignpolicy. com / issue_janfeb_2002/ homer-dixon. html>.
33. Fred Halliday の叙述 : *Two Hours*, p. 42.
34. この両者の関係の詳しい分析については，Peter L. Bergen, *Holy War Inc : Inside the Secret World of Osama bin Laden* (London : Weidenfeld and Nicolson, 2001), chapter 8 参照.
35. Jonathan Steele, 'Fighting the Wrong War'. *Guardian*, December 11, 2001.
36. 出所はともにGeorge Monbiot, 'America's Pipe Dream', *Guardian* October 23, 2001, p. 19. クリントン政権は1997~98年の間タリバンと敵対した.
37. 出所 : Bergen, *Holy War Inc*, p. 158.
38. Ken Booth and Nicholas J. Wheeler, *The Security Dilemma : Anarchy, Society and Community in World Politics* (Basingstoke : Palgrave, 近刊).
39. A. B. Bozeman. Philip Allott, 'The Future of the Human Past', in Ken Booth (ed.) *Statecraft and Security* (Cambridge : Cambridge University

Cold War (New York : Random House, 2000).

14. Ziauddin Sardar, 'When the Innocent are Murdered, We All Go into the Dark With Them', *Observer*, September 16, 2001.
15. Umberto Eco 'The Roots of Conflict', *Guardian*, October 13, 2001.
16. クリントン大統領の 'The Struggle for the Soul of the 21st Century', The Dimbleby Lecture, 2001 (December 14)より．全文 : <http : // www. bbc. co. uk/ arts/ news_comment/ dimbleby/ clinton. shtml>.
17. Eqbal Ahmad, *Terrorism : Theirs and Ours* (New York : Seven Stories Press, 2001), p. 53.
18. この 'supreme emergency' はMichael Walzerの言葉．*Just and Unjust Wars : A Moral Argument with Historic Illustrations* (2nd edn) (New York : HarperCollins, 1992) 参照．
19. Walter Laqueur, 'Left, Right and Beyond : The Changing Face of Terror' in James F. Hoge and Gideon Rose (eds) *How Did This Happen ? Terrorism and the New War* (Oxford : PublicAffairs Ltd/ Perseus Books, 2001), p. 75.
20. 「反イスラム主義」の重要な分析としては，Halliday, *Two Hours* の第4章参照．
21. 出所 : Simon Reeve, *The New Jackals : Ramzi Yousef Osama bin Laden and the Future of Terrorism* (London : Andre Deutsch, 1999), p. 4 .
22. このビンラディンの言葉はアルジャジーラが公表したファクス ('Bin Laden's fax', *Guardian*, September 24, 2001) および11月3日放送の録音テープ ('Bin Laden, in a Taped Speech, Says Attacks in Afghanistan are a War Against Islam', *New York Times*, November 4, 2001) による．
23. Fouad Ajami, 'What the Muslim World is Watching' *New York Times*, November 18, 2001.
24. Habermasの 'discourse ethics'（討議倫理学）の説明参照 : William Outhwaite (ed.) *The Habermas Reader* (Cambridge : Polity Press, 1996), pp. 180-95.
25. 'NATO Says US has Proof Against Bin Laden Group', *New York Times*, October 3, 2001.

原　書　注

第1章

1. 出所 : Paul Reynolds, 'Washington Readies for War', in Jenny Baxter and Malcolm Downing (eds) *The Day that Shook the World : Understanding September 11th* (London : BBC Books), pp. 84-98 の p. 95.
2. 出所 : Gary Yonge, 'The Guardian Profile. Susan Sontag. The Risk Taker', *Guardian,* January 19, 2002.
3. ブレア首相の労働党大会での演説全文は : *Guardian Unlimited*, <http : // politics. guardian. co. uk/ labour2001/ story/ 0, 1414, 562006, 00. html>.
4. Salmon Rushdie, 'Yes, This is About Islam', *New York Times*, November 2, 2001.
5. Fred Halliday, *Two Hours that Shook the World : September 11, 2001, Causes and Consequences* (London : Saqi Books, 2002), pp. 44-45.
6. Ibn Warraq, 'Honest Intellectuals Must Shed Their Spiritual Turbans', *Guardian*, November 10, 2001, Review, p. 12.
7. Stephen Chan, 'A Left Too Lazy to Look the "Other" Way', *Times Higher Education Supplement*. December 7, 2001.
8. Halliday, *Two Hours*, p. 46.
9. Samuel P. Huntington, 'The Clash of Civilizations', *Foreign Affairs*, vol. 72, no. 3, pp. 22-49. また, *The Clash of Civilizations and the Remaking of World Order* (London : Simon and Schuster, 1998) も参照のこと.
10. Edward W. Said, 'The Clash of Ignorance', *The Nation*, October 22, 2001 も参照のこと.
11. 例えばフィリピン大統領の寄稿文を参照のこと: Gloria Macapagal Arroyo, 'Do Both Things : Root Out Terrorists and Overcome Poverty', *International Herald Tribune*. January 31, 2002.
12. 出所 : *New Statesman*, 社説, November 5, 2001.
13. Robert Kaplan, *The Coming Anarchy : Shattering the Dreams of the Post*

ボク，シセラ（Bok, Sissela）［25章］
ハーバード大学人口開発研究センター，シニア客員研究員。近書に，*Lying: Moral Choice in Private and Public Life*, 1999（嘘―公私の生活における道徳的選択），*Common Values*, 1995, 2002（共通の価値観）など。邦訳書に，『嘘の人間学』（TBSブリタニカ，1982），『戦争と平和』（法政大学出版局，1990），『秘密と公開』（同，1997）など。

マレイ，ウィリアム（Maley, William）［16章］
オーストラリアのニュー・サウス・ウェールズ大学政治学助教授。著書に，*The Afghanistan Wars*, 2002（アフガン戦争）。*Fundamentalism Reborn ? Afghanistan and Taliban*, 1998（原理主義の再生か―アフガニスタンとタリバン，編）など。

モーハーン，C．ラジャ（Mohan, C. Raja）［18章］
インド・ニューデリーの日刊英字新聞『ザ・ヒンドゥ』戦略問題編集者。ニューデリーの防衛問題研究所シニア研究員。南アジア地域の安全保障問題についての論文多数。

リンクレイター，アンドリュー（Linklater, Andrew）［27章］
ウェールズ大学ウッドロー・ウィルソン記念国際政治学教授。著書に，*Men and Citizen in the Theory of International Relations*, 1982（国際関係論における人と市民）。*Beyond Realism and Marxism*, 1990（リアリズムとマルキシズムを超えて）。*The Transformation of Political Community*, 1998（政治社会の転換）など。

ロジャース，ポール（Rogers, Paul）［19章］
英国ブラッドフォード大学平和学教授。近著に，*Losing Control: Global Security in the 21st Century*，第2版，2000（コントロールの喪失―21世紀の国際安全保障）など。

History and the Last Man, 1992（邦訳『歴史の終わり（上・中・下）』三笠書房，1992）。*The Great Disruption：Human Nature and the Reconstitution of Social Order*, 1999)（邦訳『大崩壊の時代（上・下）』早川書房，1999)，『人間の終わり』ダイヤモンド社，2002，など。

ブザン，バリー（Buzan, Barry）［7章］
ウェストミンスター大学国際学教授。コペンハーゲン平和研究所プロジェクトディレクター。著書に，*People, States and Fear*, 1983, 1991（国民，国家そして恐怖），*International Systems in World History: Remaking the Study of International Relations*, 2000（世界史における国際システム—国際関係論の再構築，共著）など。

ブラウン，クリス（Brown, Chris）［26章］
ロンドン・スクール・オブ・エコノミクス（LSE）国際関係論教授。著書に，*International Relations Theory: New Normative Approaches*, 1992（国際関係論—新しい規範的アプローチ），*Understanding International Relations*, 2001（国際関係の理解），*Sovereignty, Rights and Justice*，近刊（主権，権利そして公正）など。

フリードマン，ローレンス（Freedman, Lawrence）［3章］
ロンドン・キングズ・カレッジ戦争学教授，社会学・公共政策学部長。著書に，*The Evolution of Nuclear Strategy*，第2版，1989（核戦略の発展）。*Kennedy's Wars: Berlin, Cuba, Laos and Vietnam*, 2000（ケネディの戦争—ベルリン，キューバ，ラオス，ヴェトナム）。*Cold War: A Military History*, 2001（冷戦—軍事史）など。

ボール，デズモンド（Ball, Desmond）［5章］
オーストラリア国立大学，戦略防衛研究所特認教授。アジアの核戦略問題，安全保障問題，諜報問題に関する著書・論文多数。

『現代政治学の展開』ミネルヴァ書房，1986。『カブールからマナグアまで』新評論，1991。『国際関係論再考』ミネルヴァ書房，1997，など。

パレーク，ビーク（Parekh, Bhikhu）［24章］
ロンドン・スクール・オブ・エコノミクス（LSE）100周年記念教授。長い間ハル大学で政治理論学教授を勤めた。著書に，*Rethinking Multiculturalism*, 2000（多文化主義再考）。Gandhi, 2001（ガンジー）など。労働党上院議員。

ビアステッカー，トーマス・J.（Biersteker, Thomas J.）［6章］
ワトソン国際問題研究所長，ブラウン大学ヘンリー・R・ルース記念教授（専門は国際機関）。近著に *The Emergence of Private Authority in Global Governance*（世界統治における私的権威の登場）（共編）。米国社会科学協議会／国際安全保障と国際協力委員会委員長。

ブース，ケン（Booth, Ken）［1章］
英国ウェールズ大学E. Hカー記念教授，国際政治学部長。元英国国際学会長。多数の著書があるが，*Security, Community and Emancipation*（安全保障，コミュニティー，そして解放）が近刊予定。

フォーク，リチャード（Falk, Richard）［29章］
プリンストン大学を定年退職後，現在カリフォルニア大学客員教授。近著に，*Predatory Globalization,* 1999（収奪的グローバリゼーション），*Human Rights Horizons,* 2000（人権の視界），*Religion and Human Global Governance,* 2001（宗教と人間的国際統治）など。邦訳書に，『ベトナム戦争と国際法』新生社，1968。『ヴェトナムにおける法と政治（上下）』日本国際問題研究所，1969，1970，など。

フクヤマ，フランシス（Fukuyama, Francis）［2章］
ジョーンズ・ホプキンス大学国際政治経済学教授。著書に，*End of*

芸春秋，2001。『「ならず者国家」と新たな戦争』荒竹出版，2002。『アメリカの「人道的」軍事主義』現代企画室，2002。『金儲けがすべてでいいいのか』文芸春秋，2002。『チョムスキー，世界を語る』トランスビュー，2002など。

デルデリアン，ジェイムズ（DerDerian, James）［9章］
マサチューセッツ大学政治学教授。ブラウン大学ワトソン国際問題研究所では研究教授として「情報技術，戦争そして平和」プロジェクトを統括している。近著に，*Virtuous War: Mapping the Military-Industrial-Media-Entertainment Network,* 2001（善の戦争－軍・産・メディア・娯楽ネットワークのマッピング）など。

バーバー，ベンジャミン・R.（Barber, Benjamin R.）［22章］
メリーランド大学公共学部，ガーション＆キャロル・ケクスト記念市民社会学教授およびウィルソン・H. エルキンス記念教授。著書に，*Jihad Versus MacWorld,* 1995（邦訳『ジハード対マックワールド』（三田出版会，1997），*Strong Democracy* 1984（強力な民主主義），*The Truth of Power: Intellectual Affairs in the Clinton White House,* 2001（権力の真実－クリントン政権下の知的問題）など。

バイヤーズ，マイケル（Byers, Michael）［10章］
米国デューク大学で国際法を教える。現在，オックスフォード大学客員研究員。著書に，*Custom, Power and the Power of Rule*（慣習，権力そしてルールの力，1999）など。

ハリデイ，フレッド（Halliday, Fred）［21章］
ロンドン・スクール・オブ・エコノミクス（LSE）国際関係論教授。近著に，*The World at 2000,* 2000（西暦2000年の世界）。*Two Hours that Shook the World: September 11 2001,Causes and Consequences,* 2001（世界を揺るがした2時間―2001年9月11日，原因と結果）など。邦訳書も多く，

ブ・エコノミクス（LSE）100周年記念客員教授。米国社会科学協議会／情報技術・国際協力・国際安全保障委員会委員長。近著に，*Guests and Aliens*, 1999（客人と異邦人）。*Global Network/Linked Cities*, 2002（グローバル・ネットワーク／結合された都市，編者）など。邦訳書に，『労働と資本の国際移動』岩波書店，1992。『グローバリゼーションの時代』平凡社，1999，など。

シュライム，アヴィ（Shlaim, Avi）［15章］
オックスフォード大学国際関係論教授。近著に，*Collusion across the Jordan*, 1998（ヨルダンをまたぐ共謀）。*The Politics of Partition*, 1990（分割の政治学）。*War and Peace in the Middle East: A Concise History*, 1995（中東の戦争と平和―小史）。*The Iron Wall: Israel and the Arab World*, 2000（鉄の壁―イスラエルとアラブ世界）など。

スミス，スティーブ（Smith, Steve）［4章］
ウェールズ大学副学長代理，国際政治学教授。ケンブリッジ大学プレス「国際関係論」シリーズ創設編集者。2003－04年度英国国際学会長。著書に，*Explaining and Understanding International Relations*, 1990（国際関係論の解説と理解，共著）など。

ダン，ティム（Dunne, Tim）［1章］
ウェールズ大学国際政治学部上級講師。著書に，*Inventing International Society* 1998（国際社会への投資）。*Human Rights in Global Politics* 1999（国際政治における人権，共編）。*How Might We Live?: Global Ethics in a New Century* 2001（どう生きるべきか―新世紀の国際倫理，共著）など。

チョムスキー，ノーム（Chomsky, Noam）［11章］
マサチューセッツ工科大学教授（インスティチュート・プロフェッサー）。言語学，哲学，政治学，認知科学，心理学など広範な領域で極めて多数の著書があり邦訳も多い。政治学分野の最近の邦訳書に，『9・11』文争と平和研究所非常勤教授兼シニア・アソシエート。著書に，*Theory of International Politics*, 1979（国際政治理論）。*The Spread of Nuclear Weapons: A Debate*, 1998（核兵器の拡散―討論，共著）など。

エルシュテイン，ジーン・ベスキー（Elstain, Jean Bethke）［23章］
シカゴ大学ローラ・スペルマン・ロックフェラー記念社会政治倫理学教授。著書に，*Democracy on Trial*, 1995（邦訳『裁かれる民主主義』岩波書店，1997）。『女性と戦争』法政大学出版局，1994，など。

グレイ，コリン・S.（Gray, Colin S.）［20章］
英国レディング大学国際政治戦略学教授。米英両政府のアドバイザーを勤める。*Strategy for Chaos*：*RMA Theory and the Evidence of History*（カオス戦略――ＲＭＡ理論と歴史的証拠）が近刊予定。邦訳書に，『核時代の地政学』紀尾井書房，1982，など。

コックス，マイケル（Cox, Michael）［13章］
ウェールズ大学国際政治学教授。近著に，*E. H. Car: A Critical Appraisal*, 2000（Ｅ．Ｈ．カー：批判的評価，編者），*Empires, Systems and States*, 2001（帝国，システムそして国家，共著）など。

コヘイン，ロバート・O.（Keohane, Robert O.）［12章］
デューク大学政治学教授。著書に，*After Hegemony: Cooperation and Discord in the World Political Economy*, 1984（邦訳『覇権後の国際政治経済学』晃洋書房，1998）。*International Institutions and State Power :Essays in International Relations Theory*, 1989（国際制度と国家権力―国際関係論集）。*Power and Interdependence: World Politics in Transition*, 1997（権力と相互依存―過渡期の国際政治，共著）など。

サッセン，サスキア（Sassen, Saskia）［28章］
シカゴ大学ラルフ・ルイス記念社会学教授。ロンドン・スクール・オ

著者紹介

アカーリャ，アミターフ（Acharya, Amitav）［17章］
シンガポールの南洋理工大学（Nanyang Technological University）教授。防衛戦略研究所副所長。近著に *Constructing a Security Community in Southeast Asia：ASEAN and the Problem of Regional Order,* 2001（東南アジアにおける安全保障共同体の創設―ASEANと地域秩序の問題）など。

アンナーイム，アブドラヒ・アハメド（An-Na'im, Abdullahi Ahmed）［14章］
米国のアモリー大学チャールズ・ハワード・キャンドラー記念法学教授。スーダンのハルツーム大学で教えたことがある。ヒューマン・ライツ・ウォッチ（アフリカ）のエグゼクティブ・ディレクター（1993－95）。

ウィリアムズ，パトリシア・J．（Williams, Patricia J.）［30章］
ニューヨーク，コロンビア大学法学教授。著書に，*Seeing a Colour-Blind Future: The Paradox of Race*, 1997（人種的偏見のない未来をみつめて―人種の逆説）など。

ウォーラーステイン，イマニュエル（Wallerstein, Immanuel）［8章］
ビンガムトン大学，フェルナンド・ブローデル経済学・歴史システム・文明研究所長。イェール大学シニア研究者。邦訳書も多く，『史的システムとしての資本主義』岩波書店，1885。『人種・国民・階級』大村書店，1995。『近代世界システム1730―1840s』名古屋大学出版会，1997。『新しい学』藤原書店，2001。『世界システム論の方法』藤原書店，2002。『時代の転換点に立つ』藤原書店，2002，など。

ウォルツ，ケニス・N．（Waltz, Kenneth N.）［31章］
カリフォルニア大学フォード記念名誉教授。現在はコロンビア大学，戦

Zacarias) 60, 64-5, 74, 233
ムサデク, モハマッド (Mussadiq, Mohammad) 323
ムシャラフ, ペルベズ (Musharraf, Pervez) 4, 170, 227, 244-5, 246, 277
ムスタファ, アブ・アリ (Mustapha, Abu Ali) 210
ムバラク, ホスニ (Mubarak, Hosni) 97, 231
メガワティ大統領 (Megawati Sukarnoputri) 230

【ヤ 行】

ヨセフ, ラムジ (Youssef, Ramsi) 74
ヨヘネ・パウロ2世 (John Paul II) 301, 303

【ラ 行】

ライス, コンドリーザ (Rice, Condoleeza) 128
ラカー, ウォルター (Laqueur, Walter) 11
ラシュディ, サルマン (Rushdie, Salman) 5, 361
ラトワック, エドワード (Luttwak, Edward) 357
ラビン, イツハク (Rabin, Yitzhak) 203, 204, 205
ラムズフェルド, ドナルド (Rumsfeld, Donald) 125, 126, 131, 148, 187, 413
ラムベルト, マリー (Lambert, Mary) 130
ランチ, イルマン (Lanti, Irman) 234
リークアンユー (Lee Kuan Yew) 34
リット, ロバート (Litt, Robert) 403
リップマン, ウォルター (Lippmann, Walter) 178
リンド, ジョン・ウォーカー (Lindh, John Walker) 383
ルイマ, アブナー (Louima, Abner) 406
ルソー, ジャンジャック (Rousseau, JeanJacques) 303
ルムンバ, パトリス (Lumumba, Patrice) 323
レーガン, マイク (Reagan, Mike) 401
レーガン, ロナルド (Reagan, Ronald) 4, 138, 151, 203, 383
　～と対テロ戦争 148, 149, 156
　～とミサイル防衛 299
　～とニカラグア 150, 153
　～と愛国心 386
　レーガン・ドクトリン 240
ローズ, デビッド (Rose, David) 55
ロススタイン, エドワード (Rothstein, Edward) 118, 125
ロック, ジョン (Locke, John) 33
ロバーツ, M. J. (Roberts, M. J.) 339-40
ロバートソン, ジェフリー (Robertson, Geoffrey) 358

世界への挑戦　2, 126, 137, 258, 294, 383
国防予算　182, 394
ダブルスタンダード　212-3
～と人的諜報活動（HUMINT）77
～と軍事裁判（法廷）183, 399-402
～とイスラム教徒の感性　345-6
～と国家建設　411
～と愛国心（主義）381, 382, 386
～と捕虜　410-1
民主主義の促進　247-8
～と温室効果ガス排出規制　145
～と抑制　310-1
～と自衛　143
関税　113
～と単独行動主義　20, 136-7, 187, 227, 273-4, 391
テロとの戦争　25, 41, 52, 108, 111
（弾道弾迎撃ミサイル制限条約, 悪の枢軸演説も参照のこと）
ブット, ズルフィカル・アリ（Bhutto, Zulfiqar Ali）241
ブラヒミ, ラクダル（Brahimi, Lakhdar）225
ブルックス, エドウィン（Brooks, Edwin）254
ブレア, トニー（Blair, Tony）54, 265, 355
～とイラク攻撃　110
～と共通の価値観　5, 345, 347, 360
～と新世界秩序　8, 22, 362-3, 366
米国への支持　142
～とテロとの戦争　181, 410
プーチン, ウラジミール（Putin, Vladimir）25, 266-7, 295, 414
ヘーゲル, G. W. F.（Hegel, G. W. F.）32
ヘロルド, マーク（Herold, Marc）121
ベギン, メナハム（Begin, Menachem）156-7
ベルルスコーニ, シルビオ（Berlusconi, Silvio）345
ベンヤミン, ヴァルター（Benjamin, Walter）116
ペイン, トム（Paine, Tom）296
ペルレ, リチャード（Perle, Richard）66
ペレス, シモン（Peres, Shimon）151, 152, 210
ホウマーディクソン, トマス（Homer-Dixon, Thomas）232
ホッブス, トマス（Hobbes, Thomas）33
ホブスボーム, エリック（Hobsbawm, Eric）338
ホメイニ, アヤトラ（Khomeini, Ayatollah）25, 40, 109, 322, 351
ボードリヤール, ジャン（Baudrillard, Jean）123-4
ボール, ジョージ（Ball, George）214
ボイス, ミカエル（Boyce, Sir Michael）156, 158
ボディ, ファイサル（Bodi, Faisal）21
ボンヘッファー, ディートリッヒ（Bonhoeffer, Dietrich）312
ポスト, ジェラルド（Post, Gerald）397-8

【マ　行】

マイヤーズ将軍（Meyers, General）125
マイロワ, ローリー（Mylroie, Laurie）55
毛沢東（Mao Tse-tung）97, 157
マキャベリ, ニコロ（Machiavelli, Niccolo）19, 26, 113, 307
マクベイ, ティモシー（McVeigh, Timothy）9, 165
マハール, ビル（Mahar, Bill）124
マハティール, モハメッド（Mahathir, Mohammed）228, 230
マリー, ロバート（Malley, Robert）206
ミヤシャイマー, ジョン（Mearsheimer, John）266
ミル, J. S.（Mill, J. S.）333, 334, 338, 339
ミルズ, C. ライト（Mills, C. Wright）133
ミロシェビッチ, スロボダン（Milosevic, Slobodan）9, 14, 46, 88, 96, 103
ムサウイ, ザカリアス（Moussaouri,

207
パイプス, ダニエル（Pipes, Daniel） 36
パウエル, コリン（Powell, Colin） 73, 201, 277, 411
～とイラク攻撃 21, 185
～とアルカイダに関する証拠 14
～とテロとの戦争 49, 110, 208
パッテン, クリス（Patten, Chris） 115, 146
ヒッチンズ, クリストファー（Hitchens, Christopher） 353
ヒトラー, アドルフ（Hitler, Adolf） 157, 209, 210, 275, 312
ビルソン, ダニー（Bilson, Danny） 130
ビンラディン, オサマ（bin Laden, Osama） 5, 25, 42, 125, 157180, 231-2
～とアフガニスタン 216-7
与える損害の計算 61
～の逮捕 108
～通信システム 71-3
～の悪魔化 382
姿を消した～ 24, 44-5
偽情報 68, 73
～に対する証拠 54-7, 199
～と文明間の戦争 288
～とイスラム教 360-1
～と裁判 403-4, 406
貧困層の操作 12
～と最新メディア 126, 197, 288, 301
～に反対のスラム教徒 348-9
～とパレスチナ人の苦境 211-2, 343-4
～と原始主義 350-1
攻撃の理由 62-3, 389-90
～と宗教戦争 343-4
～のアルカイダにおける役割 56-7
～への共感 36, 39
～とタリバン 216-7
～のビデオ 57, 132, 350-1, 355
資金 37
～と西側の諜報活動 68, 69-71
（アルカイダも参照のこと）
ピッワン, スリン（Pitswuan, Surin） 232
ピノチェト, アウグスト（Pinochet, Augusto） 323
ピンスキー, ロバート（Pinsky, Robert） 381
フーバー, J. エドガー（Hoover, J. Edgar） 402
ファーマン, マーク（Furhman, Mark） 404
フィスク, ロバート（Fisk, Robert） 346, 349, 355
フィッシャー, ジョシカ（Fischer, Joschka） 146
フィンチャー, デビッド（Fincher, David） 130
フェレン, ブラン（Ferren, Bran） 131
フォーク, リチャード（Falk, Richard） 15
フォルウェル, ジェリー（Falwell, Jerry） 288
フォンテーヌ, アンドレ（Fontain, André） 110
フクヤマ, フランシス（Fukuyama, Francis） 353
フセイン, サダム（Hussein, Saddam） 25, 38, 101, 111, 185, 212
～とリンケージ 202
～の延命 44, 109, 358
フライシャー, アリ（Fleisher, Ari） 124, 210
フランクス将軍（Franks, General T.） 16
ブースタニー, ノラ（Boustany, Nora） 151
ブッシュ, G. H. W.（Bush, G. H. W.） 75, 141, 155
～とアラブ - イスラエル和平プロセス 202-3
～と湾岸戦争 45, 111, 121, 201-2
ブッシュ, G. W.（Bush, G. W.） 4, 7, 125, 126, 148, 177
～とアラブ-イスラエル和平プロセス 207-9

ジョーンズ, スパイク（Jonze, Spike） 130
ジョスパン, ライオネル（Jospin, Lionel） 146
ジョンソン, チャルマーズ（Johnson, Chalmers） 362
ジンナー, ムハンマド・アリ（Jinnah, Mohammed Ali） 227, 245
スティグリッツ, ジョセフ（Stiglitz, Joseph） 342
スハルト（Suharto） 157, 233, 323
孫子（Sun Tzu） 113
セドラス, ラウール（Cedras, Raoul） 88
セネカ（Seneca） 340-1
セブロウスキー, アーサー（Cebrowski, Arthur） 131
ゼエビ, レハバム（Ze'evi, Rehavam） 210
ソファイア, アブラハム（Sofaer, Abraham） 154
ソルジェニーツィン, アレクサンドル（Solzhenitsyn, Aleksandr） 406
ソロス, ジョージ（Soros, George） 302
ソンタグ, ソンタグ（Sontag, Susan） 4

【タ　行】

タン, トニー（Tan, Tony） 236
ダーウィン, チャールズ（Darwin, Charles） 336
ダーショウィッツ, アラン（Dershowitz, Alan） 403, 404
チェイニー, ディック（Cheney, Dick） 18, 110, 201, 208, 358
チェスタトン, G. K.（Chesterton, G. K.） 23
チャーチル, ウィンストン（Churchill, Winston） 53
チャプマン, ナタン（Chapman, Nathan） 121
チャベス, ウーゴ（Chavez, Hugo） 276
チャン, ステファン（Chan, Stephen） 6
朱鎔基（Zhu Rongji） 168
ツツ, デズモンド（Tutu, Desmond） 339
ティメルマン, ジャコボ（Timerman, Jacobo） 406
デスーザ, スティーヴンE.（De Souza, Steven E.） 130
デメオ, ポール（De Meo, Paul） 130
トウェイン, マーク（Twain, Mark） 7-8, 10
トクビル, アレクシ・ド（Tocqueville, Alexis de） 32
ドウ, サムエル（Doe, Samuel） 323

【ナ　行】

ナイ, ジョセフ（Nye, Joseph S.） 165, 410
ニーチェ, フリードリッヒ（Nietzsche, Friedrich） 32
ネグロポンテ, ジョン（Negroponte, John） 143, 148, 150
ネタニヤフ, ベンジャミン（Netanyahu, Benjamin） 204-5
ノア, ファリッシュ（Noor, Farish） 232
ノリエガ, マヌエル（Noriega, Manuel） 155-6, 190, 397

【ハ　行】

ハラズィ, カマル（Kharrazi, Kamal） 277
ハルペリン, モートン（Halperin, Morton） 399
ハワード, マイケル（Howard, Michael） 158
ハンジュル・ハニ（Hanjour, Hani） 59
ハンチントン, サムエル（Huntington, Samuel） 31, 191, 226, 229, 288, 347, 348, 360
バーガー, サンディー（Berger, Sandy） 72
バーク, エドマンド（Burke, Edmund） 24
バーンズ, ニコラス（Burns, Nicholas） 186
バジパイ, アタル・ベハリ（Vajpayee, Atal Behari） 246
バラク, イュード（Barak, Ehud） 205-6,

Madeleine） 19, 66, 187

【カ 行】

カーン, アユブ・アリ（Khan, Ayub Ali） 60
カストロ, フィデル（Castro, Fidel） 161
カプラン, ロバートD.（Kaplan, Robert D.） 8
カペリユク, アムノン（Kapeliouk, Amnon） 151
カミュ, アルベール（Camus, Albert） 26
カルザイ, ハミッド（Karzai, Hamed） 218, 219
ガードナー, ハワード（Gardner, Howard） 341
ガダフィ, ムアマル（Gaddafi, Muammar） 101
ガンジー, モハンダス・カラムチャンド（Gandhi, Mohandas Karamchand） 26
キッシンジャー, ヘンリー（Kissinger, Henry） 399
キング, マーチン・ルーサー（King, Martin Luther） 308, 402, 408
ギャディス, ジョン・ルイス（Gaddis, John Lewis） 412
ギングリッチ, ニュート（Gingrich, Newt） 66
クライサー, ランダル（Kleiser, Randal） 130
クラウサマー, チャールズ（Krauthammer, Charles） 21, 256, 318
クリングホッファー, レオン（Klinghoffer, Leon） 152–3
クリントン, ビル（Clinton, Bill） 19, 142, 187, 203–8, 212, 213, 265, 274
グッドマン, ヒルシュ（Goodman, Hirsh） 152
グラバー, ジョナサン（Glover, Jonathan） 339
グレイ, エドワード卿（Grey, Sir Edward） 53
ケインズ, ジョン・メイナード（Keynes, John Maynard） 374
ケネディ, ジョンF.（Kennedy, John F.） 160
ケネディ, ポール（Kennedy, Paul） 177–8, 181, 182
ケリー, ケヴィン（Kelly, Kevin） 122, 132
コール, ヘルムート（Kohl, Helmut） 142
コクラン, ジョニー（Cochran, Johnny） 403, 404
コンスタン, エマニュエル（Constant, Emmanuel） 160
ゴールドスタイン, エイミー（Goldstein, Amy） 59

【サ 行】

サッチャー, マーガレット（Thatcher, Margaret） 178
サルダー, ジャウディン（Sardar, Ziauddin） 9
シャミール, イツハク（Shamir, Yitzhak） 151, 203
シャロン, アリエル（Sharon, Ariel） 110, 114, 207, 209–11, 214
　米国の～支持 111, 208, 324, 363, 340
シュルツ, ジョージ（Shultz, George） 138, 150, 151
シュレジンジャー, アーサー（Schlesinger, Arthur） 160
シラク, ジャック（Chirac, Jacques） 142, 289
シンプソン, O. J.（Simpson, O. J.） 403–6
ジアウル・ハク, モハマッド（Zia ul Haque, Mohammad） 241, 243
ジトー, ジョセフ（Zito, Joseph） 130
ジャクソン, アンドリュー（Jackson, Andrew） 292
ジャラ, ジアド・サミール（Jarrah, Ziad Samir） 58, 59
江沢民（Jiang Zemin） 139
ジュリアーニ, ルディ（Giuliani, Rudy） 355

人 名 索 引

【ア　行】

アイゼンハワー, ドワイトD.（Eisenhower, Dwight D.）133
アウグスティヌス, 聖（Augustine, St）306, 309
アガ, フセイン（Agha, Hussein）206
アシュクロフト, ジョン（Ashcroft, John）125, 233, 383, 400, 402
アジェンデ, サルバドール（Allende, Salvador）323
アズマス, モハメド・ジャウィード（Azmath, Mohammed Jaweed）60
アタ, モハメド（Atta, Mohammed）9, 23, 32, 55, 58, 59, 231, 353
アタチュルク, ケマル（Ataturk, Kemal）35
アナン, コフィ（Annan, Kofi）357
アフマド, ムスタファ・モハメド（Ahmed, Mustafa Muhammad）55
アフメド, ファイズ（Ahmed, Fayez）55
アムスター, エレン（Amster, Ellen）231
アラファト, ヤセル（Arafat, Yasser）170, 204, 206, 208, 210-11, 212
アルザワーヒリー, アイマーン（al-Zawahiri, Ayman）72
アルハムジ, ナワーク（Alhamzi, Nawaq）56, 59
アルハワサイ, ムスタファ（al Hawsawi, Mustafa）55
アルファウワーズ, ハーリド（al-Fawwaz, Khaled）72
アルミダル, ハリド（al-Midhar, Khalid）56, 59
アロヨ, G. M.（Arroyo, G. M.）233
アンダーソン, ケネス（Anderson, Kenneth）308
イグナチウス, デビッド（Ignatius, David）237
イグナティエフ, マイケル（Ignatieff, Michael）116, 123, 313
イブラヒム, アンワル（Ibrahim, Anwar）231
イブン-ハルドゥーン（Ibn Khaldun）350
インディク, マーティン（Indyk, Martin）203-4
ウィル, ジョージ（Will, George）117, 125
ウェクスラー, ウィリアム（Wechsler, William）86
ウォードロー, G（Wardlaw, G.）249
ウォールステッター, ロベルタ（Wohlstetter, Roerta）68
ウォルフェンソン, ジェームズ（Wolfensohn, James）301
ウォルフォウィッツ, ポール（Wolfowitz, Paul）49
ウルジー, R. ジェームス（Woolsey, R. James）75
ヴィリリオ, ポール（Virilio, Paul）133
ヴェドリーヌ, ユベール（Vedrine, Hubert）110
エーコ, ウンベルト（Eco, Umberto）10
エバン, アッバ（Eban, Abba）156
エリアス, ノルベルト（Ellas, Norbert）366
エンジェルバッハ, デビッド（Engelbach, David）130
オスマーン, イブンアファン（Uthman ibn 'Affan）193
オドノバン, オリバー（O'Donovan, Oliver）310
オマール師（Omar, Mullah）108, 109, 351, 353
オルブライト, マデライン（Albright,

[監訳者紹介]

寺島　隆吉（てらしま　たかよし）
1944年生まれ．東京大学教養学部（科学史・科学哲学）卒業．岐阜大学教育学部教授，応用記号論研究会（JAASET）代表．コロンビア大学，カリフォルニア大学バークリー校，サザン・カリフォルニア大学客員研究員，カリフォルニア州立大学ヘイワード校日本語講師を務める．
著書：『国際理解の歩き方』（あすなろ社／三友社出版），『学習集団形成のすじみち』（明治図書），『つまずく生徒とともに』（共著，三省堂），『シリーズ授業の工夫：英語記号づけ入門』1-5（三友社出版），『英語音声への挑戦』全6巻，『英語にとって評価とは何か』（あすなろ社／三友社出版），他多数．
訳書：ロートブラット他（編）『核兵器のない世界へ』（共訳，かもがわ出版）など．

[訳者紹介]

塚田　幸三（つかだ　こうぞう）
1952年生まれ．大阪府立大学農学部卒業，エジンバラ大学獣医学部修士課程修了，国際協力事業団勤務等を経て翻訳著述業．
訳書：ナボス・ングルーベ著『アフリカの文化と開発』（荒竹出版），リチャード・ダウスウェイト著『貨幣の生態学』（共訳，北斗出版），デビッド・ボイル著『ロンドンと地域通貨』（共訳，千葉まちづくりサポートセンター），ノーム・チョムスキー『「ならず者国家」と新たな戦争』（荒竹出版），ハーバート・ジラルデット『サステイナブル・シティ（仮）』（千葉まちづくりサポートセンター）など．
著書：『地域通貨の可能性――ピーナッツ実践報告』（共著，千葉まちづくりサポートセンター）など．

寺島　美紀子（てらしま　みきこ）
1953年生まれ．津田塾大学学芸学部国際関係学科卒業．朝日大学経営学部教授．Elon College客員研究員（アメリカ・ノースカロライナ州，1993. 9～1994. 3）および東京大学客員研究員（2000. 1～8）．
著書：『いのち輝き』（労働旬報社），『英語学力の挑戦』『英語授業への挑戦』『Story of a Songの授業――世界を変えた歌』（三友社出版），『英語授業実例事典』Ⅰ・Ⅱ（執筆，大修館書店），『ロックで読むアメリカ――翻訳ロック歌詞はこのままでよいか？』（近代文芸社），『英語直読直解への挑戦』（あすなろ社／三友社出版）など．

衝突を超えて——9・11後の世界秩序——

2003年5月1日　第1刷発行

定価（本体3000円＋税）

編　者	K.　ブ　ー　ス
	T.　ダ　　ン
監訳者	寺　島　　隆　吉
訳　者	塚　田　　幸　三
	寺　島　美　紀　子
発行者	栗　原　　哲　也

発行所　株式会社　日本経済評論社
〒101-0051　東京都千代田区神田神保町3-2
電話03-3230-1661　Fax 03-3265-2993
E-mail: nikkeihy@js7.so-net.ne.jp
URL: http://www.nikkeihyo.co.jp

装丁・鈴木弘　版下・ワニプラン　印刷・平河工業社　製本・協栄製本

ISBN4-8188-1474-1